悪の歴史

東アジア編 下 南・東南アジア編

隠されてきた「悪」に焦点をあて、真実の人間像に迫る

上田信◆編著

清水書院

はしがき

本書を出版する清水書院から、シリーズ「歴史総合パートナーズ」の一冊として『歴史を歴史家から取り戻せ!―史的な思考法―』と挑発的なタイトルの著作を出させていただいている。そのなかで、次のように論じている箇所がある。

「私」を外部から観測すれば、一個の人格(個人)として捉えられるのに対して、内部から観測すれば、理性・感情・体感という三つの位相から成り立つということができます。理性がイミのシステムに、感情がヒトのシステムに、体感がモノのシステムに、それぞれ配当されます。

理性とは頭のなかで行われる事柄へのイミづけであり、感情とは心にわき起こるヒトに対する想いである。そして体感は、身体《からだ》をめぐるモノのバランスに根ざしている。理性・感情・体感のそれぞれの位相において、ときどきの状況を計るモノサシがある。中国語の「悪」ということばは、それら三つすべての位相のモノサシの目盛となっているのが、実に不思議である。

「悪」のもともとの字体は「惡」。現代中国の簡体字では「恶」となり、その発音は四つあり、発音に応じてそれぞれ異なる意味となる。

〈e〉(四声)。これは日本人には困難な発音だ。コツは口の力を抜ききって「ウ」を発音しようとする口の形で「ア」と言ってみると、その音が出る。その音を上から下に音程をつけると、その発音となる。その意味は、「善悪」というモノサシの「悪」。これは理性の位相のモノサシの目盛である。

〈e〉(三声)。右記の発音をするときに、低めの音程で発音する。その意味は「吐き気を催す」という意味の「悪心《おしん》」の「悪」。これは体感の位相のモノサシに位置づけられる。このモノサシで、「悪」の反対に位置づけられる言葉は、「心地よい」という意味の「快」となろうか。

〈wu〉(四声)。これは「憎悪《ぞうお》」「好悪《こうお》」の「悪」。好きか嫌いかという感情の位相のモノサシである。

そして〈wu〉(一声)は、「どうして～であろうか」という反語。

中国語で四つも異なる発音のある文字は、「恶」だけかも知れない。この四つに共通するニュアンスは、「善悪」の「善」、「好悪」の「好」、「快⇕悪」の「快」をプラスに位置づけるとしたら、「悪」は「マイナス」ということになろうか。反語とは、その語のあとに続く命題を逆転させる。たとえて言うならば、命題に「-1」(マイナス1)を掛け合わせる役割を、この語は果たしているのである。

この不思議な文字は、「亞」と「心」とを上下に組み合わせたもの。「亞」を甲骨文字にさかのぼって由来を尋ねると、地下の墓室を表しているとされる。中国古代の殷墟の墓を思い起こしてほしい。中央の墓道を降りていくと、その左右に死者を埋葬し、埋葬品を置く墓室が設けられている。その平面構成を写したものが、甲骨文字「亞」。そこは生者の世界とは反対の死者の世界、暗く、居心地が悪い「マイナス」の世界なのである。

人が「悪」を行うとき、その行為をその人物の内部から観察すると、理性の位相では「善悪」のモノサシの、感情の位相では「好悪」のモノサシの、そして体感の位相では「快⇕悪」のモノサシの、それぞれモノサシのマイナスの極において行っている。頭では「これから私が行うことは悪いことだ」と思いながらも敢えて行う、心では「憎悪」に身を委ね我を忘れて行う、身体では「悪寒」「悪心」の苦しみから逃れたい一心で行うことが、「悪」なる行いなのである。

ある人物は、これは悪だと理性的に判断しているにもかかわらず、目的のために悪に手を染める、私利私欲のために悪を行う。あるいは、君主継承の制度が整っていないために、理性では「悪行」だと分かっていながらも、やむを得ず自らと血のつながりのある親族を惨殺する。またある人物は、憎しみに駆られて正当な理由もなく、あるいは度を越して苛烈な刑罰を課す。また別の人物は、病苦に身をさいなまれ、その苦痛から逃れるために、神や仏にすがりつくうちに、常軌を逸してしまう。

こうした行為を外部から観察した評価が、史料に書き記され、その記録を読む者によって、「これは悪だ」と断罪される。本書はこうしたプロセスを経て、「悪」とされた行為を紹介するものである。なかには、一般的には「悪」とされる人物について、多角的に論じることで、このマイナスの評価に反語の「悪」を掛け合わせ、プラスの価値に反転させ、「どうしてこれを『悪』と断罪できるのであろうか」と新たな評価を提示している箇所もある。

何を悪といい、何を善というのか。その判断の基準となるモノサシは、文化と時代に根ざしている。文化と時代が異なれば、基準は変わる。インドと中国、あるいは前近代と近現代とでは、善悪の区分が反転することもあろう。だとするならば、個々の筆者自身のモノサシで、歴史的人物の善悪を計らざるを得ず、そのモノサシの是非の判断は、一人一人の読者に委ねられているのである。

そのとき、いま一度、それぞれの人物の内面に想いを致し、その人物の内部からその行為を分かろうとする態度が求められる。人文学的な知を導き手として。

二〇一八年七月一日

上田信

「悪の歴史」東アジア編【上】
南・東南アジア編

目次

はしがき――上田 信……3

東アジア編【下】

南・東南アジア編

❖本書に掲載した各人物論については、各執筆者の考えや意向を重んじて、内容や論説などの統一は一切行っておりません。本巻で扱う東アジアや南アジア・東南アジア関係の人名や地名などについては、該当する現地での読み、英語読み、日本の慣用読みなどがあり、さまざまに表記されますが、本書では原則として各執筆者の用いた読みや表記にしています。したがいまして同一人名や地名などで異なる表記の場合があります。

「悪の歴史」

東アジア編

【下】

939−997年
北宋の第2代皇帝。兄・太祖の跡を継いで中国を統一。君主独裁の中央集権国家体制を確立した。

「燭影斧声の疑」のある準開国皇帝

太宗（宋）

…たいそう…

王 瑞来

はじめに

宋王朝の創立に参与した太祖の弟趙匡義《ちょうきょうぎ》は、第二代皇帝の太宗である。後世、太宗の即位および即位後の一連の行為をめぐり、様々な不可解な疑惑ないしは非難があり、悪のイメージが植え付けられるようになった。いったい太宗はどのような人物だったのか。北南宋三〇〇年の歴史の中でどのように位置づけるべきか。さらに探求したいのは、太宗の行動が中国の歴史にどのような影響を与えたのか。太宗一人のケースから皇帝の個人的品行と王朝の発展との関係を観察するのも興味深いことであろう。

燭影斧声の疑

九七六（開宝九）年十月、太祖はわずか五〇歳で急死した。太祖の死をめぐってはさまざまな説がある。宋代の史書の記事もかなりあいまいである。

釈文瑩《しゃくもんえい》の随筆『湘山野録《しょうざんやろく》』「続録」はこの事件の前半、つまり太祖の死ぬときの様子をつぎのように書いている。

> 十月十九日の大雪の深夜、太祖は供の者をその場から去らせて、後の太宗である弟趙光義《こうぎ》(太祖の諱《いみな》を避けるため「匡義」を改名)と宮殿内で酒を飲んでいた。宮中の人が遠い処からこの二人の様子を見ると、蠟燭《ろうそく》の光の下で、趙光義は時に避けるように席をはずし、太祖は柱斧《ちょうふ》(わたくしの考証によれば多くは金属か玉《ぎょく》の柄をもつ塵払い)で地面をたたき、趙光義に「好做、好做(でかした、でかした)」と言いながら寝てしまった。夜明け頃、宮中の人が静かな宮殿内に入ると、太祖はすでに亡くなっていた。皇宮に泊まった趙光義は太祖の霊柩《れいきゅう》の前で即位した。

司馬光《しばこう》の『涑水記聞《そくすいきぶん》』巻一はこの事件の後半、つまり太祖の死後の様子を次のように書いている。

> 宋皇后が太祖の死んだことを知った後、宦官《かんがん》王継恩に太祖の子秦王徳芳を呼ばせたが、王継恩はすぐに開封府尹《いん》官邸に行き晋王趙光義を宮中に呼び寄せた。これに対して宋皇后はびっくりして色を失い「わが母子の命はあなたにお願いします」と趙光義に頼んだ。

司馬光の記事と文瑩の記事を比べて、異なるところは、太祖が死んだ夜には、趙光義が宮中に泊まっていなかったという点のみである。しかし、太宗は依然として太祖殺害の容疑者から逃れられない。

以上の記事を詳しく吟味すれば、多くの疑問点が残るのはひとまず置き、太宗の即位後の行為も怪しかったとされる。従来、死去した君主を継いで即位する皇帝は、翌年から改元するが、太宗は太祖が死んだ当年、年末まで後二ヶ月を待たずに改元した。その後、太祖の二人の子と実の弟が相次いで太宗に迫害されて死んだ。

それだけでなく、太祖の生前の太宗の行動を考えても、太宗には疑問点がある。太宗は十六年間の長きにわたり開封府尹の任にあったが、その間、個人の勢力を築き上げて、太祖および太祖の

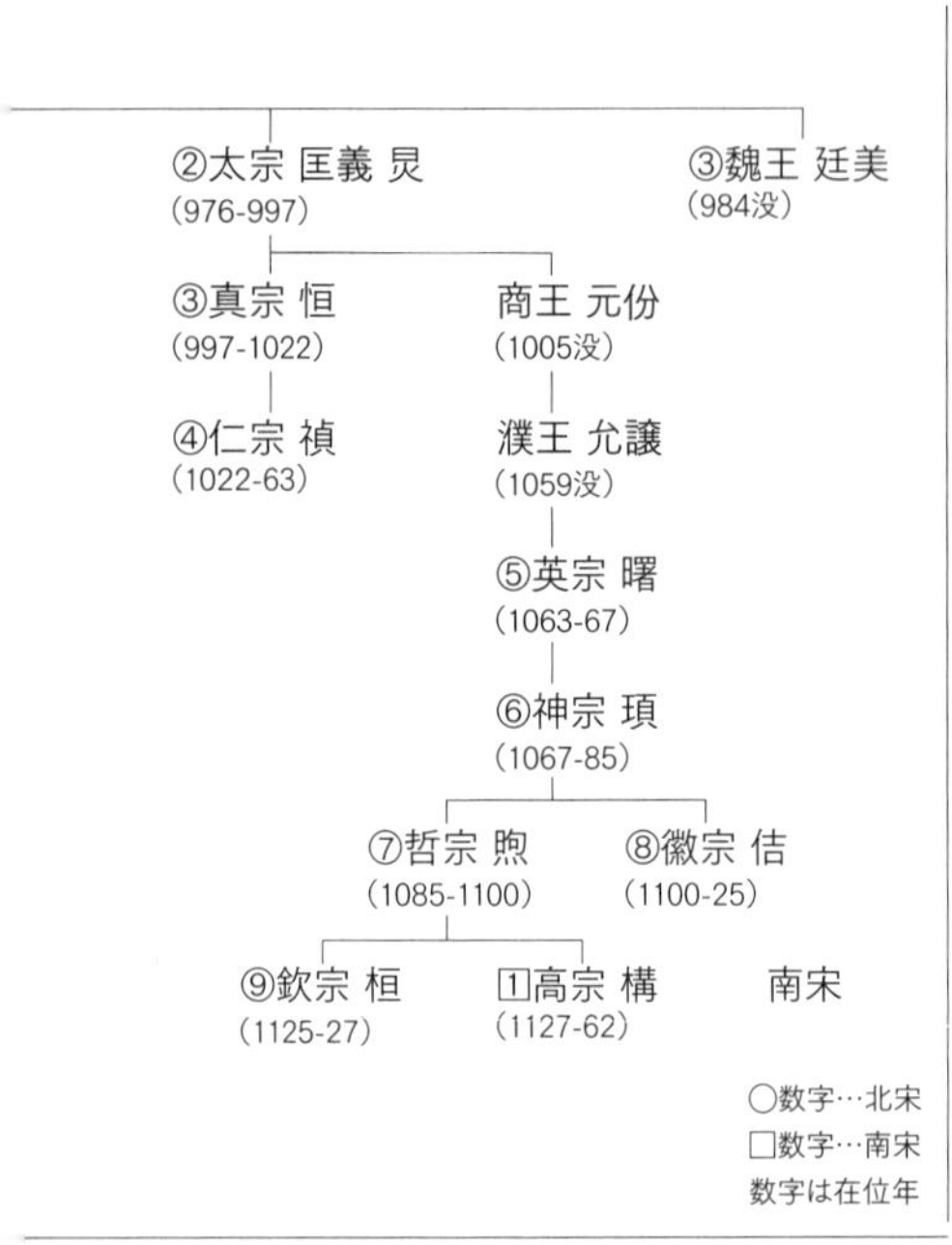

代弁者である宰相趙普《ちょうふ》との矛盾対立がますます激しくなった。これがいわゆる「燭影斧声《しょくえいふせい》」事件の背景である。
一方、この事件は突発的であり、偶発性の一面もある。後蜀の平定後、美人の花蕊《かずい》夫人が太祖の寵愛《ちょうあい》の妃となった。史書の記録では女色を好むとされる太宗は、宮中に闘病中の太祖を見舞い、就寝中の太祖の傍らにいる花蕊夫人をからかったが、その行為を太祖に目撃された

❖両宋皇系統図

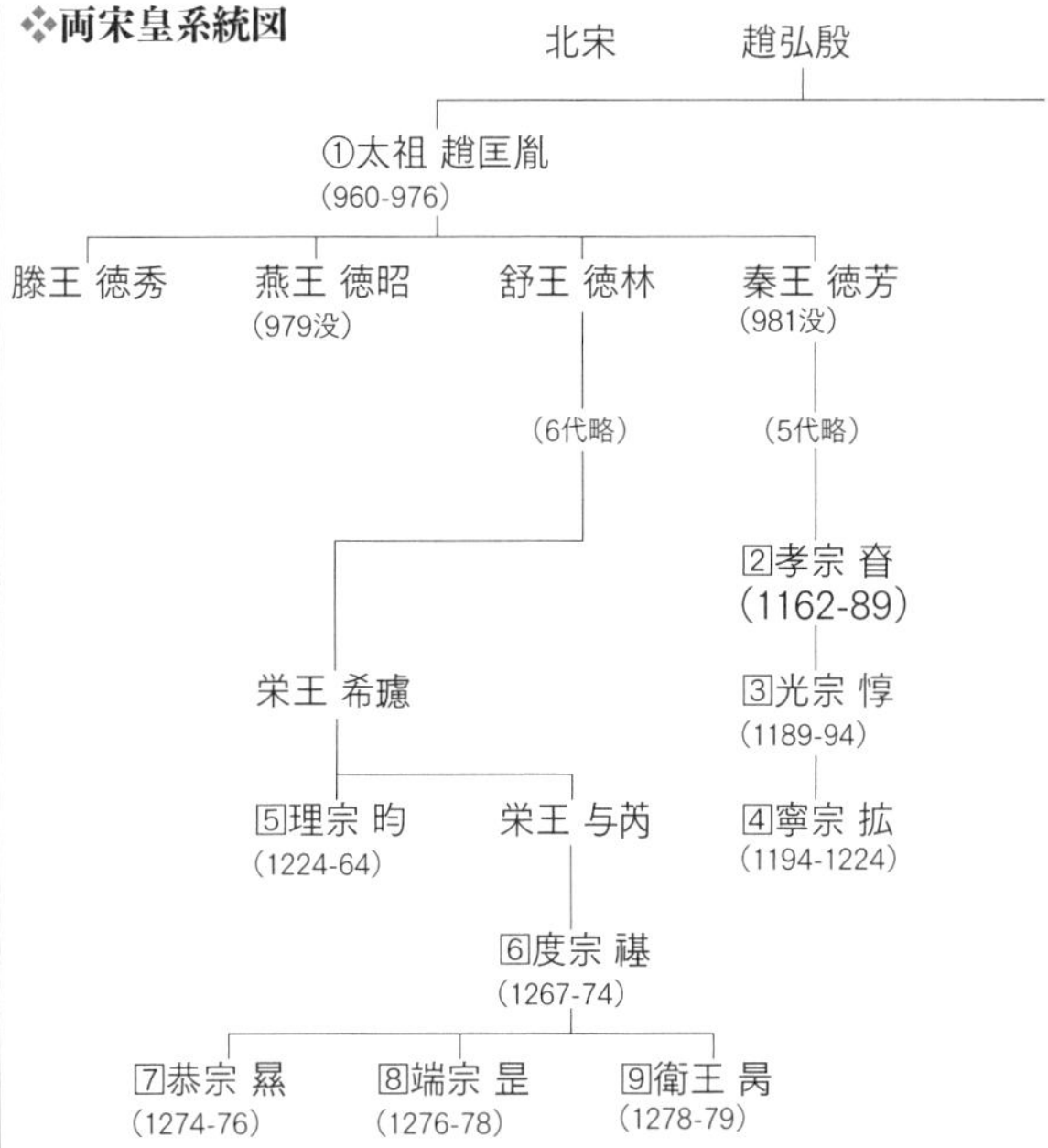

ため、切羽詰まって太祖を殺した可能性がある。これにつき、わたくしは二〇余年前に新史料を発見して考証結果を発表したことがある。

宋朝側の史書では太宗の皇位奪取は、以上でふれたあいまいな記事を除き、ほとんど隠蔽《いんぺい》されてしまった。だが、当時の北の遼朝側の史書では、はっきりと非業の死を表す「宋主匡胤殂《そ》」と記録している（『遼史』巻八「景宗紀」）。これをみれば、宋の太祖が非業の死を遂げたことは、遠く遼朝でも周知の事実であったのであろう。ところで、この事件を依然として「燭影斧声の疑」というのは、太宗の正常でない行動からの推測が多く、確実な証拠が発見されていないからである。

金匱の盟

一方、太宗の皇位継承の正当性を示すものもないわけでない。それはいわゆる「金匱《きんき》の盟」である。

太祖・太宗の母である杜《と》太后は今際のきわ、太祖の死後、皇位を弟光義に受け継がせ、光義の後は、順を追って弟廷美、甥徳昭に継がせると命じた。太祖が承諾すると、趙普にそれを記録させた。その誓約書が金属の箱に密封された、というのである。

しかし太宗は即位の時点でこの「金匱の盟」を全く知らなかったようだ。五年後の九八一(太平興国六)年にはじめて趙普の秘密の上奏によって理解した。太宗はすぐに地方に左遷中のかつての敵である趙普を宰相に再任した(『宋史』巻二四二「后妃伝」)。この「金匱の盟」は趙普の偽造だというのが学界の通説である。

太祖の死は太宗が急遽起こしたクーデタのようである。このクーデタにより、国家の支配権が太祖の家系から太宗のそれへと移ったのである。

内政への転換

宋王朝は対外では相次いで呉越・福建の漳・泉二州を徹底的に帰属させ、ついに北漢を滅ぼし、漢族地域の全国再統一を実現した。この統一戦争を行いながら、政権の制度建設も同時に着手した。特に全国を再統一した後、王朝の内部整備にいっそう精力を傾注した。もちろんこの戦略的な重点の移転には、やむを得ない客観的な理由があった。

簒奪《さんだつ》により皇位に登った太宗は、新たな開国に近かったため、急いで偉大な功業を立て、歴代の開国皇帝のような威信を打ち立てようとした。夷狄《いてき》を征服して領土を拡張するのは、内政よりも功業と威信を立てる近道であろう。そのため、太宗は遼の支持する北漢を滅ぼしたあと、一気に五代期に遼が入手した旧漢族地域である燕雲《えんうん》十六州（河北・山西の一部）を奪い返そうと計画した。九七九（太平興国四）年六月、北漢を滅ぼした後、将兵の疲労困憊《こんぱい》を顧みず、十分な準備のないまま、慌ただしく自ら矛《ほこ》を振るって北伐を行った。結果として先勝した宋軍は幽州（今の北京）城外の高梁河で、やってきた遼の援軍にはさみ打ちされ、惨敗を喫した。太宗本人も腿に二本の矢が中って、ロバの車に乗ってようやく脱走した。

その際、将兵たちが太祖の子徳昭を擁立するという未遂事件が起こった。今回の北伐に遭遇した外部ないし内部の様々なことは、太宗に大きな衝撃を与えた。これは太宗が戦略転換をした根本的な原因であろう。

しかし、惨敗によりメンツが丸つぶれとなった太宗は、依然としてあきらめてはいなかった。数年後、遼の蕭《しょう》太后の臨朝摂政の機に乗じて、和議の打診が断たれた後、充分に準備した上で、九八六（雍熙三）年に三〇万の大軍を動員して再び北伐を敢行した。宋軍は前回と同様に先勝し、後に糧秣《りょうまつ》補給や部隊間の協力などのことがうまくいかなかったため、前後して岐溝関（今の河北涞水県東部）・陳家谷（今の山西寧武県北部）・君子館（今の河北河間県北部）で続々と惨敗を喫した。宋軍は二〇万人を失った。有名な楊家将《ようかしょう》の楊業を含め、太祖時代から残存した精鋭部隊をほとんど喪失してしまった。

その後、太宗は遼の騎兵の通過ルート＝河北平野に幅広く水田を開墾し、防御措置を執り、戦略を徹底的に内政へと転じた。

地方行政の整備

太祖と太宗は臨時に便宜上実施した中央集権的措置を国策として制度化した。

その一は、一部の節度使所属支郡を中央が直轄するという太祖以来のやり方を踏襲して、九七五(太平興国二)年、全国の州郡をすべて中央が直轄するという詔《みことのり》を下した。これによって、「天下の節鎮《せっちん》、復た支郡を領する者無し」(『続資治通鑑長編』巻十八「太平興国二年八月丙寅の条」)というようになった。結局、節度使《せつどし》は高級武官の実権が伴わない名誉的な肩書になった。

その二は、その上で、地方行政システムをさらに整えた。秦の始皇帝が封建制を廃止し、郡県制を行って以来、中国の地方行政は、だいたい州(郡)県二級制を採用しており、行政権を最終的に中央政府に集約した。このような支配方式は、中央集権を確実に完遂はしたが、その運営は効率的とはいえなかった。尾大掉《びだいふる》わずということわざでわかるように、中央政府が広い全国の州県を直轄することはかなり困難だったのである。そのため、中間的な管理の装置の一環として、漢は中央と郡県との間に十三州部という監察区、唐は十道という監察区をそれぞれ設置した。その監察官が定期または不定期に巡査する監察区は固定的な行政区ではないため、行政効率の向上は完全には望めなかった。あらゆる時代でも、あらゆる事態でも、実際の必要性こそが変革・発展の最大の推進力である。唐の中期開元から各道監察官の治所(官庁)が続々と設置されるようになった。監察区は次第に行政区に移行していった。北宋が節度使の支郡管轄を廃止した後、各地に派遣された財政官である転運使《てんうんし》の権限が監察・司法・治安維持へと次第に拡張した。それにより、転運使は中央政府の大使と地方長官という二重身分を持つに至った。

これを長期間実施した上で、太宗後期の九九七(至道三)年、正式に全国を十五路に分け、路・州・県三級行政区制となった。その後、行政管理の効率化と領土の拡大によって、真宗天禧《しんそうてんき》期は十八路に、神宗《しんそう》元豊期は二三路、徽宗《きそう》宣和期はさらに二六路に分けられた。だが、南宋で領土が縮小されると、全国を十八路に分けた。要するに、宋代から中央と州県の中間に路が行政単位の一つとして定着した。

路という宋朝の地方行政単位は、厳密にいえば、監察区と行政区という二重性格を持っていた。路制の実施後、この新しい行政制度が次第に完備された。路の長官転運使は財政官から変身したため、俗称は「漕臣《そうしん》」と呼ぶ。「漕」とは、もともと漕ぐという動詞であったが、後に専ら運河などの水路で物資・食糧を運輸することをさす。前述した路制実施までの発展プロセスで、もともと財政官である転運使の権限が監察・司法・治安維持にまで次第に拡大された。

ところで、昔の中国の官僚体制、特に宋代の官僚体制には相互制約的な特徴がある。転運使の一人がいくつもの職務を兼ねるのは、その相互制約の原則に相反する。それゆえ、路制を実施した後、続々と俗称「憲臣」と呼ぶ司法・監察を司る提点刑獄、俗称「倉臣」と呼ぶ提挙常平(常平倉の罹災者救済・水利農業を司る)、俗称「帥臣《すいしん》」と呼ぶ安撫使《あんぶし》(主に辺境地域に設置して軍事を司る。時に民政を兼務)、を続々と設けた。もともと監察区から変身してきた路の官署は監司と呼ばれる。路の下にある州レベルの行政単位は宋代では地域によって府・州・軍・監がある。その官員は監司が管轄するが、同時に中央政府にも属する。こうして中央は直接に十五路（時期により十八、二三、二六）を管理、その路は三〇〇余りの府・州・軍・監を管理、府・州・軍は一二〇〇余りの県を管理するという行政システムが、北宋で建てられた。南宋になっても、行政単位の数の変化がみられるが、システム自体は変わらなかった。

官僚体制の整備

行政体制の整備とともに官僚体制の整備もこの時期の朝廷が直面した重要な課題であった。宋朝は後周からの平和的な政権交代により、中央からもとの後周の支配地域まで、数多くの官僚が自動的に宋朝の官僚となった。また後周以外の諸国を滅ぼした後、安定策として、その諸国の在地の官僚をもそのまま採用していた。こうした旧体制から受け継いだ官僚にどう対処するのか。さらに漢唐以来の歴史的教訓に鑑み、武将・皇族・外戚にどう対処するのか。当時、これらは直面する官僚体制の問題にかかわる急務であった。

実状からすれば、政権の安定が最優先なので、宋朝はまずは懐柔策を原則として、「官」「職」「差遣《さけん》」を分離するという官僚制度を導入した。官は官名である。これはただ官員の地位と俸禄を表すだけで、実際の職務ではない。ゆえに寄禄官と呼ばれた。たとえば、尚書《しょうしょ》・僕射《ぼくや》・侍郎《じろう》・郎中《ろうちゅう》など。職は館職の館閣大学士・学士・待制などを指す。これは文才のある官員に与える名誉的な肩書きであり、実際の職務ではない。「差遣」は官員が担当する実際の職務である。ゆえに職事官と呼ばれた。その差遣という性質の官名には往々にして使・判・知・権・直・提挙・提点などが付いている。現在日本の県などの「知事」は宋代官制の差遣からのものである。

宋代史の研究者は、ほとんど「官」「職」「差遣」の分離は宋初から行われた特色的な官僚制度であるとするが、適当ではないと思われる。いかなる時代でも、臨時に設置して派遣する官があるであろう。差遣はある種の制度として、唐の中期以降すでに広く導入されていた。それは当時の皇帝権と宰相権、朝官と宦官、中央と藩鎮《はんちん》などの複雑な政治闘争にかかわる。唐の後の五代十国期は、軍閥の乱立による頻繁な政権交代の時期であった。建国した軍閥たちは領域内の支配安定を図り、滅ぼした旧政権の官僚をほとんどそのまま採用し、官名・俸禄までも変えなかった。だが、各レベルの重要なポストには、新政権の信頼できる官員を派遣した。旧官僚を罷免せず、新官僚を採用する場合、官名と職務を分離する差遣制は最も適当な方策であった。これは、五代十国期に差遣官員が大量に出現した根本的な原因であった。宋代の「官」「職」「差遣」の分離制度は、上述の理由に基づき、旧来のやりかたを踏襲したにすぎない。

こうした政治混乱期や戦時体制下の官制について、宋代の太祖・太宗朝の建国期に便宜的措置として一時的に導入したのは、一定の意義があったといえる。ただ、政権が安定し健全化が進んだのちまで、当初の措置を引きずるのは、官制の混乱と行政効率の低下をもたらすだけでなく、財政支出の過剰という難問を生じさせた。こうした明らかに弊害を伴う制度は、意外にも神宗の元豊官制改革まで一〇〇年も続いた。これは宋代人のいう「祖宗《そそう》の法」(前代の皇帝と政府により行われた政策と法律)のマイナス遺産であろう。宋代の史料を読むとき、この「官」「職」「差遣」の区別には十分注意すべきである。

科挙規模の拡大

太宗期の宋朝政府は上述した政策で官僚を優遇する一方、新しい官僚の養成に力を入れた。これについての一つの重要な措置は、太祖朝で行われた隋唐以来の科挙《かきょ》をさらに制度化した上で規模を拡大したことである。太祖朝では、科挙試験がほとんど毎年行われたが、唐代と同じく合格者の人数は極めて少なく、わずか数人か十数人にすぎなかった。このような人材選抜は官僚構造の再建には全く役立たなかったであろう。そこで、太祖の在位期間の中後期より、こうした状況を改変しようとする動向が見えた。九七〇(開宝三)年、やや多くなった十五人の進士合格者を除き、何回も受験して落第した者に追試験を設け、特奏名として一括一〇六人を合格させた。九七三(開宝六)年、かつてなく進士二六人、それ以外の諸科三四人を合格させた。太祖の死去する直前の九七五(開宝八)年には、進士三一人、諸科三四人という最多の合格者を出した。

太宗朝はこの趨勢《すうせい》に沿い、さらに採用人数を三桁にまで拡大した。太宗が即位したばかりの九七七(太平興国二)年、進士・諸科・特奏名をあわせ一気に四〇七人に達した。その後、科挙試験は毎年こそ行わないが、毎回の及第人数はほとんど数百人、ひいては一〇〇〇人を超える場合もあった。

一方、科挙出身者の地位も高められた。太祖朝は、進士に及第すると、たんに地方の小官を担当させ、九品制では従九品という一番下のランクに付けられるだけであったが、太宗朝は、進士及第者は、すぐに正八品の京官（皇帝に謁見する資格がある官）を与え、職務も州の副長官である通判を担当させるようになった。宋代の官僚は有出身・無出身・雑出身の三種類に分けられる。有出身は科挙合格者をいい、無出身は官である父祖の蔭《いん》で特別に官を授けられた者をいい、雑出身は胥吏《しょり》（小役人）の昇進や売官など上記二種類以外の途で官になった者をいう。有出身者の昇進が最も早い。太宗朝は諸科・特奏名を除き、単に進士だけで一四五七人も採った。これは太祖朝の官員総人数の約三分の一を占める。それにより宋王朝自身が養成した士大夫《したいふ》が前代の旧官僚に取って代わり、政治の舞台の主役となった。

ここで説明すべきは、宋代の科挙出身を主とする文官制度では、一定の資格を持って官になると、その官員に対してはもちろん行政能力が要求されるが、それはさほど重要ではない。最重要なのは官員本人への道徳要求であった。なぜなら、中央官庁から県の役所に至るまでの膨大な行政実務は、数多くの無給の胥吏が担当した。そのほか行政の末端である県の実務は、財産により五等級に分けられた郷村戸から無償労役として徴発された職役が担当したからである。このような行政体制の特徴については、不適切な喩《たと》えでいえば、宋代の各レベルの官僚は日本の与党が内閣として担当する各省庁の大臣と政務次官のようであったが、実務を担う胥吏は技術官僚に相当すると考えられるであろう。

あえて付言すれば、これは往昔の中国、特に宋代以降の中国における行政体制の特徴の一つであった。こうした政治設計は人件費を最小に抑える安価な行政であっただけでなく、支配層を被支配層の上層にまで最大に拡張し、あるいは支配層と被支配層との限界をあいまいにするという統治基盤の拡大策でもあった。だが、表面的に見れば安価な行政であるものの、この無給の胥吏と職役とが汚職体質を生む一因とされる。

科挙は太宗朝に制度上さらに整備された。試験をめぐる不正行為を防ぐために、鎖院という試験官を一時的に禁足にして試験問題作成を機密にするとか、試験官の親族の受験者に別試という試験を行うとか、謄録《とうろく》という解答の模写をするとか、糊名《こめい》という解答用紙上の受験者の名前などの個人情報を見られないように封じるとか、様々な方法が規定され、あたかも今日の大学入試試験を彷彿させる。

士大夫政治の形成

科挙の規模拡大は、社会に大きな変化をもたらした。「取士、家世を問わず」(『通志』巻二五「氏族略」序)、つまり科挙制度は官途への門を全社会に開き、貴族が官位を独占する局面を打破した。「惟《た》だ糊名有る公道に在り、孤寒宜しく此の中に向かい求めるべし」(惟有糊名公道在、孤寒宜向此中求。宋人熊克『中興小暦』巻二八)という詩に表されているように、原則上機会均等の競争下、読書人が努力により、統治層に飛び込むことが可能となった。科挙という官僚の再生産装置は一定程度まで社会の流動、つまり社会階層の変化をもたらした。「十年の窓下に問う人無く、一挙に成名せば天下知れり」（十年窓下無人問、一挙成名天下知。元人劉祁『帰潜志』巻七）という詩のように、科挙に合格すると、官になって家族までも職役・雑税免除などの特権をもつ官戸となれた。

利益は最大の駆動力である。全家族が財力を傾け、長期間にわたり受験準備の子弟を支えた。したがって子弟は及第後に、官になり、全家族を保護する責任をもつ。全社会がこの再生産装置内で循環し、一世代一世代と士大夫を作り出した。それとともに一族一族の新士族も次々と現れてきた。士大夫は相互に姻戚関係を結び、新しい士族のネットワークが形成された。次第に社会の末端から最上層まで、士大夫が支配的地位を占めるようになった。

士大夫政治は宋代政治の主要な特徴となった。単に利益の駆使だけではなく、門閥貴族が支配的地位を占めることにより抑圧されてきた普通の知識人にとって、儒学の教養により与えられる社会への責任感が改めて喚起された。一方、科挙試験の内容とそのための受験準備は、全社会の儒学を中心とする文化の普及と向上をもたらした。

太祖の「宰相須《すべか》らく読書人を用うべし」という言葉と「士大夫を殺すことを得ず」（元人陶宗儀『説郛』巻三九）といういわゆる誓約から、太宗の「朕《ちん》、士大夫に負う所無し」（『長編』巻二四「太平興国八年六月戊申の条」）にいたるまでの経過で、宋王朝の政治設計が見えてくるであろう。魏晋南北朝の門閥貴族的な政治、隋唐の地方の集団的政治及び五代の武人的政治に鑑み、それらの弊害を戒めようとする一方、広く士大夫を籠絡《ろうらく》し、政治に参与させ、王朝への求心力を強めようとするという政治的戦略を選択した。神宗朝の宰相文彦博《ぶんげんはく》のいう「士大夫とともに天下を治む」（『長編』巻二二一「熙寧四年三月戊子の条」）という言葉は、上述の太祖・太宗の言葉の流儀を受け継ぐものであるだけでなく、より明確な総括であった。太宗朝の科挙拡大の施策はそうした政治的戦略に基づく配慮であろう。

注目すべきは、上述の戦略と施策は、単に太祖・太宗という二人の皇帝の決定だけでなく、さらに朝廷の政治中心部に座る士大夫たちの主張でもあったと思われる。太祖朝の有名な宰相趙普の影響はひとまず置き、太宗朝の九人の宰相は全て文人であり、うち六人が科挙出身者であった。かれらの政策決定への影響力は無視できないだろう。

おわりに

「陳橋兵変《ちんきょうへいへん》」の策動、宋朝建国への参与および皇位簒奪の嫌疑からすれば、太宗本人は、やはり開国皇帝太祖と類似する準開国皇帝といえたであろう。

「燭影斧声」という実の兄である太祖殺しの嫌疑、「金匱の盟」の偽造による帝系の移転、及び即位前後の好色による悪事などは、太宗にかなりの悪いイメージを植え付けさせた。道徳的視点に立てば、太宗には非難されるべきところもあるが、上述した一連の事件が宋王朝を新しい歴史的段階に押し進めていったということは否定できないであろう。

特定の背景下、太宗の行動は意外にも宋王朝にとって肯定的役割を果たした。太宗時代の政治特徴として、それを継承と発展で表すことができる。太祖の草分けは別として、太宗朝は全国の漢族地域の再統一を達成し、様々な施策で新王朝への隠れた危険性を取り除き、宋王朝を五代のような政権から徹底的に脱皮させただけでなく、太祖朝の政策全般を継ぎそれを補完した。国力・制度などの諸方面において太宗朝以降の大発展の土台を築いた。宋王朝を本格的に発足させるために、国家統一と政治整備事業を成し遂げた。特に科挙の規模拡大は後の士大夫政治のための人的エネルギーを蓄積した。正常に皇帝位についた次期の真宗の時代以降、宋王朝は以前の王朝とは全く異なるイメージの新王朝として、本格的に始動した。この時代に形成された士大夫政治は後の中国の歴史を変容させたのである。

⦿参考文献

王瑞来「『燭影斧声』與宋太祖之死」（「文史知識」二〇〇八年第十二号）
王瑞来「燭影斧声之謎新解」（「中国史研究」一九九一年第四号）
王瑞来『宋代の皇帝権力と士大夫政治』（汲古書院、二〇〇一年）
王瑞来『中国史略』（DTP出版、二〇〇六年）

1021−86年
北宋の神宗の宰相として政治改革(新法)を進めた。学者・文章家としてもすぐれていた。

北宋滅亡の元凶とされる「拗相公」
王安石
…おうあんせき…

王 瑞来

はじめに

中国史上において、王安石はよく物議をかもす人物であった。頑固な性格を持つ王安石は「拗《おう》相公《しょうこう》」と呼ばれる。文学家としての名は唐宋八大家の中に並ぶが、政治家としての毀誉褒貶《きよほうへん》はまちまちであった。その毀誉褒貶は主にかれが主宰した改革をめぐって生じたものである。さて、いったい王安石とはどのような人間であったのか、その改革とはどのようなものであったのか、本当にかれは北宋王朝滅亡の導火線だったのか。

名、天下に重んぜらる

王安石(一〇二一年―八六年)、字は介甫、晩年の号は半山、撫州《ぶしゅう》臨川(今の江西撫州)の人である。家柄は低く貧しく、父の世代に初めて官途についた。王安石は父の官職の異動に伴って各地に遷りながら少年時代を送った。一〇四二(慶暦二)年に二一歳という、宋代進士の平均年齢より若く、かつ第四名の優秀な成績で進士第に登り入官した。二四歳で鄞《ぎん》県(今の浙江鄞県)知県となった。県政を主宰した四年間に「堤堰《ていえん》を起こし、陂塘《はとう》を決し、水陸の利を為す。穀を貸して民に与え、息を出して以て償わしむ。新陳相い易《か》えしめ、邑人《むらびと》之を便とす」という『宋史』巻三二七「王安石伝」の記録がある（以下、引用文は出典を示さなければすべて本伝より）。その水利工事と食糧貸借は、後の王安石新法の水利法と青苗法の原型といえる。その後二〇年近く、王安石は次々と舒州通判、常州知州、江東提点刑獄を歴任した。長く地方官として政務を勤めて民衆の苦しみと時弊を深く認識し、かつ豊富な経験を積んだ。それによって彼なりの治国方策が次第に形成された。その間、文彦博《ぶんげんはく》・欧陽脩《おうようしゅう》などの高官に推薦され、中央で館職《かんしょく》という文人向きの軽くて楽な要職につく機会が何回もあったが、いずれも辞退した。これは当時の、権門を駆け巡って官位を求める風気とは好対照を成した。そのために王安石は士大夫《したいふ》の中で高い声望を集めている。士大夫たちは「其の面を知らざることを恨」み、朝廷も「美官を以て畀《あた》えんと欲する毎に、惟《た》だ其の就かざるを患《うれ》」えた。

一〇五八（嘉祐《かゆう》三）年、王安石は上京して財政業務を担当する三司度支判官となった。長い地方勤務の体験を全国の財政状況と結びつけて、いっそう広い視野で時弊を痛感し、宋代士大夫の天下を自任するという特有な責任感にも駆られて、王安石は「上仁宗《じんそう》皇帝言事書」という万言書を呈上した。その上奏文では「天下の力に因りて、以て天下の財を生じ、天下の財を収めて、以て天下の費に供せん」という主張を提出した。これは後の新法の基本綱領となった。「後、安石、国に当たるに、其の注措《ちゅうそ》する所は、大抵皆な此の書を祖とす」という。ところが、在位がすでに三〇余年に及び、かつ慶暦新政の失敗に立ち会った仁宗と現状に安んずる朝廷大臣たちには、改革の気が全くなかったため、王安石の万言書は梨のつぶてとなった。

それにもかかわらず、万言書の上奏は王安石の声望をいっそう高めた。それから相次いで直集賢院、同修起居注を担当し、ついに皇帝の詔勅《しょうちょく》を起草する知制誥となった。宋の真宗《しんそう》朝から次第に形成された士大夫政治において、士大夫の与論と派閥関係は皇帝権力以上に人事決定を左右する二つの要因である。中央政治の権力中枢は士大夫層のエリートが独占している。それへの参入は、ほとんど知制誥↓翰林学士《かんりんがくし》↓執政というルートでなされる。王安石が知制誥となったのは、士大夫のエリート層に入ったことを意味し、また執政になる道もすでに開かれた。それは王安石がその政治的理想を実現する時期までもはや遠くなくなったことでもある。しかし、知制誥を担当する王安石は、知制誥たちの皇帝詔勅に対する修正権を守るために、執政たちと対立していた。これは王安石が順調に権力の中枢に入る障碍《しょうがい》となった。それゆえ、仁宗に継いで英宗《えいそう》が在位した数年間には、昇進の見込みがなく、腕を振るうことができない王安石は、母の喪に服するという理由を借りて離職し、「終《つい》に英宗の世は、召さるるも起たず」、つまり、朝廷が何回も起用してもすべて辞退した。王安石のこうした行動はかれの声望をさらに高めた。

祖宗法るに足らず

君主制下の士大夫政治では、すべてのことは皇帝の名義で行わなければならない。これはいわゆる君主独裁ではなく、執政者は皇帝の権威を利用して大義名分で施政の障碍を除き、号令をかける必要がある。英宗が死に神宗《しんそう》が即位したことは、歴史的に王安石に君臣が巡り会うチャンスを与えた。

そのときの時局は表面的には静かで、いわゆる「百年無事」であったが、実は至る所に危機をはらんだ、「山雨来たらんと欲して風楼に満つ」という状態になっていた。国内の場合、宋初以来の「兼《けん》併《ぺい》を抑えず」という政策は、官僚地主の土地併呑《へいどん》をますますひどくした。その「富者は弥望《びぼう》の田有り、貧者は卓錐《たくすい》の地無し」という土地の極度の集中は、国家財政収入の減少をもたらしただけでなく、情勢の不安定を招いた。四川・河北などの各地にたえず農民反乱が起こっていた。一方、「冗官《じょうかん》、冗兵、冗費」といわれる「三冗」は財政難の局面をもたらした。たとえば、宋初の軍隊三七万人が、仁宗朝になると、一三〇万人に達した。軍事費の予算は全国の財政収入の八〇パーセント近くを占めている。官員数も宋初から州県数がほとんど増えていないのに数倍に増加された。国外の場合、遼は宋朝内部情勢の不安を見て澶淵《せんえん》の盟で決まった歳幣数に満足せず、歳幣増給を要求し、宋朝はそれに応えて、遼と西夏という両国に年間数十万の財物を納めている。巨額の財政支出は政府に収支が相償わない状態をもたらした。たとえば、一〇六五(英宗治平二)年の財政赤字は一五〇〇万両に達した。政府は財政難を民に押しつけ、宋中期の租税は宋初よりも数倍に増えた。それはいっそう政局の不安定をもたらした。危機に直面する中、「積貧積弱」の状況を改変するために、改革を求める叫びがますます高まってきた。

その情勢下、王安石が登場した。起用された王安石は翰林学士兼侍講の身分を利用して神宗に経典を講義する際に、自分の改革の主張を詳しく説明し神宗の改革意欲をいっそう燃え上がらせた。

二〇代の神宗は盛名を有する王安石を非常に信任して、本来宰相によって決めることさえも王安石の意見を聞かせた。二年足らず後の一〇六九（熙寧《きねい》二）年には、参知政事（副宰相にあたる）に任命されて、正式に政策決定の執政集団に入った。そして翌年さらに宰相に任命された。

王安石は神宗の変法に対する憂慮を解消させるために、「天変畏《おそ》るるに足らず、祖宗法《のっと》るに足らず、人言恤《うれ》うに足らず」という「三不足説」を出した。これはまことに世を驚かせ俗人をびっくりさせる説であった。中国史上、このような勇気を持つ人は極めて少ないであろう。歴代に重んじられた天命と与論をひとまず置き、祖宗の法を重視する宋代では、この話はまるで大逆無道のようであっただろう。王安石の「三不足説」は皇帝権を制限することにマイナスの影響をもたらしたかもしれないが、改革への抵抗力を除くためにはやむを得ないことであったと思われる。その策略の一面を除いても、「三不足説」は王安石思想の時代を超えた進歩性を表すといえよう。

君を得て専政す

「天下盛んに王安石を推して、以為《おもへ》らくは、必ず能く太平を致すべしとす」と黄庭堅《こうていけん》がいうように、衆望にこたえて、参知政事となった後、王安石の改革は嵐のように行われた。宰相という最高の政策決定権を手にする前に、王安石は「中書の外に又一つの中書有り」といわれたように、今日の経済企画庁にあたる制置三司条例司という機関を設置して、全面的に改革を主宰させた。中央の官庁だけでなく、地方の各路に提挙常平官を設け、州県の新法実施を督促した。一〇六九（熙寧二）年から七六（熙寧九）年にかけて、王安石は呂恵卿《ろけいけい》・曽布《そうふ》と一緒に、富国強兵をめぐって次々と新法を推進した。それらの新法は内容と役割によって三つの方面に分けられる。

第一は、国家供給の調整と商人に対する制限。これは主に均輸法《きんゆほう》・市易法《しえきほう》と免行法《めんこうほう》である。

均輸法とは、東南六路の発運使に都の実需と在庫状態を調査させ、「貴を徙《うつ》して賤に就け、近を用いて遠に易《あた》える」という原則によって、「便宜蓄買」させることである。これは従来の定額制より、供給が保障された上、政府の支出と民の負担を軽減した。

市易法とは、市易務を設け、商人が財産を抵当に入れて二割の利息を払って政府から融資をうけたり、平価で買い付けた貨物を掛売りしたりすることである。最初は都に実施された市易法だが、後にほかの商業都市にも押し広められた。

免行法とは、政府への物品供給を引き受ける開封の各業種の商店が、利潤の多寡《たか》によって市易務に免行銭を納め、従来のように順番に現物或いは人力を政府に提供することを廃止するものである。免行法の実施後、宮廷が雑売場と雑買務を通して物品を購入するようになった。これは商人の利益を保護しながら、政府の収入も増加することを目指した。

第二は、国家と農民との関係を調整する政策および農業生産を発展させる措置。これは主に青《せい》苗法《びょうほう》・募役法・方田均税法と農田水利法である。

青苗法とは、王安石が自分の鄞県での実践と陝西地方のやり方から、凶年に備える常平倉・広恵倉の銭穀を元金として、正月と五月という端境期《はざかいき》に自由意志の原則で農民に貸付をして、収穫のときに夏秋の両税と一緒に返済させることである。これは農民が高利貸しからの搾取《さくしゅ》を避けながら、政府も利息の収入を得られることになった。

募役法は免役法ともいう。宋代では家庭の財産収入状況によって戸の等級が分けられる。従来、戸等によって順番に衙前などの州県の小役人を担当した。募役法はこのやり方を廃止し、州県の官庁によって役人を雇う形に変わった。毎年の雇用経費は、州県官庁がその予算を作り、戸等によって割り当てて、免役銭を納めさせる。従来の小役人を担当しない官戸と女戸も相応する戸等で免役銭の半額である助役銭を納めた。これによって政府の収入が増加しただけでなく、それまで役を担当しなかった特権者も役銭を納めなければならなくなった。

方田均税法とは、毎年九月に土地を測量して肥沃の程度によって帳簿に登録し、それによって納税額を決めたことである。これは地主の脱税を防止した上で政府の土地税を増収した。

農田水利法とは、戸等によって資金を寄せ集め、水利工事を興すことである。これも王安石の地方官時代のやり方の拡大化であった。

第三は、統治基盤と軍事を強化する措置。これは主に将兵法・保甲法《ほこうほう》などである。

将兵法とは、北方の各路に続々と百余りの将を設け、各将に実戦経験と武芸を有する正・副将を置き、軍事訓練を行うことである。将兵法が行われた州県では、地方官は軍政に関与できない。将兵法の実施は軍隊の戦闘力を高めた。

保甲法とは、農民を十家で一保にし、五保を一大保に、十大保を一都保として、一家庭に二人の成年男子がいれば、一人が保丁《ほてい》を担当し、住民の中で財力と能力がある人によって保長・大保長・都保長を担当させる。同じ保の人が相互に監督し、治安を維持する。農閑期には軍事訓練を行う、というものである。保甲法を実施する目的は、農村に民兵組織を立てて、軍事費を節約し、地方自治によって反乱を防止し、さらに戦時になると、兵隊に編入できることであった。

上記以外にも、王安石は科挙と学校教育制度の改革を行った。王安石の『三経新義』は教科書として指定され、人材養成を目指す三舎法が実施された。

既得の利益が侵されるとか、改革の理念が違うとか、王安石の新法は朝野の内外から強い反対に遭遇した。しかし結局改革は頑強に堅持・遂行されたのである。その要因は二つあると思われる。

一つは王安石と神宗との親密な関係である。神宗は当時「孔子」とされる王安石にこの上もない崇敬の念を抱き、かつて王安石は聖人でしょうか、と程顥《ていこう》に聞いたことすらあった。当時の宰相曽公亮は「上、安石と一人の如し」と言っていた(『続資治通鑑長編』巻二二五)。『元城語録解』巻上には「(王安石)君を得るの初め、主上と朋友の若し。一言も己の志に合わざれば、必ず面に之れを折り、反復詰難《きつなん》し、人主をして弱に伏さしめて乃ち已む」と記されている。こうした皇帝権を吸収する宰輔《さいほ》専政《せんせい》こそ宋代士大夫政治の基本的な特徴であった。これも王安石の改革遂行の根本的な要因であった。

もう一つは、改革集団の結成と厳しい処罰の採用である。王安石は改革への障害を取り除くために、中央から地方まで改革の意欲がある若手を破格に抜擢し、要職を与える一方、改革に反対する人を断固として罷免した。その発言権をもつ諫官《かんかん》・御史は直接に皇帝を経ない「白帖子」で罷免し、執政大臣は皇帝権を借りて罷免した。それによって組織上での改革遂行を守った。

改革は失敗したのか

王安石の改革は失敗をもって終わりを告げたという見方は、学界の普遍的な認識である。この見方は王安石本人の進退によりなされたのかもしれない。確かに、「天変畏るるに足らず」といった王安石は、ついに反対派の攻撃と改革派の内紛によって、旱魃《かんばつ》と天象変化という表面的な理由で二回宰相を罷免された。しかし、王安石の不在は新法の実施に大きな影響を与えなかった。神宗が死ぬまで新法は徹底的に実行された。その十数年間の新法実施はすでに一定の程度で富国強兵の目的を達成した。北宋の版図も建国以来最大となった。神宗を継いで即位した哲宗《てつそう》の前期に、新法の反対派が執政して、新法をほとんど廃止したが、哲宗後期と徽宗《きそう》時期になると、「紹聖」と「崇寧」という年号が示すように、新法が復活し、王安石は孔子と一緒に尊崇された。

ところが、王安石の変法は先の范仲淹《はんちゅうあん》の慶暦新政の官僚体制を整頓する経験を見落とし、単に財政改革に重点をおいた。これによって、理論上では実現可能な新法も、実施するプロセスでは、地方の官吏に悪用されて多くの弊害を生んだ。さらに王安石と司馬光の改革の理念と方式をめぐる争いは、個人的な恩讐の党争に転じた。激しい党争が繰り返して続き、ついに女真人《じょしんじん》の金の侵入によって北宋は滅亡した。新法を創作した王安石は千古の罪人となってしまったのである。

実際のところ、全盛期にあった北宋王朝の滅亡については、女真人の金による突然の襲撃や内政の腐敗などの諸因が考えられるが、すでに死去から四〇年を過ぎた王安石は直接にはかかわりがなかったと思われる。強いて王安石との関係を探求すれば、改革の後継者を自任した徽宗や蔡京《さいけい》などが過酷な党争を引き起こしたため、王安石に汚名が着せられることになったのである。特に南宋初期において、北宋亡国の遺憾の意から、感情的に王安石に強い非難が加えられた。中期以降、次第に平常心を保って王安石を再評価する人が多くなった。

今日から見れば、王安石の「祖宗法るに足らず」という政治的勇気はひとまず置くとしても、かれの「賦《ふ》を加えずして国用足る」(『宋史』巻三三六「司馬光伝」)という経済的手段での治国の実行は、実に先駆的であった。王安石の変法は、世界的規模で深遠な影響がある。二〇世紀三〇年代にアメリカ政府がとった農業不景気を脱出する対策は、王安石の青苗法と市易法を参考にしたという説もある。レーニンの著作ではロシアの土地問題を論じる箇所に「王安石は十一世紀中国の改革者」という注を施している。晩年に宰相を罷免された王安石はつねにロバに乗って金陵の山の小道をうつうつと散策したという。そのとき、かれは死後の毀誉褒貶をどう思っただろうか、二一世紀に、その改革が新たに重視されるとはよもや思いもしなかったのではなかろうか。

◉参考文献

王瑞来『宋代の皇帝権力と士大夫政治』(汲古書院、二〇〇一年)
王瑞来『中国史略』(DTP出版、二〇〇六年)

「風流天子」と専権宰相蔡京

徽宗

…きそう…

1082−1135年
北宋の第8代皇帝。金の侵入の際、欽宗に譲位したが東北に拉致され、そこで没した。文芸の保護にも努めた。

王瑞来

はじめに

話題は朱熹《しゅき》（朱子）が述べた一つの逸話から始めよう。『朱子語類』巻一二七に

徽宗《きそう》、星変見《あら》われるに因《よ》り、即ち衛士に令して党碑を仆《たお》さしめ、云わく、明日を待つこと莫《な》かれ、蔡京《さいけい》を引得して又た来り炒《さわ》がせしめん、と。明日、蔡以て言を為す。又た詔を下して云ふ、今、碑を仆すと雖も、党籍却って旧に仍る、と。

党碑とは、王安石《おうあんせき》変法に反対する官僚の名前を記録して永遠に起用せずということを示す元祐党籍碑である。宮殿前の石碑は徽宗本人が自ら書写したもの、全国各地の役所前の石碑は宰相蔡京が書写したものである。この逸話自体とその背景は何を物語っているのか。逸話によれば、次の二点を指摘できると思う。一つは、石碑の設置は徽宗の本心ではなかった。世論の強い反発によって、徽宗は屡々《しばしば》党籍碑を廃棄しようとしたが、宰相蔡京の妨害で実現できなかった。やむを得ず、星変

という不吉の前兆を借りて、夜にあわただしく衛兵に党籍碑を倒させた。このことから、皇帝である徽宗が宰相蔡京を恐れていたことが分かる。もう一つは、党籍を廃止しないことも徽宗の本心ではなかった。本来、党籍碑を倒すことは党籍の廃止を意味する。しかし徽宗の予想どおり、党籍碑を倒した翌日に、蔡京が徽宗に絡んできた。徽宗は本心に逆らって「今、碑を仆すと雖も、党籍却って旧に仍る」という詔を下すほかなかった。これを見ると、いわゆる君主独裁制の成立した宋代において、名義上での至上の皇帝としても、宰相の意志に反すると、場合によっては止むを得ず詔を下し、自分のやり方を変えねばならなかったことが分かる。このような事実は従来の君主独裁制への一般認識にそぐわないであろう。徽宗は北宋の亡国皇帝の一人であるが、朱熹が述べたことは特例ではなく、宋代の中央政治における権力形態の実態を表している典型例であるといえる。それはいったいどのような権力形態であろうか。ここでは朱熹の述べた事例に沿って、徽宗朝の政治に対する考察を通してそれを説明していきたい。

建中靖国から崇寧へ――崩れた政治のバランス――

一一〇〇年一月、跡取りがない宋の哲宗《てっそう》が病死した。皇太后向氏の強力な主張によって、反対意見を排除して、哲宗の五人の弟の中で二番目の腹違いの弟、十九歳の趙佶《ちょうきつ》が皇帝位についた。これが中国史上で有名な皇帝で、芸術家かつ風流人の徽宗である。幾多の紆余曲折を経てようやく皇帝となった徽宗は、有為の皇帝になろうとしたが、その父神宗《しんそう》の時代に行った王安石変法が残した党争、つまり新法党と旧法党との派閥闘争の後遺症に悩まされることになった。

王安石変法は、熙豊《きほう》変法ともいい、王安石の主宰を軸に、神宗の治世熙寧《きねい》(在位一〇六八―七七年)・元豊《げんぽう》(一〇七八―八五年)期を貫いた経済・行政・軍事・教育などの分野にわたる全面的な改革のことである。改革の理念と実施をめぐって、当時すでに賛成派の新法党と反対派の旧法党に分裂し、次第に激しい党争となり、本来の正常な政争が個人的恩讐の仕返しに転じた。神宗を継いで即位した哲宗の前期元祐間(一〇八六―九四年)に旧法党が執政して、新法はほとんど廃止され、新法党が左遷されたが、哲宗後期になると、「紹聖」「元符」という年号が示すように、新法が復活し、旧法党が追放された。

即位後の徽宗は、上述の政局に直面して、ジレンマに陥った。一方は新法を行った自分の父親神宗であり、他方は旧法党に味方し自身の即位を支持した義母向太后である。現実の損得への配慮であろうか、徽宗は即位の直後、新法党を退け、旧法党官僚の名誉を回復して全面的に起用した。このふるまいが向太后や朝野にある旧法党勢力にほめたたえられ、「小元祐」といわれた。そればかりでなく、王安石変法に対して偏見を抱いている後世の学者にも称揚されている。清人王夫之『宋論』は「徽宗の初政、燦然《さんぜん》として観るべし」とほめている。実はこうした旧法党起用は徽宗の施策ではなく、成人に達していない徽宗の代わりに摂政を務める向太后のふるまいであった。いうまでもなく、そのすべては徽宗の名義で行われたのである。これを全て徽宗政治とすることはできない。さらにいえば、旧法党の再執政は、やはりそれに味方する向太后が朝野の旧法党勢力に利用された結果である。

しかし徽宗即位の半年後、向太后が死んだ。徽宗は頭頂からの心配がなくなり、政治路線の調整が始まった。即位当初、徽宗はかつて詔を下して直言を求めた。その機会に乗じて、新法党と旧法党が次々に政治意見を提出した。新法党はすべての弊政を「元祐更化」になすりつけ、司馬光《しばこう》などの旧法党が哲宗をだまして、太皇高太后の支持を得、神宗と王安石の正当な新法を廃止して、改革派を追放し、国家を苦境の局面に追い込んだ、という。一方、旧法党は、当時王安石が神宗を惑わして、祖宗の法を乱し、混乱をもたらしたが、結局は司馬光などの旧法党が旧制を恢復《かいふく》して危難を免れた、という。激しい党争の中で、向太后の病死に伴い、一時的に勢力が強くなった旧法党は、次第に権勢を失いつつあった。若い徽宗は、その父神宗のように有効な大事業を試み、朝廷の政治を正常に戻し、党争を鎮めさせるために、折衷案を打ち出した。同時に新旧党人を起用することであった。徽宗の即位した翌年、大臣の提案によって、建中靖国《せいこく》と改元した。これも当時の新旧党の勢力が伯仲状態にある現況を客観的に表している。

ところが、当時の党争はすでに調停できない状態であり、新党・旧党はともに徽宗の折衷案に反対した。まもなく徽宗の中間路線は行き詰まったことが証明された。旧党の官僚が徽宗に「人材、固《もと》より当に党与を分かつ可からず、然るに古自り未だ君子小人雑然として並進して以て治を致す者有らず」と上奏した。一方、新党の起居郎鄧洵武《とうじゅんむ》は、父神宗を継いで帝位についた徽宗が有効な大事業を成し遂げようとする心理をずばりと当てたため、徽宗に接見したとき、現任宰相韓忠彦《かんちゅうげん》は韓琦《かんき》の子なので新法に反対するのは父の遺志を継ぐが、陛下は神宗の子として、なぜ神宗の遺志を発揚することができないのでしょうか、と徽宗に質問した。こうして徽宗に刺激を与えた後、一部の「愛莫助之図」を呈上した。その図は『史記』の年表に倣い、宰相以下の各部署の官僚を七項目に配置して左右二欄に分ける。左欄には神宗の変法に賛成する新党を並べ、わずか二〇余人。右欄には元祐更化に賛成する旧党を並べ、在朝の主要な官僚をほぼ包括した。図の最後、神宗の遺志を継げば、蔡京を宰相に任命しなくてはいけないと強調した（『宋史』巻三二五「鄧洵武伝」）。こうして中間路線で挫折を味わった徽宗は、その政治のてんびんを新法へ傾けたのである。

鄧洵武の発言は、徽宗の治世の最後まで大きな影響力を持った蔡京の登場を予見していたのである。

鄧洵武が取り上げた蔡京とは一体どのような人物だったのか。熙寧三年進士に及第した福建出身の蔡京は、変法派に追随するが、実は日和見主義者であった。元祐の初め、旧法党司馬光が宰相となって、「免役法」を廃止し、「差役法」を恢復した。その施策は地方で大きな抵抗に遭った。当時知開封府を担当する蔡京は、司馬光の要求どおり、五日間で開封府のすべての所轄県でその廃止を完了し、大いに司馬光の歓心を買った。しかし、司馬光が罷免され、新法党章惇《しょうとん》の執政になると、一転して章惇についた。「紹述」（神宗の遺志を継ぐ）の名義で蔡京はいろいろな悪事を働いたため非難され、しばしば地方に左遷された。徽宗が即位したとき、蔡京は依然として弾劾を受け続け、結局は職名を奪われて提挙洞霄宮という閑職を与えられて杭州に追放された。

蔡京は朝廷内で多くの非難を被ったものの、徽宗は蔡京にそれほど悪い印象を抱いておらず、かえってある程度の好感を抱いていた。芸術家の素質を持つ徽宗は即位する前に、書画の創作と蒐集に耽《ふけ》っている。蔡京の書は当時かなり有名であった。蔡絛『鉄囲山叢談』巻五に「紹聖の間、天下に能書と号するものは魯公の右を出づる者無し」と述べる。また同書に王子時代の徽宗がかつて二万銭(二〇貫)で蔡京自筆の文字がある扇を買ったことがある、と。杭州に住む蔡京は、珍しい書画・宝物を蒐集するために来た宦官童貫《かんがんどうかん》に取り入り、童貫を介して労作の屏風や扇子を徽宗に贈った。また蔡京の友人でよく宮殿に出入りする道士徐知常を利用して宮中でいつも蔡京をほめた。したがって、宮殿内の女官と宦官たちは口をそろえて蔡京を称賛するようになった。

まもなく蔡京が新たに起用され、知定州(今の河北定州市)になった。以後、蔡京は迅速に昇進していった。時系列で示そう。知定州の翌年、一一〇二(崇寧元)年、宋朝の北京である大名府(今の河北大名県の東部)の知府になり、一ヶ月後、皇帝の首席秘書官である翰林学士承旨になった。また二ヶ月後の五月、尚書左丞に昇進した。翰林学士承旨は蔡京が元符年間にかつて担当した官職への復職であり、尚書左丞への昇進は蔡京にとって政界の最高層である、執政集団に入ったことを表している。それに留まらず、二ヶ月後の七月、曽布に代わって、宰相右僕射《うぼくや》になり、半年後の一一〇三(崇寧二)年正月、さらに昇進して首相である左僕射となり、官僚の最高峰にまで登った。わずか一年間での昇進の速度は宋代でもまれである。これは単に徽宗の歓心を買ったという理由だけでは説明できないであろう。朝廷の政策の決定や人事の任免などの政治的な出来事は、往々にして物理学の合力のように作用した結果である。蔡京の昇進も同然である。たとえば、蔡京が地方から朝廷にもどって翰林学士承旨になったのは、朝廷内の二人の宰相の争いと関わっていた。『宋史』蔡京伝に「韓忠彦、曽布と交悪して、謀るは京を引きて自助せんとし、復び用いて学士承旨と為る」とある。
蔡京の昇進につれて、旧法党官僚は一掃され、朝廷は新法党一色の天下になった。蔡京は翰林学士承旨になると、すぐに旧法党への攻撃を始めた。政府の最高権力を手に入れた後、いっそう大がかりに旧法党への狂気じみた報復を行った。二年間にわたって、元祐の法を焼き払い、全国の役所に「元祐党籍碑」を建て、刊行された『唐鑑』(『資治通鑑』の一部)及び三蘇(蘇洵《そじゅん》・蘇軾《そしょく》・蘇轍《そてつ》父子)・秦観《しんかん》・黄《こう》庭堅《ていけん》等の文集を廃棄するなど、色々な悪事を敢行した。旧法党だけでなく、かつて自分が恨みを買う人に対しても、見逃さずに一括して追放した。これらはすべて徽宗の名義で行ったが、実は蔡京の意志から出たのは自明なことであろう。

　蔡京はいろいろな行動を遂行するために、組織的な保障を行った。王安石変法の三司条例司に倣い、政府機関を捨て、別に自ら提挙を担当する都省講議司を設置して、下部を宗室・国用・塩沢《えんたく》・賦《ふ》調《ちょう》・尹牧《いんぼく》などの部門に分け、一部門を腹心の部下三人に主管させた。「凡そ設施する所、皆な是れ由り出づ」と『宋史』蔡京伝は述べる。異分子を排斥迫害すると同時に、中央から地方までに一味徒党を配置して権力を握った。以上のように理解できるのではなかろうか。蔡京の「紹述」の名義での諸行動のプロセスは権力を奪うプロセスである。政治はバランスをとるテクニックである。政治のバランスが崩れると、その政治に危機をもたらすのは必然の勢いであろう。徽宗の蔡京一辺倒は皇帝権を喪失したばかりでなく、政治情勢の悪化をもたらし、経済・軍事・文化・教育などの様々な領域に取り返しのつかない損害を与えた。絶え間ない党争の中で国力は弱められた。したがって女真《じょしん》人《じん》の金国による突然の侵攻に遭遇すると、北宋王朝は滅亡した。北宋の滅亡は歴史的偶然性があるものの、徽宗朝と終始した宰相蔡京も罪を逃れられないであろう。

豊・亨・豫・大の太平天子――皇帝権の喪失――

従来、徽宗は無徳の亡国君主とされるが、即位時には、一瞬の輝きのような有為の青年皇帝のイメージが確かにあったのである。有為の皇帝と暗愚な君主、その両者は著しいコントラストを示している。なぜ徽宗一人にこの不思議な変化が起こったのか。

中国歴代の王朝は、政権の永続化をはかって、子孫のために厳格な保傅《ほふ》制度を立てた。こうした太子の保傅（太保・少保、太傅・少傅など）と皇帝の侍読侍講学士たちは、皇帝の即位前後に、毎日彼の頭に伝統的君道を教え込み、良き皇帝となるべく訓戒を与え、支配集団の根本的利益に合致する規範を取り入れさせた。中国史上、相対的に正常な政治情勢の下で、殷《いん》の紂王《ちゅうおう》のような暴君がほとんど出て来なかった一因は、歴代の整った保傅制度と講読制度の設置によると思われる。このような儒学士大夫の政治的設計から、皇帝が自律性を強化し、自発的に己の行動をつつしみ、君道の規範を守ることになったのである。これは肯定的な立場で皇帝権を制約するテクニックである。宋代の保傅制度と講読制度は、それ以前の歴代より完備したものであるだけでなく、さらにこのような教育を皇族子弟の全体にまで広げていた。たぶん皇子の皇帝になる不確定性がその制度拡大の一因であろう。

徽宗はこのような教育下で育っていったのである。それゆえ、かれは即位前後、自己抑制の美徳をしばしば表していた。皇子時代から徽宗は珍鳥の蒐集・飼育が好きであったが、諫官江公望の忠告を受け入れ、飼育した鳥を放してしまった（『桯史』巻十）。ある日、遅い時間に諫官陳禾《ちんか》が上奏してきた。徽宗は朕は腹がへった、改めてまた話そうか、と言いながら離れていった。陳禾は退くとき、あわてて徽宗の服の袖を引き裂いた。陳禾は、陛下が服の砕けるのが惜しくなければ、臣は頭の砕けるのも惜しくないと言った。結局、徽宗は怒ることもなく、最後まで、陳禾の上奏に傾聴した（『揮麈後録』巻二）。蔡京・童貫などの誘惑によって徽宗はだんだんと奢侈になったが、依然として世論の非難や大臣の批判を招くことを心配した。徽宗は昇平楼を補修するさい、宰相張商英が通りすがりに、早く職人を隠すよう工事監督を戒めた。これは張商英の忠告のためである（『宋史』巻三五一「張商英伝」）。これらは帝王教育の効果ではないか。このような教育を受けた徽宗は良き大臣の補佐を得れば、傑出した皇帝にならなくても、守成の君主になり、無徳の亡国の君主になるはずはなかったであろう。不運にも徽宗は後者の途を歩んだのである。

正規の帝王教育を受けた徽宗は、風流才子のぜいたくな望みがあるものの、即位初期には、かなり自己抑制的であった。ある年の誕生日の宴会で、徽宗は玉製《ぎょくせい》の杯や皿を使いたいと思いつつ、世論の批判を心配していた。蔡京は以前使者として契丹《きったん》の宴会に出たさい、そこで使われたのはすべて玉製のものだと言い、さらに「多言畏れるに足らず」と徽宗の心配を除去した。蔡京は儒学経典『易経』と『周礼』から「豊・亨《こう》・豫《よ》・大」（豊饒《ほうじょう》安楽の意味）と「唯王不会」を引いて、太平の盛世を思いきり享楽すべきであり、君主の費用は無制限と間違った解釈をした。また蔡京はいま国庫の蓄積は五〇〇〇万以上あるから、どう使ってもかまわないと徽宗に伝えた。一方、盛んに土木工事をやり、宮殿を増築して築山・回廊・人工湖を作り、専ら「花石綱」で江南から珍奇な庭石や花草を都に運んだ。また道教を信奉して方士を重用するようになった。ひどい時には、宮中に大勢の女官をかかえている徽宗が、つねに忍びの姿で妓楼《ぎろう》遊びをし、翌日の朝儀がしばしば取り消されるほどであった。徽宗が名妓李師師と密会した逸事は当時広く伝わっている。徽宗は道教・書画・酒色に耽《ふけ》って、政事に関心を持たなくなっており、徽宗の二五年の治世の大半、実質上の皇帝権は、十七年間宰相のポストに座った蔡京の手に落ちた。朝廷は蔡京を筆頭に「六賊」と呼ばれた王黼《おうふ》・朱勔・李彦・童貫・梁師成、および楊戩《ようせん》・高俅・李邦彦などの悪党の世界になった。

この奸臣たちは、有為の君主に成る可能性のあった徽宗を非道で愚かな君主にしたのみならず、新法の名義で免役法・権茶法・鈔塩法などを実施して、「括公田」の方式で民間の土地を横取りして私腹を肥やしていた。蔡京・童貫・朱勔の家産は国庫より多かったと言われる。蔡京の誕生日になると、全国各地の役所は貢ぎ物を捧げたが、それは「生辰綱」と呼ばれた。小説『水滸伝』中の「智取生辰綱」(計略で蔡京の誕生日貢ぎ物を奪取)の描写は全くのフィクションともいえない。蔡京等の過酷な施策と非道な行動は、本来王安石変法を経て好転したはずの北宋の政治・経済を急速に悪化させて、社会を不安定に陥れた。当時の民謡「筒(童貫を指す)を打破し、菜(蔡京を指す)を浇し了れば、便ち是れ人《じん》間《かん》は好世界」(『能改斎漫録』巻一二)が流行して、蔡京などへの不満が吐露された。宣和年間(一一一九―一一二五年)山東と浙江では前後して宋江と方臘の農民反乱が起こった。

内政を悪化させた蔡京一味は、大事を起こして手柄を立てようとした。つまり、東北部に勃興した女真人金国と盟約を結んで宿敵の遼を滅ぼし、五代のとき喪失した今の北京を含む華北を回復しようと目論んだ。共同作戦を通して、宋の弱みを見破った金は、遼を滅ぼした後、南下して北宋まで滅亡させた。ある意味で北宋は蔡京たちによって葬り去られたといえる。

今日北宋亡国の歴史を回顧するとき、その皇帝権の喪失を深慮すべきであろう。

徽宗朝から見える皇帝権の実態——皇帝権の変質——

中国史上における君主制は、今日いくつかの国に存続する日本の天皇制のような立憲君主制とは異なるが、実権を持つアメリカのような大統領制とも違う。時代を経るにつれて、中国皇帝が握る権力の実質は次第に実在の行政権から象徴的な許可権へと変化していった。これは歴史の全体的趨《すう》勢《せい》であるにもかかわらず、繰り返された王朝の交替はしばしばその変化を中断させ、皇帝権の象徴化から実権回復という「先祖返り」の現象がよく見られた。なぜ皇帝権にこのような変化が起ったのか。政府の行政機能の完備と運営分担の綿密化は、皇帝を兼任する行政長官の役から退去させ、転じて専《もっぱ》ら国家元首としたゆえんである。しかし皇帝権のこのような変化は君主制設置の初志と矛盾していた。史上においてしばしば起こった皇帝と宰相との争いは、多くの場合、権力の限界不明によって生じたためである。

史書の記事を見ると、ほとんどの朝廷政令は皇帝名義の詔勅で発布された。ために、後世、君主独裁という錯覚を起こさせた。実は当時の行政メカニズムを明らかにすれば、この錯覚がなくなるはずである。唐代になると、中書省が起草し、門下省が審議し、尚書省が実施する、という完備された三省制が形成された。その上で宋代の政治制度が作られた。『宋史』蔡京伝に「国制、凡そ詔令、皆な中書門下議し、而《しか》る後、学士に命じて之れを為《つく》らしむ」と記されている。朱熹も「君は制命を以て職と為すと雖も、然れども必ず之れを大臣に謀り、之れを給舎に参ず。之れをして熟識し、以て公議の所在を求む。然る後に王廷に揚げ、明らかに命令を出し之れを公行す」(『晦菴集』巻十四)と類似したことを述べる。この点について宋代の皇帝も「凡そ事は必ず大臣と僉議《せんぎ》し、方めて詔勅と為す」(『庶斎老学叢談』巻二)と仁宗《じんそう》が自ら語っている。これをみると、政令は制定から頒布《はんぷ》までの全過程で、皇帝が主要な役割を果たすことはなかった。多くは、最後の頒布の段階に入った時点で、「押印」のような役割を果たしたにすぎない。皇帝は具体的政務を処理せず、実際上の権力を発揮することもない。その地位と象徴性が大きな影響力を持っていて、その名義で天下に号令することになる。伝統中国の皇帝のもつこの特性は、執政の政治集団に充分に利用されてきた。

多くの場合、国家元首の皇帝と行政長官の宰相は相互信頼の親密な関係を持っていた。したがって宰相は最大限に皇帝の権力を利用できた。史上において、皇帝を政務に干渉させない方法は二種類がある。正常の政治運営のために、官僚士大夫が往々にして帝王教育を通してこの目的を達成する。一方、権臣が専権をふるい、皇帝の政治への関心を弱める。蔡京が徽宗を玩物喪志させた事例をみよ。しかし、結果は朝廷を全面的に崩壊させた。蔡京は、権力を徹底的に自分でコントロールするために、既存の政府部門を廃棄し、前述の「凡そ設施する所、皆な是れ由り出づ」という講議司を設置しただけでなく、前引の『宋史』蔡京伝をみると、かれはつねに御筆手詔の形を使い、自ら徽宗の名義で詔勅を起草し、後で徽宗に写し取らせた。ある言葉は全く皇帝のそれに似つかわしくない場合もあった。このような現象は、実際の政治活動の中で皇帝が特定の政治集団の工具となったことを表している。

実際、詔勅が皇帝本人の意志から出なかったことは、当時の人々はすでに熟知していた。蔡京が再び宰相となり、廃止された政令がみな復活し、かれの反対派は続々と罪を着せられた。そこで葉夢得は徽宗に質問し、「陛下、前日建立する所は陛下に出づるや、大臣に出づるや。其の罷《や》むるに及んで、又た従りて之れを復するは亦た陛下に出づるや、大臣に出づるや。…今徒だ、一大臣の進めて以て作す可しと為さば、即ち法度従りて立つ。一大臣の退けて以て作す可らずと為さば、則ち法度従りて廃せらるるを見るのみ。乃ち陛下、未だ中に了然たらずして、已より出でざる者無からんや」(『宋宰輔編年録』巻十二)と言った。皇帝として、本心に逆らって大臣の意見に従う場合もかなりある。本文の冒頭に述べた徽宗が夜に慌てて元祐党籍碑を倒すという例はこれである。堂々たる徽宗の名を以て蔡京の悪政の実を行うのは、皇帝権の変質を物語っているであろう。

おわりに

儒学の帝王教育は有能な行政長官にする教育ではなく、有徳な国家元首にする教育である。皇帝権力の暴走を防ぐために、神権と道徳というようなソフトな制約が作られた一方、法律規定と諫官設置というようなハードな制約も作られた。昔の士大夫にとって、最も理想的な政治は、皇帝が政治に無欲無為となり、政務に干与せず、政府事務が宰相をはじめとする執政集団により運営されるという状態である。ところが、皇帝が政治に無欲無為になっても、宰相をはじめとする政府全体の腐敗は最も怖れる事態である。それは王朝を滅亡に導くことになる。徽宗時代の政治はこれを証明している。

徽宗朝の政治は一貫して党争が絡んでいる。政治闘争の中で、皇帝権が派閥にうまく利用されてきた。徽宗皇帝の生涯に密着していた宰相蔡京は、ある意味で北宋の滅亡を導いただけでなく、南宋の宰相専権の悪例を創った。南宋の秦桧《しんかい》・史弥遠《しびえん》・賈似道《かじどう》は蔡京に匹敵する権相であった。かれらの悪政は南宋にも苦境ひいては滅亡をもたらした。ところが、宰相専権は必ずしも悪い結果ばかりではない。例えば北宋の寇準《こうじゅん》・王旦《おうたん》・王安石の専権は悪政ではなかったという定評がある。ここでは宰相の人柄を探究するつもりはないが、普通の政治状態より、専権宰相の行為を介して中国史上における皇帝権力行使の実態を明示することができると考えた所以である。

⦿参考文献

王瑞来『宋代の皇帝権力と士大夫政治』(汲古書院、二〇〇一年)
王瑞来『中国史略』(DTP出版、二〇〇六年)

1213−75年
南宋の政治家。1259年モンゴル軍の侵攻を防いで宰相となるも、宋王朝滅亡の元凶とされる。

宋王朝の滅亡を導いたとされる「蟋蟀宰相」

賈似道…かじどう…

王瑞来

西暦一二七六年二月、旧暦の正月のさなか、モンゴル軍がすでに南宋の都である臨安《りんあん》の城下に迫ってきた。五歳未満の恭宗《きょうそう》は降表を出した。後に約三年の抵抗運動があったとはいえ、公式には南宋王朝の滅亡はこの年とされる。降表において皇帝名以外で、唯一触れた人名は「賈似道」である。「権姦《けんかん》の似道、盟に背き、国を誤り」という降表の表現は宋の亡国の元凶を賈似道に帰した。これは降表を起草した当時の士大夫《したいふ》の認識であっただけでなく、征服者である元の文人が編纂《へんさん》した『宋史』でも同様で、賈似道は姦臣伝に入れられた。今日に至っても賈似道は宋王朝滅亡の元凶とされている。結局のところ、賈似道はどのような人物だったのか。

賈似道の悪事

妾腹《しょうふく》の子として一二一三年、賈似道は生まれた。父の賈渉《かしょう》は淮東《わいとう》制置使の任にあって対金作戦の有能な官僚であった。役人のどら息子である賈似道は若い頃より、素行不良であったが、父の恩《おん》蔭《いん》によって官途に就いた。後に姉が理宗《りそう》皇帝の寵愛《ちょうあい》の妃になったため、急速に昇進し、出世を遂げた。一二五九年から一二七五年にかけては、理宗・度宗《たくそう》・恭宗という三人の皇帝の在位期間に官僚のトップである宰相・平章軍国重事などを十六年間務め、皇帝より以上に実権を握る南宋後期の要人であった。理宗皇帝の死後、度宗皇帝は賈似道を名前では呼ばず、「師臣」と言い、官僚たちは西周成王《せいおう》時代の摂政《せっしょう》である「周公」と呼んでいた。賈似道の母の葬儀は理宗皇帝の規模を超えた。

一方で、正史であれ、野史《やし》であれ、賈似道の悪事は満載である。それにつきいくつか取り上げてみよう。

美しい西湖《せいこ》のそば、皇帝から賜った葛嶺《かつれい》豪邸は賈似道の執務所となり、門客の廖瑩中《りょうえいちゅう》と腹心の吏である翁応竜は、すべての事務を代行し、他の宰相大臣を有名無実とした。賈似道は宮殿の女官、娼妓《しょうぎ》、尼《あま》などを問わず美貌の女性なら自分の妾《めかけ》として取り込み、毎日豪邸で淫乱し、昔の仲間を呼んで賭博《とばく》し、豪邸内の状況を窺うのを厳禁とした。ある日、一人の妾の兄が訪れ、偶然に玄関でその光景を見てしまったが、気づいた賈似道はその兄を縛って火に投げ入れた。「平章軍国重事」という肩書きを持っていた賈似道は、常に豪邸で女性たちと一緒に蟋蟀《こおろぎ》の闘いという遊びをし、それを見た者は「これが軍国重事なのか」と皮肉った。この出来事から賈似道は「蟋蟀宰相」というあだ名を頂戴した。

これは正史としての『宋史』「賈似道伝」の記事である。

＝

ある日、賈似道と妾たちは豪邸の楼閣で西湖を眺めていた。そのとき、二人のおしゃれな少年が船から岸に登ってきた。それを見ると、一人の妾がきれいな少年だと賛嘆した。賈似道はもし結婚したいなら、彼らに結納を持たせてやると言った。妾はにっこりとうなずいた。しばらくして使用人に箱を持たせ、妾全員を集めて、箱を開くと、その妾の頭であった。一同はこれを見て驚き、震えが止まらない状態となった。

これは野史『銭塘遺事《ぜんとういじ》』の記事である。

以上のような逸話が残されているが、賈似道に残虐性があったかどうかは、その真相を究明し難い。

特殊な時代と賈似道の施策

ところで、専権は南宋の末期になると、賈似道の対外対内のさまざまな政策が非難の対象となっている。

まずは対外政策を見よう。一二五一（淳祐《じゅんゆう》十一）年、モンゴルのモンケが帝位についた。オゴテイの死後に十年以上続いた内紛が収束をみた。それとともに、モンケは対宋戦略を変換し、宋の防御線の付近に屯田《とんでん》を敷いて、基地を立て、雲南の大理《だいり》に遠征して一二五三（宝祐《ほうゆう》元）年に大理国を滅ぼした。こうして南宋は腹背に敵を受ける形となった。一二五八（宝祐六）年の春、モンゴル軍は南宋への進攻を再開した。ところが、モンゴル軍の主力部隊は四川《しせん》の釣魚城という要塞で宋将王堅《おうけん》の猛烈な抵抗に出会った。五ヶ月の包囲攻撃にもかかわらず攻め落とせず、かえってモンケまで負傷して、一二五九(開慶《かいけい》元)年七月に軍営で死去した。モンケの訃報《ふほう》を知ったモンケの四弟クビライ(フビライ)は、依然として別の方面軍を率いて、長江を渡って鄂州《がくしゅう》を包囲した。しかしモンゴル軍は宋の救援部隊に阻まれ戦況は膠着《こうちゃく》状態になった。そのとき、クビライは弟のアリク・ブケが帝位につこうとしているとの情報を得た。戦気を喪ったクビライは、便宜上右丞相になったばかりの賈似道の講和要求を認め、長江を国境とし、宋は毎年銀・絹をそれぞれ二〇万両(匹)送るという鄂州和議が結ばれた。その後、クビライは北に撤兵した。『宋史』「賈似道伝」では宋軍は撤兵中のモンゴル軍を追撃して一七〇人を殺したとされる。賈似道は鄂州和議を隠して、大勝利を得たという嘘の報告をした。

一二六〇(景定《けいてい》元)年、皇帝を称したクビライは使者郝経《かくけい》を宋に派遣して、即位のことを報らせ、かつ和議を交渉した。賈似道は鄂州和議の真相が暴露されるのをおそれたため、郝経を長きに渡り真州に秘密裏に留置した。これはクビライに南宋侵攻の口実を与えた。

対内政策としては、「賈似道は一時任事の閫臣《こんしん》を忌害《きがい》し、打算法を行って以て之れを汚す」という『銭塘遺事』の記載がある。軍事費の支出を調査する打算法は、多くの戦功を立てた潼川府路安撫使《どうせんふろあんぶし》劉整《りゅうせい》を追いつめて瀘州《ろしゅう》十五郡の三〇万戸をもってモンゴルに投降させる内容であった。打算法の実行は軍隊将帥《しょうすい》の離心をもたらして南宋の軍事力を弱めた。

軍隊の食糧供給のために民田を強引に買収する公田法も、いっそう農業生産を破壊した。後に税金徴収のために田畑の面積を測量する推排法《すいはいほう》は、もっと広い被害をもたらした。当時「三分の天下二分亡くし、猶《なお》山川も寸寸の量」という風刺的な詩が伝わっている。さらに「賈」というような模様がついている新しい紙幣を発行して、物価を十倍に暴騰《ぼうとう》させた。

多くの士人が官途につくための径路である科挙試験にも二次試験のような後省覆試法《こうせいふくしほう》を行い、士籍を設置して受験者を登録し、きびしく対処するようになった。これらの施策は士人の不満をかった。

これら対外対内のさまざまな政策にとどまらず、賈似道の個人的品格も加わり、彼のイメージは悪化した。

一二六四(景定五)年十月、四一年間在位した理宗が病死し、甥の趙禥《ちょうき》が即位した。度宗である。腰抜けで能なしの度宗は、酒色に耽溺《たんでき》して、賈似道を「師臣」と呼び、すべての政事を彼に任せた。

一方モンゴルでは、その年の七月、帝位を争ったアリク・ブケがクビライに降伏して、モンゴルの内乱は収まった。クビライは再び軍を整えて南宋への進攻を始めた。投降した南宋将軍劉整の提案を受け入れ、主力攻撃の方向を四川から襄樊《じょうはん》へと移し、軍艦五〇〇〇隻、兵士七万人の水軍を編制した。一二六八(咸淳《かんじゅん》四)年からモンゴル軍が漢水両岸に双子のように対峙する襄陽城《じょうようじょう》と樊城《はんじょう》を包囲した。賈似道が手をこまねいて逡巡するうちに、襄樊の宋軍は五年の苦戦を経て、一二七三(咸淳九)年、モンゴル軍に両城を繋ぐ浮き橋を断たれ、樊城は攻め落された。絶望した統帥呂文煥《ろぶんかん》は襄陽城を背負ってモンゴルの投降勧告を受け入れた。

咽喉《いんこう》と評される要害の襄樊を失った後、南宋が頼るべき天険はなくなった。すでに一二七一(咸淳七)年、クビライは国号を「元《げん》」と改め、さらに翌年に都を大都《だいと》(現在の北京)に定めた。これらはクビライが中華体制でもって中国大陸を統一しようとする決心を示していた。襄樊の占領はクビライに「四海の混同、日を計りて待つ可し」(『元史』巻八「世祖紀」)と自信を懐かせた。かたや権力の座にある賈似道は、襄樊の陥落を反省せず、かえってさらに権力を一手に握る言い訳とした。かれは韓侂冑《かんだちゅう》がかつて創立した機速房を中書に設け、軍政の要務を直接指揮した。にもかかわらず賈似道は内地の部隊を長江北岸に集結させ、元朝の使者郝経を釈放する提案をも拒否した。これは滅亡に向かう南宋にそこから逃れる最後の機会を失わせた。

一二七四(咸淳十)年六月、元の世祖クビライは賈似道の和議違反と使者留置を口実に正式に南宋征伐を宣言した。同年の七月、在位十一年の度宗は三五歳で病死した。四歳の子趙㬎《ちょうけん》が賈似道に擁立された。恭帝である。賈似道の専権下、慣行ないし祖宗法にもとづき未成年の皇帝が即位すれば、皇太后の摂政となる。そこで、理宗の謝《しゃ》皇后が太皇太后の身分で摂政となった。

一二七五(徳祐元)年正月、伯顔《はくがん》は南宋の投降将軍呂文煥の案内によって漢水と長江に沿って下り、直に臨安に迫った。途中各地の宋軍将校は殆どもとの呂文煥の部下であったため、相次いで投降した。二月、朝野の圧力に迫られて賈似道は各地から徴発した十三万精兵を蕪湖に集結した。講和が許されなかった賈似道は、やむをえず元軍と戦ったが、将帥不和の宋軍は大敗した。賈似道は小舟で揚州に逃げた。宋の主力部隊を殆ど喪失した賈似道は流刑に処され、流刑地への途中で殺された。程なく元軍は臨安周辺で抵抗する宋軍を打ち負かし臨安に達した。一二七六(徳祐二)年正月、謝太皇太后は恭帝の名義で伯顔に伝国璽《でんこくじ》と降服状を提出し、南宋王朝は滅亡した。南宋王朝の終焉《しゅうえん》の代名詞でもある専権宰相賈似道は、ついに南宋亡国の悪役を荷負うに至ったのである。

南宋の亡国と賈似道の責任

南宋の戦時という背景下での政治体制で、宰相に枢密使《すうみつし》を兼任させるようになったため、軍事権も宰相が入手した。士大夫政治は変質し、ついに体制上で宰相専権の温床となった。前述した南宋の歴史を見れば、初期に秦桧《しんかい》が十八年、中期に韓侂冑が十三年、史弥遠《しびえん》が二六年、後期に史嵩之《しすうし》が七年、賈似道が十六年専権者となった。その専権は殆ど一人が宰相或いは宰相を淩駕《りょうが》する平章軍国事を担当する状態であった。南宋の一六〇年間において、以上の権臣の専権期は合わせて八〇年にもなり、実に半分を占めた。また長い時期にわたる専権者は別として、黄潜善《こうせんぜん》・丁大全《ていたいぜん》などの短期専権者も少なくなかった。

考えてみれば、南宋亡国の主要原因は、いうまでもなく、モンゴルの侵入であった。嵐のようにユーラシア大陸を一掃するモンゴルは、十三世紀までの人類史上におけるかつてない最強の騎馬軍団であった。それに対して日本は海洋上の台風により、運よく征服を免れたが、大陸続きの南宋は抵抗できない天災に見舞われるように、その内政の善し悪しも、根本的に滅亡の運命を変えることができず、ただ時間的問題だけが残った。にもかかわらず、事実として滅亡前に十六年間の長きにわたり宰相を務めた賈似道の失策が南宋の亡国を加速させたのである。従前みなが口をそろえて南宋の亡国を賈似道のせいにするゆえんである。

賈似道の亡国宰相としてのマイナスのイメージは、すでに定説となって変更の余地はない。しかしながら、史上の人物に対する歴史学研究者の任務は道徳的評価を下すことではなく、綿密な考証を通して探求した事実を客観的に述べ、できる限り全面的な人物像を復元することである。

もう一つの賈似道像

では賈似道という人物は悪ばかりだったのであろうか。否、史書の記録は、執筆者が意識的にある面を隠した上で別の面を拡大する場合もあるであろう。従って隠蔽《いんぺい》された歴史の別の側面に対して、その微かな手かがりを探し出すべきである。

『宋季三朝政要』巻三には

賈似道は理宗の季に入相するに、官は賄を以て成り、宦官《かんがん》・外戚《がいせき》は事を用う。似道は相と為りて年深く、巨璫《きょとう》の董宋臣《とうそうしん》・李忠輔《りちゅうふ》を逐い、戚畹《せきえん》を勒《ろく》して帰班せしめ、監司・郡守を任ずるを得ず。百官は法を守り、門客・子弟は跡を斂《おさ》め、敢えて政を干さず。人は頗《すこぶ》る其の能を称《たた》う。

という賈似道の右丞相を務めた二年目の業績が述べられている。これを見ると、権勢をふるう宦官を駆逐し外戚の地方官への赴任を許さずという政治整頓の結果、官僚たちは規律を遵守しただけでなく、官僚の子弟と側近者も政治に参与する勇気を失うようになった。このような政治刷新の局面を見れば、当時の人たちは賈似道の能力を賞揚したのである。

賈似道が行った公田法には非難が多かったが、同じ『宋季三朝政要』巻三に「賈似道は相と為り、富国強兵の策を行わんと欲す」というその施策の本意が述べられている。

右丞相を担当したばかりの頃、賈似道の京湖宣撫《けいこせんぶ》大使を兼任する宣撫司官庁を黄州に移転する途中、随行中だった賈似道は突然モンゴル軍に遭遇した。護送の将軍は賈似道を安全な場所に潜ませたあと、迎撃に出た。そのとき、充分に死の危険性を感じた賈似道は「死すなり。光明俊偉とせざるを惜しむのみ」というふがいない状態で死にたくない心境を吐露《とろ》した。これも『宋季三朝政要』巻三の記事である。

以上、二、三の珍しい史料は賈似道の別の側面を示している。つまり肯定的な評価であろう。やはり古今東西を問わず、人間は多面にわたる複雑性を持ち、黒でなければ白という二元的評価は避けるべきと思われる。

宋代の政治特徴と賈似道の専権

さらに賈似道が専権者となった要因を考えてみると、宋代政治の特徴が浮かび上がってくる。北宋から君主政体のなかで形成された士大夫政治は、中国の伝統的な政治を徹底的に変貌させた。士大夫政治は士大夫を主役とする官僚政治である。宋代の最も大きな時代的特徴は、士大夫が特定の独立的な階層或いは勢力として空前の成長を遂げたことである。この時代を始まりとして、科挙を通じて政界に入る士大夫が、中央から地方にいたる全政局を支配するようになった。このように知識人が絶対的支配的地位を占める政治形態は、表面上は依然として君主独裁制に見える政治制度に根本的な変化を生じさせた。皇帝は政治の舞台での主役ではなく、脇役となった。皇帝は個人としての官員を罷免できたかもしれないが、士大夫階層全体に対抗する力はない。そのため、皇帝は協力的な態度で「士大夫とともに天下を治」めなければならない。皇帝権力は本格的に象徴化へ向かい始めた。

士大夫政治は、上層部のエリート士大夫が構成する宰相をはじめとする執政集団によりコントロールされている。わたしはこれを「宰輔専政」とよぶ。中国の伝統的政治制度は相互制約的な制度である。たとえば諫官《かんかん》が皇帝を、御史が官僚をそれぞれ監督する。宋代では、諫官と御史を一体化して、台諫《だいかん》と呼び、元来の職能を担わせた。台諫が皇帝を含む各政治階層を批判する特殊な発言権をもったため、世論操作の利便があった。党争が緩やかな情勢下では、台諫は本来の職能を果たせたが、激しい党争が到来すると、台諫もそれに巻き込まれて特定の政治集団の闘争用の工具となった。そして多くの場合、台諫が政治の最高権力をにぎる宰相とその執政集団の随従者となった。そのような監督メカニズムの破壊によって、政治権力が一方だけに傾くようになったため、士大夫政治は宰相専権の悪循環に陥った。

「人主を劫制《きょうせい》し、士大夫を禁錮する」(『宋史』巻三五一「張商英伝」)といわれる北宋後期の蔡京《さいけい》は、宰相専権の悪例を示した。南宋に入ると、宰相専権という本来正常ではない政治状態はかえって日常茶飯事となった。宰相専権の形成はまず政権体制上に原因があると思われる。士大夫政治の下での宰輔専政体制は、政治権力を最大限に宰相をはじめとする執政集団に移行させた。たとえば皇帝の詔書が宰相のサインを経て始めて有効になるという制度規定がある。また実際に中書・門下・尚書の三省が合併されて「中書門下」となり宰相によって統括されるようになる。実質的に政策の立案と決定に対する相互制約のメカニズムは省略され、宰相専権に間隙を与えた。もっとも、この欠陥は複数の宰相と複数の執政大臣の設置によって補われた。さらに士大夫政治の情勢下、強い自負心をもつ士大夫が大胆に進言する風習と、朝廷がそれを奨励する雰囲気が醸成された。台諫をはじめとする世論の監督は、皇帝・宰相など全ての権力を握る人にとり大きな制約となった。それゆえ、北宋時代において、たとえ王旦《おうたん》のように一人宰相の時期であっても、王安石の権力独占の局面であっても、台諫をはじめとする世論監督のメカニズムが依然として役割を果たしていたため、宰相専権が完結することはなかった。しかしながら、宰相が台諫をコントロールして不利な世論を圧制し、有利な世論を操作する端緒は、王安石の時期にすでに始まっていた。それが蔡京の時期にひどい状態になり、相互制約のメカニズムを破壊する宰相専権が政治の腐敗をもたらした。

権臣の専権期では、皇帝と台諫はすべて権臣の意のままに振り回される工具となり、世論は厳しく弾圧された。北宋の范仲淹《はんちゅうあん》のように生命の危険を冒してまで進言する士大夫は南宋でも少なくはないが、やはり死刑・流刑といった高圧的な措置を恐れ士大夫の多くは口をつぐんだ。もちろん彼ら権臣にも非難すべきところは多いが、世論監督のメカニズムを失うと、優れた人格者の政治家でも施政の失敗ひいては権力の暴走は避けられなかったであろう。このような宋代士大夫政治の土壌は、賈似道のような専権宰相を生み出す根本的な要因であろう。もちろん個人的な要素もある。ただ、それは副次的な問題であると思われる。全面かつ客観的に歴史上の人物を評価し、その行動の深い根元まで掘り起こすことこそが、学者の使命であろう。

⦿参考文献

王瑞来『宋代の皇帝権力と士大夫政治』（汲古書院、二〇〇一年）
王瑞来『中国史略』（ＤＴＰ出版、二〇〇六年）
王瑞来『宋季三朝政要箋証』（中華書局、二〇一〇年）
王瑞来『銭塘遺事校箋考原』（中華書局、二〇一六年）

1215－94年
1260年にモンゴル帝国第5代皇帝に即位、元朝を開き、南宋を滅ぼした。

元朝建国の英雄の光と陰

フビライ（世祖）

…Qubilai…

四日市康博

世祖フビライ（クビライ）といえば、モンゴル帝国を中国中心に建て直し、元朝の礎を築いた人物として有名である。元朝では、世祖フビライのもと漢風の官僚制度や社会制度が整備され、都の大都には壮麗な宮城が建築されて現在の北京の街並みの原型が形成された。そのため、日本でも、世祖フビライ・ハーンの時代に二度の侵攻を受けたにもかかわらず、元朝の名君として人気が高い。

トルイ家の苦境と奪権

フビライはチンギス・ハンの末子トルイの第四子として一二一五年に生まれた。母は賢母として名高いケレイト出身の正妻ソルカクタニ・ベキであった。父のトルイはチンギスの子供たちの間では随一の実力者であったが故に、チンギスが亡くなり、兄のオゴデイが帝位を継ぐと謎の死を遂げる。『モンゴル秘史』*Mongɣul-un Ni'uča Tobčiyan*によれば、自ら毒を仰いだとされているが、オゴデイ一門により暗殺されたとの説も根強い。実際、ペルシア語史料の『歴史集成』*Jāmi' al-Tawārīkh*では、ソルカクタニ・ベキが夫の死んだ原因はオゴデイ・ハーンの側近の一人にあると告発する場面がある。いずれにしろ、フビライの家族たちは当主のトルイの急死によって苦境に立たされた。この時、モンケ、フビライ、フレグ、アリクブケの王子たちに一致協力するように説き、トルイ家を支え続けたのが母のソルカクタニである。ペルシア語史料の『歴史集成』Jāmiʿ al-Tawārīkhによれば、彼女は時の皇帝オゴデイから次期皇帝と目されていた彼の息子グユクの妻に収まるよう要請されたが、理由をつけて断った。トルイ一門の中枢をオゴデイ家に取り込み、実質的に支配しようとしたオゴデイ・ハーンの目論みは彼女の機転で失敗に終わったのである。また、弱体化したトルイ家の領民・兵士たちを彼女は守り抜き、息子たちを指導者となるべく育て上げた。ある時、オゴデイ・ハーンはチンギス・ハンの祖法に反してトルイ家の持つべき兵士を自分の皇子コデンに与えようとしたが、ソルカクタニは敢えてそれを容認したと言われる。これにより、ますます彼女の賢明さは評判となり、結果として皇子コデンはトルイ家のよき協力者となるのである。このような母の元で苦労して育ったことにより、フビライや他の兄弟たちは名君としての素養を備えることができたとも言うことができる。この母ソルカクタニと長老的な立場にあったジュチ家のバトの協力によって、後にトルイ家は帝国の皇帝位をオゴデイの一門から奪い取ることになる。

もっとも、最初に皇帝位に就いたのはフビライではなく、兄のモンケであった。ペルシア語の史書『世界征服者の歴史』*Tarikh-e Jahāngushā*によれば、モンケ・ハーンもまた名君に値する高い能力と資質を備えていたという。しかし、漢文史料は憲宗《けんそう》モンケに対してひどく冷淡である。これは当然ながら、元朝を創始したフビライが兄のモンケとは不和であったとされることと無関係ではないだろう。当初こそ、弟のフビライを中国方面の総司令に任命したモンケであったが、南宋へは本格的な攻勢をかけないフビライに対して次第に疑念を抱くようになる。フビライは拠点の京兆《けいちょう》（現、西安）を発して雲南方面に向かい、大理国を平定した。まず、漢地における拠点を確たるものとし、南宋に対しては周辺から包囲網を敷いてから挟撃しようという方針であった。この方針はフビライが皇帝位に就いてからも継続し、フビライは南宋攻略に並行して日本やベトナム、ミャンマーに派兵して南宋への包囲を完成させようとする。しかし、モンケの方針はより性急なものであった。モンケ・ハーンはフビライに南宋を直接攻撃するように促したが、フビライは動かなかった。激怒したモンケはついにフビライを司令官から解任した。新たに南宋攻略の司令官に任命されたのは、チンギス・ハンの末弟テムゲ・オッチギン家の当主であった若きターチャルであった。しかし、ターチャルもまた南宋を果敢に攻めようとはせず、南宋の防衛拠点であった襄陽《じょうよう》を攻略するどころか、撤退してしまった。モンケの命令があったにもかかわらず、なぜターチャルが急遽《きゅうきょ》撤退をしたのか史料は何も語っていない。これにより、モンゴル軍の南宋攻略は再度フビライを交えてやり直されることになった。この時、業を煮やしたモンケは自ら前線に進軍してきていたが、四川方面に向かったモンケはそこで急死を遂げてしまう。一説には病死とも言われるが、戦死であったと伝える史料も存在する。いずれにせよ、憲宗モンケ・ハーンの突然すぎる死は、情況を急転させた。しかも、フビライに都合の良すぎる方向にである。中国方面の実権は全てフビライの握るところとなった。ただ一点、フビライにとって想定外であったのは帝都カラコルムに居た末弟アリクブケが予想よりも早く次期皇帝への即位の動きを見せたことである。

反逆者フビライ

憲宗モンケ・ハーンはかなり巨視的な経略を抱いていた。東方ユーラシアの中国へは弟のフビライの指揮する征服軍を派遣し、西方ユーラシアのイランへは同じく弟のフレグ率いる征服軍を派遣した。その征服軍にはトルイ家以外の王家の将軍たちや兵士たちも含まれていたとはいえ、明らかにトルイ家中心のユーラシア支配を想定していたのである。それまでモンゴル帝国の領土であったモンゴル高原から中央アジアまでの草原地帯と較べて、定住都市社会であった中国もイランも桁違いの人口数を有していた。それは巨大な税収や物流を手中に収めることを意味する。それを統括するのは、モンゴル帝国皇帝のモンケであり、その右腕・左腕が弟のフビライとフレグとなるはずだった。しかし、フビライは独自に漢地の財政の実権を握る動きを見せ、結果としてモンケ・ハーンが突然の死を遂げた。これがフビライによる暗殺であったのか否か確かめる術はないが、フビライが暗殺したにしてはあまりに性急すぎた。

モンケ崩御《ほうぎょ》の報が伝わるや、都のカラコルムでは末弟のアリクブケが次位皇帝への即位を表明し、クリルタイ(大会議)を招集した。帝国に重大事が生じた時に招集されるのがクリルタイである。皇族・王族・貴族・重臣の主立った面々が出席して協議をおこなうのであるが、このような場合、モンゴル帝国では皇帝といえども独裁ではない。有力者たちの承認が必要であった。ましてや、皇帝位の継承は独断で決められることではない。皇帝不在の今、クリルタイは当然、帝都カラコルムで開かれるのが筋であった。カラコルムやその周辺には王族たちや貴族たちも大勢いるし、中央宮廷や中央政府に仕える重臣たちもいる。さらには祭祀を掌るシャマンたちもいる。あらゆる点で末弟のアリクブケには即位の準備をおこなう条件が揃っていた。このことを知っていたアリクブケはクリルタイの承認を受け、カラコルムで即位の儀をおこなった。モンゴル帝国第五代ハーン（皇帝）の誕生である。あらゆる点で正当な即位であった。後に帝位を奪取し、歴史を書き換えたフビライであっても、この事実だけは歴史から抹消することはできなかった。元朝の正史である『元史』はこのことを「時に先朝諸臣 阿藍答兒（アランダル）、渾都海（グンドハイ）、脱火思（トハス）、脱里赤（ドルヂ）等、阿里不哥（アリクブケ）を謀立す。…（略）…是月、阿里不哥、和林（カラコルム）城西按坦河に僭號す。」と述べる。「先朝諸臣」すなわち、先帝モンケの遺臣たちがアリクブカを皇帝に担ぎ出したとされている。モンケとフビライには反目があったとされているが、その証左とされているのが、モンケが重臣のアランダルを派遣してフビライが統括していた漢地財政が適正かどうか監査させたことが挙げられている。実際、フビライはモンケの死後すぐに漢地を拠点としてアリクブケに反抗を開始しており、モンケの心配は杞憂《きゆう》ではなかったと言える。モンケとフビライの反目が修復不可能なところにまでなっていたとすれば、モンケの遺臣がこぞってアリクブケの支持にまわるのは自然な成り行きであった。なお、一部の研究を含め、日本ではアリクブケよりもフビライの方が先に即位したかのように信じられているが、漢語史料を見ても、ペルシア語史料を見ても、アリクブケの即位のほうが先である。フビライは完全に機先を制されたのである。

上都遺跡(内モンゴル、ドロンノール)
(筆者撮影)

大都の太液池跡(現・北京の前海)
(筆者撮影)

帝都のアリクブケに対して、フビライは中国方面への遠征中であった。あらゆる点で即位をするには不利である。カラコルムに戻る時間も無い。戻っても既に即位したアリクブケに捕らえられるだけであろう。攻略中であった中国を拠点として即位をおこなう他に道はなかった。不幸中の幸いであったのは、帝国左翼軍を構成する東方三王家もフビライと共に中国方面に展開していたことである。フビライは即座に麾下《きか》の王子・将軍たち、そして東方三王家を支持母体として即位をおこなう決断を下した。しかし、あらゆる点を較べてみても、帝都にいるアリクブケの方に正当性はあった。チンギス・ハンの祖法に照らしてみても、あらゆる条件を満たしていたアリクブケに対してフビライに大義はなかった。しかも、現在自分が拠っている場所は中国である。草原に居るモンゴル人たちが自分を支持するはずがない。現時点ではフビライこそが反乱者であり、「悪」であった。自分が正義に返り咲く方法はただひとつ、草原における正義であるはずのアリクブケを打ち破ること、そして、帝国の重心を草原から中国へ遷《うつ》すことによって善悪逆転させてしまうことである。フビライは即座に行動を開始した。まず、開平府(後の夏都、上都)で略式のクリルタイを開催し、自らもハーンに即位したことを表明した。後に開平府が元朝の帝都になったのは偶然ではない。ここに帝都を遷すことによってクリルタイと自分の即位が正当化されるのである。そして、より漢地の性格が色濃い燕京《えんきょう》(現、北京)に壮麗な冬の帝都を築くことによって、草原の都カラコルムからの遷都を正当化させる必要があった。

元朝の成立——悪から正義へ、そして統合から分裂へ

フビライとアリクブケの皇位をめぐる争いは、草原派と中国派の争いとも言われる。確かに表面的にはそのような側面もないわけではないのであるが、それ以上にモンゴル帝国内での王族どうしの力関係が大きく作用していた。すなわち、中央帝室に対して、左翼・右翼の主力となる東方三王家と西方三王家、チンギス・ハンの弟たちの家系と息子たちの家系である。アリクブケは帝国の中央を押さえながらも東西の諸王家を掌握しきれなかったのである。大義名分に欠けるフビライは南宋の攻略を進めながら、兵力の態勢を立て直し、転進して帝都カラコルムに攻撃をかけた。この帝位継承者争いでは、当初、明らかに出遅れたフビライが劣勢を跳ね返して主導権を握るようになる。その理由はいくつか挙げられる。まず、アリクブケが思いのほか人心掌握術に長けておらず、次第に信望を失っていったこと。次に、フビライは帝都を離れ南宋に遠征中であったが故に、南宋を攻略するために遠征していたモンゴルの将軍たちや旧金朝の割拠していた漢人諸侯の兵力を味方につけることができたこと。なかでも東方三王家の主力がフビライに味方したことは戦局にかなり大きな影響を与えた。劣勢となったアリクブケの陣営からは離反者・投降者が続出したうえに、フビライは中国方面の豊富な物資と財力を背景にカラコルムの封鎖に成功し、アリクブケ陣営は困窮する。さらに、アリクブケは帝都カラコルムを失ったうえに、チャガタイ家とも反目してしまい、西方三王家から援軍を受けるどころか挟撃の危機に立たされた。結局、アリクブケは孤立無援に陥り、フビライに降伏せざるを得なくなる。一二六四年、アリクブケはフビライのもとに投降し、帝位はフ

ビライが勝ち取ることとなった。

ここにフビライの正当性は確たるものとなった。逆にアリクブケの名は帝位を僭称《せんしょう》した反逆者として刻まれることとなる。『元史』巻四、世祖本紀一、中統元年五月甲午の条に次のようにいう。「阿里不哥(アリクブケ)の反するを以て天下に詔赦《しょうしゃ》する」と。もしアリクブケが勝っていたら、反逆者の罪を着せられたのはフビライのほうであった。そもそも漢語による起居注(正史帝紀の元となる皇帝の言動録)など作成されなかったであろう。しかし、実際にはフビライが勝った。善悪逆転することに見事成功したのである。個人としては皇帝としての正当性を手に入れ、元朝を打ち立てたフビライ。しかし、モンゴル帝国全体としてはどうであろうか。元朝という伝統中国文化と巨大な経済圏を飲み込んだ帝国を手にした反面、チンギス・ハン以来のモンゴル帝国は以後実質的に分裂してしまったと言ってよい。フビライとアリクブケの両者に積極的に与《くみ》さなかったジュチ家のジュチ・ハン朝や同じトルイ家出身のイルハン朝はこれ以後、建前上は元朝皇帝をモンゴル帝国全体の宗主としつつも、実質的には独立国としての実効支配を確立してゆく。チャガタイ家は当初アリクブケの支持にまわったものの、後に袂を分かち、間接的にフビライに与する。トルイ家の帝位奪権時に敗れて弱体化したオゴデイ家でさえも、アリクブケの敗北後、英雄的な当主ハイドの下で再興の動きを強めていった。これら諸王家の動きの背景にはそれぞれの王家の思惑があった。後にフビライ・ハーンを不倶戴天《ふぐたいてん》の敵と見なすオゴデイ家のハイドも、チャガタイ家のアルグも、同門のトルイ家のフレグも最終的にアリクブケには与さなかった。フレグに至ってはフビライと密約があったとも見られている。『歴史集成』*Jāmi' al-Tawārīkh*によれば、フビライを支持して元朝の成立を認める代わりに、自らは実質的には独立政権のイルハン朝として中央アジア・イランを実効支配することを黙認してもらうというものである。なぜアリクブケでは駄目だったのであろうか。なぜなら、アリクブケの帝都カラコルムでは近すぎるのである。もし、アリクブケが帝権を維持し、モンゴル高原が帝国の中心であり続けていたならば、オゴデイ家やチャガタイ家が領地回復の悲願を果たすために暗躍するのは難しかったであろう。また、西方に赴いたフレグが実効支配したイラン・中央アジアも帝国の直轄地のままであったであろう。帝国の中央集権を崩すためには、モンゴル帝国を緩やかな王国連合に組み替えてもらう必要があった。それには、中国に重心を置いたフビライのクーデタは甚だ好都合であったのだ。

元朝を樹立することによって、反乱者から皇帝へと見事転身したフビライ。彼はその後の歴史において中興を果たした名君としての地位を揺るぎないものにする。しかし、そのために払ったモンゴル帝国の分裂という代償は極めて大きいものであった。この後、イランでの権益をフレグ家のイルハン朝に奪われたジュチ家は宗主トルイ家に対して反発を強め、再興を果たそうとするチャガタイ家とオゴデイ家と同盟を結ぶ。帝国の分裂は修復不可能な段階にまで達してしまう。草原の英雄ハイドが現れ、元朝を動揺させたのはそんな時期であった。トルイ家の帝位奪権とフビライの帝位奪権が残した負の遺産はモンゴル帝国に楔を打ち込んだのである。

?-1301年
第5代モンゴル皇帝フビライに反旗を翻し、中央アジアに自立した政権を樹立した。

ハイド

…Qaidu…

草原の英雄か、世紀の反乱者か

四日市康博

ハイド(カイドゥ)の乱。高校の世界史教科書にも出てくる有名な反乱である。民衆反乱ではない。乱の首謀者とされるハイドはモンゴルの王族、それも第二代の皇帝位についたオゴデイの一門である。かつては帝室であったオゴデイ家は憲宗モンケ・ハーンや世祖フビライ・ハーンを輩出したトルイ家との皇位継承争いに敗れると、有力な皇子たちは粛清され、一族はばらばらに分断されてしまう。しかし、オゴデイ家はそのままでは終わらなかった。ハイドが当主となり、皇帝フビライに反旗を翻したのである。皇室トルイ家以外の三王家を連合させて草原から元朝を長期にわたって動揺させた大規模反乱であった。

トルイ家による帝国の占有と西方三王家の反発

憲宗モンケ・ハーンは弟のフビライを頭目とする征服軍を中国方面に、弟のフレグを頭目とする征服軍をイラン方面に派遣し、ユーラシア東西の支配を進めていた。西方を攻略中であったフレグはアッバース朝の都バグダードを陥落させて、さらにエジプトに向かって進軍中であったが、皇帝であった兄モンケ崩御の報を聞くや、急遽イランに帰還して動静を窺った。末弟アリクブケとの帝位継承者争いに勝利したフビライが元朝を樹立すると、フレグも時を見計らったようにイランの地にイルハン朝を開き、フビライからは支配を承認する使者が送られた。二人の間には密約があったものと見られる。これにより、従軍してイランまで来ていた他王家の王子たちや長官たちはイランから閉め出されるかフレグ家に服従するか選択を迫られる。皇室とはいえ、トルイ家に不満が高まるのは当然であろう。ハイドが反トルイ家の狼煙をあげたのはそんなときであった。皇位継承争いに加担し、敗れて分断されていたチャガタイ家はもちろんのこと、トルイ家の同盟者であったはずのジュチ家もイランでの権益を奪われたことで反トルイ家にまわった。ここに、オゴデイ家・チャガタイ家・ジュチ家のいわゆる西方三王家による反トルイ家大連合が成立したのであった。

一二六九年春、オゴデイ家のハイド、チャガタイ家のバラク、ジュチ家のモンケ・テムルはタラス河畔で会盟し、フビライとアリクブケの争いで所属が不安定になっていた中央アジアの地を分割した。これによって、モンゴル帝国の分裂は決定的になった。バラクは元々フビライの宮廷に仕えていたチャガタイ家王子で、チャガタイ家の混乱に乗じて元朝の傀儡《かいらい》として送り込まれたが、フビライの思惑をよそに独立の動きを強めた。これに乗じたのがハイドである。当初こそバラクはハイドと中央アジアの所領をめぐって対立したが、すぐに和議を結ぶ。オゴデイ家と反目するよりも元朝に対して共同戦線を張った方が得策と判断したのである。これにより、モンゴル帝国の分裂と西方三王家の実質的な独立が決定的となった。この時、ハイドが元朝の皇帝フビライ・ハーンに対抗してハーン位に就いたとの説もあるが、現在ではこれを否定する見解も強い。しかし、元朝側から反乱の首謀者がハイドであったと見なされていることからも明らかなように、主導権を握っていたのはハイドであった。もともとフビライの子飼いであったバラクをそそのかして元朝に反目させたのもハイドであったと見られる。

中央アジアの所領を分割した三王家は西方に転じて、元朝と連携を強めていたイルハン朝の東部に侵攻した。ところが、である。ここでオゴデイ家とチャガタイ家の諍いが再燃した。ハイド麾《き》下《か》の王子たちはバラク軍から離脱し、バラクは単独でイルハン朝に攻撃をかけたが大敗してしまう。これを見たジュチ家のモンケ・テムルは即座にイルハン朝に使者を送って講和を請うたが、なんと、ハイドは事が生じる前からイルハン朝と通じていた。イルハンのアバガ・ハンと盟友の誓いを交わし、お互いに友と呼び合っていたのである。オゴデイ家王子たちとチャガタイ家バラクの反目もハイドが仕組んだものだったのであろう。バラク麾下の王族たちからは次々と離反者が出たうえに、ハイドは大軍を率いてバラクを包囲し、和解を迫った。追い詰められたバラクはもはやハイドの要求に従って和解するほかに道は無かった。しかし、ハイドと会談をおこなおうとしたその前日に、バラクは陣中で急死を遂げた。ハイドによって暗殺されたとみられている。これによってチャガタイ家は再び分裂した。一二八二年にはバラクの息子ドワがチャガタイ家当主の座に就いたが、これはハイドの任命によるものであった。オゴデイ家とチャガタイ家は和解したものの、ドワはハイドの傀儡として動かざるを得ず、実質的にチャガタイ家はハイドに支配されたのであった。オゴデイ家は帝位を追われた後、所領を分断されてしまったため、これまでオゴデイ・ハン国と呼べるような勢力は存在しなかった。しかし、ハイドの活躍によって初めてオゴデイ・ハン国或いはハイド・ハン国が出現することになった。特に、チャガタイ・ハン国の所領であったイリ渓谷からアム川までをハイドが実効支配するようになってからは、オゴデイ・ハン国の領域は最大となった。

元朝の危機

さらに、ユーラシア東部でも動きがあった。フビライが裏切ったチャガタイ家の本拠地であるアルマリクに兵を出すとその軍に参加していたシリギが元朝に反乱を起こしたのである。シリギは前帝モンケの遺児であり、父モンケが亡くなった後はフビライではなく、末弟のアリクブケに加担した過去があった。それゆえ、元朝では冷遇されていたのである。ハイドはこの好機を見逃さなかった。アリクブケの遺児であったマリクテムルらと共に反乱を起こし、この派遣軍の頭目であったフビライの第四子、北平王ノムガンや丞相アントンらを捕縛して自らモンゴル高原の盟主を名乗ったのである。明らかにハイドの差し金であった。しかし、ハイドはここで判断を誤った。シリギ軍との連携よりも、中央アジア領地の接収を優先させたのである。一方、元朝では反乱に対して即座に対応が取られた。南宋攻略の大将軍バヤンを指揮官として平定軍が派遣されたのである。元朝軍を乗っ取ったにもかかわらず、ハイドやジュチ・ハン国との連携がうまく行かなかったシリギ軍は孤立し、バヤン率いる元朝軍に打ち破られることになる。大将軍バヤンに妨げられ、シリギ軍との連携に失敗したハイドは次なる一手を打つ。世祖フビライの最大の支持勢力であったはずの東方三王家、すなわち、チンギスの弟たちの一族を反フビライに導いたのである。シリギの乱が平定されるや、東方三王家の当主たち、ナヤン、カアダン、シクトゥルがそれぞれ反乱を起こした。ハイドと内通していたとみられる。これがハイドの切り札であった。ハイド自身も軍を率いて反乱に呼応した。ナヤン率いる反乱軍に合流しようとハイドは西側からモンゴル帝国の旧都カラコルムに接近した。父オゴデイが皇帝だった時の栄華を取り戻すには帝都を我が手に取り戻す必要があった。しかし、それを阻む者があった。シリギ軍を壊滅させた大将軍バヤンである。

英雄ハイドの最期

元朝始まって以来の大規模反乱に発展しつつあった。ここに至り、フビライは危急存亡の秋と判断せざるを得なかった。今度こそ征服を果たすはずだった第三次日本遠征を中止して、自ら親征する決断を下したのである。この時フビライは老齢に達していたが、それをおして親征に出たことはいやがおうにも元朝軍の士気を高めた。ナヤン率いる反乱軍は突如現れたフビライの姿に動揺を隠せなかった。軍を進めたフビライはいとも容易く反乱軍を敗走させ、ナヤンの首を討ち取った。元朝を転覆させかねなかった東方三王家の大反乱はここに呆気なく潰えたのであった。大将軍バヤンに阻まれてカラコルムに入城できずにいたハイドは耳を疑う知らせを聞いた。反乱を起こしたはずのオッチギン王家当主ナヤンが敗死したというのである。しかも、都にいるはずの老帝フビライ・

ハーンその人の攻撃を受けて。思いも寄らぬフビライの出座に、麾下の兵たちの間には明らかに動揺が広がっていた。フビライ率いる元朝軍はさらにこのカラコルムに向かっているという。万全で

カラコラム 万安宮跡
（筆者撮影）

カラコラム 万安宮跡出土の龍紋瓦
（筆者撮影）

あったはずの反乱が失敗したことは明らかであった。父の打ち立てた旧帝都を取り戻すまであと僅かであったはずが、ハイドはそれを断念せざるを得なかった。ハイドの元朝打倒の悲願は他ならぬ元朝皇帝フビライの迎撃によって失敗に終わったのである。

この反乱から五年後、フビライは世を去った。ハイドにとっては元朝を滅ぼして再び帝権を取り戻す最後のチャンスであった。しかし、フビライに代わって即位したテムル・ハーンは思いのほか人望があった。テムル・ハーンは大将軍バヤンの後押しもあって皇位継承争いに勝利したが、財政政策や貿易政策にも力を入れ、内政は安定しつつあった。ハイドは攻勢を強めたが、テムル・ハーンも軍を派兵してこれに対抗した。西方のイルハン朝との連携も強めた元朝はハイドやチャガタイ家に押されつつも包囲網を狭めていった。長期化したハイドらの反乱はオゴデイ家・チャガタイ家の王族たちにも不安を与え、ついには元朝へ投降する者たちが続出し始めた。ジュチ家は既に反乱から手を引いていた。ハイドの側も限界であった。ハイドは最後の大攻勢を決断し、ここにオゴデイ家・チャガタイ家連合軍は自軍の王族を次々に前線に投入したが、元朝側もこれに対抗してさらなる兵が派遣された。この時、中央から草原地帯に派遣され、大いに武勲を挙げたのが後にテムル・ハーンの後を嗣いで皇帝位に就く皇子ハイシャン、後の武宗ハイシャン・ハーンである。元朝軍の反撃を受けたハイド軍は大きな被害を受け、ハイド自身も戦傷を負ってしまった。退却したハイドは、しかし戦傷が致命傷となり、一三〇一年、ついに悲願半ばで世を去ることになる。フビライを相手に一度は元朝を滅亡の危機に追い込んだ草原の英雄の最期であった。

オゴデイ家のその後

残されたハイドの遺児のうち、チャパルがオゴデイ家の当主となったが、草原の英雄として元朝に対峙し、他王家の頭目たちを手玉に取った父ハイドと較べると明らかに力不足であった。一方、チャガタイ家の当主としてハイドに服従を強いられてきたドワは遙かに老獪であり、経験の浅いオゴデイ家の王子たちを手玉に取ることは容易かった。ドワはチャパルを説き伏せて元朝との講和を図った。実はハイドが亡くなった時、死の直前に後継者として指名されたのはチャパルではなく、その弟のオロスであった。しかし、ハイドの葬式を取り仕切ったドワはその場で敢えて兄のチャパルを後継者として強く推した。当然、ハイドの遺言にしたがってオロスを次代領主に推す声も強く、オゴデイ家はここに内部分裂の危機を抱えることになる。これもドワの目論みどおりであった。長らくハイドによって服従を強いられてきたドワは逆にオゴデイ家を追い落とす機会を窺っていたのである。一方でドワは独自に元朝との和平策を進めていた。自分の力を背景にチャパルを当主の座に着けたドワはチャパルに対してハイドによって奪われていたチャガタイ家領土の返還を迫り、同時に元朝への和平と服従に誘導した。ドワの甘言に載せられたチャパルは父の代から支えてきた王子たちや重臣たちを退け、オゴデイ家の内部分裂はますます進行した。ここに至ってドワは元朝との完全和平を実現させた。ドワとチャパルは元朝、イルハン朝、ジュチ・ハン朝に使節団を派遣し、ここに四〇年近く続いたフビライ、フレグに代表されるトルイ家とオゴデイ家、チャガタイ家、ジュチ家の争いは一応の決着を見る。これを祝して元朝は年号を大徳に改元し、ユーラシアには和平成立の祝賀ムードが蔓延したが、これもまたドワによる策略であった。チャガタイ家は矛先を元朝からオゴデイ家に変えたに過ぎなかったのである。中央アジアの各地でチャガタイ家の王子たちとオゴデイ家王子たちの紛争が頻出し始めた。ドワが仕向けたものであった。既に分断されていたオゴデイ家はチャガタイ軍によって各個撃破されていった。オゴデイ家の王子たちがドワによって騙《だま》されたことに気が付いた時には既に手遅れであった。チャパルもまたドワによって攻撃され、事もあろうか、東からは和平が成ったはずの元朝軍からの挟撃を受ける。チャガタイ家と元朝の間にはいつの間にか対オゴデイ家の強力な同盟が築かれていたのである。チャパルには降伏する以外、もうどうすることもできなかった。ドワはオゴデイ家の領土を全て支配下に収め、中央アジアはオゴデイ家の領土からチャガタイ家の領土へと変貌した。長年辛酸を舐めてきたチャガタイ家のドワはついにハイド王国からの復権とその壊滅に成功し、ここにチャガタイ・ハン国が再び成立し、逆にオゴデイ・ハン国は消滅することになるのである。一三〇七年にドワが亡くなると、オゴデイ家の王子たちは反乱を起こすが、ハイドという英雄が去ってまとまりを欠いていたオゴデイ家が再興するには至らずいずれも鎮圧される。復権を望んでいたチャパルもチャガタイ家の内紛に乗じて反乱を起こすが、結局敗れて元朝に亡命せざるを得なかった。チャパルは元朝皇帝の武宗ハイシャン・ハーンから厚遇を受け、爵位を与えられて分封されるが、以後、ハイドの築いた王国が再興することは二度となく、オゴデイ・ハン国は永久に歴史から消え去ったのである。

ハイドは反乱者であったのか?

結局、ハイドが夢見たオゴデイ家による帝国支配はついに叶わず、逆にチャガタイ家によって追い詰められたオゴデイ一門は国を失うこととなる。元朝側から「ハイドの乱」と呼ばれる争乱がハイドという稀代の英雄のカリスマ性によって引き起こされたことは疑う余地がない。最終的に帝国宗主の地位にある元朝のトルイ家に敗れたハイドは反乱者の烙印を押され、反体制=悪としての評価に甘んじざるを得なかった。しかし、ハイドが一時代を築いたことだけは確かである。世界史教科書の地図上には現れないが、彼が生きた時代にだけは確かにオゴデイ・ハン国は存在した。歴史にもしもは存在しないが、もし彼がフビライ・ハーンという巨星を墜とすことに成功していたなら、モンゴル帝国は再び草原中心の遊牧国家となり、歴史は大きく変わっていたであろう。それは或る意味、草原への回帰を望んでいたモンゴル人たちの悲願でもあった。ハイドがカラコルムの奪還にこだわっていたのはそこが古き良き時代のモンゴル帝国の旧都であったからである。ハイドにとっては草原の帝国を捨て、中国に走ったフビライこそが裏切り者であり、遊牧の道を外れた存在であった。ハイドにとってはフビライこそが悪を象徴する存在に他ならなかったのである。

1328–98年
明の初代皇帝・洪武帝。貧農から身をおこし、1368年、明朝を建て南京で即位した。

理想のために大粛清を行った皇帝

朱元璋（洪武帝）

…しゅげんしょう・こうぶてい…

上田信

朱元璋は明《みん》の太祖。元号にちなんで洪武帝《こうぶてい》（在位一三六八―九八年）と記載されることが多い。貧困な境遇から身を起こし、明朝を創建して帝位に登りつめる。出生は濠州《ごうしゅう》（明朝の成立により鳳陽《ほうよう》と改称される）の土地を持たない貧農の家に生まれた。一三四四年に飢饉《ききん》で父母を失い、村の近く寺に入った。寺にも食糧はなく、托鉢僧《たくはつそう》となって流浪。一三五二年に白蓮教《びゃくれんきょう》を紐帯《ちゅうたい》として結集した紅《こう》巾軍《きんぐん》に加わり、一三五三年に同郷の徐達《じょたつ》などを率いて自立し、儒者の李善長《りぜんちょう》らを配下に加えて勢力を拡大した。

一三五五年に紅巾軍《こうきんぐん》の宗教的支柱である小明王・韓林児《かんりんじ》を奉じて政権の樹立を目指し、一三五六年に集慶（現在の南京）を落とすと、地名を応天府と改めて自らの拠点とした。この年に小明王から呉国公に封じられた。一三六六年に韓林児を謀殺し、一三六八年一月に応天府で帝位につき，国号を「大明」とし年号を洪武とし、君主独裁の体制を整えた。皇太子であった嫡長子の朱標《しゅひょう》が一三九二年に病死し、標の子を皇太孫として次の後継者に指名する。一三九八（洪武三一）年に死去、南京の孝陵に葬られている。

明朝と中華人民共和国の類似点

現代の中国の歴史学者にとって、明代政治史は鬼門であるといってもいいだろう。朱元璋に関する詳細な評伝を著した呉晗《ごかん》(一九〇九—六九年)は、明代中期に実在した実直な官僚が罷免された事件に想を得て、京劇戯曲『海瑞罷官《かいずいひかん》』を執筆した。この戯曲が共産党政権の農村集団化政策を暗に批判した作品だとして、一九六五年に糾弾されたところから、翌六六年に文化大革命が開始された。呉晗は投獄され、獄中で死去した。

明朝と中華人民共和国とは、類似する点が多い。明朝も中華人民共和国も、農民が主体となる革命軍が打ち立てた政権である。そして朱元璋も毛沢東(一八九三—一九七六年)も、農村社会に基礎を持つ理想の国を創ろうとしていた。明朝の朱は里甲制《りこうせい》で、中華人民共和国の毛は人民公社という枠組みで、農民を組織し、人口の大多数を占める農民の労働奉仕によって国造りを進めようとしたのである。そして、それぞれの理想が現実の前に腐食されようとしたとき、夢を現実に引き戻そうとする人々を、一網打尽《いちもうだじん》にするために、行政のトップから粛清を始めた。毛沢東の場合は文化大革命を発動し、国家主席の劉少奇《りゅうしょうき》を失脚させた。そして、朱元璋の場合、ターゲットにされた人物は宰相(中書省右丞相)の胡惟庸《こいよう》であった。

胡惟庸案、あるいは胡獄と呼ばれる一大疑獄事件は、一三八〇(洪武十三)年に始まった。胡の一族はことごとく誅殺《ちゅうさつ》され、開国の功臣でもあった多くの有力者が処刑された。さらに胡の罪状が加重される度ごとに、連座したとして罪に問われたものが数多く、処刑された。

胡惟庸が粛清されたとき、その人物の実像を窺わせる記録は抹消されたために、胡がどのような人柄であったのか、その実績は何であったのか、正しく伝えられることはない。しかし、『明史』列伝「奸臣《かんしん》」の筆頭にあげられている胡の記載の裏側を読み解くと、朱元璋が大明帝国創建の功臣たちを根こそぎ粛清するために、胡の野心を利用したことが手に取るように見えてくる。

嵐の前

朱元璋が建国した当初、その政権は大きく分けて二つの勢力によって支えられていた。

一つは、淮河《わいが》中流域で朱が旗揚げした時期にその陣営に加わった「淮西《わいせい》」派である。紅巾の農民反乱から政権樹立にいたる過程を、朱とともに歩んできた人々である。その筆頭が朱元璋の親友であった徐達、朱元璋率いる紅巾軍が安徽省《あんきしょう》に入ったときにその軍門に加わり、軍師として戦略を立てた李善長《りぜんちょう》であった。胡惟庸は李と同郷の定遠《ていえん》(現在は安徽省に属する)の出身。一三五五年に朱元璋のもとに加わり、李の後ろ盾もあって出世する。

そしてもう一つの派閥が、朱元璋の勢力が一三五七年に浙江省の盆地地域に進出したときに、その政権に加わった「浙東《せっとう》」派である。この時期に朱は、白蓮教から距離を置き、あらたな統一政権の構想を練り始めていた。元朝のもとでの出世を望まず、浙東で同族集団の家塾で教師を務めていた知識人たちが、朱の政権樹立に可能性を見いだして、朱の顧問となった。その筆頭に位置づけられる人物が、劉基《りゅうき》と宋濂《そうれん》である。朱元璋は儒教、とくに朱子学に基づく理念に基づく国家構想を、彼らから学び、白蓮教に替わる政治理念をもって、あらたな王朝の樹立を目指すようになった。

呉晗はその著作『朱元璋伝』のなかで、この淮西派と浙東派との政権内部の亀裂が洪武年間の政争を解く鍵であると指摘している。

現在、史書の記載に基づいて、ことの経緯をたどると、おおよそ次のようになる。淮西派のトップに位置していた李善長が、一三七一年に病のために宰相を辞職したときに、朱元璋は浙東派の重鎮であった劉基に、その後任として複数の候補者を挙げて、誰が適任かと尋ねた。山西省出身で、劉基とも親交のあった楊憲《ようけん》の名を皇帝が挙げたとき、劉は器ではないと答える。それではと「汪広洋と胡惟庸はどうか」と皇帝が問うと、劉基はいずれも楊憲よりも劣る、特に胡は「これを馬車に喩《たと》えるならば、転覆する懼《おそ》れがあります」と返答した。皇帝が「先生をおいて適任者はいない」というと、劉基は体調不良を理由に固持した。

劉基は自らに近い楊憲を直接に推奨すれば、派閥のための発言と疑われることを恐れ、また自分が宰相になるといえば、遠からず災いが我が身に及ぶと考えた。そこで、楊の欠点をのべつつも、他の候補者の欠点を指摘することで、皇帝が消去法で楊憲を選ばざるを得ないように誘導したのである。

皇帝と劉基との問答を知った胡惟庸は、淮西派の勢力が削がれるとして、李善長と共謀して楊憲を罪に陥れ、誅殺されるように仕組んだ。楊憲が誅されてから、皇帝は胡に才覚があるとして、重用するようになり、胡も皇帝の意図を忖度《そんたく》して、日に日に勢力を拡大していった。そして一三七三年に官僚機構のトップの座、すなわち中書省右丞相《うじょうしょう》に登りつめる。しかし、その実、朱元璋は胡を使うことで、皇帝であっても簡単には排除できない功臣を、抹殺《まっさつ》することを図っていたと推測される。

宰相となった胡惟庸は、まず淮西派と目されていた徐達への接近を図る。しかし徐達は胡の人柄を信頼せず、応答しようとはしなかった。そこで胡は徐達のもとにいた宦官の福寿《ふくじゅ》というものに賄賂《わいろ》を贈り、つながりを持とうとした。福寿が胡からの誘いを告げるも、それでも徐は答えなかった。かえって胡に疑いを深めた徐は、朱元璋にたいして、胡が宰相にふさわしくないと忠告するようになる。のちに胡惟庸の疑獄事件が発生すると、朱元璋は徐達の忠義を讃えるのではある。しかし、もし徐が胡の誘いに乗っていれば、皇帝は即座に徐を失脚させたであろう。

明代にうわさとして語られていた話がある。徐達が背中に腫れ物ができたとき、朱元璋が突然に人を派遣して見舞いの品を徐に賜った。徐は使いの者が監視するなかで、涙を流しながら皇帝から贈られた食品を食べ、食べ終わると医師を遠ざけ、ほどなくして死去したというのである(『翦勝野聞』、一五〇五年に進士となった徐禎卿《じょていけい》が著した随筆。明初の伝承を多く記すが、誤りも多い)。清代になるとその食品は、腫れ物を悪化させる鵞鳥《がちょう》の肉であったと、もっともらしい話になっていく。単なるうわさと見ることもできるが、一三八五年に五五歳の徐達に訪れた突然の死に、同時代の人々が、皇帝の意図を感じていたことも、一つの事実であろう。

『明史』の胡惟庸伝には、また次のようにある。「御史中丞の劉基は、かつて胡の短所を述べていた。しばらくして劉基が病に伏すと、皇帝が胡惟庸を医師とともに遣わして看病させたとき、毒を盛った。劉基の死後、胡はますます遠慮するところがなくなった」。一三七五年の劉基の死の真実も、歴史の闇のなかにある。毒殺であったのか、もし毒殺だとしたら、その犯人は胡なのが、そしてその背後に皇帝・朱元璋の意図が働いていたのか、すべては藪の中である。

粛清

西暦一三八〇年、明朝の洪武十三年正月二日、突然、胡惟庸が謀反の罪名で逮捕され四日後に処刑される。その直後に、中書省の廃止が発表され、それまでそこに属していた六部が、皇帝に直属されることとなった。官僚のトップは各部の長官である尚書ということとなり、権力は分散されることとなった。この六部体制は清朝にも受け継がれて行く。ちなみに、六部とは人事を扱う吏部、経済・社会行政を担当する戸部、儀礼を担当し朝貢関連の業務も所轄する礼部、軍事を扱う兵部、法務を担当する刑部それに建設行政を専らとする工部である。

国務のトップがねらい打ちにされた粛清は、その部下や親族、係累者《けいるいしゃ》に及び、処刑されたものは一万五〇〇〇人を数えたという。処罰を受けたものは、その数倍に登る。淮西派の頭目とされる李善長は、胡と関わったとして失脚させられる。そして後に胡獄が蒸し返されたときに、一族が処刑され、一三九〇年に本人も自害することになる。朱元璋から劉基とともに明朝の青写真を描いた宋濂も、その一人であった。その孫が胡惟庸と通謀した疑いで処刑された宋濂は、引退していた郷里から引き立てられて、四川へ配流される途中で息を引き取った。こうして、淮西派・浙東派の功臣や高官たちは、胡惟庸に連座したとされて、多くが生物的、あるいは政治的・社会的な生命を失うこととなったのである。

朱元璋がこの胡惟庸の獄を発動した理由は、宰相というポストを抹消するところにあったことが、一つの定説となっている。伝統的な中国の王朝は、皇帝と宰相との分業で運営されていた。皇帝は王朝の儀礼を司り、帝国の理念を体現することを主要な機能とし、宰相は官僚の頂点に立って実務を担う。明朝成立期の宰相は、中書省の右丞相がその任にあたっている。胡惟庸の獄の結果、中書省を廃止し、皇帝が直接に官僚機構の頂点を占めることになったのである。

理想と現実

功臣・高官を排除して、直接に行政のトップとなることで朱元璋が目指したことは、貧農として乞食僧《こつじきそう》として辛酸をなめていたときに、思い描いた理想の国家を創ることであった。産業は農業を基盤とし、貧富の格差をうみだす貨幣経済は徹底的に抑制する。人民は貨幣ではなく現物の農作物を国家に納め、インフラ整備や社会事業は人々の労働奉仕によってまかなう。人民のあいだの人間関係は、親族的なつながりが基礎となる地域では、同族内の尊卑長幼の序列に則り、地主と小作人の区分がある地域では、両者が親子のように慈しみあい、そうした関係がない人々の関係は、年長者を年少者が敬う。こうした国を朱元璋は創ろうとしたのである。農村では、疑獄事件の翌年一三八一(洪武一四)年に、里甲制《りこうせい》とよばれる制度が実施される。

朱元璋の理想は、国内にとどまるのではなく国際関係にも及んでいたと考えられる。一三七九年に、ヴェトナム南部から占城《チャンパ》の朝貢使節《ちょうこう》が中国に到着した。しかし、中書省は、その報告を皇帝に提出しなかった。この案件の責任を追及するなかで嫌疑が固まり、大粛清の理由とされたのである。なぜ報告がなかったのか。皇帝と中書省とのあいだに、朝貢制度をめぐる見解の相違があったのではないかと推定される。朱元璋は、礼に基づく秩序を世界に広げる方法として、朝貢を運用しようとしている。『皇明祖訓』の注記に、「占城より以下の諸国が朝貢しに来たとき、しばしば行商を同行させて不正な交易を行うことが多い」とある。こうした朝貢を交易の手段とする現状に対して、朱元璋は不満を持っていた。

モンゴル帝国下の元朝のもとで、国際的な貿易が活発に行われていたことが、商取引に関われる都市の住民と、関われない農村の住民とのあいだの格差を生みだす原因であると、朱元璋は考えていた。国家が発行しない銀が、取り引きに用いられることが、諸悪の根元だとも考えた。モンゴル帝国では国際的貿易に銀が用いられた。朱元璋は民間の貿易を禁止し、外国との関係を朝貢のみに限定し、朝貢にともなう交易も、国家の統制のもとに置こうとしたのである。

朱元璋が理想とする国際関係は、皇帝を頂点とする擬制的な親族関係になぞらえるべきものであった。中華の皇帝と他国の君主とあいだで、父と子、あるいは父と孫との序列にもとづいて、儀礼的な行き来を行うことで、秩序を形成する。他国の君主は中華の皇帝に挨拶に来るときには、手土産として物産を貢納し、皇帝は君主にお返しとして絹織物や陶磁器などを下賜する。利益のために交易するという発想は、そこにあってはならない。それが朱元璋の描く、国際関係の理想の形であった。

しかし、その理想は、維持されなかった。断片的に残された朝貢関係の記事を連ねてみると、胡惟庸などは朝貢制度を実状に合わせて運用するため、外国の情勢を逐次に皇帝に報告しなかったという事実が見て取れる。

国家が運営する朝貢制度は、その実務に携わる高官たちにとって、魅力のある事業であった。朝貢してきた国々の使節に対する応接に、明朝は多大な負担をした。他方で使節がもたらした物産を買い取り、朝貢国の使節に同行した商人が中国の絹織物・陶磁器などを買い付ける際には、多大な利益が生まれる。入貢《にゅうこう》した使節団に絹織物などを手配したものは、中国側の官僚であった。朝貢の負担は国庫から、そして朝貢から生まれる利益は高官の懐《ふところ》へ、そのような仕組みが形成されていたのである。

罪状とされた日本との通牒

胡惟庸の罪状の一つに、謀反《むほん》の際に日本の助力を得るために画策したというものがある。胡の指示を受けた明州(寧波《ニンポー》)衛の指揮という地位にあった林賢《りんけん》は、罪を得て日本に渡り、日本の要人たちに工作した。日本の国王は入貢使節を派遣し、兵卒四〇〇余人を船に乗せ、火薬や刀剣を巨大な蠟《ろう》燭《そく》に隠して輸送させ、胡惟庸の反乱に参加させる手はずとなっていた。しかし、日本からの一行が到着したときには、すでに胡惟庸の陰謀は露見していて、即座に逮捕されてしまったとされる(『明史』列伝、「日本」の条)。事が露見し林賢らが処刑されたのは一三八六年である。

ここで明朝と日本との当時の関係を整理しておこう。

朱元璋は一三六八年に明朝を成立させると、その年の十一月には使節を日本に派遣したと思われる。その使節は途中事故に遭い、目的を達していない。翌年一三六九年に再度、使節が日本に派遣された。このとき日本国王に当てた詔書《しょうしょ》(『明実録』洪武二年二月辛未)には、「ちかごろ山東から来る上奏によると、倭《わ》の兵がしばしば海辺を略奪し、人の妻子を誘拐し、破壊・殺戮《さつりく》を行っている」とあり、海上勢力が山東半島周辺を襲撃していると述べ、日本国王がその略奪を放任するならば、明朝の艦隊が海上勢力を制圧し、日本にいたってその国王を逮捕すると威嚇的《いかくてき》な文章を連ねている。

この使節は、伝統的に日本の中国に対する窓口であった九州太宰府《だざいふ》に向かった。当時、太宰府にあったのは、南朝の征西将軍・懐良親王《かねよししんのう》であった。懐良親王は朱元璋の強圧的な文章に憤り、正使などを拘留《こうりゅう》した後に釈放したとされる。このような処置にも拘わらず、朱元璋は翌一三七〇年に再び使節を派遣した。この使節に対して懐良親王は一三七一年に僧祖来《そらい》を派遣した。この最初の日本使節について、『明実録』洪武四年十月癸巳の条は「日本国王良懐」と記している。「懐良」がなぜ「良懐」となったのか。中書省が何かを秘匿《ひとく》し、外国との関係を皇帝に正しく報告していなかったために、こうした混乱が生じたのかも知れない。

「良懐」からの使節が南京にいたると、明朝はこれを以て正式の朝貢と見なし、翌一三七二（洪武五）年に使節を派遣する。しかし、この使節が筑紫《ちくし》に到着したときには、懐良親王の勢力は室町幕府が派遣した軍勢の攻撃を受けて、とても対応できる状況ではなかった。ほどなくして懐良親王は、太宰府を放棄した。懐良は、筑紫を追われて海の路から切り離されてしまう。そうした日本の状況にもかかわらず、中国側の史料によれば「日本国王良懐」の使節が、一三七六（洪武九）年・一三七九（洪武十二）年・一三八一（洪武十四）年・一三八六（洪武十九）年と、十五年間に四回も明朝に到達している。これらの使節は、九州の領主たちが、実在しない「良懐」の名義で、明朝との交易の利益を求めて派遣したものだと推測されている。

疑獄事件から密輪事件発覚までに、六年もの年月がたっており、両者を直接に結びつけることは難しい。しかし、胡惟庸が宰相の座に就いた一三七六年から一三八六年に林賢密輪事件が発覚するまでの十年間は、日本と中国との関係が混沌《こんとん》とした期間と合致している。この間に朝貢の実務を担当した官僚が、朱元璋の目からみて不正とされることを行っていた可能性は十分にある。おそらく、あらためて官僚に対する粛清をおこなうために、単なる密輪事件を胡と結びつけたと見る方が正しいであろう。

胡惟庸の獄のあとも、郭桓《かくかん》の案（一三八五年）、李善長の獄（一三九〇年）、藍玉《らんぎょく》の獄（一三九三年）と、朱元璋は粛清を繰り返した。その度ごとに、一万数千人の人命が失われたという。朱元璋が行った大粛清で処刑されたものは、十万を超えるとされる。ここに明朝洪武年間の深い闇を、みることができるのである。

1360–1424年
明朝第3代の皇帝、太宗・成祖。靖難の変をおこして即位、鄭和の南海遠征、北京遷都を行う。

帝位簒奪者が生んだ闇
朱棣（永楽帝）
…しゅてい・えいらくてい…

上田 信

朱棣《しゅてい》（一三六〇―一四二四年）は、明朝三代目の皇帝（在位一四〇二―二四年）。一般にその元号にちなんで永楽帝と呼ばれる。死後に付けられる廟号《びょうごう》は太宗であったが、のちに成祖と改称される。朱元璋《しゅげんしょう》の第四子として生まれる。その生母が誰かについては、定説がない。朱棣が甥に当たる第二代皇帝の朱允炆《いんぶん》（建文帝）を倒して即位してから、その正当性を強化するために父・朱元璋の正妻である馬氏を母とし、それと矛盾する記録を抹殺したからである。

朱棣は十一歳のときに燕王《えんおう》に封じられ、十年後の一三八〇年に元朝の首都であった北平（現在の北京）に配置された。父にその軍事的才能を認められ、北方のモンゴル勢力ににらみをきかせる役割を負った。一三九八年に即位した第二代皇帝が、叔父に当たる朱棣を排除しようとすると、朱棣はクーデタ（靖難《せいなん》の変）を起こし、一四〇二年に勝利を収め皇帝となる。

皇帝としての事績は、少なくない。北京に紫禁城《しきんじょう》を完成させ一四二一年に遷都《せんと》した。現在の北京は、朱棣が定めた首都の構造のうえに発展したものである。モンゴルに自ら遠征したりヴェトナムを支配下に収めたり、あるいは鄭和《ていわ》に命じて海洋遠征を行わせたりして、積極的な対外政策を展開したことも、特筆されよう。また文化面では、一四〇三年に古今の書籍を集大成する類書の作成を命じ、三〇〇〇人に近い人員を動員して一四〇八年に『永楽大典』として完成させたことが挙げられる。

第五回目の北方遠征の帰途、一四二四年に内モンゴルの幕営で六五歳の生涯を閉じ、北京郊外の明十三陵の一つ長陵に葬られた。

「靖難」を口実としたクーデタ

朱棣の悪行を挙げるとすれば、二つある。一つは前政権の忠臣にたいする必要以上に苛烈な処断である。それは一過的なものであったといえよう。もう一つは宦官《かんがん》による秘密警察を設置したことで、それは明朝の末期にいたるまで影響が及んだ。その二つの悪行は、彼が反乱によって皇位を「簒奪《さんだつ》」したところに起因する。

朱元璋は明朝創建の功臣を粛清《しゅくせい》したが、親族には信をおいた。みずからの息子たちを王に封じて、帝国の要所に置き、次期皇帝を助けるようにとの遺訓《いくん》を残したのである。そのなかには佞臣《ねいしん》が皇帝を惑わすようであれば、軍を率いてその難を靖《やす》んじることを命じた条項も含まれていた。

洪武《こうぶ》三一(一三九八)年閏五月、朱元璋は孤独な独裁者として、その七一年にわたる人生を終える。二代目の皇帝となった朱允炆は、朱元璋の嫡長子《ちゃくちょうし》であった朱標《ひょう》の嫡子であり、朱棣の甥にあたる。のちにその年号にちなんで建文帝と呼ばれる新帝にとって、叔父にあたる諸王の存在は、脅威でしかなかった。特に朱棣は軍事的・政治的な能力を有し、その父・朱元璋からも才能を認められていた。朱允炆の政権を支えた官僚のなかで、黄子澄《こうしちょう》と斉泰《せいたい》などは王朝を安定させるために、燕王に封じられていた朱棣を排除するための施策を次々に繰り出した。

朱棣の手足をもぎとることを目的にして、朱元璋の死の直後、まだ年も改まらず、年号が洪武である年のうちに、開封に王府を開いていた周王（朱元璋の五男）を取りつぶし、年が替わり新たに建文《けんぶん》という年号になった一三九九年には山東青州の斉王、山西大同の代王、湖広荊州《けいしゅう》の湘王、雲南岷《みん》王《おう》の五人の王族の身分を次々と剥奪した。さらに燕王府の警護兵を王朝の都督《ととく》が率いる辺境守備軍に編入し、さらに護衛の指揮官である指揮使を次々に南京に召還した。モンゴルに対する戦略のために朱棣のもとにあった軍隊のほとんどが、この時期に解体されてしまったのである。

燕王の身分を削除する段取りは、着々と用意されていった。罪状を作り上げるための情報が南京側に集められた。朱棣は発狂したと見せかけようとしたが、その偽装工作も内応者によって南京に伝わり、ついに燕王府の関係者を逮捕するために、役人が派遣されることになった。逮捕者を出せば拷問によって、いかようにも朱棣の罪状を作ることができる。南京から派遣された軍勢は、燕王府を包囲した。朱棣は追いつめられた。

一三九九（建文元）年七月四日、朱棣は病が回復したとして祝賀の会を催し、包囲している官軍の指揮官を招待した。燕王逮捕の段取りが完璧に整ったと安心していた指揮官は、不用心にも招待に応じ、宴会の席で惨殺されてしまう。それとときを同じくして、朱棣の腹心たちは指揮官を失って混乱する官軍を圧倒して、街のほぼ全域を制圧して陣容を整えた。朱棣はすぐさま檄を発した。そのなかで、このクーデタは皇帝に対する反乱ではない、皇帝の側近にある奸臣《かんしん》を取り除くことが目的であると宣言している。その主張に基づき、この軍役は「君主の難を靖《やす》んじる」戦い、つまり「靖難の変」と呼ばれることとなる。

朱棣と皇帝とのあいだで繰り広げられた戦乱は、華北平野を荒廃させながら四年間、建文四(一四〇二)年六月に南京が陥落するまで続いた。劣勢であった朱棣が最後に勝利を収めたのは、朱元璋の粛清によって皇帝側に有能な将軍がいなかったことが、大きな要因となった。一方、南京の皇帝によって正規の官僚や軍隊をはぎ取られ、クーデタを断行したときに朱棣の周囲にいたものは、わずか八〇〇人程度であったともいわれる。この困難な時期に朱棣を支えたものが宦官であった。彼らは同じ宦官だというつながりを以て、ひそかに皇帝側の宦官に働きかけたのである。

先帝の忠臣に対する苛烈な処断

初代皇帝の朱元璋は、宦官が国を誤らせてきた歴史を鑑《かがみ》として、宦官を抑制する方針を採った。第二代皇帝もまた、その方針を引き継いだ。これに反発した皇宮にいた宦官のなかから、朱棣の側に通じて南京の情報を告げる者が続出した。こうした経緯から朱棣も宦官を信頼するようになり、政権を樹立すると重用するようになる。これが朱棣の第二の悪行を招くこととなり、明朝の禍根となるのである。

六月十三日に南京は陥落し、皇宮は炎上、第二代皇帝の朱允炆の死体は発見されず、行方不明となった。政権を簒奪した朱棣は、建文という時期そのものを、過去にさかのぼってなかったことにするという方針を打ち出し、建文元年を先代の年号を引き継いで洪武三二年、政権を簒奪した年を洪武三五年とし、その翌年正月から新しい年号を用いるという方針を打ち出した。建文帝の周囲にいた官僚の多くは、胸をなで下ろした。建文期に第二代皇帝に使えていたという事実も、抹消されたからである。朱允炆に忠誠を尽くすのではない、明朝という王朝に仕えているのだという弁明を以て、朱棣の新政権を支える側に回った。

他方、朱棣は「靖難」を挙兵の根拠とした以上は、佞臣《ねいしん》を摘発して冷酷に処断する必要があった。佞臣をきびしく処罰し見せしめとすることで、一般の官僚は安堵《あんど》し、精勤するようになる。秩序を再構築する君主には、ここで冷酷であることが求められる。しかし、その冷酷さが過剰となり、度を越えて酷薄《こくはく》となった場合、その行為は「悪」となるであろう。

明代後期に国政に参与した経験もある朱国禎《しゅこくてい》は、『皇明遜国《そんこく》臣伝』を著し、佞臣と断じられた人々の最期を生々しく描いている。「遜国臣伝」とは「自らの身を差し置いて、国に忠義を貫いた官僚たちの伝記」といった意味であろう。

朱棣から「首悪」に列せられた黄子澄は、南京が陥落する前に蘇州方面に潜んで、海外に逃れて支援を求めようと算段した。ほどなくして長江に面した港町の太倉で逮捕され、朱棣の前に引き出される。

黄は朱棣を「殿下」と呼び、決して「陛下」という言葉を口にしようとはしない。皇帝として認めていないことを、親王（嫡出の皇子）の標識である「殿下」と呼ぶことで、示したのである。朱棣は激怒し、黄の一族六五人、姻戚など三八〇人を引き立て、黄に自らの罪状を紙の上に書き出すように命じた。彼らの運命も一存に掛かっているという状況のなかで、黄は「私は先帝の文臣であったが、その任に堪えず諸藩（燕王などの諸王）の権力を削ぐことができず、このような凶悪残虐なことになってしまった。子孫たちよ、慎んで見習わないように」と述べる。

朱棣はただちに黄の両手を切り取らせたうえで、「お前はいまだ島夷《とうい》にたどり着いてはいないようだが、その足はまだ海のうえにあるようだな」と、両足を切り落とさせ、その身体を磔刑《たっけい》に処した。ここで「島夷」とは、おそらく日本を指すものと考えられる。建文期に朱允炆が足利義満を日本国王と認めようとしていたことを、朱棣は知っていたのかも知れない。黄の一族は老いた者も幼い者もすべて斬首、姻戚《いんせき》は辺境に流された。

陳迪《ちんてき》という高官は、建文期の礼部尚書であった。朱棣の面前で尋問されたときに、抗弁して屈せず、罵《ののし》り続けた。息子などと同日に処刑されることに決したが、陳の罵り声はやむことがない。朱棣は陳の息子の耳と鼻とをそぎ落として、ゆでて陳の口に押し込み、その味をたずねた。陳は「忠臣の孝子の肉は、これほど美味しいものはない」と言い切り、なおも罵り続けた。朱棣は陳ら父子を、生きながらに切り刻んで死に至らしめる「凌遅致死《りょうちちし》」に処するように命じた。

方孝孺《ほうこうじゅ》はその学識によって、その名を知られた人物である。その父は誠実な官僚であったが、誣《ぶ》告《こく》されて処刑された。宋濂《そうれん》のもとで学び、朱元璋による粛清で浙東派《せっとうは》の主要な人々が失脚したのち、当代の知識人の第一人者と目された。朱允炆が第二代皇帝に即位すると、方孝孺を招いて顧問として用いた。方の施政方針は、現実に即したものではなく、儒教の理想をそのまま実現させようとするものであった。

朱棣にとって方をみずからの顧問に迎え入れることができれば、世の文人たちの支持を得られるという計算があった。朱棣は方孝孺を丁重に招き、皇帝即位の詔の文章を書かせようとした。方は筆を地に投げ捨て、「殺すなら殺せ、詔書など決して書かない」と言い、朱棣を罵った。朱は激怒して「お前ひとりだけが殺されると思うな。朕《ちん》はお前の十族すべてを滅ぼすぞ」と言うや、すぐさまその口を両頬から耳まで切り裂いた。その言葉のとおり、親族・姻戚のみならず、その友人・門生も処刑され、その数は一説では八四七人に及んだとされる(史書によっては八七三人とするものもある)。方孝孺本人も市中で磔刑に処せられた。

中国では古来「九族を誅《ちゅう》する」という言葉がある。この九族の範囲は明確ではないが、謀反などの罪人については一族を処刑するという意味で使われる。これに加えて親族ではない知人の範囲まで処刑の範囲を拡げるというのが、朱棣が発した「十族」という言葉の重みである。方孝孺の一門を厳罰に処することで、朱棣は知識人に対する見せしめとした。しかし、その現場は凄惨を極める。この過剰さは、「悪」であろう。

皇帝の「悪」を書き残した動機の所在

朱棣の「悪」を今日に伝えた朱国禎は、なぜ『皇明遜国臣伝』を著したのであろうか。朱国禎は明代後期、年号では嘉靖《かせい》三七(一五五八)年に生まれ、万暦《ばんれき》年間に進士に及第し、泰昌《たいしょう》・天啓《てんけい》という時期に官僚として生き、一六二三年に礼部尚書、翌年には戸部尚書に任じられるなど、明朝の要職を務め、引退後の崇禎《すうてい》五(一六三二)年に死去している。

朱国禎が生まれた嘉靖年間に皇位にあったのは、嘉靖帝と記されることの多い朱厚熜《こうそう》である。先代の皇帝の従弟に当たる。先帝が跡取りを残さずに死去したために、血筋が近いという理由で、傍系でありながら皇帝に即位した。外藩から即位したという点で、同じく燕王から皇帝になった朱棣の権威を高めようとして、その廟号を太宗から成祖に改めさせた。「祖」には王朝の創設者という意味が含まれており、太祖・朱元璋に並ぶ標識に格上げしたのである。明朝の高官ともなった朱国禎が、成祖の「悪」を記している。その動機はいったい、どこにあったのだろうか。

彼が生きた嘉靖・万暦・泰昌・天啓・崇禎という時代は、まさに明朝衰亡の時期にあたる。嘉靖年間には南は倭寇《わこう》、北はモンゴル勢力が人民を苦しめ、万暦年間には秀吉の朝鮮侵略とヌルハチの勢力拡大に直面した。天啓年間には宦官の魏忠賢《ぎちゅうけん》が、皇帝に政治を行う意志を持たないことをいいことに、政治を壟断《ろうだん》した。流民が増え、民衆蜂起が相次ぎ、財政が逼迫《ひっぱく》した。崇禎年間には李自成《りじせい》などが反乱軍を組織し、朱国禎の没後十二年の一六四四年に、北京に攻め入り、皇帝を自殺に追い込み、明朝を終わらせることとなったのである。

衰亡の時代にあって、朱国禎はその原因を究明するために、その一生をかけたのである。そこには衰亡の根元を明らかにして、為政者に「鑑」とさせることで、衰亡を食い止められるのではないかという、意志が働いていた。その想いが朱国禎をして、明朝の官僚でありながら、朱棣の悪行を書き記させたのであろう。

朱国禎は一六二四年に武英殿大学士となり、宮廷に保存されていた資料を閲覧して、王朝の記録『実録』編集作業を統括するようになる。そのときに得られた知見が、明朝の歴史を執筆することを可能にした。この時期に宦官の魏忠賢は、皇帝の乳母との関係を背景に、皇帝を意のままに操り、権勢は頂点にあった。宦官の横暴に批判的な官僚は粛清され、多くの官僚が魏忠賢におもねるなかで、朱国禎も糾弾され、病を理由に郷里へ隠退することになった。魏忠賢の権力のより所となった組織は、朱棣が創設した東廠《とうしょう》とよばれる、宦官が管理する特務機関であった。この東廠こそが、朱棣悪行の第二に挙げられる事項である。

明朝の特務機関は、東廠が最初の組織ではない。朱元璋は一三八二年に、錦衣衛《きんいえい》と呼ばれる皇帝直属の特務機関を創設している。錦衣衛が集めた情報は、洪武期の大粛清の際に用いられた。朱棣はこの機関に加えて、一四二〇(永楽十八)年に東廠を設立し、宦官が管理することにした。この翌年の一四二一年、すなわち永楽十九年の正月の儀礼は、南京ではなく北京で行われた。これが実質的な北京遷都ということになる。錦衣衛は南京を中心に編成された機関であったのに対して、東廠は北京の皇宮の東安門外から北に上がったところに置かれたとされており、朱棣の足下に置かれた機関であったということになる。首都を北京に移すことについては、異を唱える者も少なくなかった。朱棣は遷都を強行するためにも、信頼できる直属の特務機関を必要としたのである。

明代の宦官の頂点に立つポストは、皇帝の指示を朱筆で上奏に記す資格を有する掌印太監であるが、東廠の長官はこれに次ぐランクであったとされている。この長官のもとに一〇〇名あまりの「檔頭《とうとう》」が属し、それぞれ数名の「番子」とよばれるスタッフを指揮して情報収集を担当した。密偵や裏社会に通じたチンピラが檔頭のもとに情報をもたらすことを「起数」といい、役に立つ情報であれば「買起数」として賞金が支払われた。檔頭が番子を率いて現場に出て取り調べを行うことを、「打《だ》椿《とう》」と呼んだ。容疑者から賄賂を受け取ることもしばしば行われ、「干搾酒《がんさくしゅ》」と呼ばれたという(晁中辰『明成祖伝』人民出版社、一九九三年)。

明代を通して宦官が勢力を伸張した時期には、この東廠がその権勢を支えることになったのである。これも朱棣が宦官を信任したところに、その原因を求めることができるのである。

1525–82年
明朝後期、幼帝・万暦帝の宰相として綱紀粛正を断行し、財政を立て直した。

果敢な政治家か、それとも腐敗した政治屋か

張居正…ちょうきょせい…

上田信

張居正は明代の政治家。湖北省江陵県の人。字は叔大《しゅくだい》、号は太岳《たいがく》。一五四七年に進士となり、庶吉子から諸官を歴任して一五六七年に東閣大学士となる。朱翊鈞《しゅよくきん》(神宗・万暦帝《ばんれきてい》)が一五七二年に十歳で即位するとともに内閣首輔の座に就き、以後十年にわたって宰相として幼帝に代わって政治を担った。内閣が六部や地方官を監査し、官僚の勤務評定を行うように制度を改め、内閣の権限を強化した。財政収入を増やすために、内閣が考査権を握った地方官を動かし、全国で田土の丈量《じょうりょう》(測量のこと)を行う。この丈量により、一条鞭法《いちじょうべんぽう》(人頭税に相当する丁税《ていぜい》と、耕地に課せられた地税を一括して銀納する税制)が全国で施行される条件が生まれた。周辺の諸民族に対しては、明朝に協力的な部族を育成し、その力を借りて周辺諸民族との関係を調整する方針が採られた。こうした政策に異議を唱えるものには、呵責《かしゃく》ない弾圧を加えた。一五七七年に父が死去すると、本来は喪に服して官位を離れる規定になっていたものを、国事多忙を理由に離職しなかった。反対派はこれを口実に批判を展開した。死後、反対派の巻き返しがあり、すべての位階を剥奪《はくだつ》され、遺族は自死に追い込まれたり流刑に処されたりした。

中国王朝史において数多くいる官僚のなかで、張居正ほど善悪の評価が分かれる人物はないだろう。明朝の改革を断行した果敢な政治家として賞賛される一方で、政敵を排除し賄賂《わいろ》にまみれた政治屋として酷評される。なぜ評価が分岐するのか、それは彼が官僚として生きた時代と切り離すことはできない。

官界の頂点を目指して

張は幼少期からその才能を発揮し、十二歳のときには科挙《かきょ》試験の最初の関門を突破して生員となり、十三歳のときに挙人となるべく試験を受けたときには、その答案は試験官を驚かせるものであった。しかし、あまりにも若くして合格させては、本人のためにはならないとして、落第させられたという。一五四〇(嘉靖《かせい》十九)年、十六歳となったときに科挙の第一関門である郷試《きょうし》に合格して挙人、その七年後に最終試験を通過して進士となり、官僚としての人生を始めることとなった。

彼が官界に入った嘉靖年間(一五二二—六六年)は、明朝の「終わりの始まり」とすべき時期である。先代の皇帝であった朱厚照《こうしょう》(その年号にちなんで正徳帝として知られる)が世継ぎを残さずに死去したため、従兄弟に当たる朱厚熜《こうそう》が帝位を継いだ(嘉靖帝《かせいてい》)。ほどなくして実父の処遇をめぐって、大きな混乱が生じる。皇帝の儀礼上の父「皇考《こうこう》」を誰にするか、という点をめぐり、多くの官僚たちは先代の正徳帝の父、嘉靖帝にとっては叔父にあたる先々代の皇帝を皇考と見なすべきだとしたのに対して、嘉靖帝はあくまでも実父を皇考とすると主張したのである。中国史上「大礼の議」とよばれる皇帝と官僚とのあいだの対立から、もともと傍流出身の嘉靖帝の自尊心は深く傷つけられ、直言する官僚を退けるようになった。政務を顧みることがなく、道教に熱中して不老長寿の術に没頭し、佞臣《ねいしん》の厳嵩《げんすう》に政治を委ねて思いのままにさせるといった事態となったのである。こうした皇帝のあり方を批判した官僚の海瑞は、皇帝の逆鱗に触れ、罷免されている。正義派官僚と皇帝との確執を題材にして、現代の歴史家の呉晗《ごかん》(一九〇九―六九年)は歴史劇『海瑞罷官《かいずいひかん》』を著した。その戯曲を毛沢東に対する批判だと曲解することによって、文化大革命が始まったことは、本書の朱元璋《しゅげんしょう》の項の冒頭で言及した。

皇帝が政務を放棄し、その場しのぎの政治が行われているなかで、朱元璋が定めた明朝の根幹、私が「戸《こ》メカニズム」「朝貢メカニズム」と名づけた諸制度が腐食されていった。

朱元璋は胡惟庸《こいよう》の粛清後、人民を「戸」という家族に由来する単位で把握し、戸を基礎にして労働力を直接に徴発したり、穀物や塩などの現物を納入させたりするという制度を確立した。農民などの一般民は「民戸」とされ里甲《りこう》に編成された。兵士を徴用する対象は「軍戸」とされ、この戸籍にのっている家柄から世襲的に成年男子が軍務に従事することとなった。この制度は中国で銀使いの貨幣経済が復活してくる十六世紀に入る頃から、維持することが困難となっていた。階層格差が顕在化するとともに、富裕層が地方官僚と結びついて負担から逃れると、減免されない納税や労役の負担は逃れ損ねた人民にしわ寄せされ、没落させることとなり、階層格差がますます激しくなるという、悪循環に陥ったのである。強引に徴収しようとすれば民衆反乱を引き起こし、そのまま放置すれば国家財政が逼迫《ひっぱく》する。軍戸も貧窮化して、「衛所」で軍務に服する兵士の質も士気も低下する一方であった。

中国皇帝を頂点とする儀礼的な関係に基づいて異国の君主とのあいだの関係を秩序立て、貿易をその枠組みで行うこととしか認めない「朝貢メカニズム」は、十六世紀なかばごろには北虜南倭《ほくりょなんわ》と呼ばれる外患を招くこととなった。朝貢以外の貿易しか認めないため、民間の取引は密貿易とみなされ、取り締まりの対象となる。こうした状況に不満を持った勢力は、南の海上では「倭寇《わこう》」として沿海を襲撃するようになり、北の草原ではモンゴル族など遊牧の民が万里長城を越えて、内陸を蹂躙《じゅうりん》するようになったのである。

王朝の根幹が揺るがされている状況では、皇帝自身が裁決を下さなければ抜本的な改革はおぼつかない。皇帝が政務を放棄している状況下で、官僚たちはさまざまな意見を出してまとまらず、派閥を作って争うようになる。こうした問題の構造を、張居正は見切っていた。対策についても腹案を練っていた。さらに明朝を立て直せるのは自分を置いてしかいない、という自負も持っていた。しかし、官界においてその使命を果たすためには、その頂点に登りつめる必要がある。そのように張居正は覚悟を決めていたのである。この目的のためには、彼は手段を選ばなかった。

この時期に官界のトップは、内閣大学士の首輔である。明朝を開いた朱元璋は、皇帝の独裁体制を確立するために胡惟庸の獄を契機に宰相を廃止して、六部を皇帝に直属させた。しかし、皇帝一人で帝国のすべての状況を把握し、すべてについて判断し、裁決することは不可能に近い。靖難《せいなん》の変で正規の官僚機構を先代の皇帝から引き継げず皇帝となった朱棣《しゅてい》(永楽帝《えいらくてい》)は、彼を個人的に補佐する人材を必要とした。一四〇二年に即位してほどなく、皇帝の秘書として内閣大学士というポストを設け、機密を要する案件にも参与させるようにした。ただし当初その官位は低く、その身分は皇帝個人の信任によって維持されていた。明の中期に幼い皇帝や政務に熱心でない皇帝が続くと、このポストの比重は次第に高くなり、大学士のなかのさらにトップである者は、六部の長官である尚書を押さえつけるほどの実権を握るようになり、一般に「宰相」と呼ばれるようになる。張居正が狙った官位は、まさにこの内閣首輔である。

嘉靖期に弱冠二三歳で進士合格した張居正は、そのときに帝国の教学の最高責任者で科挙試験を司る国子監祭酒であった高拱《こうきょう》に取り入るとともに、官界のトップを争っていた内閣大学士首輔の厳嵩と徐階《じょかい》の二人とも良好な関係を築くことに成功した。一五六二(嘉靖四一)年に、徐階が厳嵩との政争に勝ち内閣首輔となると、張居正は高拱の引きもあって入閣することに成功した。

自負の発露

一五六六年に嘉靖帝は、不老長寿の薬物の大量摂取が原因で急死する。子の朱載垕《さいこう》が即位して年が変わった隆慶《りゅうけい》元年(一五六七年)に張居正は吏部左侍郎兼東閣大学士に任じられ、翌年の八月に「陳《ちん》六事疏《ろくじそ》」を上奏した。このなかで明朝が直面する問題を指摘し、改革の方向を示している。その要点を紹介しておこう。

まずその序文の冒頭で、「帝王が天下を治めるには、大本があり、急務がある。〔帝王たる者は〕

心を正し、身を修め、頂点を極めて臣民を率いるものとなり、政治の大本を図らねばならない」と、新たに即位した皇帝に自覚を促す。ここには新たに即位した皇帝が、先代の嘉靖帝の政治的混乱を一掃してくれるのではないか、という期待を読み取ることができよう。帝国の現状について、「近ごろ風俗人情に弊害が積もり、退廃・不振の傾向があり、回復するのが難しいという危うさがある。もし改易を加えなければ、天下の耳目を一新して、天下の心を一つにまとめることができないと恐れている」とする。

六項目に分けて示した改革案のその一は、「議論を省くこと」である。「近頃、朝廷では議論が多すぎ、一つのことについてもあるものが可とすると、別のものが否という、一人の人についても朝には許由《きょゆう》（堯《ぎょう》の時代に人格の廉潔さで知られた隠者）だと褒《ほ》めそやすと思うと、暮れには盗跖《とうせき》（伝説上の大盗賊）とけなす始末、前後が思いもかけずに相反し、毀誉《きよ》が自ずと矛盾する、是か非か言葉の端から入り交じり、用いるか捨てるかが愛憎できまる。政策がころころと変わり、事柄に一貫性がない」。「薊《けい》鎮《ちん》のこと（モンゴル族の侵攻）についても、はじめに建議する者が『私はこう思う』というと、当事者も『私もそう思う』というが、実際にはいかほどのこともなく、将軍は互いに対立し、士官は兵卒にはやし立てられるばかりで、異論が百出し、誤った発言が相次ぎ、軍を解散すべきだといった議論まで飛び出し、紛々としてまとまらない」。どうすればいいのか。張居正は皇帝がみずから決断し、人材を見極めてこの人物だと決めて信任を与えたら、けっして揺らいではいけない、と述べる。言外に選ばれるならば私しかない、という自負を読み取ることが可能であろう。

改革案その二の「紀綱を振るう」では、綱紀を粛正して、処罰を加えるには身分が高くても身近な人物だとしても手心を加えず、不正があれば身分が低くても疎遠な人物だとしても、必ず申し出るようにさせる、とする。

その三の「詔令を重んずる」では、「近年は朝廷の命令の多くが無視されて行われず、官僚からの上奏に基づいて詔勅が下されても、一切が古紙とみなされて、禁止してもとどまらず、命令しても行われない」という事態になっている。これに対して張居正が示した解決案は、「合同して議論・調査して問い合わせた案件については、事情の緊急性や距離の遠近を斟酌《しんしゃく》して、起源を厳格に限り、間を置かずに報告し、担当部局には帳簿を設けて注記させる。期限を守らずに報告をあげなかった者は、事実に基づいて監査を行い、規程を違えた罪に処す」というものである。

その四には「名実を核する」とある。「朝廷が人を採用して担当者とするときに、そのつど才覚が乏しいのにとため息が漏れる」とし、その対策を具体的に開陳《かいちん》する。「首都および地方の官僚の三年、六年ごとの『考満』（勤務評定）にあたっては、漫然と復職させたり恩典をむやみに与えたりするのではなく、職に適合しているか、失格なのかをはっきりと平常から列記して、業績の優劣を明確にする。もし功過が明確でなかったり、評価により任免することができなかったりした場合は、〔報償として〕爵位《しゃくい》を与えたり、勲功をねぎらったりする前に、酌量《しゃくりょう》して決裁し、等級にわずかなりとも差をもうけ、激励するよう〔皇帝に〕求める。人事登用にあたっては、功績をもって基準として、けっして名声にまどわされたり、資格にこだわったり、毀誉褒貶《ほうへん》にぶれがあったり、好き嫌いが混じったり、一事をもってその人の平素を判断したり、些細《ささい》な過誤でその人の忠節を無駄にしたりしてはいけない」。

三と四で示された改革案は、後述するように、「考成法」として張居正によって実施される。

第五に挙げられた「邦《くに》の本を固める」では、国家財政の欠乏の原因は指摘されているものの、対策についてはまだ具体性を伴っていない。「その弊害は何にあるのか、いま根本に立ち返って何に由来するかを考えてみよう。今日の風俗は奢侈《しゃし》となり、官民の身につけたり捨てたりするものには制限がない。民間の有力者たちが土地を我が物としているために、賦役《ふえき》〔の負担〕は均等にならず、土地の名義を有力者に書き換えて、それをいいこととして耕地に課された税を頑《かたく》なに納めようとしないために、負担は無力な人民に押しつけられている。政府内の役所はでっち上げを行い、欺いたり規程を破ったりし、悪賢い輩は利をむさぼり、〔徴税の規則が〕有名無実となっている。各役所に保管された納められた税糧の検査が漫然として行われず、公金で私用を弁済するなど、官吏が問題を引き起こしている」と問題の所在を指摘している。

最後に置かれた「武備を飭《いまし》める」では、辺境防衛の重要性を指摘しているが、まだこの時点では張居正が提起した対策は具体性を欠き、皇帝が直々に軍事演習を視察して、将官の能力や軍士の士気を評価するという平凡なものである。

張居正が「陳六事疏」を皇帝に提出した時点で、張は即位して間もない皇帝が政務に精勤してくれるのではないかという期待を持っていた。しかし、皇帝は張が精魂を傾けて執筆した上奏に対して、ただ「知道了《チータオリャオ》」（わかった）と記しただけで、その提言を取り上げることはなかった。政務の一切は、内閣大学士の高拱と張居正に任せた。張居正は明朝の政務に直接にたずさわるなかで、以前は漠然とした方策しか描けなかった段階から、明確な指針を確立していった。

王朝を建て直すためには手段を選ばず

辺境防衛については、朱元璋が定めた明朝の祖法（基本原則）を廃棄し、倭寇に対しては朝貢メカニズムに拠らずに、関税を納付した商人に貿易を認める「互市システム」を一五六八年に開始した。倭寇の拠点となっていた日本に対しては、警戒を緩めずに、対象外とはしたものの、海に出てしまえば王朝の眼は届かず、日本と中国とのあいだの貿易も「出会い貿易」という形で、大いに賑わった。また、北方のモンゴル族の頭領であったアルタン＝ハンとのあいだでも一五七〇年に互市を認め、大同などの境界では「馬市」と呼ばれる交易が始まった。さらに南の広州でも交易会を開催するように命じた。軍事においては、倭寇対策でその能力を発揮した戚継光《せきけいこう》を北方の警固に当たらせるなど、軍事的な才能のある人物を積極的に登用したのである。

逸楽におぼれる皇帝を目の当たりにして、張居正は王朝の抜本的な改革を実施するためには、自らがトップに立たなければならないという覚悟を固めた。宦官のトップであった馮保《ふうほ》に近づいて取り入り、その縁を使って皇帝の一子を生んでいた妃嬪《きひん》の李氏の信任を得る。隆慶帝《りゅうけいてい》が酒色におぼれて一五七二年に死去すると、皇帝の他の男子が早世していたために、李氏が生んだ朱翊鈞《よくきん》がわずか十歳で即位することとなったのである。

このあたりから張居正の悪評が立つようになる。いまや内閣首輔となるために障害となっていた高拱を失脚させるために、隆慶年間に宮中で隠然たる力をもっていた宦官トップの馮保《ふうほ》を利用したと、『明史』は記す(『明史』巻三百五、宦官二、「馮保」)。高拱は隆慶帝の死を契機に、馮保を駆逐しようとしていた。その意図を察知した馮は、張居正と共謀して、逆に高の失脚を謀った。

皇帝の死で内閣が動揺していたときに、高は「十歳の皇太子のもとで、どのように天下を治めるべきだろうか」と発言した。この言葉を馮は後宮の后妃に伝える際に、「十歳の子どもに、いったい人の主人となることができるのだろうか」と言い換えたのである。皇后や李氏はこの言葉を聴いて、高が幼い朱翊鈞を廃して、傍系から皇帝を選ぶつもりではないかと疑いを持つようになった。

年号が万暦に替わった年の正月、王という名の大臣があろうことか宦官で後宮の雑務を担当する内侍に変装して、皇宮の奥で皇帝の寝室ともなる乾清宮に忍び込んだところを逮捕され、東廠《とうしょう》に拘禁された。馮保は張居正と図り、王が以前から高と縁があったことから、王の袖のなかに短刀を納めさせ、高が逆恨みをして皇帝を刺すために自分を送ったのだと王に証言させたのである。こうした謀略の結果、高は失脚する。

李氏から幼帝の訓育を委ねられた張居正は、彼にとって理想の皇帝に育て上げようとしたのであろう、その教育はあまりに厳しかった。あるとき幼い皇帝が『論語』「郷党」を読んでいたとき、「色勃如也」を「色背如也」と読み間違えた。すると張居正は控えていた大臣・高官の面前で、声を荒げて

「背ではございません、勅です」と叱咤《しった》した。同席していた侍講官たちは、面子をつぶされたため色を失ったという（『明史記事本末』巻六一、「江陵柄政」）。

勤務評定と忖度

一五七二年に内閣大学士の張居正は、一五七三（万暦元）年に、ついに首輔に任命された。張がまず行った改革は、内閣による官僚の勤務評定を制度として定めたことであった。「考成法」と呼ばれる新しい制度では、皇帝が批准した事柄について、問題の緊急度と地方の状況に応じて期限を定め月末に点検を行い、もし地方官の執行に遅れが見られた場合、最終的に内閣が摘発して評定するということになる。つまり皇帝の秘書に過ぎなかった内閣に勤務評定の権限を与えることで、そのトップである内閣大学士首輔が官僚機構の頂点に立つことになった。このプランは既に見たように、「陳六事疏」の第三項・第四項に登場している。

制度的に官僚機構の頂点に立った張居正は、中央から地方をコントロールする政策を強圧的に進めた。特筆される施策は、銀経済の進展とともに建て直しが必要であった財政収入の確保である。一五七八（万暦六）年に張は、勤務評定で縛り上げた地方官を駆り立てて、全国的な農地の実地測量を実施した。登録されていない農地を摘発し、帝国が把握する農地を拡大することができれば、財政収入は確実に増える。丈量と呼ばれる実測によって登録された耕地面積は、実に三〇パーセントも増加したといわれている。この政策は全国に広がりつつあった一条鞭法を、いっそう進展させた。

戸という実態を失いつつあった単位で税を徴収するのではなく、課税対象である農地面積を政府が把握することができるようになり、徴税を確実に行うことの条件が整ったからである。彼の努力の結果、万暦年間の初期に財政を担当する戸部の収入は、以前の毎年二〇〇万両から三~四〇〇万両と増加し、北京の糧食の貯蓄量も三倍になったという。

しかし考成法は、弊害もともなった。税糧を徴収する責務を負わされ、額面どおり徴収できなければ降格されるとなれば、地方官は天候の不調で地域の住民が苦しんでいようが、まったくお構いなしに取り立てようとする。地域社会の側に立つ官僚は、こうした張居正の独裁的な政策運営を批判するようになる。

一五七七(万暦五)年に張の父親が死去する。儒学を国の根幹に据えた明朝にあって、父に対する孝を尽くすために官僚は喪に服して職務から離れ、郷里に戻ることが義務づけられていた。張の場合は、二七ヶ月のあいだ離任する規程である。ところが実権を失うことを恐れ、張は朝廷内で工作を行い、国のために離任を認めないという命令を皇帝に出させた。喪に服することを許さない「奪情」と呼ばれる処置である。この処置をめぐり、官僚のあいだで議論が生じた。

張におもねって賛成する官僚が出る一方で、離任を張の退陣を迫る機会とみた批判派の官僚は、人民の手本となるべき官僚は喪に服すべきであると意見を展開した。張は奪情を批判した官僚に、苛烈な弾圧を加える。廷杖《ていじょう》と呼ばれる刑罰がある。皇帝の命令で恣意的に、棒で臣下を打ち据えさせる。手加減を加えなければ、死に至らしめることも可能である。張は奪情を批判した五人の官僚に、廷杖を加えさせた。

万暦年間のさまざまな事柄を書き残した同時代人の沈徳符《ちんとくふ》は、その著『万暦野獲編』で、こんな評価を述べている。「江陵（出身地にちなんで張居正を指す）は、天下を以て自分の使命だとしていた。客人がおもねって『まさに宰相のお仕事ですな』というと、その度ごとに『私は相ではありません、摂《せっ》（摂《せっ》政《しょう》）というべきでしょう』と答えた。『摂』という言葉は、江陵に関して言えば間違えではないにしても、古くは姫旦《きたん》（周公旦《しゅうこうたん》）と新《しん》莽（王莽）の二人である。いま自分は三人目だというのだろうか」（『万暦野獲編』巻九「内閣」）。

やはり同時代人の焦竑《しょうこう》が著わした『玉堂叢話《ぎょくどうそうわ》』には、次のような話が載っている。張居正が父の棺を埋葬するため郷里の江陵に帰ったときのこと、経路にあたる省・県などの役場からは、出迎えて跪《ひざまず》く者が、十のうち五、六であった。一人の官員が張に豪華な籠《かご》を用意した。その前面には居室、後面には寝室があり、脇には廊下も設けられ、「一室一庁」の動く家屋であった（『玉堂叢話』巻八「汰侈」）。勤務監査で官僚に目を光らせる張居正に、官僚たちがその意図を忖度《そんたく》して、ときにへつらうのは自然の成り行きであったとも言えよう。

死後の評価

時代の変化に即応した改革を、張居正は進めたと評価されよう。しかし、そのために張居正は無理をしすぎた。一五八二（万暦十）年に病死する。死因は過労死であるとも、また強壮薬の飲み過ぎであるとも言われている。冬に明朝の高官はテン皮の帽子を被ることが慣例となっていたが、薬のために頭に気が昇りがちな張は、けっして被ろうとしなかったという(『万暦野獲編』巻九)。

死後、張居正に抑圧されていた官僚たちは、一斉にその悪行を暴き立てた。死後ほどなくして、宦官の馮保の罪状を弾劾する上奏が出される。皇帝はそれを読むと大いに喜び、馮の家産を没収した。その富は莫大なものであった。次いで、馮と張居正が結託していたとの告発が、次々と届けられる。賄賂を受け取っていた、あるいは張の息子の科挙試験で手心が加えられた、さらに藩王の家産を没収して着服したなどの上奏を受けて、一五八三年に、ついに皇帝は張の家産没収を命じ、一家を屋敷に閉じ込めた。餓死者が続出するなかで、長男は自死し、生き残った一族は辺境に流された。一説には馮の家産没収で遊興費を手にした皇帝が味をしめて、次の標的として張居正の家産を狙ったともいわれる。

厳しい張居正の監視の目から自由になった皇帝は、以後、政務にまったく関心を持たず、後宮に閉じこもった。豊臣秀吉が明朝を征服するとして、その経路の朝鮮を侵略したときも、自らの判断を示そうとはしない。自分の陵墓を造築するなど、国庫をすり減らした。万暦の時期を契機に明朝は滅亡への路を、転がるように落ちていくのである。

皇帝が代替わりした一六二〇年以降、張の評価は変化し始める。そして一六四一年になって朝廷は正式に張居正の名誉回復を決定した。

歴史のなかで張居正の功罪は、どのように評価したら良いのだろうか。明朝の根幹であった朝貢メカニズム・戸メカニズムを根底から改変した業績は、その後の清代にも受け継がれた。清朝は互市システムを継承し、一条鞭法をさらに徹底して丁税を地税のなかに繰り込んで、土地への課税に一本化した。しかし、人治の邦である中国において、抜本的な改革を行おうとすれば、全権を掌握する必要がある。本人は清廉であろうとしても、一族郎党の腐敗を食い止めることは不可能である。これは現在の中国にも共通している点かもしれない。日本も例外ではないが。

1559－1626年
一代でマンチュリアを統一。明を破って大清帝国の礎を築き、清の初代皇帝とされる。

ヌルハチ

…Nurhaci…

弟も息子も重臣も粛清した、苛烈なる英主

杉山清彦

一般に「中国最後の王朝」と見なされている清朝《しん》は、元来、マンチュリア（満洲）に住まうツングース系民族であるジュシェン人（漢字では女真《じょしん》、女直《じょちょく》と写される）が建設した王朝である。十三世紀に金《きん》がモンゴル帝国に滅ぼされて以来、四〇〇年ぶりに全ジュシェンを統合してハンとなったのが、ヌルハチ（在位一六一六－二六年）である。一代でマンチュリアを統一したヌルハチは、軍事・行政一体の制度として著名な八旗制《はっきせい》を創出し、その組織力と機動力を武器として明《みん》と開戦、一六一九年にサルフの戦で大勝し、遼東《りょうとう》地方に進出して瀋陽《しんよう》を都と定めた。没後、清の初代皇帝とされ、太祖と呼ばれる。

「愛新覚羅」の家系とヌルハチの興起

キラキラネームではないが、名前のせいでの損得があるのは、歴史上の人物でも同じである。ユーラシアを制覇したモンゴル帝国の鮮烈な印象は、本名テムジン、崇《あが》められてチンギス・ハーンという、草原の英雄にふさわしい颯爽《さっそう》としたその名の響きも大いに与っていよう。

その四〇〇年後に現れて、ユーラシア大陸東方に君臨することになる大清《だいしん》帝国の建設者の覇業《はぎょう》も、それと並び称せられてもよいように思われるが、彼の名こそ――ヌルハチである。日本人の歴史知識において、清朝のイメージがもう一つさえないのは、アヘン戦争以降の芳しくない政績の印象ばかりでなく、建国者の名前の珍妙な響きのせいでもあるように思われる。しかし、その今一つしまらない名前とは裏腹に、ヌルハチは、類い稀なる軍事的才能と傑出した政治指導力とを兼ね備えた英主であった。

ジュシェン人は、金《きん》の滅亡後、独自の国家をもつことなくモンゴル帝国、ついで明《みん》の支配下におかれた。マンチュリア各地に割拠《かっきょ》した領主たちは、明に入貢して武官職を授けられ、朝貢貿易に従事するとともに、互いに勢力を競いあった。十六世紀当時、明の対ジュシェン窓口のうち、南方担当の撫順《ぶじゅん》の東方にはマンジュ五部(建州《けんしゅう》女直)と呼ばれる勢力が展開し、北方担当の開原《かいげん》以北にはフルン四国(海西《かいせい》女直)が割

ヌルハチ勃興期のマンチュリア

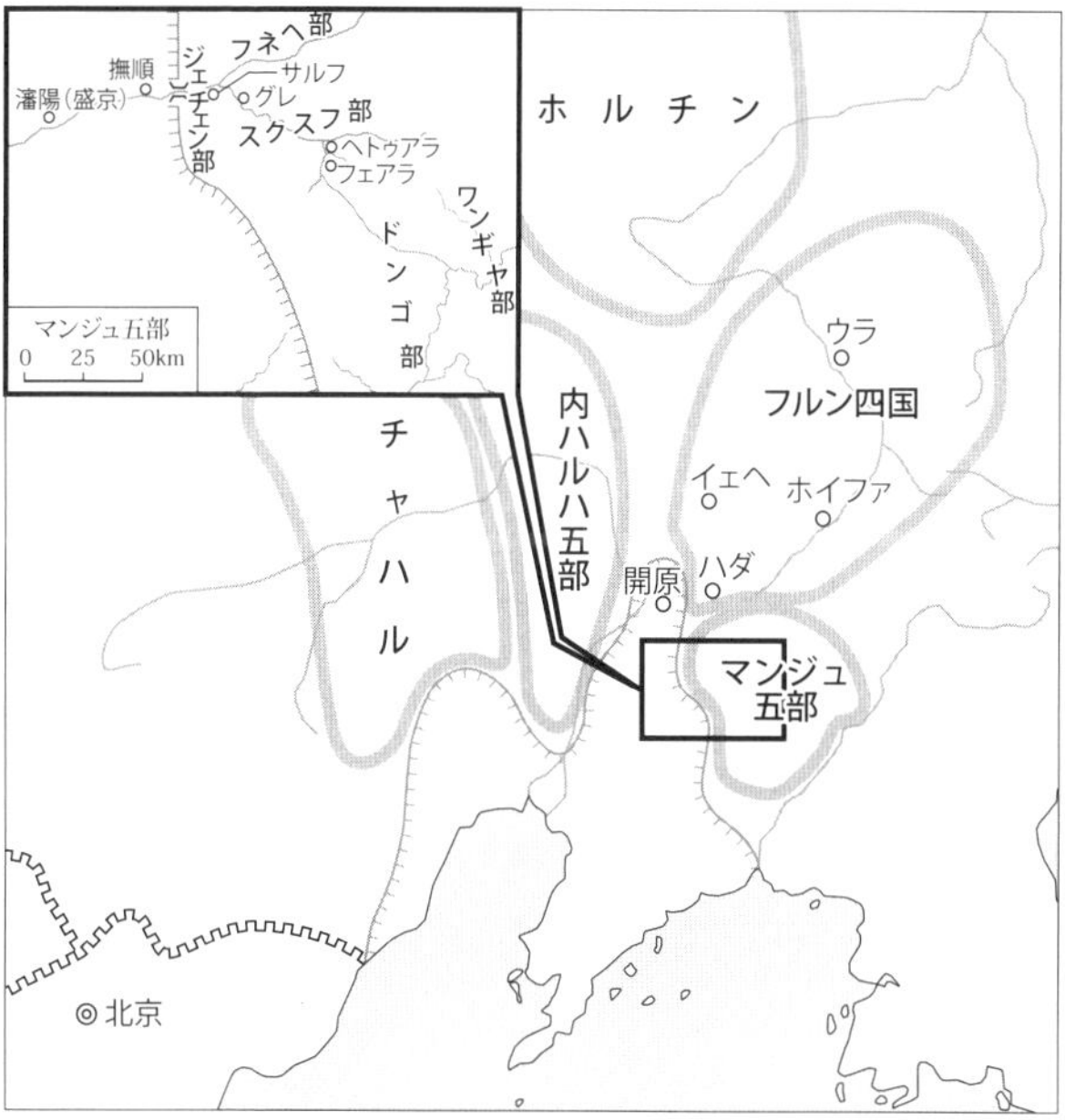

拠していた。部族名であるこのマンジュの語を漢字で当て字したのが「満洲」である。したがって、蘇州や泉州とは違い、満という州なのではない。

マンジュ五部の諸勢力は、明からは建州衛・左衛《さえい》・右衛《うえい》という三つの衛所（明の軍事組織）として把握されており、ヌルハチの祖父ギオチャンガと父タクシは、建州右衛に相当するスクスフ部の一領主であった。左衛・右衛の首長家はギョロ（漢字では覚羅と写される）氏といい、ヌルハチの家系もその一族であったとみられている。有名なアイシン・ギョロ（愛新覚羅）姓とは、帝国形成後に、ギョロ氏のうち建国者ヌルハチを出したギオチャンガ一門の家系を、アイシン（黄金の意）の語を冠して別格化したものである。

ギオチャンガ父子はスクスフ部東半をほぼ支配下に収めており、わが国でいえば、尾張《おわり》一国ぐらいの勢力といえようか。ところが一五八三（万暦《ばんれき》十一）年陰暦二月、明が敵対的なジュシェン勢力を討伐した際に、明軍に協力していたギオチャンガとタクシが、戦場で不慮の死を遂げてしまう。ヌルハチ、このとき数え二五歳。だが、ギオチャンガ父子の横死の報に、一族や土豪たちはたちまち離反し、ヌルハチの許に残った手勢は十数騎にすぎなかった。館《やかた》の主程度の勢力から出発しなければならなかったヌルハチは、最初の数年は、わずかな手勢を率いて先頭に立って斬り込むなど自ら奮戦し、居館に刺客《しかく》が送り込まれる危機もたびたびであった。

しかし、ヌルハチは天賦《てんぷ》の将才を発揮して次々と周囲を斬り従え、一五八七（万暦十五）年までに旧右衛の諸勢力を平定して、最初の居城・フェアラ城を築いて本拠とした。この情勢を見て、一五八八（万暦十六）年に建州左衛本流のドンゴ部の諸勢力が来降し、翌年には建州衛の後身である名門ワンギヤ部を倒して、ついにマンジュ五部を統一した。このヌルハチ政権をマンジュ国（マンジュ・グルン）という。

マンジュ国の「ヌルハチの平和」

当時強盛を誇っていたハダ、イェヘ、ウラ、ホイファのフルン四国は、ヌルハチの急速な勃興《ぼっこう》を見て、一五九三（万暦二一）年に九カ国連合軍を組織して来攻した。ヌルハチは寡兵《かへい》を以て野戦で迎え撃ち、見事イェヘ王を討ち取りウラの王弟を生け捕る大勝利を収めた。この戦勝によって、新興のマンジュ国の政権基盤は盤石のものとなった。

明は、友好的な首長と提携して優遇し、その首長を通してジュシェン諸勢力を統制する方策をとっており、遼東地区の実力者だった方面軍司令官の李成梁《りせいりょう》は、ヌルハチに目をつけた。ヌルハチは、一五八九年に武官職最高ランクの都督《ととく》を授けられてマンジュの代表者と公認され、一五九五（万暦二三）年には、左衛都督に加えて由緒ある龍虎将軍の称号を受け、ジュシェン世界で優越的地位を認められた。五歳年下の同母弟シュルガチも右衛都督となり、明からは、兄弟で建州左右衛を分有する形式で権力が公認されたのである。その外被の下、内実としては、王を意味するベイレの称号を兄弟ともに名乗り、服属した首長・豪族たちを麾下《きか》の部将としてそれぞれが従えた。

こうして勢力基盤を固めたヌルハチは、フルンとの本格抗争に乗り出し、まず一五九九（万暦二七)年に大国ハダを倒して併合し、一六〇七(万暦三五)年にはホイファ国を滅ぼした。この勢いを見た近隣のモンゴル勢力はクンドゥレン・ハン(恭敬なるハンの意)の称号を贈り、ここにヌルハチは、伝統あるハン号を称するようになる。

その威令について、一五九五年にフェアラ城に使いした朝鮮の武官申忠一《しんちゅういつ》は、一ジュシェン人の証言を記録している。「かつては往来する際は必ず弓矢を携え、襲撃や強盗の被害に備えていたが、ベイレが取り締まるようになってからは、出歩く時は、遠近を問わずただ馬の鞭だけを持って行けばよくなった」。一方で、別の者は「以前は自分の思いのままに行動し、また狩りを自分の実入りにしていたが、今は行動が管理されている上に、獲物も上納しなければならない。恐れて誰も言わないが、みな内心で怨みがないわけがない」ともこぼしている(『建州紀程図記』)。わずか三〇歳代で一〇〇年有余の戦乱を鎮めてみせた実力と、一方での有無をいわせぬ強力無比の統制——日本海の向こうでの織田信長と豊臣秀吉の覇業を、一身で体現したかのようである。

果断にして冷酷なる人物像

このように、ヌルハチが一代の英傑であったことは間違いない。では、その容姿や人となりはどのようだっただろうか。王朝の公式記録である『満洲実録』(実録とは、君主一代ごとの編年体記録)では、母エメチは身籠もって十三ヶ月でヌルハチを産み、そのとき物識りの賢者から「乱世をおさめて諸国を従え、ハンになるだろう」と言われたとする。典型的な後付けの瑞祥譚《ずいしょうたん》であり、取るに足りない。長じてからの容姿についても、「身体は大きくて筋骨たくましく、顔は玉のようで、起居に威厳があり…」と型通りの美辞を並べる。

そこで、外国人の証言を見てみよう。ヌルハチ兄弟と会見した申忠一は、「ヌルハチは肥っても痩せてもおらず、身体は壮健で、鼻は真っ直ぐ通っていて大きく、顔は色黒で面長である」と描写している。また後年、サルフの戦で捕虜となり虜囚《りよしゆう》生活を送った朝鮮の李民寏《りみんかん》も、「ヌルハチは、大柄ではないが風貌は疑い深く冷酷そうである。年齢は七〇歳近いがすこぶる強健である」(『建州聞見録』)と記している。このときヌルハチは、齢《よわい》六〇にして数日間にわたる連続戦闘を自ら指揮しており、驚嘆すべき頑健さであったことは確かであろう。

李民寏はまた同時に、「人となりは疑い深くて凶暴であり、妻子や平素親しくしている者であっても、少しでも逆らうようなことがあるとたちまち殺してしまう。このため恐れない者はない」とも記している。では、いったい誰が、どのような理由でそのような憂き目をみたのだろうか。

弟シュルガチの失脚

ヌルハチが誇る強力無比の統制は、彼の思いつきや個性から出てきたのではなく、政策として選択・堅持したものであった。もともとジュシェン人は、遊牧民のモンゴルと違って、集落をつくって農耕や狩猟採集に従事しており、有力者は、兄弟や父子で近隣地に城砦《じようさい》を築いて分居するのが常であった。そのため、資産や領民を分割相続する慣習と相俟《あいま》って、それぞれが居城に拠って対立・

分裂することもしばしばだった。これに対し、ヌルハチは徹底した集住策をとり、弟シュルガチ以下一族も重臣も家臣団も全て首府（一六〇三年以降はヘトゥアラ城）に集めて城内・城下に住まわせた。この強力な統制が、ライバルとの競争に勝ち抜いた秘訣《ひけつ》であった。

一方で、シュルガチは家臣の一員ではなく、独自の家臣団を従え明から建州右衛都督に叙任された、文字通り弟分ながらも独立した首長であった。それゆえ、集住して兄と行動を共にしつつも、明への朝貢の際は兄弟別々に使節団を仕立て、申忠一の来訪時も、兄とは別に朝鮮使一行を私邸で接待するなど、独自の存在であることを誇示していた。その上での兄弟の連携が、マンジュ国を一つに束ねていたのである。

危機は外から訪れた。一六〇八（万暦三六）年、長年の提携相手だった李成梁が失脚し、明の方針が一変したのである。明は、もはやヌルハチは強大になりすぎたとみて抑え込みに転じ、右衛の長であるシュルガチを抱き込もうとした。翌年三月、シュルガチ父子がヘトゥアラを離れて自立を図っているとの報に接したヌルハチは、機先を制してシュルガチを失脚させた。ヌルハチの激怒のさまは、明の記録にも「怒り甚だしく」と記されている。その処分は、シュルガチの全家臣団を奪い、長男と三男を処刑し、腹心の重臣を火あぶりにして殺すという苛酷なものであった。

一件落着すると、シュルガチ自身は赦されて家臣団も復帰したが、政権を二分した昔日の威令はもはやなく、二年後に失意のうちに病没した。

長子の後継指名と廃嫡、そして処死

左右衛体制を清算したとき、ヌルハチはすでに五〇歳代、次に浮上するのは後継問題であった。ヌルハチは、生涯に四人娶《めと》った正妃から八人の嫡出子《ちゃくしゅつし》を儲けており、一六一〇年代に長じていたのは、最初の正妃トゥンギャ氏所生のチュエンとダイシャン、二番目の正妃フチャ氏所生のマングルタイ、三番目の正妃イェヘ・ナラ氏所生のホンタイジであった。ヌルハチは、左右衛体制に代わって、家臣団を四分して自らとチュエン、ダイシャン、シュルガチ家で分領した。これが、やがて八旗制として整備されることになる。

　長子チュエンはすでに戦場で勇名を馳せており、ヌルハチは、チュエンを執政ベイレに任じて事実上後継指名

❖ヌルハチ一門略系図・領旗分封図

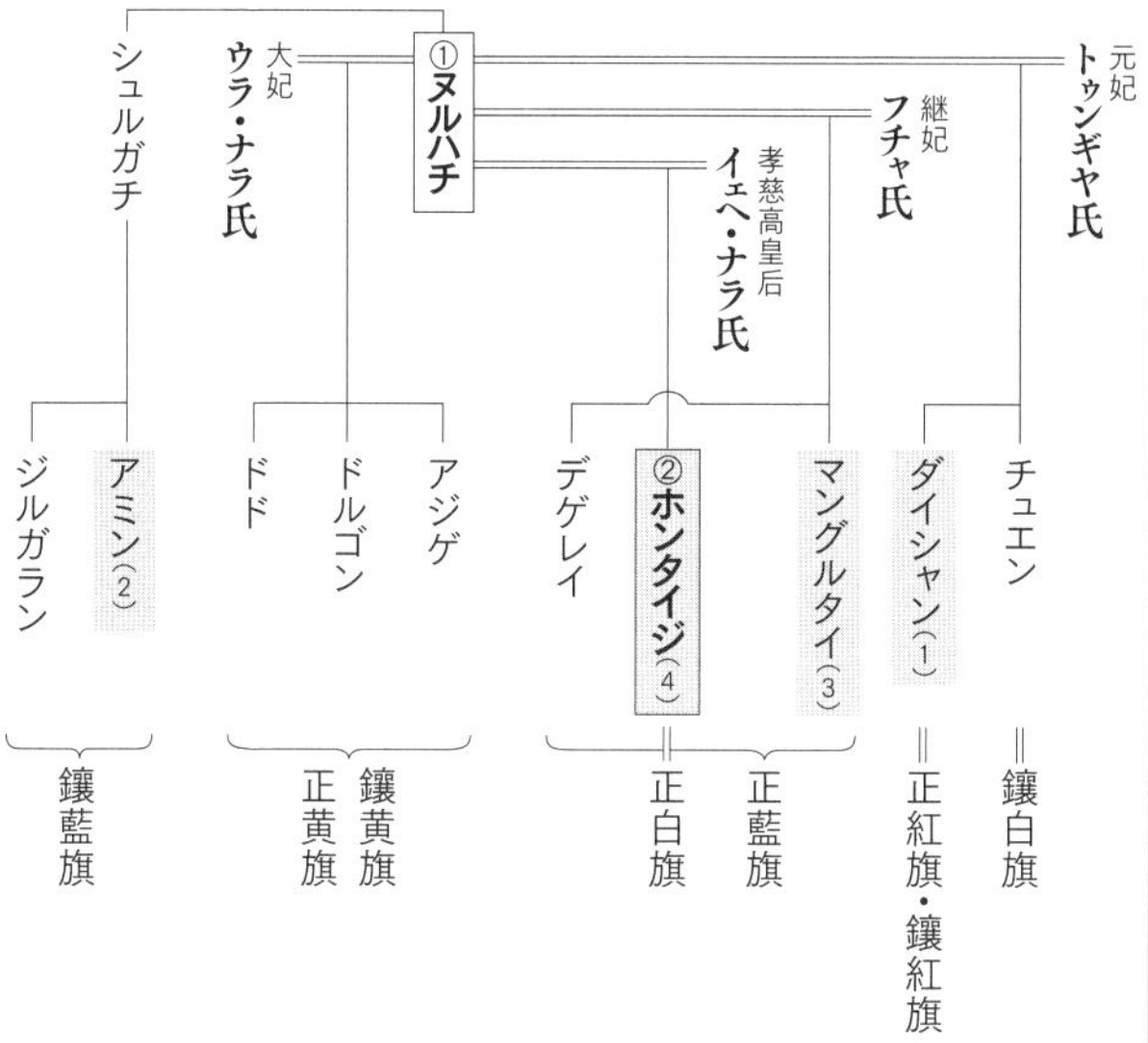

ヌルハチの全嫡出子を生母別・年齢順に列べた。甥は主要な者に限った。
□はハン＝皇帝、①はその代数、▒は四大ベイレ、(1)はその序列を示す。
領旗はヌルハチ時代の状態を示した。

した。ジュシェン人の慣習では、首長の地位の継承は嫡出の有力子弟間の実力主義で、その選出も、首長の交代時に一族の合議で決定されることになっており、先代には自身の後継者の指名権も保障されていなかった。他のジュシェン勢力が例外なく父子・兄弟の内紛を起こして衰えていったことを目の当りにしてきたヌルハチは、自らの後見のもと執政に当らせることで、チュエンに経験を積ませるとともに、後継者としての既成事実を積み重ねようとしたものと思われる。

ところが、次第にチュエンは弟や重臣たちと関係が悪化し、専横を告発されるに至った。現首長が健在なうちに後継予定者を明らかにすることで、かえって権力闘争を生むことになってしまったのである。ヌルハチは、告発に対し反論できなかったチュエンを厳しく訓戒し、フルンの大国ウラに対する二度の遠征の際、同行を許さなかったうえに、ヘトゥアラ城の留守居役には弟たちを任じた。父の信頼を失ったことを悟り、自暴自棄になったチュエンは、一六一三(万暦四一)年一月のウラ遠征の留守中に、自軍の敗戦を呪詛《じゅそ》するに至る。ウラ国を滅ぼして凱旋《がいせん》したヌルハチにこのことが露見し、激怒したヌルハチは、チュエンを廃嫡《はいちゃく》して幽閉した。

父子の間に何があったのか、知るすべはない。二年後の一六一五(万暦四三)年閏八月、将来を嘱望されたはずのチュエンは、幽閉を解かれないまま処刑された。父五七歳、子三六歳であった。記録には、「一人の子を惜しんでいては、子ら大臣ら、そして国によくない」と思案して、ついに死に処したのだという。恐るべき峻烈《しゅんれつ》さというほかない。

後継争いとあいつぐ重臣の粛清

すでに老境に入ったヌルハチは、代わって、最年長子となったダイシャンを筆頭に、マングルタイ、ホンタイジ、それに亡弟シュルガチの次子アミンの四人を四大ベイレとし、筆頭重臣の五大臣とともに政務を補佐させることとした。そして、原初の四旗制を拡大して八旗制を整備した。八旗とは、全家臣・領民を八つの集団に編成した軍事・行政組織で、各集団を、正・鑲《じょう》(縁《ふち》取りのないもの・あるもの)の黄・白・紅・藍の八種類の軍旗によって呼称したので、八旗というのである。ヌルハチは、自らは正黄《せいこう》・鑲黄《じょうこう》の両黄旗を直率するとともに、残り六旗を諸子・甥に分与した。

一六一六(万暦四三・天命元)年、ヌルハチは八旗の諸王諸大臣からゲンギェン・ハン(英明なるハンの意)の称を奉られ、ハン位に即いた。友好勢力からの尊号授与と違って、四〇〇年ぶりのジュシェン人自身の国主としての推戴《すいたい》であった。これが、後金《こうきん》国の成立である。

このとき、左右に侍立して群臣からの即位の勧請を受け取って捧呈《ほうてい》したのが、エルデニ・バクシとアドゥン・ヒヤである。バクシとは漢語「博士」起源の語で上級文臣の称号、ヒヤとは侍衛の意で上級親衛隊員の称であり、近臣の両巨頭といえよう。

ハンに即位するヌルハチ
文字は上段からマンジュ文字・漢字・モンゴル文字で、行は左から右に進む。(『満洲実録』)

エルデニは、一五九九年にヌルハチがモンゴル文字を改良してマンジュ文字(満文)をつくるよう命じたとき、十九歳の若さでガガイ・ジャルグチとともにその創製に当たった功労者であり、さらに満文による国史編纂を独力で創始した。国初の編年記録である『満文老檔《まんぶんろうとう》』には、「ゲンギェン・ハンのあらゆる善政を、エルデニ・バクシが記録した。エルデニ・バクシの勤勉、謹直、強記、聡明は追随を許さない。彼の考えでこの史書を創始したことは、容易なことではない」と特記して讃えられている。またアドゥンは、個人的にもヌルハチとは母同士が姉妹という姻族であり、ヒヤ号を帯びた親衛隊指揮官であるとともに、ハン直率の鑲黄旗の軍団長でもあった。もう一つの直属軍団である正黄旗は、エイドゥ、ついでフルガンという二名の五大臣が軍団長を歴任しており、アドゥンは彼らと並んで重きを占めた。

一六一八(天命三)年四月、ヌルハチは明との関係修復はもはや不可能と判断して、ついに対明戦争に踏み切った。これに対し、明は征討のために十数万の大軍を送り込んできたが、翌年三月、ヌルハチは二万に満たない兵力で果敢にこれを迎え撃ち、全軍壊滅・潰走《かいそう》させる大勝利を収めた。これがサルフの戦いである。勢いに乗ったマンジュ軍は遼東地区に侵攻して開原を占領し、八月にはは孤立したイェヘ国を滅ぼして、ついに全ジュシェンの統一を果した。

だが、明の来攻をひとまず払いのけ、反撃の攻勢がひと段落つくと、内部で再び暗闘が持ち上がった。今度は、次なる後継候補と目されたダイシャンと、有望株に成長したホンタイジを焦点とする抗争であった。まず一六二〇(天命五)年九月、ダイシャンが弟たちと対立して弾劾され、一六二三(天命八)年六月には、今度はホンタイジが大臣の汚職に絡んで厳しい叱責を受けた。後継をめぐる暗闘、国勢拡張にともなう利益分配、これらが人びとの命運を狂わせたのである。

この抗争の余波で、一六二一(天命六)年九月、アドゥン・ヒヤが失脚した。前年に弾劾されて、四大ベイレ筆頭の地位は保ったものの弟たちの激しい追い上げに焦燥するダイシャンに、アドゥンが「ホンタイジが、マングルタイたちとともにあなたを陥れようとしています。危険が切迫しているので、心されますよう」と忠告したところ、弱気になったダイシャンが父ヌルハチの前で涙してしまい、詰問されてそのことを白状した。ただちにヌルハチはホンタイジとマングルタイを訊問したが、当然そのような陰謀の存在を認めるはずがなく、アドゥンは兄弟の離間《りけん》をはかったと断じられてしまったのである。アドゥンは逮捕され、死罪は免れたものの監禁・家産没収に処されて姿を消した。この失脚劇を伝える朝鮮の記録は、「自らの長城を壊したもの」と評している。

同年十一月には、もう一人の直属軍団長である五大臣フルガンも、横領・収賄の科《とが》で処罰されて権勢を失い、ヌルハチの信頼を回復できないまま二年後に没した。フルガンは、一五八八年の旧建州左衛勢力来降の際に十三歳で臣従して以来、養子となって五番目の息子の扱いを受け、親衛隊長としてダルハン・ヒヤの称号をもつ子飼い筆頭格の重臣であった。しかし、その影響力の大きさゆえに、後継争いをめぐってヌルハチの諸子や孫・甥たちから阿諛追従《あゆついしょう》や贈賄を受けるようになり、その結果、人臣の分を越えたものとして処断されるに至ったのである。

さらに一六二三年五月には、エルデニ・バクシが財貨の横領が発覚してヌルハチの逆鱗《げきりん》に触れ、

❖ヌルハチ関係年表

年	事項
1559	ヌルハチ生まれる
1574	トゥンギヤ氏(元妃)と結婚
1583	祖父ギオチャンガ・父タクシ、グレ城の戦で横死
1587	フェアラ城を築き首府とする
1589	マンジュ五部統一(マンジュ国)。明から都督僉事を授けられる
1593	グレの戦、九カ国連合軍を破る
1595	明から龍虎将軍の称号を授けられる
1599	フルンのハダ国を滅ぼす。マンジュ文字(満文)を創製する
1603	ヘトゥアラ城を築き首府とする
1606	モンゴル・内ハルハ部よりクンドゥレン・ハンの称号を贈られる
1607	ホイファ国を滅ぼす
1609	弟シュルガチを失脚させ、権力を一元化する
1613	ウラ国を滅ぼす。長子チュエンを廃嫡し、幽閉する
1615	このころまでに八旗制成立
1616	ヌルハチ、ハン即位(後金)
1618	明に宣戦布告し、対明戦争開始。撫順を攻略する
1619	サルフの戦、明軍を撃破する。イェヘ国を滅ぼし全ジュシェン統一
1625	瀋陽に都を遷す
1626	ヌルハチ没。王族会議でホンタイジが第2代ハンに推挙され、即位

妻ともども処刑された。その罪状は、二〇個程度の淡水真珠の着服と、それを言い抜けようとした振る舞いの不誠実さであった。マンチュリアの川で採れる淡水真珠は東珠と呼ばれ、ジュシェン人は、至宝として一粒単位で管理するほど珍重した。とはいえ、その程度の横領と虚言で、満文創製・国史編纂の功労者を容赦なく誅戮《ちゅうりく》してしまったのである。さすがにヌルハチも気がとがめたのか、直後に諸王諸大臣を召集して、「これほど使ってきた従臣を殺すのは容易なことだろうか。一本の矢でも惜しいものだ。それなのに死罪になったほどのエルデニが、どうして正しいといえよう」と

弁解して、公正と倹約の美徳を諄々《じゅんじゅん》と説いたが、後の祭りであった。

だが、エルデニの罪状のうち、横領・収賄以外に挙げられた独断専行の罪は、勝手にホンタイジのところに出入りしているというものであり、この翌月にホンタイジ自身が弾劾された際、真珠横領の一件をホンタイジとその党与も知っていたことが暴露されている。この事件の背後にも、後継争いをめぐる有力者たちのさまざまな思惑が透けて見える。

いずれにせよ、このようにハン即位の左右を固めた筆頭近臣のいずれも、また姻族・親族でもあるハン直属軍団の長のいずれもが、後継争いの渦中で粛清されてしまったのである。さかのぼれば、エルデニ・バクシとともにマンジュ文字創製に従事した法官のガガイ・ジャルグチも、その直後に内通の嫌疑で誅殺されており、文臣さえも終りを全うすることができなかった。

〝自分に厳しく、他人にも厳しい〟苛烈なる英主

『満洲実録』には、ヌルハチの人物像について「心正しく果断で、善を見れば登用するのを疑わず、悪を見れば退けるのをためらわない」、「心正しくて徳があり、知略は深遠で用兵は賢明。弓射、騎射の武勇と力は、諸人から群を抜いて突出していた」とあり、公式記録の顕彰とはいえ、あながち根も葉もない美辞麗句ともいえず、資質については言い当てていよう。しかし、その「果断」で「退けるのをためらわない」信賞必罰ぶりは、行きすぎなまでに峻烈であった。肉親・股肱《ここう》とて容赦しない峻厳さと表裏一体の指導力・統率力が、偉大な実績を裏打ちしていたのである。

その鋼《はがね》のような精神力を物語って余りあるのは、飲めるにもかかわらず、酒を飲まなかったことであろう。『満洲実録』には「若い時から酒を嗜《たしな》まなかった」と特記しているが、歳事の行事や外国との会盟・接待のときなどは普通に飲んでいるようである。ヌルハチは、晩年に群臣に訓示して「古来、酒を飲んだ者はあるが、『飲んでこんなものを得た、こんな才を学んだ、こんな得をした』と語るのを聞いたことがあるか。聞くのは『酒を飲んで人と殴り合った、落馬して手足が折れた、父母兄弟と仲が悪くなった』と言う話ばかりだ。酒は空腹を満たさないぞ。酒を飲みすぎるのをやめてほしい」と語っており、自ら率先垂範してきたのである。さすが一代で帝国を築いた英主、われわれには（少なくとも私には）、とてもまねができない。

ヌルハチは、かくも〝自分に厳しく、他人にも厳しい〟、公正にして苛烈なる指導者であった。

⦿参考文献

杉山清彦『大清帝国の形成と八旗制』（名古屋大学出版会、二〇一五年）

岡田英弘『モンゴル帝国から大清帝国へ』（藤原書店、二〇一〇年）

岡田英弘編『清朝とは何か』（藤原書店、二〇〇九年）

松浦茂『清の太祖　ヌルハチ』（白帝社、一九九五年）

三田村泰助『明と清』（「河出文庫」、一九九〇年）

稲葉岩吉『光海君時代の満鮮関係』（国書刊行会、一九七六年再刊）

今西春秋訳『満和蒙和対訳　満洲実録』（刀水書房、一九九二年）

満文老檔研究会訳註『満文老檔（全七冊）』（財団法人東洋文庫、一九五五―六三年）

朝鮮・李民寏（今西春秋解説）「柵中日録」（「朝鮮学報」六四輯、一九七二年）

1592−1643年
皇帝の座につき、国号を「大清」、民族名を「マンジュ（満洲）」と定めた。清の第2代皇帝・太宗とされる。

守成の君主を演じた〝政界の寝業師〟

ホンタイジ

…Hong Taiji…

杉山清彦

ヌルハチの第八子で、一六二六（天命十一）年に父が没すると、王族会議で推されてマンジュ国（後《こう》金《きん》）第二代ハン（位一六二六―三六）に即位した。当初は三人の兄王たちと共同統治の状態であったが、次第に権力を確立していき、登位から十年を経て、国号を「大清《だいしん》」と改め、皇帝の座に即いた（在位一六三六―四三年）。民族名を、長く使われてきた「ジュシェン（女真《じょしん》・女直《じょちょく》）」から「マンジュ（満洲）」と改めたのも、このときのことである。ホンタイジは、諸官制を整えるとともに、モンゴル方面に領域を広げ、朝鮮を屈服させて朝貢国とするなど国勢を拡張し、明《みん》にも痛打を与えた直後の一六四三（崇徳《すうとく》八）年に、数え五二歳で没した。死の翌年、明が李自成《りじせい》の乱で内部崩壊した機に乗じ、清軍はついに北京入城を果たす。ホンタイジは北京の玉座につくことなく世を去ったが、清の第二代皇帝として廟号《びょうごう》を太宗、諡《おくりな》を文皇帝と贈られた。

「守成の君主」を演じたプリンス

いったい二代目とは、どこの国、いつの時代にあってもつらいものである。苦心して初代の創業を見事受け継いでも、当たり前のことのようにしか評価されず、せいぜい「守成」の人と称されるのが関の山である。下手をして国や会社を潰そうものなら、祖業を台無しにした愚か者として、その責を一身に負わされてしまう。英主ヌルハチ（在位一六一六—二六年）の覇業《はぎょう》を受け継ぎ、康熙《こうき》・雍正《ようせい》・乾隆《けんりゅう》の盛世への橋渡しをしたホンタイジも、その下地作りをした地味な二代目という印象である。だが、この男は、むしろ地味な「守成の君主」を自ら演じてみせた、煮ても焼いても食えない政治屋であった。

まず身上について見てみよう。ホンタイジは、一五九二（万暦《ばんれき》二〇）年の陰暦十月二五日にヌルハチの首府フェアラ（現在の中国・遼寧《りょうねい》省新賓《しんぴん》満族自治県）で生まれた。父ヌルハチは当時三四歳、マンジュ五部（建州《けんしゅう》女直）と呼ばれた諸勢力を統一してマンジュ国を打ちたて、若くしてその王（マンジュ語でベイレという）となっていた。

だが、ホンタイジは、その後継者として生まれたわけではない。ジュシェン人の社会では、次期首長の地位は、長子や末子《ばっし》、嫡長子《ちゃくちょうし》など特定の続柄の人物に与えられるようには決まっておらず、また、現当主が自らの後継者を指名することもできなかった。これは、指導者の交代時にその時点で最も適任とされる人物を選出すべきとする、厳しい環境下に生きる北アジア諸社会に広くみられる慣習である。概して年長者が有利な傾向にあるものの、原則としては、次代は嫡出の子弟間の実力主義——一族の合議、ときには実力行使——で決められた。その名が漢語の「皇太子《ホワンタイズ》」に由来するとして、しばしば嗣君《しくん》であったようにもいわれるが、そのような制度や習慣はなく、臆説にすぎ

❖ホンタイジ関係系図・領旗分封図

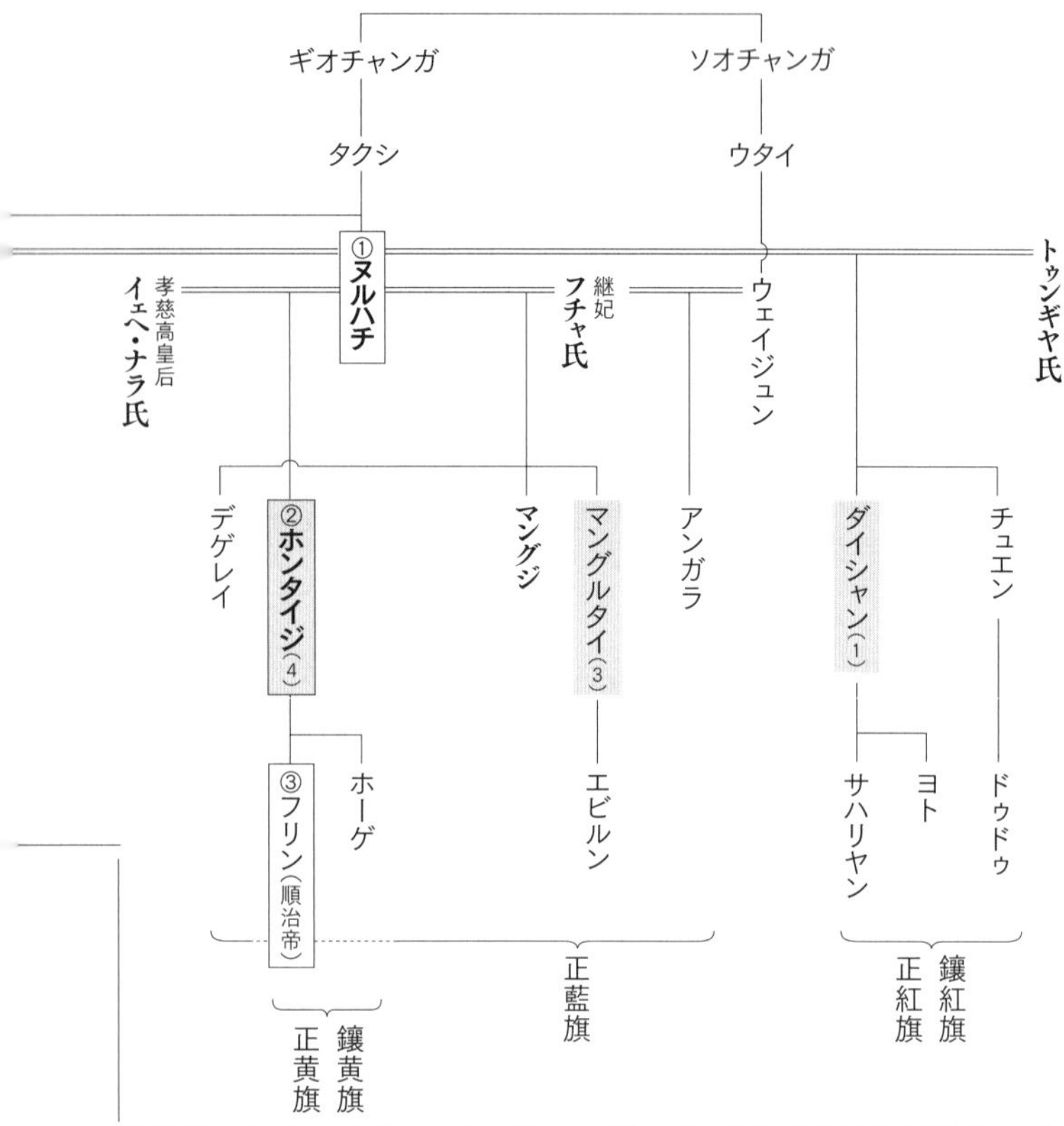

ない。この点については、最後にもう一度ふれることにしよう。

　ホンタイジは、ヌルハチの男子十六人のうち八番目、嫡出子八人の中でも四番目と、ほぼ真ん中の生まれである。生母は、のち孝慈《こうじ》高皇后と諡《おくりな》された正妃イェヘ・ナラ氏モンゴ・ジェジェで、ヌルハチが生涯に娶《めと》った四人の正妃のうちの三番目であり、その唯一の生子がホンタイジであった。正妃所生の嫡兄としては、元妃トゥンギャ氏所生の

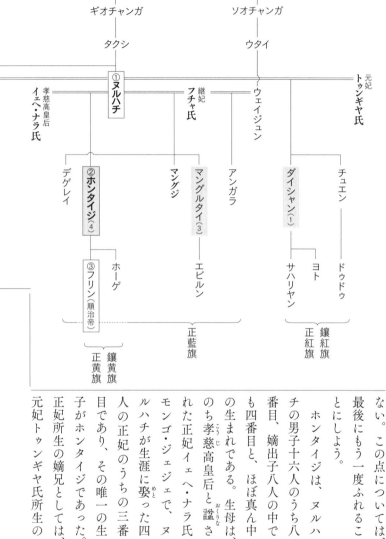

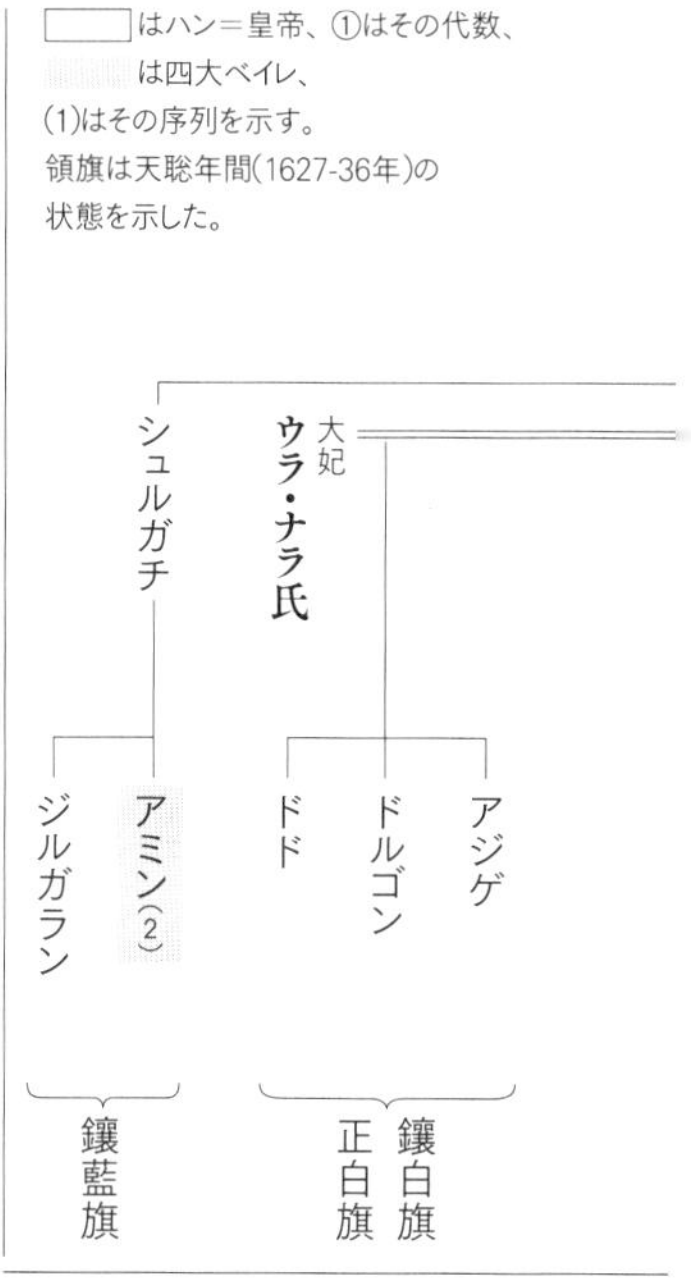

チュエン、ダイシャン、継妃フチャ氏所生のマングルタイがあったが、糟糠《そうこう》の妻であるトゥンギヤ氏、フチャ氏がマンジュ五部の土豪出身であるのに対し、ホンタイジの生母イェヘ・ナラ氏はジュシェン世界の名門フルン四国（海西《かいせい》女直）のイェヘ国の王女であり、家格の高さを誇った。

その一粒種であるホンタイジは、兄弟の中でもとりわけ目をかけられており、ヌルハチからも「わが愛しい妻から生まれた唯一人の血筋」（『満文老檔《まんぶんろうとう》』）と呼びかけられている。もちろん、公式史料がそのように語るのは当然ともいえようが、同じ時期にマンジュ国を訪れた朝鮮の使節鄭忠信《ていちゅうしん》も、ホンタイジが父の「偏愛」を受けていると伝えているので（『光海君日記』）、あながち史官の曲筆ともいえないだろう。そのため、ヌルハチがハンとなったのち、ダイシャン、アミン、マングルタイとともに、四天王というべき地位たる四大ベイレに最年少で名を連ね、国政を補佐した。朝鮮側の観測では、もっぱら大ベイレ・ダイシャンとホンタイジとを後継候補とみており、実力者ぶりが突出していたことは疑いない。

そのように、ホンタイジは〝皇太子〟でこそなかったが、巌父から将来を嘱望され、また周囲からもそう目される王子の一人であった。かくして一六二六年八月、ヌルハチが六八歳で病没したとき

（明軍の大砲で受けた傷がもとで死んだというのは俗説にすぎない）、王族会議が開かれた結果、ホンタイジが後継者に推挙され、第二代ハンとして即位したのである。数え三五歳の働き盛りであった。

才覚の人、仁慈の君――〝寛・温・仁〟皇帝

ホンタイジは、その毛並みの良さから衆望を集めるだけでなく、個人的な資質にも恵まれていた。一六一九（天命四）年のサルフの戦でマンジュ国の捕虜となった朝鮮の李民寏《りみんかん》は、「ただホンタイジだけが漢字を理解する」（『建州聞見録』）と特記しており、武辺者の目立つ一族の中で、彼はモンゴル語も漢文も解する頭抜けたインテリであった。

ジュシェン人にとってモンゴルは、帝国時代以来、軍事的にも社会・文化的にも主筋であり手本であった。マンジュ文字（満文）が、漢字ではなくモンゴル文字を基に創製されたことからも、そのことは容易に理解されるであろう。とりわけホンタイジにとって、母の実家であるイェヘ国は、モンゴル人が改姓して創始したと伝えられる国であり、フルン四国のうち最も西方に位置していて、モンゴル諸勢力との関係は深かった。実際、母の名であるモンゴ・ジェジェは「モンゴル姐さん」ほどの意であり、また母方の従兄の娘は、当時のモンゴルの宗家当主であるチャハルのリンダン・ハーンの皇后になっていた。このような母系の環境から、生来モンゴル的教養を身につけていたと思われる。

他方、漢字漢語は、ジュシェン人にとっては明との外交や貿易のためのスキルにすぎなかったので、首長クラスの場合は、書記・通訳にやらせるか、実務的な会話能力の習得にとどまり、わざ

わざ自分で漢文まで学ぶ者はなかった。ホンタイジが自ら漢文を解したというのは非常に珍しく、王族の中では、彼とダイシャンの第三子サハリヤンだけであった。ホンタイジは、即位すると「スレ・ハン」という尊号を称したが、これは「聡明なるハン」という意味であり、このようなインテリぶりにふさわしいというべきであろう。

もう一つ、彼の資質を表しているのが、一六三六(崇徳《すうとく》元)年の皇帝即位に際して奉呈された新たな尊号、すなわち「寛温仁聖皇帝」である。これは、マンジュ語では「仁愛・寛容・和合なる聖ハン」といい、仁徳と寛大さを兼ねそなえ、衆を和合させる君主という意味である。これはけっして誇張や追従ではなく、行きすぎなまでに峻厳《しゅんげん》であった厳父ヌルハチと違って、ホンタイジは寛容で気前のいい、抱き込み上手の〝人たらし〟であった。

彼は、和戦両様の経緯で傘下に入ってくるモンゴル

明清交代期の東北アジア

諸勢力に対し、逃げ込むように亡命してきた者を軽んじることも、抵抗の末に降った者に報復を加えることもなく、分け隔てせず酒宴を開いて労をねぎらい、領民を安堵《あんど》して臣下の列に加えていった。明の城塞・都市を落とした際も、将兵を助命し城将の武勇を讃えて、これまた迎え入れていった。

例えば、一六三一（天聡《てんそう》五）年に三カ月間の籠城戦の末開城した遼西《りょうせい》の大凌河《だいりょうが》城では、城将祖大寿《そだいじゅ》以下一万余の将兵を助命し、ただちに自軍に加えた。受降の場では屈辱的な扱いをすることはなく、そればかりか城将たちを兄ベイレと並んで座らせ、跪《ひざまず》かせずに抱見礼《ほうけんれい》で迎えた。ジュシェン人の社会では、君主に拝礼するときは、叩頭《こうとう》といって、跪いた上で地に額《ぬか》づいて行礼するのが作法であった。これに対し抱見礼とは、互いに立ったままで腰に手を回して抱き合うもので、非常な親愛の表現である。一六三三・三四年に、新式火砲を含む大部隊を率いる孔有徳《こうゆうとく》・耿仲明《こうちゅうめい》・尚可喜《しょうかき》が相次いで投降した際も、王族・重臣が難色を示すのもかまわず、抱見礼で会見している。一六四二（崇徳七）年に遼西の松山《しょうざん》・錦州《きんしゅう》を一年がかりで攻略したときには、捕虜となった明軍総司令官の総督洪承疇《こうしょうちゅう》に対し、自らの外套《がいとう》を脱いで与えて感激させたと伝えられる。しかも錦州の城将は、先に大凌河で一度降伏しながら明に逃げ戻って再戦を挑んでいた祖大寿であったが、以前の背信を咎めることなく再び迎え入れている。これら諸将は、以後清の部将として前線に立ち、明や李自成との戦いに奮戦した。まさしく、「仁徳と寛大さによって和合」させたものといえるだろう。

王者の気配りと礼節、温情

ホンタイジはまた、礼節を重んじ謙虚な振る舞いを忘れなかった。ハンに即位しても、ダイシャン、アミン、マングルタイの三人を兄ベイレとして敬い、共同で南面して臣下に臨んだ。正月など儀式の場では、国君として三兄から礼を受けたが、その後の私邸での席では、家礼であるとして、弟として行礼した。それればかりか、異母姉マングジ（マングルタイの同母妹）など女性に対しても、年長者には目下としての礼をとっているし、マングルタイらの生母フチャ氏の連れ子である三従兄《みいとこ》アンガラなど、一門の遠縁でも、当人が遠慮して押しとどめるのもかまわず、年長の相手には起立して敬意を表した。

その気配りは細やかなもので、多忙な内政・征戦の合間を縫って、ホンタイジは実にこまめに酒宴を催している。ジュシェンやモンゴルの社会では、酒宴は社交の場であり、また外交・内政の場でもあった。ホンタイジは、同盟者であり一族の通婚相手であるモンゴルの王公たちや、新参のモンゴル人・漢人、隣国朝鮮の使節など、さまざまな来客や臣下に対して頻繁に酒宴を開き、それぞれに合わせて相撲や余興なども催して、自らも出御してともに楽しんだ。モンゴル人に対しては、宮殿前の広場にモンゴル式の天幕（ゲル）を張ってもてなすという芸の細かさで、漢人さえも、宮殿に招き入れて酒宴で労《いたわ》ったりしている。

自軍が遠征から帰還したときには手厚く出迎え、その際の戦死傷や王族・重臣の死去に遭うと、しばしば涙を見せて哀悼した。一六三六年に、政権を支える頭脳派王族だったサハリヤンが死の床に就いたときは、自らたびたび見舞いに足を運び、その最中に彼が息を引き取ると、慟哭《どうこく》してやむことを知らず、当のサハリヤンの父であるダイシャンが諫めて王宮に帰らせるほどであった。

ホンタイジのこのような謙虚さと気配りは苛烈な厳父としばしば対比され、国の内外を問わず人心を収攬《しゅうらん》し、国を大きくすることができたと讃えられている。

陰謀家の顔——冷徹な政略と計算されたパフォーマンス

しかし彼は、目上に物が言えない気弱な人間だったわけでも、目下にまで気配りしてばかりのお人好しだったわけでもない。先に、朝鮮の使節鄭忠信が、ホンタイジが父から「偏愛」されている、と伝えていることを紹介したが、実はその報告には、こうあった。「ホンタイジは英傑であって人に擢《ぬき》んでているが、内心は猜疑心が強く、父に『偏愛』されていることを恃《たの》んで、ひそかに兄を亡き者にしようという計略を懐いている」。

ここでいう「兄」とは、長兄で後継候補の最右翼であった大ベイレ・ダイシャンのことである。はたして本当にホンタイジが兄を除こうという陰謀を企てていたかどうかは、わからない。少なくともいえるのは、彼が、慎重に好機を待つ忍耐力と、その好機をものにするための時機と手段を誤らない政治的センスの持ち主だったことである。

まず標的となったのは、年齢順で二ベイレの地位にあった従兄アミンであった。一六二九(天聡三)年十月、マンジュ軍は初めて長城線を越えて華北に侵入し、北京を直接攻撃した(己巳《きし》の役)。このときホンタイジは自ら出馬して長城内に入り、北京を包囲するとともに周辺の諸都市を次々と攻略、年を越した翌年三月、それまで都盛京《せいけい》（瀋陽《しんよう》）で留守居を務めていたアミンと指揮を交代した。しかし、北京城も、北京周辺以外の明朝全域も健在であるのに、このような占領状態がいつまでも維持できるはずがない。明軍の反攻の前に、ついに五月にアミンは占領地を放棄して兵を引き揚げた。

アミンにしてみれば、敵中で一ヶ月余にわたって占領地を維持し、撤退戦を成功させて帰還したつもりだっただろう。ところが、彼を待っていたのは峻烈《しゅんれつ》な弾劾であった。ホンタイジは、華北戦線で死傷した将兵を悼んで涙を流しながら、その責任者としてアミンを糾弾したのである。しかも、撤退の責任だけでなく、ここぞとばかりに一六カ条もの罪状が読み上げられ、返答に窮したアミンは、失脚して幽閉されてしまった。だが、敵地の只中で占領を継続できるはずがないことは火を見るよりも明らかであり、直前に守備を任されたアミンは、責任を一身に押しつけられたと言うべきであろう。ホンタイジは、自軍の敗戦をも逆手にとって、兄ベイレの一人を除いたのである。

続いて一六三一年には、先に述べた大凌河城攻城戦の陣中で、マングルタイがホンタイジと口論になり、怒りのあまり刀に手をかけて、鯉口《こいぐち》を切ってしまった。事件自体は偶発的なものであったが、ホンタイジはこれをとらえて不敬罪としてマングルタイを弾劾させ、失脚に追い込んだ。しかも、自分に関わることの審理には加わらないといって、ダイシャンに審議を主宰させて公正さを演出するという芸の細かさであった。マングルタイの罪自体は許されたものの、ホンタイジはこれを機に翌三二（天聡六）年正月から独りで南面することに切り替え、ここに単独の執政が名実ともに実現した。アミンといいマングルタイといい、抗弁しがたい失態を犯した機を衝かれて、一気に追い落されたのである。表舞台から去ったマングルタイは、そのまま同年末に病没した。

残るは大ベイレ・ダイシャンである。一六三四(天聡八)年、モンゴル再統一を進めていたリンダン・ハーンがチベット遠征の途上で急逝し、南モンゴル(内モンゴル)に突如権力の空白が生じた。この報に接したホンタイジは、翌三五年二月に遠征軍を送り出し、南モンゴルを一挙に平定した。リンダンの遺子エジェイはイェへ国出身の母后に伴われて降伏し、九月六日、遠征軍の凱旋《がいせん》を出迎えたホンタイジは、エジェイと会見して大元の玉璽《ぎょくじ》を手にした。ここに大元ハーンの地位が、帝位の象徴たる玉璽——その真贋《しんがん》はさておき——とともに、ジュシェン人のハンであるホンタイジに移ったのである。

対外的成功を収めたホンタイジは、内政面でもここが勝負どころであると看て取った。彼は、十七日に盛京に帰還するとそのまま宮殿に引き籠ってしまい、一週間余にわたって国政をボイコットするという挙に出たのである。困り果てた臣下一同の再三の要請を受けて、二五日にようやく姿を現したホンタイジは、ダイシャンがハンたる自分を軽んじているとして、その非違を列挙して激越に糾弾し、群臣に向って、皆がそのつもりなら自分たちで新しいハンを選べばよかろう、とまで言ってのけた。戦勝直後の国君にこのように言われては、一同も従わざるをえず、ダイシャンは屈服を余儀なくされた。アミンやマングルタイと違って、ダイシャンの懲戒自体は形式的なものであったが、ホンタイジ一世一代のパフォーマンスの前に、ただひとりの兄王としての権威は失墜し、ホンタイジの至尊《しそん》が内外に再確認されたのである。

非情な打算と仮借なき粛清——正藍旗の獄

こうして、外に大元ハーンの継承者のアイテムを手にし、内にハンの至尊を見せつけたホンタイジにとって、残るは八旗制《はっきせい》下での優位の確立であった。

全家臣・領民を八つの集団に編成した組織である八旗は、ハンと王族たちが旗王《きおう》として分領していた。ホンタイジは正黄《せいこう》・鑲黄《じょうこう》[1]の両黄旗を率いていたが、亡父ヌルハチ直属だった二軍団は、両白旗として異母弟アジゲ、ドルゴン、ドド(いずれも最後の正妃であるウラ国の王女の所生)が継承していた。[2]両紅旗はダイシャンとその諸子、正藍《せいらん》旗はマングルタイとデゲレイの同母兄弟、鑲藍《じょうらん》旗はヌルハチの弟シュルガチの諸子が領有していたから、二旗を領するのはホンタイジだけではなく、彼は数の上でも質の上でも相対的優位さえ確保してはいなかった。

ホンタイジにとってのチャンスは、これも偶然訪れた。ダイシャンを叩きふせてわずか一週間後の十月二日、異母弟デゲレイが急死し、正藍旗旗王が空位になったのである。亡きマングルタイには、ホンタイジの長子ホーゲと同い年の嗣子《しし》エビルンをはじめ七子があり、デゲレイ自身にも長じた男子がいたので、彼らが旗王となって正藍旗を継承するのは自然なことだったはずである。ところがホンタイジは、その旗王襲封の要求を拒否し、激しく反発するマングルタイ家を徹底的に弾圧した。ホンタイジは、生前のマングルタイとマングジが、デゲレイらを引き込んで謀反を企図していたと糾弾し、目上として敬っていたはずの異母姉マングジ、三従兄アンガラを、容赦なく逮捕・処刑してしまった。マングルタイ兄弟の所領であった正藍旗は改易され、正当な継承資格者であるはずの甥エビルンも、不敬事件の際に父マングルタイに加担したとして、罪を蒸し返されて誅殺されてしまう。事件後、マングルタイ邸を捜索したところ、「金国ハンの印」と刻まれた木印が発見されたというが、そのような幼稚な印璽を早々と用意して謀反を企てた上に、本人の死後も保管していたなど、真に受けられるはずもないであろう。だがホンタイジは、「謀反」に対する懲罰処置を強行し、改易した旧正藍旗人を両黄旗に編入、代わって自らの麾下《きか》で新しい正藍旗を組織し、長子ホーゲを旗王に据えた。自らの二旗と旧正藍旗をシャッフルして、自己の系統で三旗を押えたのである。

ホンタイジの狙いは、そこにこそあった。彼は、旗王空位の状態が偶然生じた隙を衝いて、強引に一軍団を我がものにしてしまったのである。かくて大元ハーンの権威と八旗制下の実力とを手に入れたホンタイジは、一六三六年四月、マンジュ・モンゴル・漢人の代表から推戴《すいたい》されて皇帝位に即き、国号を大清と定めた。

瀋陽・盛京城の大政殿(中央)**と十王亭**(左右)
殿前の広場に八旗が整列する。
1636年、ホンタイジはここで皇帝に即位した。(筆者撮影)

寝業師の権謀術数とイメージ戦略

このようにみるならば、礼節を重んじ、臣下のために涙を流し、降将をも温かく受け入れる、といったホンタイジの〝寛・温・仁〟の姿とは、辛抱強くチャンスを待ち、ひとたびチャンスと見るや脱《だっ》兎《と》の如く打って出る政治的嗅覚と非情さとを韜晦《とうかい》するための布石だったということもできる。まこと〝政界の寝業師〟ともいうべきであろう。

❖ホンタイジ関係年表(月は陰暦)

年	事項
1589	ヌルハチ、マンジュ五部統一(マンジュ国)
1592	10月、ホンタイジ生まれる
1603	ホンタイジ生母モンゴ・ジェジェ没(孝慈高皇后)
1616	1月1日、ヌルハチ、ハン即位。ホンタイジ、四大ベイレに列する
1626	8月11日、ヌルハチ没 9月1日、ホンタイジ、王族会議で推挙され即位(スレ・ハン)
1627	アミン指揮する後金軍、朝鮮侵攻(丁卯の役)
1629	ホンタイジ、長城を越えて北京を包囲(己巳の役)
1630	6月、華北撤退の責任を問われ、アミン失脚・幽閉
1631	明の大凌河城を攻略。マングルタイ、不敬事件を起こし弾劾・失脚
1633	明の部将孔有徳・耿仲明、来帰。尚可喜、投降の意を知らせ翌年来帰
1634	チャハルのリンダン・ハーン没。チャハルからマハーカーラ仏を入手
1635	9月、リンダンの子エジェイ来帰し、大元の玉璽を入手。ダイシャンを弾劾 11-12月、正藍旗の獄。マングルタイ家を弾圧し、正藍旗を改易して三旗を支配
1636	4月11日、ホンタイジ、皇帝に即位し国号を大清と定める。 12月、ホンタイジ、朝鮮に侵攻し、翌年朝鮮国王降伏(丙子の役)
1642	明の松山城・錦州城を攻略、総督洪承疇・祖大寿ら投降
1643	8月9日、ホンタイジ、盛京で急死 8月14日、ホンタイジの第9子フリン、次期皇帝に選出(順治帝)
1644	3-5月、明、李自成の乱で滅亡。清軍、山海関を越えて北京に入る(入関)

ホンタイジは、したたかにネタの仕込みを怠らなかった。ここで、彼の名前について戻ってみよう。彼がハンに選出されたとき、明や朝鮮は、「ヌルハチが死んで四子ヘカン・ベイレが立った」と報じている。どうやら、ヘカン、ヘガンといった、なんとも力の入らない名前が、彼の本名だったとみられるのである。では、「ホンタイジ」とは何か。それは、おそらく彼に授けられた称号だったと考えられる。「ホンタイジ」とは、一般に「皇太子」が語源とされているが、それは間違いではないが、正確ではない。「ホンタイジ」は、漢語から直接ジュシェン語に入ったのではなく、モンゴル帝国期にモンゴル語に入り、それがジュシェン人にも伝わったと考えられる。モンゴルには皇太子制はないので、語源は「皇太子」であっても、意味は「副王」に変わっており、有力王族の称号となっていた。これが、モンゴルと縁が深く、兄弟の中でも目をかけられていた彼に、称号として授けられたと考えられるのである。

むろん、史料中で実名でなく称号で記されることは歴史上珍しくないが、変わっているのは、彼が、まるでそれが本名であるかのように装ったことである。「ホンタイジ」という名を聞けば、その響きから、モンゴル人は「副王」と思い、漢人は「皇太子」を連想する。みなまでは言わないが、あたかも自らが生まれながらの後継予定者であったかのように思わしめる——そのような意図が透けて見えるのである。

ホンタイジの宣伝工作は、巧妙に仕掛けられていた。彼が即位して採った尊称はスレ・ハンであったが、これはモンゴル語では「セチェン・ハーン」といい、かの大元の世祖クビライ(フビライ)の諡であった。これは偶然とは思えない。ホンタイジは、モンゴル大ハーンのリンダンの死の報の入った一六三四年に、クビライの時代に祀られたものとされるマハーカーラ仏像をチャハルから獲たと喧伝《けんでん》し、皇帝即位後、それを安置するための勅建寺院を、かつてクビライが大都《だいと》(北京)で建てたのと同じ要領で盛京に建設した。モンゴルについての学識深いホンタイジは、おそらく、これらのイメージ戦略を通して、モンゴル人に対して自らをクビライの再来としてイメージさせ、チベット仏教の再興者と喧伝して、自らの皇帝位を大元ハーンの継承として演出しようとしていたと思われる。大元の玉璽と大都のマハーカーラ仏こそは、大元と大清、モンゴルとマンジュをつなぐアイテムであった。

このように、地味な「守成の君主」どころか、あえてそれを演じてみせながら、権謀術数を駆使して権力を固めていった男、それがホンタイジの実像であったように思われる。創業の父ヌルハチが「苛烈」であるならば、守成の子ホンタイジは、「陰険」といえようか。

彼がいかに油断も隙もならないかが窺い知られるのが、その気配りの一面として挙げた、酒宴での社交である。ホンタイジは、盛んに酒宴を開いては宴席を共にするが、つき合いよく盃には口をつけるけれども、自分は飲まないのである。宴会にとことんつき合いながら、自分はしらふのまま、何を言ったか最後まで聞いている――やはり、一緒に飲みたくない男である。

❖1…正はその色一色、鑲はそれに縁取りを施した軍旗で、各軍団は、これら四色各二種の八つの軍旗を標識として識別・呼称された。

❖2…ヌルハチの直属軍団は正黄旗・鑲黄旗だったが、黄色は君主のシンボルカラーであるため、ホンタイジ即位の際にそれぞれ鑲白旗・正白旗と改称した。他方、ホンタイジの領旗は、分封当初は正白旗で、これにチュエン家の鑲白旗を併せて二旗を領し、即位に伴ってそれぞれ正黄旗・鑲黄旗と改称した。

⊙参考文献

杉山清彦『大清帝国の形成と八旗制』（名古屋大学出版会、二〇一五年）
岡田英弘『モンゴル帝国から大清帝国へ』（藤原書店、二〇一〇年）
岡田英弘編『清朝とは何か』（藤原書店、二〇〇九年）
三田村泰助『明と清』（「河出文庫」、一九九〇年）
満文老檔研究会訳註『満文老檔（全七冊）』（財団法人東洋文庫、一九五五―六三年）
東洋文庫清代史研究室訳註『旧満洲檔――天聡九年（全二冊）』（財団法人東洋文庫、一九七二―七五年）
東洋文庫東北アジア研究班編『内国史院檔　天聡八年（全二冊）』（財団法人東洋文庫、二〇〇九年）

1654−1722年
61年もの在位の間たゆまず政務に励み、内外の戦乱を勝ち抜いて、大清帝国を揺るぎなきものとした大帝。

自意識過剰な〝名君〟の苦労と意地

康熙帝

…こうきてい…

杉山清彦

大清《だいしん》帝国の第四代君主(在位一六六一—一七二二年)で、北京で生まれ紫禁城《しきんじょう》で即位した最初の皇帝である。父順治《じゅんち》帝の早世によって、一六六一(順治十八)年に数え八歳で即位した。当初は太皇太后の後見と輔政《ほせい》大臣の補佐を受けたが、十六歳で自ら執政を開始し、以後六九歳で没するまで政務に精励した。二〇歳代は、華南に封《ほう》じた漢人藩王の起した三藩《さんぱん》の乱(一六七三—八一年)と台湾鄭《てい》氏政権への対応に明け暮れ、十年をかけて南方の鎮圧に成功。続いて三〇歳代は北方問題に精力を注ぎ、黒龍江《こくりゅうこう》(アムール川)方面でロシアと対決してネルチンスク条約(一六八九年)でこれを駆逐、ついで西モンゴルのジューンガルの英主ガルダン・ハーンに対し親征を敢行して撃破し、あわせてチベットへの影響力も確保した。この結果、版図《はんと》は東シナ海・南シナ海から南シベリア・モンゴル高原に及び、統治の安定の下、漢地では人口の回復と経済の好況が昂進《こうしん》し、帝国の繁栄は確固たるものとなった。その偉業に対し、中国の徳目で至上とされる「仁」「聖」を贈られ、聖祖仁《せいそじん》皇帝《こうてい》と呼ばれる。

ヨーロッパにも轟く理想の「名君」

まもなく「平成」の時代が三〇年を区切りとして終るが、「昭和」の六四年に抜かれるまで最長記録だった元号が、六一年を数えた「康熙」である。雍正《ようせい》・乾隆《けんりゅう》と合わせた三代百三〇年余は、一般に清の全盛期とされるが、その最初である康熙帝の治世は、けっして平坦なものではなかった。即位から壮年期までの三〇数年間は、内外の難題や危機の連続であり、これを乗り切ってこそ、六一年の在位を盛世で終えることができたのである。またそれが、漢人ではなくマンジュ（満洲）人の君主によるものであったことは、特筆すべきであろう。

では、康熙帝とはどのような人物だったのだろうか。北京の宮廷で帝に仕えたフランス・イエズス会士のジョアシャン・ブーヴェは、フランス国王ルイ十四世に献呈した『康熙帝伝』において、帝の人となりと治世について詳述している。同書の記述は、一六八八（康熙二七）年の拝謁から、フランスに一時帰国する一六九四（康熙三三）年までの見聞に基づいており、三〇歳代の働き盛りの帝の姿を活写している。

この皇帝は現に践祚《せんそ》されている王位に値しないいかなる資質もお持ちではありません。堂々たる威風を備え、容姿は均斉が取れていて、人並以上であります。……

しかしながらこの皇帝の精神的美質の方が肉体的美質よりも遥かに優れております。この皇帝こそ最善の資性を生まれながら備えておられるのです。俊敏な、透察的な知性、立派な記憶力、驚くべき天分の広さ、如何なる事件にも堪えうるほど剛毅であり、大計画を立てて、これを指導し、これを完成するに適するほど鞏固《きょうこ》な意志力を持っておられます。その嗜好《しこう》や趣味はいずれも高貴であり、大王たるに適《ふさ》わしいものであります。この皇帝の公正と正義に対する尊敬、臣民に対する親愛、徳を愛し、理性の命令に服する性向、絶対に自己の情欲を抑える克己心、以上の至徳については、如何ほど激賞しても、その全幅を尽すに足りません。あれほど国務に多忙な国王の中から、美術に対する趣味と同じく、百般の学問に対する勤勉を見いだして、なおまた驚かざるをえないのであります。

なんとも歯の浮くような褒辞《ほうじ》に満ちているようだが、これは本人に向けてのものではなく、故国の太陽王に上呈するためのものであり、その中でわざわざ他国の君主について呈している讃辞であるので、表現こそいささか大仰であるにしても、根も葉もないお世辞というわけではない。実際、ブーヴェは、根拠となる具体的な長所を挙げていく。

そもそも韃靼人《タルタル》（マンジュ人）は常に戦争を心がけておりますから、一切の武芸を尊んでおります。また漢人は、学問こそ自国の殆《ほと》んど全価値だと見なしております。それ故、康熙帝は文武両道に精進して、自己の統治すべき韃靼人にも、漢人にも、好感を持たれようと努められたのであります。そして康熙帝は武術上ではこの皇帝に匹敵する王侯が一人もないほど、この道に熟達されました。……康熙帝は立射、騎射のいずれを問わず、また馬をとめて射られる場合でも、あるいは全速力で馬を馳せながら、射られる場合でも、左手でも右手でも殆んど同じほど上手に射られます。そして獲物が飛んでいても、止まっていても、殆んど一本の仇矢《あだや》もありません。……韃靼人は生まれながら馬術家のように思われますが、この皇帝はこの武術にかけても、群を抜くことができました。この武芸では完璧の妙技に達しておられます。単に平地ばかりでなく、きわめて険《けん》阻《そ》な場所でも、これを上るにせよ、下るにせよ、頗《すこぶ》る駛走《しそう》に長じておられるのです。

大清皇帝は、マンジュ武人を組織した八旗《はっき》の統領であり、草原のモンゴル遊牧民たちの君主であったが、その上に立つ康熙帝の弓射と馬術の腕は、一武人としても擢《ぬき》んでていた。また漢人の尊ぶ漢文の世界においても、帝の学問・文才は傑出していた。

康熙帝は孔子の著書を大半、暗記されておられますし、シナ人が聖書と仰いでいる原典も、あらかた諳誦《あんしょう》されておられます。……

康熙帝は弁舌にも漢詩にもきわめて熟達されておられます。そして、漢文または韃靼文（マンジュ文）で書かれた文章には如何なる文章にも立派な判断を下されます。皇帝は韃靼語（マンジュ語）でも、漢語でも、優美な文章をお書きになり、如何なる在朝の王侯よりも巧みに両語を話されます。一言すれば皇帝の熟達されない漢文学上のジャンルは一つもないのであります。

このように、康熙帝は天賦の才能とたゆまぬ努力で、マンジュ人には武芸で、漢人には文芸において、一流であることを示してみせたのである。もちろん、治者にとって根幹たる政務に精励したことはいうまでもない。

しかしながら治民の道が帝王の要務でありますから、康熙帝はこの道にいっそう専念されたのであります。……それ故、絶えず万事に通暁《つうぎょう》しようと欲せられ、閣老の意見と王族会議の意見とを徴したあとで、親しく国事を決裁したいと常に考えておられました。その結果、日夜、国家の政治に尽瘁《じんすい》されたのであります。

実際、帝は、日々早朝から出御して政務を取りさばき、報告に目を通して指示を出し、式典やレセプションも精力的にこなして、文字通り万機を総攬《そうらん》した。

その資質もまた人並み外れたもので、「康熙帝には事実を隠してもお気がつかれますから、事実を隠すことがきわめてむずかしいほど、この皇帝は鋭い透察力を持っていらっしゃいます。また生来の常識と堅実な判断力を備えておられますから、あらゆる疑わしい事件の中からも、最も正当な決裁を見つけられます」。加えて、「康熙帝は一遍、御話し申し上げて、多少、気に留めてお聴きとりになったことなら、いかに些細《ささい》な国務の事情でも、また、ただ行きずりに御覧になった人物の名すらも、永久に聖慮の中に印刻されているほど立派な記憶力を持っていらっしゃいます。御自身でお調べになる国務が、如何に多くとも、また如何に時間が経過しても、これらの国務を決してお忘れになることはないのであります」と、勤勉なだけでなく、比類ない強記を誇った。

徳目においても、「康熙帝を除いて他のアジア君主は誰も皆、自分の姿の現れる所では、到る所、華奢《かしゃ》と奢侈《しゃし》とを引き連れて行くのを好んでおります。一言すれば、こういう豪奢ぶりが康熙帝の身辺には影だに見かけられないのであります」とあって、節倹《せっけん》を率先実行した。

なるほどこれを全て額面通り受け取るならば、一個人としても、大国の帝王としても、非の打ちどころのない無欠な偉人ということができよう。

皇帝の二つの顔?

ところが、同じ宣教師でも、晩年(一七一〇年代)の帝に仕えた教皇庁派遣のイタリア人宣教師マテオ・リパの語る人物像は、まるで異なる印象を与える。

わたしをもっとも驚かせたのは、まさに康熙のように知性の高い人物が、あらゆることを信じこみ、まったく孔雀のように見えっぱりであることでした。わたしや他の宣教師たちの意見では、かれがこうなったのはいつもお追従《ついしょう》ばかり聞いていた齢《よわい》八歳で統治を始めたということの結果なのです。そのことから阿諛《あゆ》で言われたことをなんでもそのまま信じ、それをおおいに喜ぶという性癖が身についてしまったのです。そしたあたかも自分ひとりが、ものを見る眼をもっているかのように、また自分だけがものを識別する判断力をもち合わせているかのように思いこみ、自分の考えは他の考えの模範であり、自分が判断するように、だれもかれもが判断すると確信しておられたのです。

これからすると、康熙帝は高い知性の持ち主ではあるものの、高慢で周囲に耳を貸さない独善的な人物であるようにみえる。また、ブーヴェが称讃していた帝の節倹や自制についても、正反対の感想がある。北京に派遣された朝鮮の使節は、連年、「清主(康熙帝)は南方を平定して以降、驕慢《きょうまん》で放蕩《ほうとう》を尽すこと日々はなはだしく、遊び呆けている」(『粛宗《しゅくそう》実録』)などと報じ、帝の浪費と豪奢を批判しているのである。

いったい、どれが康熙帝の実像なのだろうか。

幼帝から名君へ

康熙帝は、一六五四(順治十一)年陰暦三月十八日、順治帝フリンの第三子として、紫禁城内で生まれた。名は玄燁《げんよう》、漢字によって名づけられた、これまた最初の皇帝である。生母の佟佳《トゥンギヤ》氏は、八旗のうち漢軍《かんぐん》に属する将官トゥライの娘で、譜代の旗人の家の出ではあったが、数ある妃の一人にすぎなかった。

北アジアの厳しい環境下で暮すマンジュ人やモンゴル人は、集団の命運を託すに足るリーダーを選ぶため、指導者の交代時にその時点での最適任者を有力者会議で選出するのが伝統であり、長子など特定の立場の人物があらかじめ予定されることはなかった。また、交代する先代は将来に責任が持てないので、自らの後継者を決める権利はなかった。したがって、玄燁は当初から嗣君《しくん》だったわけではないが、一方で、はじめから後継の目がないということでもなかった。

一六六一年一月、玄燁は父の遺言によって帝位を継承することになったが、イエズス会宣教師のアドリアン・グレロンの伝えるところによれば、彼は宮城《きゅうじょう》外で養育されており、迎えの者が出向いたところ、同年輩の子どもたちと広場で遊んでいるところだったという。後年、帝自身が、幼時を振り返って「天然痘《てんねんとう》を避けるために紫禁城外で保母に養育されていたので、一日たりとも父母の膝下《しっか》にいたことがないのが心残りだ」と述懐しているので、おおむね実話だったと思われる。

だが、それだけが理由ではないであろう。順治帝は、譜代の満洲旗人《きじん》の出である皇貴妃《こうきひ》ドンゴ氏を鍾愛しており、玄燁数え四歳の一六五七(順治十四)年に、待望の男子が産まれた。この弟が健やかに育っておれば、おそらく玄燁に出番はなかったであろう。ところが、この王子はわずか三ヶ月で夭《よう》逝《せい》してしまい、ドンゴ妃も、その後子宝が授からぬまま、一六六〇(順治十七)年八月に没した。そして順治帝自身も、愛妃の後を追うように天然痘に斃れ、翌年正月七日、数え二四歳の若さで世を去った。彼が遺した男子のうち、物心ついていたのは三人にすぎず、遺言で玄燁が後継者に指名されたのである。

このように、君主の生前に後継者を決めることはないというマンジュ人の伝統的な継承法は健在だったが、他方、次期皇帝が、王族会議で選出されたり承認を経たりすることなく、先帝の遺詔《いしょう》の

❖康熙帝関係系図

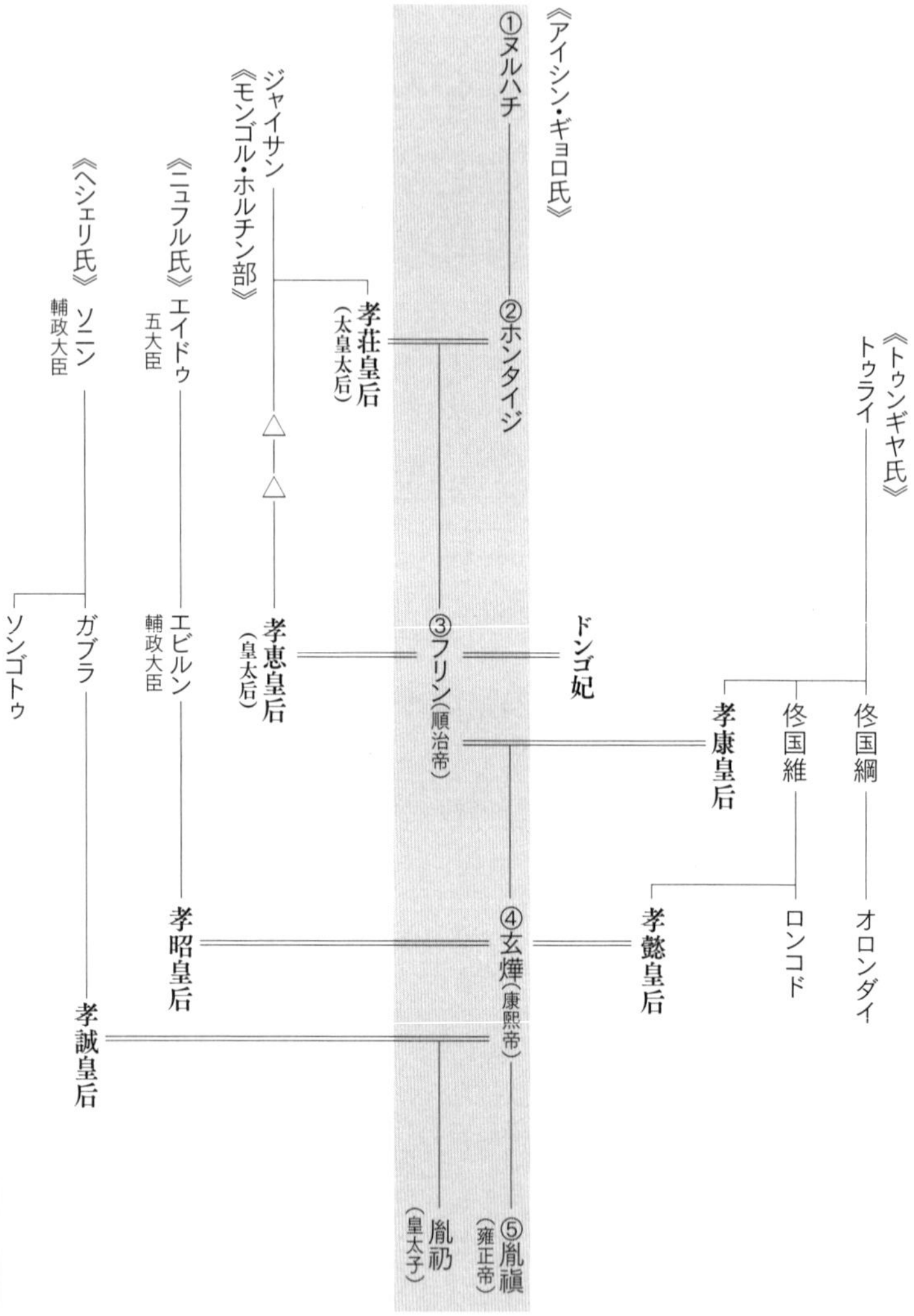

○数字は皇帝の代数。

みによって決定されたのは、開闢《かいびゃく》以来初めてのことであった。依然として生前に後継者を決めることはできないものの、指名権を皇帝が握ることになったエポックでもあったということができる。

かくて一月九日、玄燁が皇帝として即位し、翌年から康熙と改元することが布告された。以下、年号による通称で、康熙帝と呼ぶことにしよう。わずか八歳の幼帝なので、祖父ホンタイジの未亡人である孝荘《こうそう》太皇太后と、順治帝の皇后だった孝恵《こうけい》皇太后が宮中で後見し（生母佟佳氏は翌々年死去している）、ソニン、エビルン、オボイ、スクサハの四大臣が輔政大臣として補佐に当った。最長老のソニンは、ヌルハチ以来四代に仕えた老臣である。またエビルンはヌルハチ股肱《ここう》の重臣であった五大臣エイドゥの末子《ばっし》、オボイは五大臣フィオンドンの甥という譜代の名家の出で、スクサハも、ホンタイジの母系であるイェヘ国の王家の出であった。

幼帝が補佐を受けるのは、六歳で即位した順治帝も同じだったが、順治帝のときに摂政《せっしょう》を務めたのは、ホンタイジの弟の睿《えい》親王ドルゴンと従弟の鄭《てい》親王ジルガランで、いずれも皇帝近親の上級王族であった。それに対し康熙帝を補佐したのは、王族ではなく臣下の旗人であり、その出身母体は、全員が皇帝直属の上三旗《じょうさんき》（鑲黄《じょうこう》旗・正黄旗・正白旗）であった。これは、自分の領旗を率いる王族（旗王《きおう》）ではなく、皇帝麾下《きか》の旗人が皇帝の信任のもと執政に当たるようになったということであり、八旗制下における皇帝の実力の向上を意味している。一方で、そもそも摂政に適任の旗王がこのときいなかったという、自然的・偶然的な要因にも規定されていた。寒冷なマンチュリア出身のマンジュ人は天然痘にとりわけ弱く、北京に入った後、王族・重臣の病死が相次いで、ベテランの旗王がほとんどいなくなっていたのである。避痘のため宮城外に託されていたという康熙帝自身も罹患は免れなかったらしく、ブーヴェは「少しばかり痘痕《あばた》が残っております」と描写している。

このように、康熙帝の周りは譜代であり姻戚でもあるマンジュ旗人に固められており、かつ、宮中で養育と後見に当った孝荘太皇太后と孝恵皇太后は、いずれもモンゴル・ホルチン部の王家出身であった。康熙帝は、北京に生まれ漢字の名前を持つ皇帝として即位したが、その文化的環境は、もっぱらマンジュ・モンゴル的なものであり、しかも努力によって漢文の高い教養をも身につけたのである。このような多文化的環境が、彼をして、いずれの伝統や価値観にも没入しない柔軟かつ自律的な君主たらしめたのであろう。

内外の危機と強靱なリーダーシップ

長じた康熙帝は、自ら判断を下し指導に当たる強い意志と、積極的に動座する身軽さ、現場主義とを身上とする指導者であった。

帝が最初に果断さを示したのは、輔政大臣を退けたことであった。帝が数え十四歳になった一六六七(康熙六)年、形式上は親政に移行したが、依然として輔政大臣が実権を握っていた。この年ソニンが病没すると、オボイが突出するようになり、帝に迫ってスクサハを粛清するなど専横を極めた。康熙帝は政治に関心がないふりをしながら時機を待ち、ソニンの子ソンゴトゥらの近臣と密かに示し合せて、機を見てオボイを逮捕し、権力の掌握を宣言した。ときに一六六九(康熙八)年、十六歳であった。

その揺るぎない意志と卓越した指導力を発揮してみせたのは、三藩の乱においてである。実質的に親政を開始した康熙帝にとって、目前の政治課題は、華南に進駐させた漢人軍団、すなわち三藩の処遇であった。雲南《うんなん》の平西《へいせい》王呉三桂《ごさんけい》を筆頭に、広東《かんとん》の平南《へいなん》王尚可喜《しょうかき》、福建《ふっけん》の靖南《せいなん》王耿精忠《こうせいちゅう》は、旧明《みん》領平定戦で活躍した功労で、軍団を率いたまま華南各省に駐屯していたが、現地の行政機構に影響力を行使し、中央には巨額の歳費を要求し続け、厄介な存在と化していた。これら藩王の廃止が必須の政策課題であることは朝廷の誰もが承知していたが、彼らが反乱に打って出ることを恐れて、手がつけられなかったのである。

一六七三（康熙十二）年三月、老齢の尚可喜が隠居を申し出たのを機に、呉三桂らも歩調をそろえて引退の意を表したが、慰留されることを前提としたジェスチャーであることは明らかであった。ところが、ちょうど数え二〇歳に達した青年皇帝は、扱いをめぐって廷議が二分する中、「撤するも反し、撤せざるもまた反す。先制こそ上策だ」と言い放ち、断固撤藩《てっぱん》を下令したのである。進退に窮した呉三桂は十一月に挙兵し、三藩の乱が始まった。いざ乱が現実のものとなると廷臣は狼《ろう》狽《ばい》し、側近のソンゴトゥまで撤藩論者を処罰すべしと意見したが、帝は「これは朕の決めたことであって、誰に責任があろうか」と言って、いささかの動揺も見せず、鎮圧の指揮に当たった。反乱は燎原《りょうげん》の火の如く広がり、一時は華中・華南の大半が三藩側の手に落ちる危機に陥ったが、康熙帝は将領を叱咤しながら各地に指示を飛ばして立ち向かい、次第に戦局を打開していった。そして一六八一（康熙二〇）年十月に雲南を攻略して鎮圧に成功し、余勢を駆って八三（康熙二二）年には台湾鄭氏政権を下して、ついに南方平定を果たしたのである。

帝はまた、陣頭指揮の精神と現場主義の信条の持ち主であった。三藩の乱の際は、乱を起こしたのが、長年、宮廷・軍隊の重鎮《じゅうちん》であった呉三桂らであったので、これと縁故のある者が宮中や政府・軍隊内にも多く、そのため北京を空けることはできなかったが、帝自身はつねに親征の意志を持っていた。その証拠に、北方のロシア対策をめぐっては、帝はまだ十八歳の一六七一（康熙十）年に、ヌルハチ、ホンタイジら先祖の墓参と称して盛京《せいけい》（瀋陽《しんよう》）に巡幸し、自ら対応に乗り出す姿勢を示している。三藩の乱が勃発したため、しばらく北方対策は後回しにせざるをえなかったが、乱の鎮定直後の一六八二（康熙二一）年二月、第二次の東巡を行ない、遼寧《りょうねい》・吉林《きつりん》方面に自ら足を運んで実地に指示を飛ばした。このような積極姿勢が、ネルチンスク条約として結実するのである。

経済・文化の中心である江南においても、台湾鄭氏を下すや、翌年ただちに南巡を行ない、自らの身を漢人民衆の前にさらして、平和の到来をアピールした。こちらは、東巡や西征と違って天下泰平と善政のパフォーマンスであり、以後一七〇七（康熙四六）年まで六回にわたって挙行した。朝鮮使節が奢侈として批判するのは、この一連のページェントであるが、これは浪費や遊興ではなく、むしろ使うべきところで惜しみなく使ったものというべきであろう。やはりブーヴェの言を借りるならば、帝は「個人の費用に対して倹《つま》しいのと同じだけ、鷹揚《おうよう》に、豪奢に国費を提供されます。いやしくも国利民福に関する時には、数百万金を惜しいとは思ぼされません」。

康熙帝の行動力が最も発揮されたのは、ジューンガルのガルダン・ハーンとの対決である。ジューンガルは西モンゴルのオイラト系遊牧部族で、一六七〇年代にガルダンが君主となって以降強大化し、中央アジアに遊牧帝国を築いていた。そのガルダンが、ハルハと呼ばれるモンゴル高原中央部の勢力とトラブルになった結果、一六八八(康熙二七)年に中央モンゴルに侵攻し、敗走したハルハのモンゴル王侯たちが、康熙帝に庇護を求めて逃げ込んできたのである。本来はモンゴル勢力間の抗争であったが、こうなっては対応せざるをえない。しかもガルダン軍は南モンゴル深くに差し込み、北京からわずか三〇〇キロメートルのウラーン・ブトンの地で、ついに大清・モンゴル連合軍と衝突した。戦闘は激戦となり、帝の母方の伯父である近衛部隊司令官の佟国綱《とうこくこう》までもが戦死した。

かくて一六九一(康熙三〇)年、康熙帝はハルハ・モンゴルの保護を宣言し、ガルダンとの全面対決に踏み切った。そして一六九六・九七(康熙三五・三六)年に三度にわたって親征を敢行し、自らモンゴル高原に駒を進めて、ガルダンの軍勢を捕捉して撃破に成功したのである。一敗地に塗《まみ》れたガルダンは、勢力を回復できぬまま翌九七年に没し、ここにモンゴル高原は大

1700年前後のユーラシア(筆者原図)

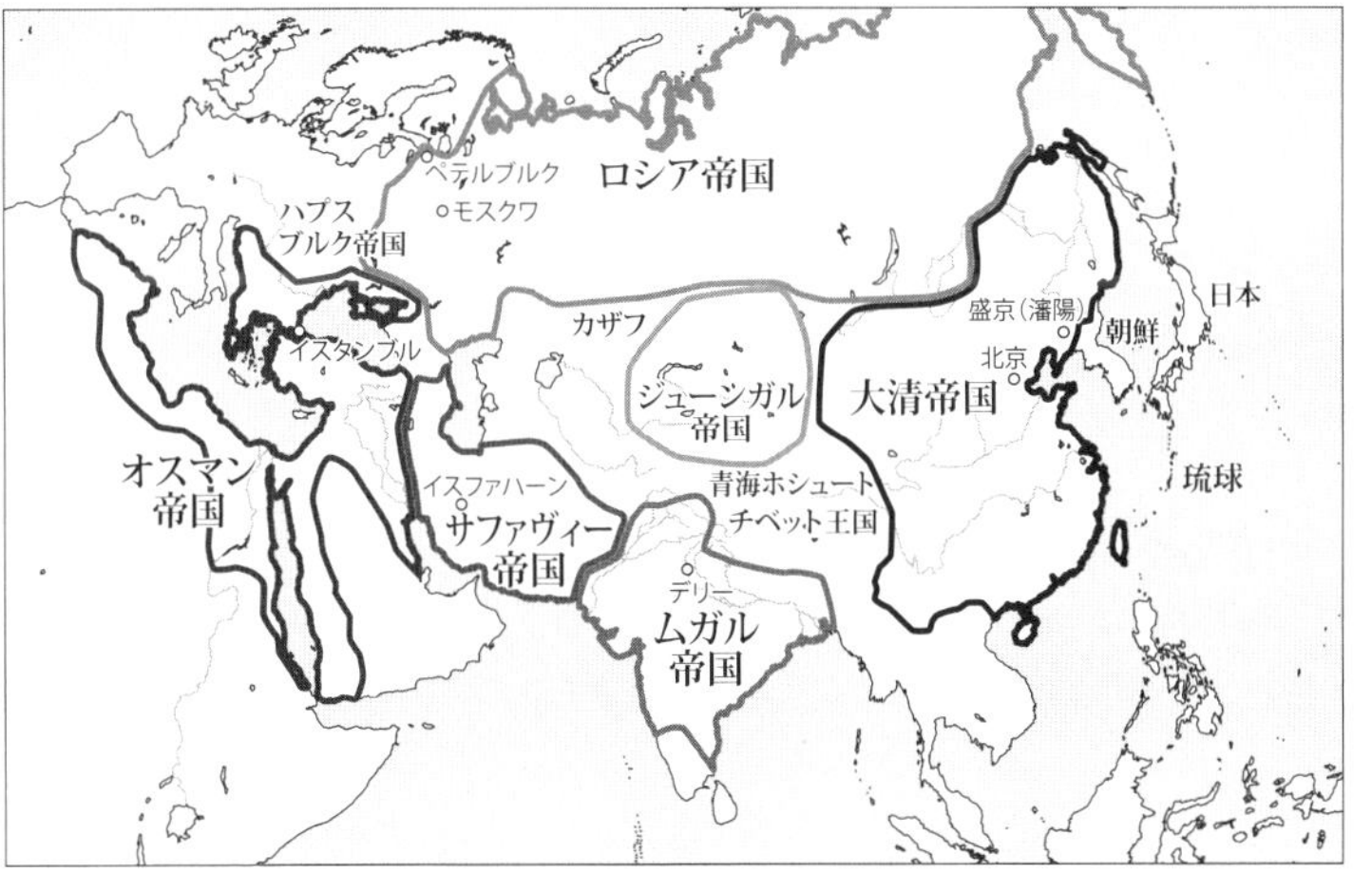

清帝国の版図となった。帝はすでに壮年に達しており、祖母の膝下にあった幼帝は、ユーラシア東方の押しも押されもせぬ帝王に成長していた。

立太子と廃太子——伝統と改革の齟齬

康熙帝は、内外の戦乱の戡定《かんてい》や民生の安定・向上とともに、王朝の礎《いしずえ》を固めるべく、皇帝権力の強化とその安定的継承にも注力した。そこで帝は、三藩の乱の最中の一六七五(康熙十四)年、満一歳になったばかりの第二王子胤礽《いんじょう》を皇太子に指名した。これは、しばしば中国王朝的継承方式を導入したものと評されるが、マンジュ的には、自分が初めての前君主の遺詔による指名であったので、次はさらに一歩を進めて、君主の生前における後継指名に踏みだしたものと考えることができる。皇太子となった胤礽の母・孝誠皇后へシェリ氏は輔政大臣ソニンの孫娘であり、彼女の叔父が、重臣ソンゴトゥであった。孝誠皇后は不幸にも胤礽を産んだ日に死去しており、大叔父ソンゴトゥが胤礽の後ろ盾となった。

運命の歯車が少しづつ狂いはじめたのは、ガルダンとの戦いであった。このとき皇太子胤礽は北京の留守を任され、その重任を全うしたが、長じた兄弟たちも、父に随って遠征に従軍し、ひとかどの働きをみせた。このため、戦勝を一区切りとして、一六九八(康熙三七)年に兄弟に対する分《ぶん》封《ぽう》が行なわれたのである。第一王子胤禔《いんてい》・第三王子胤祉《いんち》・第四王子胤禛《いんしん》・第五王子胤祺《いんき》・第七王子胤《いん》祐《ゆう》・第八王子胤禩《いんし》の六人に王爵と家臣団が授与され、胤禔・胤祉は鑲藍《じょうらん》旗、胤禛・胤祺・胤祐は鑲白旗、胤禩は正藍旗の旗王の列に加えられた。彼らは、マンジュ的伝統では帝位継承の有資格者ながら、それまではいわば部屋住みの身分におかれていたのであるが、ようやく自らの麾下を持つ旗王となったのである。こうなると、風向きが変わってきた。

胤礽が後継指名されたということは、八旗制においては、将来的には皇帝の上三旗を継承するということである。だが、この分封により、諸王領旗である下五旗《かごき》に出された兄弟たちは、領旗を率いる身としては同じになり、彼らの麾下となった旗人たちも、わが主君を帝位に就けようと運動しはじめた。これに対し、胤礽の支えは正黄旗の重鎮である大叔父ソンゴトゥであったが、皇太子派の領袖《りょうしゅう》としてのあまりの権勢が康熙帝の怒りを買い、一七〇三(康熙四二)年に失脚され、幽死した。孤立した皇太子胤礽は、かつてのヌルハチとチュエンのように、弟ばかりか父の康熙帝とさえ対立するに至り、一七〇八(康熙四七)年、ついに廃位された。

ところが、いざ胤礽を廃してみると、群臣の間から、新たな皇太子候補として第八王子胤禩の名が浮上した。康熙帝は、廃太子を取り巻いていた陰謀を悟って激怒し、翌年、胤礽を許して皇太子に復位させた。だが、一度こじれた関係はもはや元には戻らず、ついに一七一二(康熙五一)年に再度の廃位となり、胤礽は幽閉されることとなった。こうして君主生前からの後継指名は断念され、以後、皇太子がおかれることはなかった。

康熙帝としては、時間をかけた漸進《ぜんしん》的な改革のつもりだったのだろうが、周りはそうは受け取らず、新しい試みに対してある者は不満を抱き、ある者は野心をたぎらせ、そして当事者はそれらに翻弄《ほんろう》されたのである。宣教師リパが、帝を評して「自分の考えは他の考えの模範であり、自分が判断するように、だれもかれもが判断すると確信しておられたのです」と述べていたが、ここに帝の限界があったのかもしれない。

帝王としての自覚、あるいは意地

康熙帝の執政スタイルは、会議・報告であれ文書であれ、できる限り情報や意見を集めて自ら吟味熟考し、判断を下すというものであった。帝は無数の官僚・部署からの報告・上申に自ら目を通し、さりとて伝統的な王族・重臣の会議を軽んじることはなく、また近臣や儒官・仏僧、さらにはヨーロッパ人の宣教師にまで意見を求めたが、一方でいずれかに依存することはほとんどなく、その政治判断はある意味専断的であった。再びブーヴェの観察を見てみよう。

この皇帝以上に自分の見ること、聞くことに熟慮をこらす君主を見いだすことはできません。そして意中を隠すことが必要な場合に、この皇帝ほど上手に肚裏《とり》を隠すことのできる帝王を発見することはできないのであります。また康熙帝よりも、自分の秘密と言葉とを守りこなす帝王を見つけることはできないのであります。

このようであるので、ブーヴェは「康熙帝には寵臣がありません」と称讃しているが、それは、誰かの考えに影響を受けたり、自らの考えを見透かされたりすることへの警戒から発したものといえるだろう。それゆえ帝の文武両道も、もちろん生来の才能と血のにじむような努力との賜物とはいえ、純粋な求道精神によるとは限らない。ブーヴェは次のようにいう。

康熙帝は天下の美質をことごとく備えておられますから、他国民の中では、勿論、英君の列に加えられましょう。しかしながら、漢民族の間では官職と位階とは文事上で獲得した価値に対して与えられます。それ故、康熙帝が如何に天下の美質を備えるとも、武に秀ずると同じく、文に秀でていないならば、かつて漢朝に出現した大皇帝の一人とは、当然見なされないでありましょう。この皇帝が読まれない漢籍の名著が殆んどないほど、まず漢民族の学芸研究に精進されたのは、文事的見地から漢民族の精神に適順するためであったことは疑いをいれないのであります。

帝も人の子、要は、臣下になめられたくない、という自意識の発露なのである。そのような強い自意識に衝き動かされた帝の関心は、外来のものに対しても向けられた。曰く、「康熙帝が出精されたのはシナの学問ばかりではありません。この皇帝は、生来、何でもよいものには趣味をお持ちですから、西欧の科学について多少の知識をお持ちになるや否や、この科学研究に対して多大の熱情を披瀝《ひれき》されました」。「康熙帝は武器の操縦や、百般の練武に精励されておられますが、それにも拘らず、音楽にも趣味をお持ちであります。就中《なかんづく》ヨーロッパ音楽の価値を認めていらっしゃいます」。

❖康熙帝関係年表（月は陰暦）

年	事項
1654	玄燁（康熙帝）生まれる
1661	1月、順治帝没（24歳）、遺詔により玄燁が8歳で即位（康熙帝）
1669	康熙帝、輔政大臣を退けて実権を掌握
1673	呉三桂挙兵し、三藩の乱始まる（～1681年）
1675	第二王子胤礽を皇太子に冊立
1683	鄭氏政権を降し、台湾併合
1684	康熙帝、初めて江南に巡幸する（南巡）。海禁政策を緩和し、互市貿易を開放する
1689	ロシアとネルチンスク条約を締結
1690	ウラーン・ブトンの戦、ジューンガル軍と戦う
1691	ドローン・ノールの会盟、ハルハのモンゴル諸侯が康熙帝に臣従
1696	康熙帝、モンゴルへ親征（～1697年）
1697	ジューンガルのガルダン・ハーン没、大清のハルハ支配確立
1698	諸王子に対する第一次分封、胤禛（後の雍正帝）らを旗王とする
1708	皇太子胤礽を廃す。後継争いをめぐり、胤禔らを処罰
1709	胤礽を再び立太子する。第二次分封、胤禟・胤禵らを旗王とする
1711	熱河（承徳）の離宮完成、避暑山荘と命名
1712	皇太子胤礽を再び廃し、幽閉
1720	清軍、ラサに入城してダライ・ラマ7世を擁立
1722	11月、康熙帝没（69歳）

モンゴル武人をも驚嘆させる武芸に、漢文化人にいささかもひけを取らない儒学・文芸、それに加えてヨーロッパの数学・天文学・音楽と、帝の向学心と努力は、まさに果てるところを知らない。だが、リパはあっさりと片づける。

皇帝は御自身では自分が最高の音楽家であり、立派な数学者であると自負しておられるけれども、実際には数学のことは初歩のことをいくらか知っておられるだけであり、音楽にいたってはまったくなにも御存知ではない。

ブーヴェの評は、過褒《かほう》ではあっても偽りではないだろうが、辛辣《しんらつ》なリパの評こそ、おそらくは実際を言い当てているのであろう。とはいえ、康熙帝を責めるのは酷というものだろう。むしろ、帝がそこまでして自ら修めてみせようとしたことこそ感嘆すべきであるし、それが、誰にもなめられまいとする帝王の意地だと思えば、わからなくもない。帝王たることは、まことたいへんである。

⦿参考文献

岡田英弘編『清朝とは何か』(藤原書店、二〇〇九年)
岡田英弘『大清帝国隆盛期の実像』(藤原書店、二〇一六年、『康熙帝の手紙』改題増訂版)
岸本美緒・宮嶋博史『世界の歴史一二　明清と李朝の時代』(中公文庫、二〇〇八年)
岸本美緒『明清史論集二　地域社会論再考』(研文出版、二〇一二年)
鈴木真「諸阿哥分封からみた康熙朝政権中枢の権力構造」(『史峯』九号、二〇〇三年)
鈴木真「清朝康熙年間の皇位継承者問題と旗王・権門の動向」(『史学雑誌』一二〇編一号、二〇一一年)
矢沢利彦『西洋人の見た中国皇帝』(東方書店、一九九二年)
ブーヴェ(後藤末雄訳・矢沢利彦校注)『康熙帝伝』(「東洋文庫」、平凡社、一九七〇年)
グレロン(矢沢利彦訳)『東西暦法の対立』(平河出版社、一九八六年)

1678–1735年
大清帝国の第5代皇帝。日夜朱筆を揮って政務に邁進し、その勤勉と非情によって長期支配の仕組みを築き上げた。

過労死も厭わぬ非情の〝モーレツ皇帝〟
雍正帝
…ようせいてい…

杉山清彦

雍正帝の名は、東洋史家宮崎市定《みやざきいちさだ》の名著『雍正帝―中国の独裁君主』(一九五〇年)によって広く知られている。諡《おくりな》は世宗憲《せいそうけん》皇帝、年号で通称して雍正帝と呼ばれる。数え四五歳で第五代皇帝(在位一七二二―三五年)に即位し、父・康熙《こうき》帝の後を受けて統治体制の引き締めと再編に尽力。十三年という比較的短い治世の間に、奏摺《そうしょう》と呼ばれる臣下との親展状のやりとりを駆使して、財政・俸給制度の改革、政務処理機関の創設、官界の綱紀粛正、帝位継承法の制定などの改革を次々と成し遂げた。帝の改革によって、大清《だいしん》帝国の支配体制は新時代に対応したものとなり、次代の乾隆《けんりゅう》の盛世への道が開かれることとなった。

〝赤ペン皇帝〟のメール政治

「二四時間戦えますか」とは、バブル時代のモーレツ社員を表すフレーズだが、最高君主の地位にありながら、それを地で行く働きぶりをみせたのが、〝モーレツ皇帝〟雍正帝である。帝の政治は君主独裁として知られるが、その手法は、並みいる群臣の前で専断的に命令や処分を下したり、将兵や民衆の前に姿を現して権力をアピールするというものではなく、日夜執務室にこもってひたすら報告書に目を通し、自ら筆を執って指示を書くという、はなはだ地味なものであった。

その主たる手段となったのが、奏摺と呼ばれる親展上奏文である。ふつう皇帝や上級官庁に上げる報告・上申は、多くの官署・担当官を経由して上達されるが、奏摺とは、個々の臣下が、行政官庁を通さずに皇帝の手許に直接届ける親展状である。皇帝は、宮中に届けられた奏摺に自ら目を通してコメントを書き込み、回答や指示として上奏者に返すのである。通常の上奏文書が、今でいえば、多数の部署・責任者の決裁を要し煩雑《はんざつ》な書式の定まった稟議書《りんぎしょ》であるとするならば、奏摺は、上司や指導教官に直送し、コメントをつけて返信される電子メールでのやりとりのようなものといえよう。皇帝が用いるのは朱筆なので、その赤字のコメントを硃批《しゅひ》といい、雍正帝は、これらコメント付奏摺のうち、政治の参考となるものを集めて『雍正硃批諭旨《ゆし》』として刊行させている。要は、赤ペン添削集である。

奏摺は、すでに康熙帝の代に始められていたが、雍正帝はこれをいっそう拡大して政務処理の中心に据え、そのやりとりを通して全国の文武官を直接指揮したのである。そのために帝は、毎日数十通を下らない奏摺に目を通し、早朝から深更まで、休むことなく朱筆を揮い続けた。父の康熙帝は、精力的に現場に足を運んで指揮をとり、多くの人びとと面会して意見聴取や政務処理に当たったが、スタイルこそ違え、雍正帝もまた、臣下に対する直接の政治指導をモットーとしていたということができよう。

このように雍正帝は独裁政治を行なったが、これが「中国」の独裁君主であるかといえば、半ば当たっているが、半ばはそうともいえない。彼は、まず何よりも、辮髪《べんぱつ》をぶら下げたマンジュ（満洲）人の君主であり、奏摺に加えた硃批は、父と同じく、漢文ばかりでなくマンジュ文でもあまた書きつけられていたからである。

後継指名はダークホースに

雍正帝は、三藩《さんぱん》の乱（一六七三―八一年）の最中の一六七八（康熙十七）年に北京・紫禁城《しきんじょう》内で生まれた。父の康熙帝は生涯に三五人もの男子を授かり、うち二〇人が成人に達した。雍正帝、すなわち本名胤禛《いんしん》は、その第四王子として「四阿哥《アゲ》」（アゲはマンジュ語で兄、兄者の意で、王子の称に用いられた）と呼ばれて育った。

康熙帝は子だくさんで長寿だったので、その後継問題が治世後半の最大の関心事となるのは必然であった。ヌルハチ・ホンタイジ・康熙帝の各項でみたように、マンジュやモンゴルなど北アジアの諸社会にあっては、集団の指導者は、その交代時に最適格者を選出すべきものと観念されていたため、次期君主はあらかじめ決められるべきものではなかった。一方で、そのような慣習のために、歴史上たびたび君主位をめぐる内紛が起ってきたことから、ヌルハチ以来、安定した権力継承に歴代苦心が払われてきた。

そこで、父帝の遺言による指名で即位した康熙帝は、次は生前での後継指名に踏み切り、早くも一六七五（康熙十四）年に、第二王子胤礽《いんじょう》を皇太子に立てた。胤禛は、生まれたときすでに、兄の臣下となることが定められていたのである。ところが、あまりに長く後継予定者の地位に据え置かれた皇太子胤礽は、次第に父や弟と反目するようになり、一七一二（康熙五一）年に最終的に廃されてしまった。胤禛はこのとき三五歳、すでに親王の爵を授けられ、雍《よう》親王となっていた。

廃太子事件で傷心した康熙帝は、もはや代りの皇太子を立てることはしなかった。王子たちはみな継承資格者であり、下馬評では、とりわけ第八王子胤禩《いんし》と第十四王子胤禵《いんてい》が有力候補と取り沙汰されていた。そのようななかで、一七二二（康熙六一）年陰暦十一月、壮健を誇っていた康熙帝が、古稀（七〇歳）を目前にして没したのである。病床に伏してわずか数日での急逝であった。王子たちが固唾《かたず》を呑んで見守るなか、ただ一人枕頭《ちんとう》に侍した首都警察長官ロンコドが聞いたという遺言で指名されたのは、意外にも、地味な第四王子・雍親王胤禛であった。

こうして即位したのが雍正帝である。数え四五歳の新皇帝であり、ホンタイジ以降十一代の皇帝のうち、最高齢での即位であった。

百年ぶりの中年皇帝

第二代のホンタイジが三五歳で登位した後、順治《じゅんち》帝六歳、康熙帝八歳と、二代続けて幼帝が即位したが、雍正帝は、父の長寿によって、三代ぶりの壮年での即位であった。だが、幼い二帝と壮年の二帝それぞれの共通点は、年齢だけではなかった。幼くして帝位に選ばれた順治・康熙両帝は、即位とともに、八旗《はっき》のうち皇帝直属の三軍団(上三旗《じょうさんき》)を支配することになったが、父の在世中すでに成年王族として活動していたホンタイジと雍正帝は、八旗の一軍を率いる旗王《きおう》として独り立ちしており、いわば親藩《しんぱん》の藩主から宗家を嗣いだ形での即位であった。

八旗とは、建国期に、マンジュ人を中心とした全家臣・領民を八つの集団に編成した軍事・行政組織で、入関《にゅうかん》(北京入り)後も、漢地の住民とは区別される身分集団をなした。八つの集団は、正・鑲《じょう》(縁《ふち》取りのないもの・あるもの)の黄・白・紅・藍の八種類の軍旗によって呼称されたので、八旗というのである。このうち鑲黄《じょうこう》・正黄《せいこう》・正白の三軍団が、皇帝直属として上三旗と呼ばれ、これに対し下五旗《かごき》と称される他の五軍団は、旗王として分封《ぶんぽう》された多数の王族が分有していた。康熙帝の王子たちも、長じると下五旗に分封されて軍務や政務に従事しており、即位前の雍正帝すなわち雍親王胤禛は、鑲白旗《じょうはくき》に就封していた。すでに旗王歴二四年、ベテランの域に達していた。

とはいえ、それは年長の王子たちもみな同じであり、その中でなぜ胤禛が後継者に選ばれたのか、真相はわからない。公表された康熙帝の「遺詔《いしょう》」には「人物が秀れていて、康熙帝の資質をよく受け継いでいるので帝位にふさわしい」としているが、もとよりこれは雍正政権の見解を示すものにすぎない。だが、他の兄弟たちが野心家だったり脇が甘かったりするのに対し、胤禛は慎重に実績を積んでいくことに徹し、尻尾をつかまれないようにしながら父帝を支え続けた。そのような熟柿が落ちるのを待つが如き姿勢を貫いた結果、帝位を射止めたのであろう。

一方で、彼がダークホースであったことから、「雍正簒位《さんい》」、すなわち雍正帝が不当に帝位を奪っ

雍正帝関係系図

×は雍正帝に粛清された人物。
数字は雍正帝の兄弟順。
○数字は皇帝の代数。

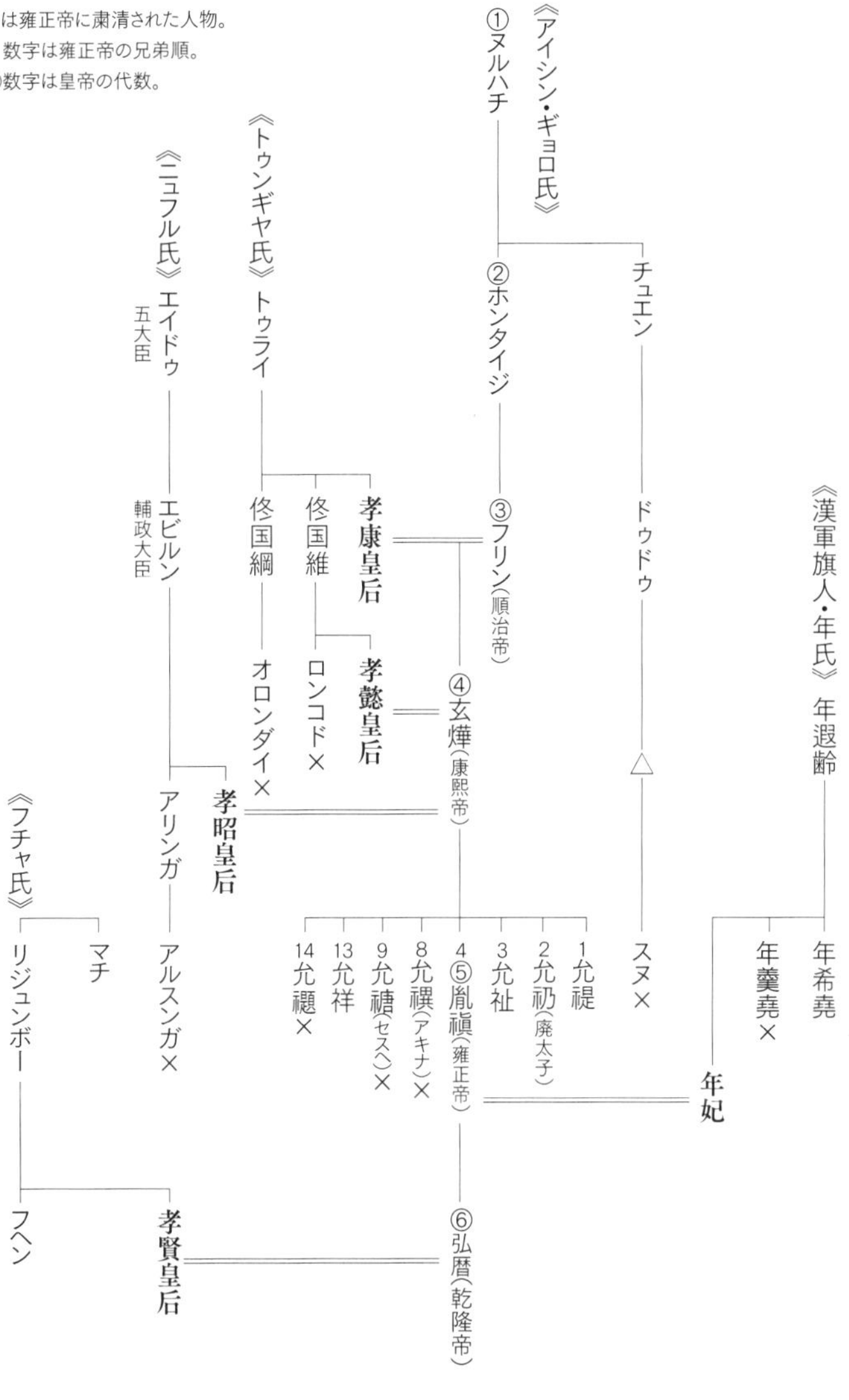

たとする風説が、後世の野史を待つまでもなく、即位当初からささやかれていた。曰く、遺言に「十四阿哥」に位を譲る、とあったのを、筆画を加えて「于四阿哥」(于は於と同じで、四阿哥に、の意となる)とした、曰く、「十四阿哥」の「十」字を消した、云々といったものである。

だが、年齢順でいえば、第一王子胤禔《いんてい》は廃太子事件に絡んで失脚しており、第二王子は廃太子その人、また第三王子胤祉《いんち》が資質を欠くことは周知であったので、第四王子の胤禛が選ばれても不思議はなかった。そもそも、帝位や軍事といった機密事項はマンジュ文で処理されたので、漢文のみに基づいた風説自体が根拠を持たない。もちろん、年長者が有利とは限らないし、第十四王子でさえ三五歳の壮年に達していたから、胤禛の年齢・経験だけが決め手というわけではないだろうが、康熙帝は手堅い後継者を選んだように思われる。強引な手段で位を奪ったというのは、政敵の支持者のデマか興味本位のゴシップというべきだろう。

非情なる粛清の嵐

とはいえ、そのような風説が立つのも故なきことではない。即位後、政敵に対する峻烈《しゅんれつ》な粛清を重ねたからである。このことが、帝の即位には後ろ暗いところがあるとの憶測に一定の信憑性を与えたのである。だが、雍正帝には雍正帝の事情がある。幼くして即位した康熙帝は、自らの権威と権力を確立するためには経験豊富な臣下たちに己の実力を証してみせなければならなかったが、何十年もの間、一旗王として王族や大臣たちと同列に勤務してきた雍正帝は、馴れ合いを断ち切って、至尊《しそん》の君主であることを見せつけなければならなかった。

　そこで雍正帝は、即位するや、兄弟共通の一字である「胤」字を、皇帝の本名と同じであるのは畏れ多いとして「允」字に変えさせ、身分の隔絶を知らしめようとした。また、下馬評で有望株とささやかれていた同母弟の胤禵改め允禵を軍司令官の地位から逐い、左遷した。だが、即位当初の政敵攻撃はその程度で、むしろ昇進人事を連発するなどして融和姿勢を示し、またスムーズな政権移行のために、康熙末年の実力者であった廉《れん》親王允禩《いんし》(胤禩)、怡《い》親王允祥《いんしょう》、大臣のマチ、ロンコドの四名を総理事務王大臣(事務を総理する王・大臣の意)に指名し、自らの補佐に当たらせた。なかでも、ただひとり康熙帝の遺言を聞いた大臣ロンコドは、康熙帝の生母・孝康《こうこう》皇后トゥンギヤ氏の甥で、康熙帝の孝懿《こうい》皇后の弟でもあったので宮中にも顔が利き、政権発足当初の重鎮であった。他方、鑲白旗の旗王から登位した雍正帝は、なじみのうすい上三旗に全幅の信頼を置かず、親王時代の家臣を登用して要所に配した。景徳鎮《けいとくちん》に「年窯《ねんよう》」の名を残した陶磁器調達局長の年希堯《ねんきぎょう》と青海《せいかい》遠征軍司令官などを歴任した年羹堯《ねんこうぎょう》の兄弟は、その代表である。

　このように、滑り出し当初の雍正帝は、長年の同僚・親族に対して帝王の尊厳を知らしめる一方で、重鎮に配慮し旧臣を信頼する気配りの姿勢を示して政権を始動させたといえよう。だが、政権運営が軌道に乗ってくると、非情な粛清が始まった。

　まず狙われたのは、遠縁ながら一族最長老格として一目置かれていた鑲紅旗《じょうこうき》旗王のスヌであった。スヌはヌルハチの長子チュエンの曾孫で、雍正帝の即位直後には爵位の昇進に与っていたが、一七二四（雍正二）年、掌を返すがごとく糾弾を受け、七七歳という高齢にもかかわらず追放されて、流謫《るたく》先で窮死した。年長の宗室といえども容赦はしない姿勢を示してみせたのである。

ついで一七二五（雍正三）年、帝の腹心を自任して権勢を誇っていた年羹堯が失脚させられ、死を賜った。全帝国の君主となった雍正帝にとって、親王時代以来の旧臣も、もはや用済みだったのである。しかも、ただ粛清するだけでなく、いったん左遷して、彼がもはや処分対象に転落したことを満天下に知らしめた上で、次々と罪状を暴き立てて晒《さら》し者にしてから処断した。このとき年羹堯の妹は皇貴妃《こうきひ》として後宮にあったが、哀れにも、兄の失脚と時を同じくして「病死」した。

恩顧の旧臣でさえ例外でないことを示した次は、いよいよ「本丸」であった。有力王族の筆頭で、帝位には選ばれなかったものの、政界で隠然たる影響力をもっていた廉親王允禩とその党与への制裁である。雍正帝は、たびたび難癖をつけて総理事務王の任を解き、親王爵を奪うなど処分を重ねた上で、一七二六（雍正四）年に断罪し、監禁処分を下した。しかも、允禩をアキナ、党与の第九王子允禟《いんとう》をセスへと改名させて、帝室アイシン・ギョロ（愛新覚羅）氏一門から除籍するという酷薄さで、数ヶ月後、両名はいずれも獄中で「病死」した。年妃といい、アキナ、セスへといい、かつてのソ連での「心臓発作」や、車が少ないはずの北朝鮮での高官の「交通事故死」を彷彿《ほうふつ》とさせるような死であった。

さらに、両王子の処断と同時に、允禩支持派として追放していた上三旗の重臣アルスンガ、オロンダイを、追い打ちをかけて処刑した。アルスンガは康熙帝幼時の輔政《ほせい》大臣エビルンの孫、オロンダイはロンコドの従兄弟と、いずれも名門の御曹司にして政界の大物であったが、容赦はなかった。いや、むしろそうであればこそ、容赦のない姿勢を見せたのであろう。この処断が、官界を慄然《りつぜん》とさせたであろうことは疑いない。

帝の粛清の手からは、同母弟さえも逃れることはできなかった。左遷されていた第十四王子允禵は、あらためて罪に問われて子ともども監禁され、帝が没するまで解放されることはなかった。

仕上げは、雍正即位の立役者を気取っていた大官ロンコドであった。ロンコドも、允禩らの処断と同じ一七二六年に告発を受けて左遷され、翌年には逮捕されて禁錮に処された。翌二八年にロンコドがこれまた獄死を遂げたとき、雍正帝に睨まれた政敵はほぼ一掃されていた。

このように雍正帝は、いつまでも旧臣を頼りにすることはせず、建国以来の名門といえども容赦せず、血縁さえいささかも顧慮しないという冷酷かつ峻烈な姿勢を示すことによって、自らが至尊の君主であることを示してみせたといえよう。ひとたび目をつけた者は、引き上げるだけ引き上げてから突き落すのが帝の常套《じょうとう》手段であった。その方法も、諸臣から徹底的に弾劾・告発させて罪状を挙げ尽くし、しかもたいていの場合、直接処刑せずひっそりと死に追い込むという手の込んだものであった。その上、罪状はたいていが不敬や蓄財であって、叛逆など深刻なものはほとんどないにもかかわらず、今を時めく王族・大官が次々消されていったのである。狙いが政敵の駆逐と一罰百戒とにあったことは明らかであろう。

二つの転換への自覚的対応

このような雍正帝の勤勉と非情さは、しかし必ずしも彼の個性や私情ばかりから出たものではないであろう（多少はあるだろうが…）。世評に阿《おもね》らず、帝が確信を持って手がけようとしたことは、父の長い治世を経て、帝国が経つつあった二つの転換への自覚的対応ということができる。

第一は、飛躍的に拡大した統治空間への対応である。一六八〇年代に華南・西南、台湾といった南方の支配が最終的に確立し、九〇年代にはモンゴル高原が統治下に入った。さらに、康熙末年から雍正治世にかけての一七二〇年代に青海地方が支配下に入り、チベットへも影響力を強めていた。このような急激かつ大スケールの領域拡張を前にして、統治体制の整備と、投入する人的リソースの掘り起しは急務であった。そのために、旗人・漢人官員の登用・配置、駐留軍・治安部隊の配備、それを支える行財政体系の整備を進めた。その際に、宮崎市定が名訳で伝えているように――曰く「バカにつける薬はない」、曰く「禽獣《きんじゅう》でもお前よりはましだ」云々――、帝は辛辣《しんらつ》を極めた筆致で批答《ひとう》を与え、官員たちを叱咤《しった》・指揮して対応に当たらせたのである。

第二は、世代交代への対応である。雍正帝の即位当時、入関から八〇年を経て、祖父母も北京生まれという時代に入ってきていた。旗人たちの社会慣習、言語生活はどんどん変わっていっており、また、相続・継承をめぐって、帝国の根幹である八旗においても官職や爵位の継承争いが頻発するようになっていた。そこで帝は、旗人に対して説諭・訓示をくり返して尚武の気風の振興を図る一方、八旗の官職体系や法制を整理し、マンジュ社会の再定義を積極的に進めた。そのために旗人大官た

玉座の上の「正大光明」の扁額
この額の裏に，後継指名の詔が置かれた。（筆者撮影）

ちに時に檄を飛ばし、時に痛罵《つうば》して、マンジュ的文化や精神を守ろうとしていたように思われる。

儲位密建《ちょいみっけん》（太子密建）として知られる帝位継承法の制定も、その一環であった。これは、宮殿に掲げられた「正大光明」という扁額《へんがく》の裏に後継指名の詔を箱に入れて安置し、皇帝死去時に開封して遺詔と照合し、継承者を公表する、というユニークな方法である。この方式は、国初にみられた王族会議での選出でも、二代続いた今際《いまわ》のきわの遺言でもなく、皇帝が生前から後継指名権を握ることを明確にしたという点で画期的である一方、その公表は君主の交代時であり、依然として在位中の後継者公開はなされない、ということでもあった。角を矯《た》めて牛を殺す愚を避けて、中国王朝・漢文化への同化でもなく、現実離れしたマンジュ国粋主義に走るのでもない最適解を見出そうとする努力の、一つの表れということができよう。

このようにみるならば、帝の執政は、これら空間的・時間的な変容への対処を主眼としたものということができ、対象ごとに、適用する方法や態度は違っていた。『雍正硃批諭旨』の辛辣なコメントで知られる奏摺政治のイメージは、主に漢人統治に対してのものであったといえよう。それに対し、雍正帝はモンゴル王侯にはずいぶん気を遣っていた。活発だった父・康熙帝と違ってなにかと出不精な雍正帝であったが、モンゴル王侯に対しては、紫禁城や離宮でこまめに歓迎宴を開き、もてなしや儀礼を欠かさなかった。彼らが深く帰依するチベット仏教も尊重し、青海の高僧チャンキャ・ホトクト三世を国師として鄭重に迎えている。帝自身、王子の弘暦《こうれき》すなわち後の乾隆帝の王子教育に際し、チャンキャ三世を学友として学ばせているほどであった。

このような多面的な対応をみるならば、たしかに雍正帝の政治スタイルは独裁そのものであったが、それは中華王朝の皇帝独裁の極致というよりは、多面的・多文化的なマンジュ人君主として、それぞれの相手、文化に対して対応したものというべきだろう。辛辣を極める硃批は、そのいずれか一つの領域でしかない仕事さえ満足にできないのか、という憤懣《ふんまん》ではないだろうか。

非情の〝モーレツ皇帝〟のコスプレ趣味

このように広大・多様な領域と領民の支配に精力を傾け、朱筆を揮い続けた雍正帝は、一七三五（雍正十三）年八月に、五八歳でにわかに息を引き取った。前日までいつものように執務に当たっていた最中の急死であり、即位時と同様にさまざまな風説が飛び交ったが、過労死とみるのが自然と思われる。「自分に厳しく、他人にも厳しく」という家風は、しっかりと受け継がれているというべきだろう。雍正帝こそは、ヌルハチの苛烈さ、ホンタイジの陰険さ、康熙帝の強烈な自意識を、一身に集めた申し子であった。

だが、彼にも意外なプライベートの一面があった。雍正帝といえば、奢侈《しゃし》を戒め質実剛健を説くイメージがあるが、実は小物や文具の愛玩趣味があり、メガネや鼻煙壺《びえんこ》（嗅《か》ぎタバコ入れ）、アクセサリーなどをコレクションしていた。しかも、時計や望遠鏡などヨーロッパ由来のものも多くみられ、ハイカラ趣味なのである。

コスプレ姿の雍正帝
あるときは弓を構えるモンゴル武人、
あるときはヨーロッパ風のカツラを
かぶった欧州貴族、
またあるときはチベット仏教の高僧。
（「雍正行楽図冊」より）

極めつけはコスプレ（扮装）願望であった。雍正帝にはヨーロッパ風のカツラをかぶっている有名な肖像画があるが、ほかにも、禁じているはずの漢人儒者のいでたちをしたもの、モンゴル武人風の狩猟姿、チベット仏僧の法衣をまとったものなど、まことに多彩な姿を描かせているのである。

宮崎市定は、雍正帝のことを「堅固無類のコンクリートの要塞のような性格」と評している。「コンクリートのような」というのは一面を言い当てていようが、それは中華皇帝としての側面であって、それを含めて相手に合せたキャラをいくつも持ち、それに徹し疲れたというべきではないだろうか。その息抜きが、冷酷無比、恐怖政治といわれた帝の〝バーチャル〟コスプレ趣味だったのかもしれない。

❖康熙帝関係年表（月は陰暦）

年	事項
1678	胤禛（雍正帝）生まれる
1698	胤禛、鑲白旗の旗王となる
1709	胤禛、雍親王となる
1722	11月、康熙帝没、遺詔により胤禛が即位（雍正帝）。兄弟の1字を「允」に改めさせる
1723	儲位密建法（太子密建）を制定
1724	スヌを追放する。派閥を戒める『御製朋党論』を著す
1725	年羹堯を左遷、のち賜死
1726	允禩、允禟を処罰し、それぞれアキナ、セスへと改名のうえ監禁（同年獄死）。允禵父子を監禁。アルスンガ、オロンダイを処刑
1727	ロンコドを逮捕拘禁（翌年獄死）
1728	ロシアとキャフタ条約締結。チベットに駐蔵大臣を置く
1729	軍需房を設ける（軍機処の起源）。マンジュ支配の正統性を説いた『大義覚迷録』を著す
1735	8月、雍正帝没（58歳）

⦿参考文献

池尻陽子『清朝前期のチベット仏教政策』(汲古書院、二〇一三年)
岡田英弘編『清朝とは何か』(藤原書店、二〇〇九年)
岸本美緒・宮嶋博史『世界の歴史十二　明清と李朝の時代』(「中公文庫」、二〇〇八年)
中野美代子『乾隆帝——その政治の図像学』(「文春新書」、二〇〇七年)
鈴木真「雍正帝と藩邸旧人」(「社会文化史学」四二号、二〇〇一年)
鈴木真「雍正帝による旗王統制と八旗改革——鑲紅旗旗王スヌの断罪事件とその意義」(「史境」四二号、二〇〇一年)
宮崎市定『雍正帝——中国の独裁君主』(「岩波新書」、一九五〇年、『宮崎市定全集十一』岩波書店、一九九一年所収)
矢沢利彦編訳『イエズス会士中国書簡集二　雍正編』(「東洋文庫」、平凡社、一九七一年)

1711–99年
65年にわたって大清帝国に君臨。10度の戦役を「十全武功」と誇り、最大領土を現出して盛世を謳歌した。

才能豊かなだけに厄介な、気まぐれな〃ボンボン〃
乾隆帝
…けんりゅうてい…

杉山清彦

乾隆帝（高宗《こうそう》純《じゅん》皇帝、位一七三五―九五年）は、祖父康熙《こうき》帝に次ぐ六〇余年の在位と、太上皇《たいじょうこう》としてなお足かけ四年、大清《だいしん》帝国に君臨した。帝の治世において版図《はんと》は最大に達し、国庫は満ちあふれ、帝国は空前の繁栄をみた。帝は、十度の戦役全てで勝利を収めたとして、その戦勝を「十全武功《じゅうぜんぶ》」と誇り、自らを「十全老人」と称した。また、漢文化の精粋を蒐《あつ》めた一大叢書「四庫全書《しこぜんしょ》」の編纂《へんさん》から高級中華料理の大成に至るまで、文化も大いに爛熟《らんじゅく》した。最晩年、南方で白蓮教徒《びゃくれんきょうと》の乱が起り、帝国に翳《かげ》がさしはじめたが、帝はそれが顕れるのを見ることなく、数え八九歳で没した。十八世紀をほぼ生き抜いた生涯であった。

幸ある太上皇

二〇一九（平成三一）年、わが国で二〇〇年ぶりに上皇が復活する。先代の上皇（太上《だいじょう》天皇）は、一八一七（文化十四）年に譲位した光格《こうかく》上皇だが、隣の中国大陸でも、その少し前、太上皇帝がいた。治世六一年を数えた祖父の記録を超えるのは畏れ多いとして、在位六〇年を期して子の嘉慶《かけい》帝（位一七九六―一八二〇年）に譲位した乾隆太上皇である。

悠久の長さを誇る中国史でも、太上皇はあまりおらず、その事例も異変の場合が少なくない。例えば、唐の高祖李淵《りえん》は子の太宗李世民《りせいみん》のクーデター（六二六年）で事実上押し込められたものであるし、有名な玄宗は、安史の乱勃発（七五六年）で都落ちして、別々に逃れた先で皇太子が即位したために（粛宗《しゅくそう》）、それと知らぬ間に太上皇となっていた。下って明《みん》の英宗《えいそう》は、土木《どぼく》の変（一四四九年）でオイラト・モンゴルの英傑エセンに大敗して捕虜となり、その間に弟が緊急即位したために、送還されて帰国したときは太上皇にされていたので、宮廷クーデターでむりやり復位したほどであった。このようなことでもない限り、終生帝位を離れないのは、現在のかの国を見ても察せられる通り、ひとたび権力を手放せば明日の身の上がどうなるかわからないという熾烈《しれつ》な権力闘争の世界であるからである。

だが、康熙《こうき》以来三代一〇〇年以上の盛世を謳歌した乾隆帝は、満を持しての譲位であり、生涯を閉じる瞬間まで、なお最高権力を保持し続けた。譲位のわずか二年前、一七九三（乾隆五八）年に来華して熱河《ねっか》の離宮で乾隆帝に拝謁したイギリス使節のジョージ・マカートニーは、後継問題について次のように書き記している。

> 彼はどの息子であろうと、いささかなりとも相談相手にしたり権力を分かち合ったりしたことは、これまでにただの一度もない。また、どの息子を彼が自分の後継者にしようと考えているか

＝ということも不明であり、跡継ぎを決めていない。

乾隆帝は、父雍正《ようせい》帝が定めた、在位中に非公開で後継指名の詔《みことのり》を定めて、没時に開封して公表するという儲位密建法《ちょいみっけんほう》の大権を存分に活かして、八〇歳を過ぎてもなお後継指名の権をしっかりと握り続けた上に、譲位後も自らの名で暦を発布するなど、実権はいささかも変わらなかった。

しかも乾隆帝は、ただ強運に恵まれただけでなく、個人的資質においても有能かつ勤勉であり、その上健康で長寿であった。一七八〇（乾隆四五）年に熱河に参勤した朝鮮使節団の一員だった朴趾源《ぼくしげん》は、古稀《こき》を迎えた帝の容姿を「六〇歳くらいの風貌で、なごやかな和気藹藹《わきあいあい》とした風格であった」と描写している。その十三年後に拝謁したマカートニーは、当時八三歳の乾隆帝の印象を、「彼はきわめて格調の高い老紳士で、今もなお健康で強壮である。見たところは六〇歳になったか、ならないかというところである」と述べている。父のあまりの壮健に、子女の多くは先立って世を去っており、この後ようやく後継指名を受けた嘉《か》親王永琰《えいえん》（即位後顒琰《ぎょうえん》と改名）すなわち嘉慶帝は、実に第十五王子であった。

若くして有能、老いてなお壮《さか》ん。このように乾隆帝の生涯は、個人としても君主としても理想的というべきであり、これほど幸に満ちた帝王はないであろう。

多才にして鷹揚、しかし奔放で癇癪持ちの帝王

乾隆帝、本名弘暦《こうれき》は、一七一一（康熙五〇）年、雍《よう》親王胤禛《いんしん》、すなわち後の雍正帝の第四子として生まれた。祖父の康熙帝からその利発を愛され、一説には、康熙帝が自らの後継者として雍正帝を指名したのは、将来、孫の弘暦を帝位に就けたかったからだとさえいわれる。その真偽は分からないが、いずれにせよ、一七三五（雍正十三）年陰暦八月、雍正帝が急死し、儲位密建法に従って後継指名の遺詔が開けられると、そこに記されていたのは、宝《ほう》親王弘暦の名であった。二五歳の青年皇帝の登場であった。

雍正帝の項で述べたように、それまでの歴代皇帝の即位年齢は壮年と幼齢の両極端で、二〇歳代での即位は、建国以来、実に六代一二〇年にして初めてのことであった。幼帝のように年長の臣下に囲まれて窮屈な思いをすることもなく、壮年で即位した場合のように、長年同輩として付き合ってきた王族・大臣たちを臣下とする居心地の悪さもなく、精力旺盛な若き皇帝は、その能力と性向を気兼ねなく全開にした。

乾隆帝もまた祖父や父と同じく勤勉で、毎日早朝から政務に励み、日々山と届く奏摺《そうしょう》に倦むことなく朱筆を揮った。一方で、祖父の康熙帝以上にフットワークが軽く、六回にわたる南巡をはじめ、東巡・西巡と頻繁に出巡し、また連年、熱河の避暑山荘に行幸して半年以上滞在することが恒例であった。出巡中や避暑先でも、高官・書記を引き連れていて執務を欠かすことはなく、さながら移動する政府であった。

資質においても篤学かつ才能にあふれており、マンジュ（満洲）語・漢語・モンゴル語・チベット語を操り、さらにウイグル語（東トルキスタンのトルコ語）なども機会を見て勉強したという。語学力を駆使して仏教や儒学にも造詣が深く、とりわけチベット仏教に深く帰依した。文芸にも精を出して、生涯に五万首を超える膨大な漢詩を残し、また大パトロンとして、漢文化の精華を収めて「四庫全書」を編纂《へんさん》させ、文運の隆盛を誇った。趣味も相当なもので、芸術品コレクターとして書画骨董のさまざまな名品を蒐集し、愛玩《あいがん》した。一方で、祖父に倣って武芸の鍛錬を怠らず、熱河では八旗《はっき》の群臣やモンゴルの王侯たちを引き連れて、狩猟を楽しんだ。

プライベートでも、全くの順風満帆だったわけではないものの、やはり充実していた。生母の崇慶《すうけい》皇太后は愛息同様に長寿に恵まれ、わが子の古稀さえ見届けて、八六歳で大往生を遂げている。帝は孝養を欠かさず、還暦や古稀には盛大な祝賀祭を開き、江南巡幸や熱河避暑にも供奉《ぐぶ》した。もっとも、そこには出生の秘密という翳《かげ》があった。公式記録では、崇慶皇太后はニュフル氏のリンジュなる人物の娘で、傍系とはいえ、建国の元老エイドゥ、康熙帝幼時の輔政《ほせい》大臣エビルンの一族とされているが、実は八旗に属する銭《せん》姓の漢人の女だったことが、近年明らかになっている。乾隆帝は漢人の子だという俗説が昔からあり、昨今でも小説やドラマのネタになっているが、あながち荒唐無稽なことではなかったのである。とはいえ、マンジュ旗人《きじん》への形式的な改姓さえしておれば、母の本当の出自は継位の支障になっておらず、むしろ王統が盤石《ばんじゃく》になったことの表れとみるべきであろう。

❖乾隆帝関係系図

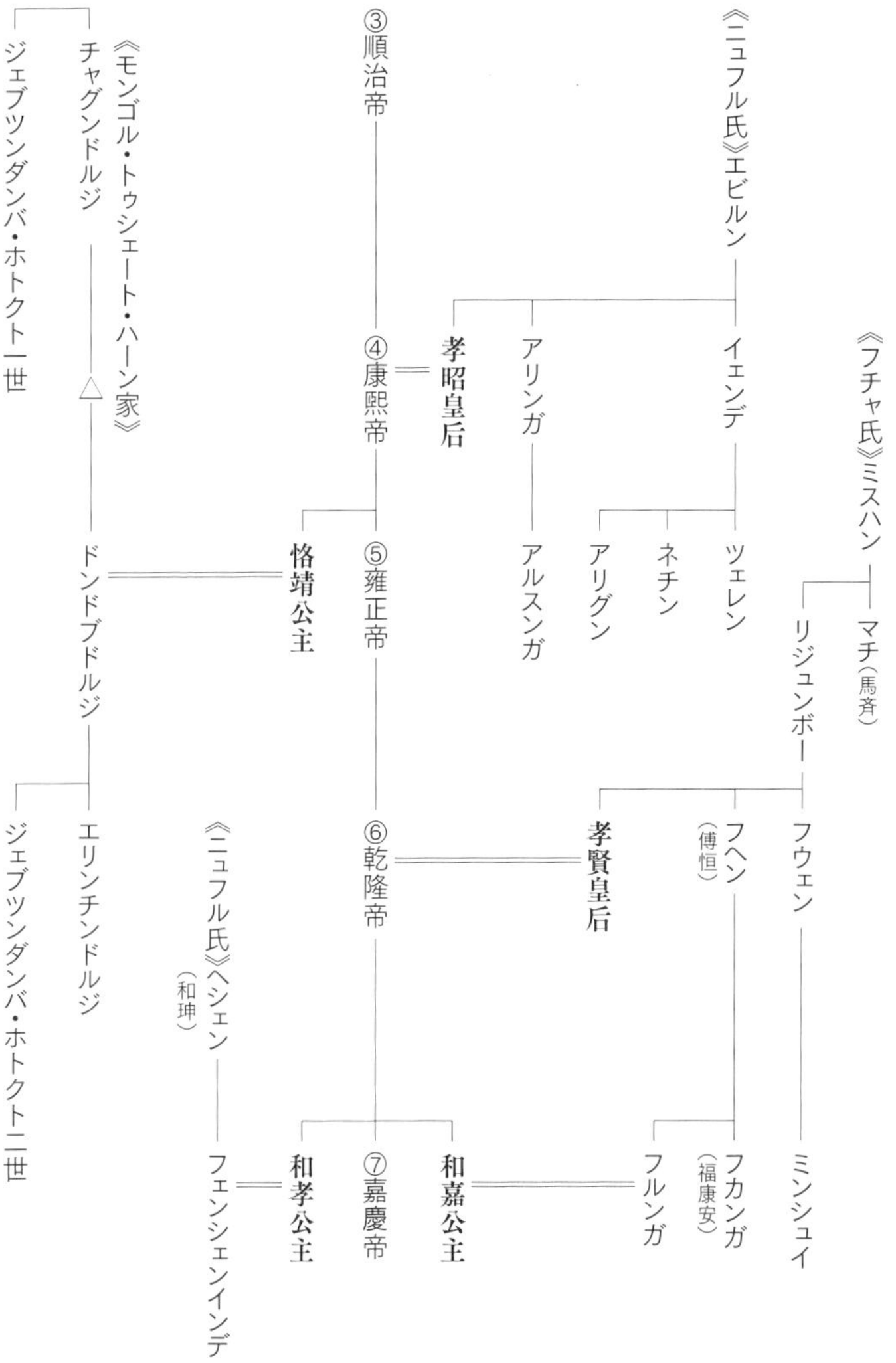
《フチャ氏》ミスハン
マチ（馬斉）
リジュンボー
フウェン
ミンシュイ
フヘン（傅恒）
フカンガ（福康安）
フルンガ
孝賢皇后
《ニュフル氏》エビルン
イェンデ
ツェレン
ネチン
アリグン
アリンガ
アルスンガ
孝昭皇后
③順治帝
④康熙帝
⑤雍正帝
⑥乾隆帝
⑦嘉慶帝
和嘉公主
和孝公主
恪靖公主
《ニュフル氏》ヘシェン（和珅）
フェンシェンインデ
《モンゴル・トゥシェート・ハーン家》
チャグンドルジ
ドンドブドルジ
エリンチンドルジ
ジェブツンダンバ・ホトクト一世
ジェブツンダンバ・ホトクト二世

乾隆帝は子女にも恵まれ、生涯におよそ三〇人の后妃を娶《めと》って十七男十女を儲けている。もっとも、正皇后の運にはあまり恵まれなかった。最初の皇后である孝賢《こうけん》皇后フチャ氏とは仲睦まじかったが、皇嗣《こうし》と目した所生の男子は夭逝《ようせい》してしまい、皇后自身も、一七四八(乾隆十三)年、南巡の道中に体調を崩し、船中で没した。代わって嫻妃《かんひ》ウラ・ナラ氏を立后したが、一七六五(乾隆三〇)年、これまた南巡の際に、杭州《こうしゅう》で騒動が持ち上がった。詳細は分からないが、帝と大喧嘩になり、髪を切るという奇行に及んだというのである。彼女はただちに北京に送り返され、翌年病没したが、皇后の礼では葬られず、諡号《しごう》も贈られなかった。帝はなお三〇年以上の長寿を保ったが、思うところがあったのであろう、ふたたび皇后を立てることはなかった。

このようにいくばくかの波瀾《はらん》はあったが、誰しも家庭生活にはなにがしかあるものであり、生母の長寿と子だくさんが叶っている以上、やはり恵まれたものだったといってよいだろう。

そのような帝の資質と性格を、マカートニーは次のように適確に評している。

彼は天賦の才に恵まれ、学問があって勤勉で、宗教心と慈悲心に富み、臣下に対して愛想よく情け深いが、敵に対しては執念深く、容赦をしない。自分が偉大で富み栄えているというので心が驕《おご》っており、いささかの失敗や不運にもいら立ち、大臣を信用しない。そして、腹を立てるとなだめるのが容易でない。

乾隆帝はたしかに有能かつ努力家であったが、有能ゆえの自信、努力への自負があるため、他人に対する要求のハードルも高かった。そして考えた通りに事が運ばないと怒り、怒らせると後が大変だった。朝鮮の朴趾源も、「皇帝は、高齢で、疳癪《かんしゃく》をおこしやすく、左右の者は、しばしば鞭でたたかれた」と記している。そのような性格は加齢のゆえではなく、イエズス会宣教師も、

❖乾隆帝関連年表（月は陰暦）

年	出来事
1711	弘暦（乾隆帝）生まれる
1733	弘暦、宝親王となる
1735	8月、雍正帝没、儲位密建による指名で弘暦が即位（乾隆帝）
1747	第一次金川の役始まる（十全武功の一）
1748	孝賢皇后フチャ氏没。金川の役の失策により、ネチンを処刑
1754	ジューンガルの内乱で、ホイト部長アムルサナが清側に亡命
1755	遠征軍を送りジューンガルを滅ぼす（十全武功の二）。アムルサナが離反
1756	失策の責でエリンチンドルジを誅殺、ツェレンらを解任
1757	イリを再征服し、旧ジューンガルを平定（十全武功の三）
1759	東トルキスタンを併合（十全武功の四）、旧ジューンガル領を新疆と命名。最大領域となる
1768	ミンシュイ、ビルマで戦没。翌年、フヘンが講和して撤兵（十全武功の五）
1772	「四庫全書」編纂事業開始
1773	ウェンフ、金川で戦没（第二次金川の役、十全武功の六）
1786	台湾で林爽文の乱起こる。翌年フカンガが平定（十全武功の七）
1788	グルカ、チベットへ侵入。黎朝の要請を受けベトナムへ出兵
1789	グルカ、ベトナムとそれぞれ講和（十全武功の八、九）
1791	グルカ、再びチベットへ侵入。フカンガが出馬し翌年講和（十全武功の十）
1793	イギリス使節マカートニー来航、熱河で引見
1795	乾隆帝、翌年の退位と十五王子永琰の立太子を公表
1796	嘉慶帝に譲位し、乾隆帝、太上皇となる。白蓮教徒の乱起こる
1799	1月、乾隆太上皇没（89歳）、嘉慶帝親政。ヘシェン（和珅）に自尽を命じる

一七五四（乾隆十九）年の書簡で、四〇歳代の帝について、「この君主の興味はいわば四季のように移り変わります」が、「いったん命令がくだされたら、どういうことでもやらなくてはなりません。不可能なものはなにもあってはならないのです」と嘆息している。

「武功」を求める気まぐれ皇帝の酷薄さ

乾隆帝は、なまじ自分に才と運があるので、そうでないものには酷薄、峻烈《しゅんれつ》であった。帝にとっては、一を聞いて十を知るのは当たり前で、十に足りない者、ましてや一さえできない者は、取るところのない無能か、そうでなければ怠慢か悪意の表れであり、いずれも容認することはできなかった。そのような、「デキるがキレる」君主の下では、高官といえども、いや、面の割れている高官だからこそ、気を抜くことなど許されない。しかも移り気で、お気に入りを隠そうとしない一方、見限るのも早かった。

かつて、祖父康熙帝に仕えたイエズス会宣教師ブーヴェは「康熙帝には寵臣《ちょうしん》がありません」と称讃していたが、孫の乾隆帝はこだわらなかった。最初に寵を加えられたのは、譜代筆頭格の名門ニュフル氏の公爵ネチンと、帝の愛妻・孝賢皇后フチャ氏の実弟の公爵フヘン（傅恒）であった。ネチンは輔政大臣エビルンの孫で、乾隆帝の下で、わずか十年ほどの間に要職のほとんどを歴任した寵臣であった。イエズス会宣教師も、「国家の第一の大臣で、皇帝の補佐役であり、そのお気に入り」と記している。その運命が暗転したのは、「十全武功」の最初に数えられる、一七四七（乾隆十二年に始まる金川《きんせん》の戦役であった。

これほどの力量と時運に恵まれた乾隆帝にとって、父祖と並び称されるに足りないものは、歴史に名を残す「武功」であった。乾隆の時代には、王朝の存立を揺るがすような戦争や内乱はもはやなかったが、戦がなく太平に打ち過ぎたわけではなく、外国との紛争や局地的な騒乱は散発的に生じていた。帝は、そのような紛争に対し大規模な軍事行動を起こして、それを「十全武功」と呼んだのである。戦闘組織である八旗に属するマンジュ人は、日本の武士と同じく、平常はもっぱら統治の執行に当たりつつも、その本質はあくまで武人とされており、有事の際には、地位・身分の高低にかかわらず軍務への従事が求められた。そのため、一朝事《こと》あれば多数の将兵が動員され、綺羅星《きらぼし》の如き高官・将領が出征を命じられた。その最初が、寵臣ネチンであった。

金川とは、現在は四川《しせん》省西半となっている、東部チベット(カムという)地域を流れる大金川・小金川という川の名前である。この地域のチベット系首長が起こした争乱に対し、討伐に手こずったので、総司令官としてネチンが送り込まれたのである。譜代の名家の御曹司で、そつない仕事ぶりで自ら恃《たの》むところ大きかったネチンは、自信満々に着任して早速攻勢をかけたが、予想外の苦戦を強いられ、攻撃に失敗した。ネチンは、宮中と戦場の違いにすっかり自信を喪失して司令部に引き籠もってしまい、増援ばかりを要求した。激怒した乾隆帝は、敢闘精神を欠くとしてネチンを更迭《こうてつ》し、一兵卒に落して前線への従軍を命じた。さらに敗報の隠蔽《いんぺい》が露見したため、追い打ちをかけるようにして、「こやつの祖父エビルンの刀で斬って、全軍に見せしめとせよ」という非情な命令が届き、ネチンは軍前で斬首された。ひとたび見限られた寵臣の末路は、哀れであった。

十全武功最大の戦役であり、最も大きな成功を収めたのが、一七五〇年代のジューンガル遠征と東トルキスタン征服であるが、勝利の陰で、粛清も苛烈であった。ジューンガルは祖父康熙帝以来の宿敵であるが、ここへきて遊牧国家には避けがたい後継争いが起こり、自壊して亡命者が相次ぐようになっていた。そのようななか、一七五四年、オイラト部族連合の一翼をなすホイト部長のアムルサナが亡命し、手引きを申し出た。これを契機として、一七五五(乾隆二〇)年、将軍バンディら指揮する二方面軍からなる遠征軍を送り出したところ、ジューンガル政権はあっけなく瓦解《がかい》し、滅亡した。ところが、アムルサナがジューンガルに代わって全オイラトの首長たらんとして自立を図り、挙兵したのである。総司令官のバンディは孤立して重囲に陥り、自決した。

このとき、アムルサナに叛意《はんい》ありとみた帝は、熱河へ召還を指示していたが、身の危険を察したアムルサナは、自分の遊牧地にいったん戻って旅装を整えると偽ってそのまま逃亡し、蹶起《けっき》したのである。乾隆帝の怒りははなはだしく、アムルサナの護送を命じられながらまんまと騙されたモンゴルの親王エリンチンドルジは、北京に召還されて死を賜った。エリンチンドルジは、

清軍とジューンガルとの戦いの場面(平定西域戦図)

チンギス・カンの血を引く名門トゥシェート・ハーン家の嫡流であり、またモンゴル人の尊崇を一身に集めるチベット仏教の高僧ジェブツンダンバ・ホトクト二世の実兄でもあったが、乾隆帝はいささかも容赦しなかった。わが国でいえば、家光《いえみつ》あたりが島津家や近衛《このえ》家の当主を死罪にするようなものであり、いかに重大な失態であったにせよ、その誅殺がモンゴル諸侯に与えた衝撃は大きかった。

清軍では、戦没したバンディに代って、ネチンの兄で、粛清後爵位を継承していたツェレンが新たな司令官となり、アムルサナの軍勢を駆逐したが、討ち取ることはできなかった。そのため、ツェレンも取り逃がした責任を問われて解任・逮捕され、北京へ送還中に敵軍と遭遇して殺されるという悲惨な最期を遂げた。

続いて清軍は、天山《てんざん》山脈以北のオイラト勢力を掃蕩《そうとう》するとともに、ジューンガルの支配下にあったタリム盆地のオアシス地帯にも侵攻し、一七五九(乾隆二四)年、全域を占領した。これが「新疆《しんきょう》」の成立である。このとき北路軍を将軍ジョーフイ(兆恵)が、南路軍を将軍ヤルハシャンが指揮したが、行軍が遅滞して合同作戦に出遅れたヤルハシャンは、指揮の拙劣を問われてやはり解任・逮捕され、北京に送られて処刑された。

ジューンガル遠征から新疆の成立に至る一連の軍事行動は、三つの「武功」と数えられているが、一般の将兵の犠牲ばかりでなく、位人臣を極めたと思われた高官たちの血も、帝によって流されていたのである。

使い捨てられる大臣たち

酷薄に結果を求める乾隆帝によって処断された将領は少なくないが、その求めに応じるままに戦没した大臣・貴顕もまた多い。

一七六〇年代、ビルマ(ミャンマー)のコンバウン朝との間で紛争がたびたび生じたので、一七六七(乾隆三二)年、ジューンガル戦線の凱旋《がいせん》将軍で、孝賢皇后・フヘン姉弟の甥に当る公爵ミンシュイを司令官に起用して遠征軍を送った。しかし、清軍は慣れぬ環境下で苦闘を強いられた末にビルマ軍との会戦で大敗を喫し、ミンシュイも戦没した。戦線が崩れるなか、自ら殿《しんがり》を務め、銃弾に当たって戦死したとされているが、伝えられるところでは、自らも重傷を負って脱出したものの、もはや逃れられないと観念して、形見に辮髪《べんぱつ》を切って部下に託し、自縊《じい》して果てたともいう。続いて着任した、ツェレン、ネチンの弟である公爵アリグンも、劣悪な環境で病に倒れて戦病死し、帰ってこなかった。これら一連のビルマ戦役も、「武功」に数えられている。

一七七一(乾隆三六)年には、金川で再び戦役が勃発した。内閣大学士ウェンフが司令官として出征したが、厳しい気候と険阻な地形を利用した攻撃に苦戦を強いられ、これも戦没した。左胸に銃撃を受けて壮烈な戦死を遂げたというが、一説には、部隊が壊滅して生け捕りとなり、一〇〇日間拷問された末に矢で射殺《いころ》されたとも、油をかけて焼き殺されたとも伝えられる。いずれにせよ、内閣大学士とは思われぬ最期であった。

これら戦場で死を遂げた大臣は、勇戦敢闘して任を全うしたとされたが、生きて戻っていたならば、苛酷な処罰が待っていたかもしれない。実際、一七八八・九一(乾隆五三・五六)年の二度にわたるネパールのグルカ戦役では、失敗の責任を問われることを恐れて、特派大臣のバジュンが自殺しているほどである。

このように、処刑であれ戦没であれ、多くの将領の死は、乾隆帝の酷薄によるものであった。斬り従えた旧敵を心服させていかなければならなかったヌルハチ、ホンタイジや、幼くして即位して苦労を重ねた康熙帝と違い、乾隆帝にとっては、譜代の御曹司だろうがモンゴルの貴公子だろうが、みな同じ父祖の代からの臣下にすぎない、という感覚だったのであろう。そこに情け容赦はなかった。

その点では、治世前半の寵臣フヘン、後半のヘシェン(和珅)、フカンガ(福康安)などは、遊泳術を心得た達人というべきであろう。とりわけフヘンは、孝賢皇后の実弟として気安かっただけでなく、人物としても抜かりない性格だったようで、四半世紀の長きにわたって帝に側近く仕え続け、しかも勘気を蒙ることがなかった。イエズス会宣教師は、フヘンのことを「皇帝に信用されているただひとりのひと」で、「かれは君主の性質をだれよりもよく知っています

一等忠勇公フエン(傅恒)　孝賢皇后の弟で、乾隆帝の寵臣の座を守り続けた。(『中国歴代人物画像集』上海古籍出版社、2004年より)

ので、案件を好首尾におわらせることを目的として皇帝に提出すべき方法をだれよりもよく知っているのです」と褒め(?)ている。たしかに、フヘンはあちこちで火消し役も務め、ネチンの失脚につながった第一次金川戦役や、甥のミンシュイが戦没したビルマ戦役は、最後は彼が出馬して政治的に落着させている。子のフカンガも重用され、「十全武功」の残りである一七八六(乾隆五一)年の台湾の林爽文《りんそうぶん》の乱、一七八八年のベトナム遠征、そしてネパールのグルカ戦役は、いずれもフカンガが最終的に出陣して勝利、というより事態を収拾している。一方、フヘンの没後、入れかわるようにして目をかけられたヘシェンは、もっぱら帝に側近く仕えてとんとん拍子に出世し、君寵を一身に集めた。

このように、十次にわたる戦勝と称するものの内実は、華々しい外征よりも内乱の鎮定や紛争への出兵が多く、その結果も、明快な戦勝といえる方が少なかった。そして、むりやり数えた「十全武功」の過程で、無数の将兵の血が流されていたのである。しかも、それで乾隆帝の気まぐれを酌みとることに長けた者が栄達するようになったのでは、いかに帝がマンジュ旗人の尚武精神の振興を謳っても、武人の道に生きようとする気が起こらなくなるのは致し方ないであろう。

たとえていえば、乾隆帝の文武の偉業は、才も金もある〝ええとこのボンボン〟が、旦那になって家業も道楽も好き放題にやったようなもので、その陰で大変な思いをしたのは、下で働く番頭たちであった。帝自身は、自らのあふれる才能とたゆまぬ努力を、父祖の蓄積の上で開花させてご満悦だったろうが、その結果は、「一将功成りて万骨枯る」朝廷の下での無気力と保身の蔓延《まんえん》であり、その矯正は、嘉慶帝に押しつけられたのである。嘉慶帝の最初の仕事は、ヘシェンに死を命じることであった。

乾隆帝の俗「悪」

とはいえ、われわれは乾隆帝の大臣でもなければ宮廷に仕える宣教師でもないので、帝が癇癪《かんしゃく》持ちであっても気まぐれであっても、別に困ることがあるわけではない。だが、今を生きるわれわれにも「悪」といわねばならないのは、その「悪」趣味である。

王羲之《おうぎし》の書と伝えられる名筆や水墨の名画に、朱印がところ狭しと捺されているのを見たことがあるだろう。あの無数の印はもともとは捺されておらず、実はそのほとんどは、乾隆帝の所蔵印や、鑑賞したしるしの鑑蔵印なのである。彼は空白とみると、筆を執って題跋《だいばつ》を書き込んだりベタベタ朱印を捺しまくった。このため、多くの作品に「古希天子」「乾隆御覧之寶」（寶《ほう》は印の意）などの印影がみられるのである。譲位後に用いた「太上皇帝之寶」も珍しくないので、最晩年になってもなお、鑑賞

乾隆帝の鑑蔵印　元末四大家の一人・黄公望の「富春山居図」。
所狭しと捺された鑑蔵印と書き込みは、多くが乾隆帝によるものである。（故宮博物院〔台北〕蔵）

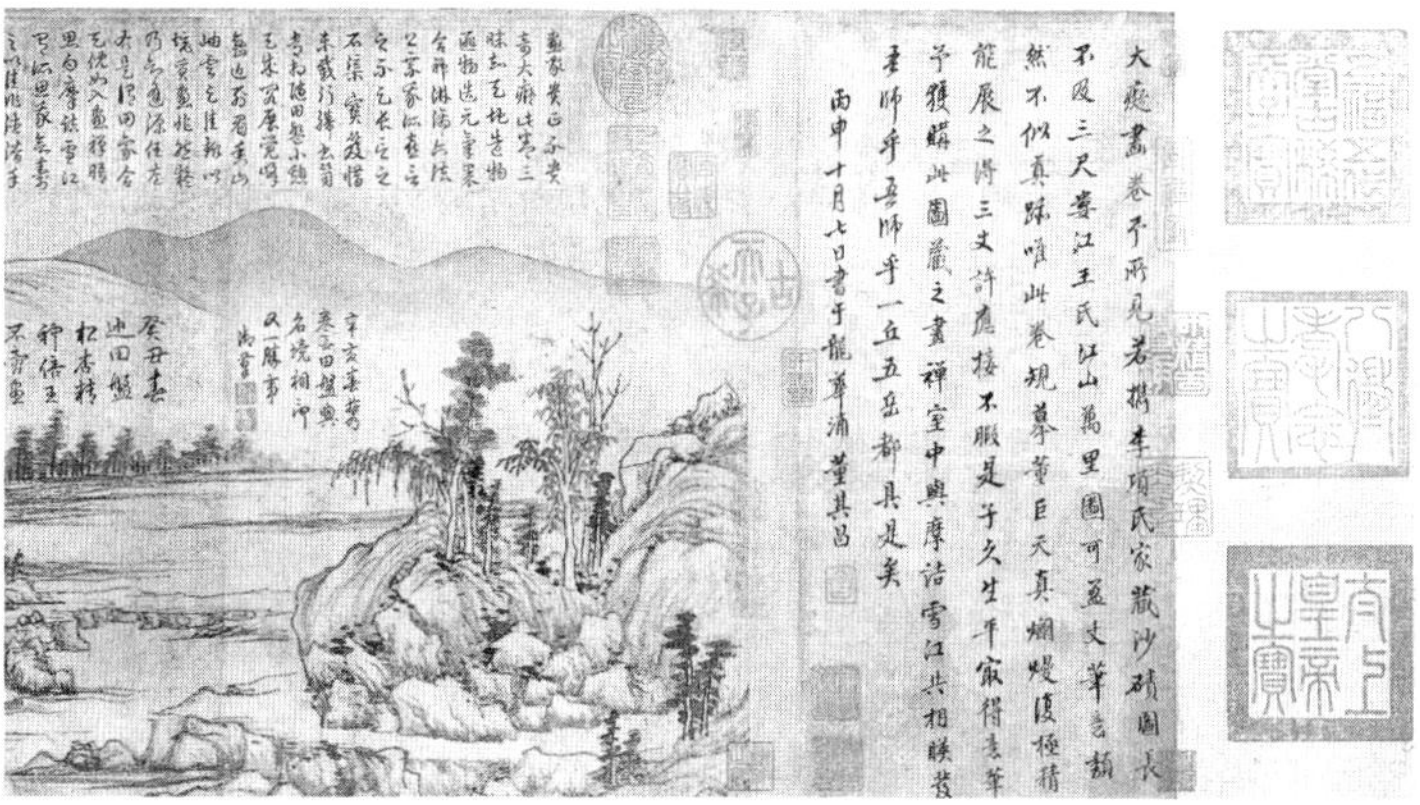

するたびに遠慮会釈なく捺していたのである。

自己顕示欲が強く、なまじ才能にも環境にも恵まれているがゆえに、確信を持って何でもやりたい放題にやるという性格が、名筆名画の余韻を台無しにしている朱印の跡に表れているのである。

⊙参考文献

後藤末雄（新居洋子校注）『乾隆帝伝』（国書刊行会、二〇一六年）

鈴木真「雍正帝の后妃とその一族」（『史境』七一号、二〇一六年）

岡田英弘『岡田英弘著作集六　東アジア史の実像』（藤原書店、二〇一五年）

中野美代子『乾隆帝――その政治の図像学』（「文春新書」、二〇〇七年）

宮脇淳子『最後の遊牧帝国――ジューンガル部の興亡』（「講談社選書メチエ」、一九九五年）

矢沢利彦『西洋人の見た十六～十八世紀の中国官僚』（東方書店、一九九三年）

矢沢利彦『西洋人の見た中国皇帝』（東方書店、一九九二年）

矢沢利彦編訳『イエズス会士中国書簡集三　乾隆編』（「東洋文庫」、平凡社、一九七二年）

矢沢利彦編訳『イエズス会士中国書簡集四　社会編』（「東洋文庫」、平凡社、一九七三年）

矢沢利彦編訳『中国の布教と迫害　イエズス会士書簡集』（「東洋文庫」、平凡社、一九八〇年）

マカートニー（坂野正高訳注）『中国訪問使節日記』（「東洋文庫」、平凡社、一九七五年）

朴趾源（今村与志雄訳）『熱河日記二　朝鮮知識人の中国紀行』（「東洋文庫」、平凡社、一九七八年）

1785–1850年
清朝末期の政治家。西欧による中国へのアヘン輸出に抵抗し、アヘン戦争の引き金をひいた。

林則徐
…りんそくじょ…

真面目な半可通が招き寄せた敗戦と苦境

水盛涼一

ニューヨーク・マンハッタンのチャタムスクエアには林則徐の銅像が立っている。鋳造は一九九九年、題字には「Pioneer in the War against Drugs」（薬物との戦いの先駆者）と彫られている。林則徐といえばアヘン戦争であり、イギリス側の理不尽なアヘン販売に抵抗し不利な戦争に立ち向かった人物として知られている。しかも林則徐は渦中にあって精力的に西洋情報を蒐集した。その成果は魏源《ぎげん》『海国図志』に継承され、中国国内はもとより幕末日本の志士たちにまで影響を与えたのである。こうして林則徐は国難に生きた先見性ある正義の人物と見做されるようになった。中国の著名な社会主義史家の范文瀾《はんぶんらん》も「林則徐は満洲族の清朝にあって眼を開いて世界を見ようとした先駆者である」（『中国近代史』第一章）と記し、今では「中華民族」の偉大なる「民族英雄」の一人に数え上げられている。

　ただし、林則徐は高級官僚としてジェネラリストたることを求められており、六五年の生涯にあたって外交とはほとんど関係していない。「薬物との戦い」にしても、中央の意志を無視して一人で起こしたものではない。それでは林則徐とはいかなる人物であったのであろうか。彼の前半生にみる硬骨ぶり、また後半生のアヘン戦争へと至る蹉跌《さてつ》から、林則徐の負の側面を見ていこう。

文化ある困窮家庭に育った高級官僚

一七八五（乾隆《けんりゅう》五〇）年、林則徐は現在の福建省福州市に出生した。その生涯の始まりは決して恵まれたものではない。祖父の林正澄《せいちょう》、父の林賓日《ひんじつ》はともに科挙《かきょ》（今の日本でいう国家公務員試験）の進士《しんし》合格（同じく総合職採用予定者）を目指したものの、進士の前段階である挙人《きょじん》にも合格せず、生員《せいいん》（科挙受験の有資格者）にとどまった。賓日の残した財産分けの文書によれば、やや富裕であった林家は正澄の代に借金で邸宅を手放すまでに到っている（林則徐紀念館所蔵）。そこで賓日は福州文筆書院など私塾の教員として生計を立てたが、則徐を含む二男八女に恵まれたこともあり、生活は決して豊かにはならなかった。林則徐の回憶によれば、母が娘たちとともに刺繍《ししゅう》の内職を行い家計を助けていたほどである。こうした蛍雪のなか一七九八（嘉慶《かけい》三）年に林則徐は十三歳ながら生員に合格、そして一八〇四（嘉慶九）年に挙人、また一八一一（嘉慶十六）年に進士合格を果たす。さらには直後の振り分け試験にも好成績をおさめ、一八二〇（嘉慶二五）年までの九年にわたって翰林院に出仕し、文筆の習練を通じて高級官僚への一歩を踏み出したのであった。

おりしも、清朝国内でアヘンが問題視されるようになった頃である。古くよりアヘンは鎮静や強壮に効ありと知られ、すでに明朝（一三六八―一六四四年）の後期にはポルトガル商人が主となって中国へ持ち込んでいたほか、中国南西山岳地帯の雲南省では栽培・生産も行われていた（謝肇淛《しゃちょうせつ》『滇略』巻三「産略」）。そののち社会情勢は変化し、快楽目的の吸飲によるアヘン摂取が静かに広がっていく。こうしたなかイギリスは中国へのアヘン輸出を拡大、その数量は十八世紀初頭の二〇〇箱ほどから、一七六七（乾隆三二）年には一〇〇〇箱へと増加した。なお一七八一（乾隆四六）年にはイギリスがインドのアヘン貿易を独占、生産輸出の体制整備により一八〇〇（嘉慶五）年には四〇〇〇箱、一八三〇（道光十）年には一万二〇〇〇箱にまで及ぶ。このような状況、清朝も座視していたわけではない。すでに一七二九（雍正七）年にはアヘン販売の禁令を発していたが、この時期となって一七九九年（嘉慶四）年を皮切りとして一八〇七（嘉慶十二）年以降には続々と販売や吸飲の禁令を発するようになる。

硬骨で実直な地方勤務の愛民官僚として

ただし、林則徐の主な関心はなおアヘンに向かわない。彼は一八二〇（嘉慶二五）年七月に浙江省の地方官へ着任、一八二二（道光《どうこう》二）年十二月には江蘇省へと異動する。以降は一八三七（道光十七）年一月まで主に江蘇省でキャリアを積むこととなった。当時にあっては三権分立という概念が存在せず、民政と司法は分かちがたく結びついている。林則徐の担当範囲も、ポストによって徴税や裁判はもとより文教政策から治水、警察、専売塩の管理など多岐にわたった。ここで林則徐の最大の関心事となったのは、民生そして国家の安定である。たとえば江蘇巡撫《じゅんぶ》（江蘇省の長官）であった一八三三（道光十三）年十一月、林則徐は以下のような意見を皇帝に向けて具申している。

愚考いたしますに、職責を果たすうえでは財政収入こそ優先すべきでしょう。とはいえ財政と民生とは相互に結びついており、朝廷の支出や備蓄は一つとて民より出ないものはありません。だからこそ民草《たみぐさ》への憐れみが財政の政策ともなるのです。(『書経』に)民は国の根本であると申す通りです。(十一月十三日報告)

ここ江蘇省の税収は周囲から突出し、国家の基盤となっている。にもかかわらず税率は高く民生は苦しい。国家の健全性は民生の安定に懸かっている。林則徐の結論は以上のようなものであった。しかもこの意見は天災理由の安易な納税猶予を戒めた皇帝の命令への堂々の反論である。それにもかかわらず、時の皇帝道光帝《どうこうてい》はこの意見を嘉納した。また、やはり江蘇巡撫であった一八三六(道光十六)年十月、省都から遠く離れた北部に赴き自ら田夫へ聴き取りを行っている。いわく「ここの県知事はどうか」「良くない」「米価はどうか」「高いものでは一升二八文ばかり」云々(十月十二日の日記)。林則徐の道光帝への報告はいつも現場に即したもので、必ず細かい数字を示して理詰めで説得にかかり、時には国政へ痛みを請い慈悲を求めるのであった。ただし常に温情的なわけではない。綱紀の弛緩した欠格官僚を保護するつもりは毛頭無く、身を切っての下僚の処断も惜しまない。こうした林則徐の謹厳実直な性格は終生において変わらなかった。その基調にあるのは民生への視点であり、己が信じる正義の実現である。そこでは調和を重んじ漸進するよりも、軋轢《あつれき》を恐れず早急な改革を望んだ。一面では直情径行に過ぎる方針を採りがちであったともいえる。

とはいえ、林則徐の気概と実務能力は抜きんでていた。そもそも彼は同期進士合格者二三七名では第七位の成績で合格、官僚となってからは度々理路整然とした建策を行った。一八二二（道光二）年四月の拝謁のおり、道光帝は「浙江省に勤務して日が浅いというのに評判はすこぶる良い」と述べ、「そのまま統治を行えば良きようになろう」と温かい訓戒を与えている（四月二六日の日記）。また一八二四（道光四）年八月に江蘇按察使《あんさつし》（江蘇省の司法長官）として上司へ治水の献策を行ったところ、その上司は朝廷へ林則徐を治水の責任者に推薦した。道光帝の回答は「もし朕《わたし》が特任官を任命するならば彼をおいて誰がいよう」である（八月二日上諭）。皇帝が篤く信頼を寄せる硬骨な実務家、それが林則徐であった。

中国をむしばむアヘンへの対応をめぐって

こうして林則徐が地方統治に邁進《まいしん》しているまさにそのとき、清朝ではアヘンの被害が拡大しつつあった。一八一五（嘉靖二〇）年ごろから貿易赤字による国内の銀流出が皇帝の耳に入るようになる。当時の中国で公的に外国貿易が許されていたのは広東省の広州だけである。当然ながら問題の焦点は広東に集中した。そして一八二九（道光九）年一月に監察官の章沅《しょうげん》がアヘンによる民生破壊と銀流出を訴えると、中央官や地方官も数多く意見具申を行うようになった。その主眼はおよそ国内でのアヘン吸飲の禁圧、および外国からの流入防止に置かれた。議論が加速するなか、一八三五（道光十五）年九月には中央官の黄爵滋《こうしゃくじ》がアヘン密輸に関係する外国人の処断にまで踏み込む厳罰策を提言する。こうした動きに対し、一八三六（道光十六）年四月には同じく中央官の許乃済《きょだいさい》が禁制の緩和を訴え出た。アヘンは禁絶困難であるから、アヘン貿易公認により関税を財政の一助とし、また国内でのアヘン栽培を解禁して外国産アヘンを駆逐しようというのである。とはいえ皇帝の意思や官界の輿論は禁制の強化へと傾く。そして一八三八（道光十八）年閏四月、黄爵滋がアヘン根絶のためアヘン吸飲者を死刑とする具申を行った。皇帝が即日に地方高官へ意見を求めたところ、八名が死刑に賛成、二一名が死刑に反対あるいは保留を唱えた。賛成者のひとりが湖広総督（湖北・湖南二省の最高官）であった林則徐である。しかも彼は回答へ六条にわたる摘発細目や詳細なアヘン離脱方法を付した。そのうえ直ちに管轄地域でアヘン取り締まりを実行、五〇〇〇キログラム弱のアヘンと四二〇〇本あまりの吸飲キセルを没収した。信頼篤い実務官僚の面目躍如である。

欧米を知ろうとした硬骨官僚

ただし、林則徐の仕事はあくまで実務にあり、意志決定にはない。アヘン対応策の決定は林則徐の権限を越えるものである。皇帝の膝下では長らく皇族や大臣そしてその代理人たちが議論を戦わせていた。最高諮問機関である軍機処でいえば、最先任であり強硬意見の王鼎《おうてい》、科挙の試験官を長く勤め幅広い人脈を持つ穆彰阿《ムジャンガ》、そして黄爵滋とも関係のあった潘世恩《はんせいおん》がいる。政争渦巻くなか、九月二三日に皇帝は林則徐の北京召喚を命じる。そして十一月十一日から連日八回にわたる謁見を行い、林則徐を特定問題特任官である欽差《きんさ》大臣に任命したのであった。かわりに林則徐はその席上で事後の両江総督（江蘇・安徽・江西三省の最高官）就任の約束を得たようだ。この時点の林則徐でなおアヘン撲滅は主目的ではなかったのである。

一八三九（道光十九）年一月、林則徐は広州に到着するとすぐアヘン禁圧へと動き出した。五月の報告によれば、すでに広東省各地でアヘン十七トンあまり、吸飲キセル四万二〇〇〇本を没収し、一六〇〇名を逮捕したという。また同時に海外情報の収集に努めた。たとえばCanton Registerなど英字紙を翻訳して『澳門新聞紙』（南京図書館所蔵）の、地理書Encyclopaedia of Geographyを翻訳して『四洲志』の、法律書Le droit des Gensを翻訳して『滑達爾《ヴァッテル》各国律例』の作成を行っている。そしてアヘン密輸の主人公であるイギリス商人に対策の手を伸ばしたのであった。以降は良く知られた話柄である。林則徐はイギリス商人へ対価として茶葉を用意しつつアヘンを没収、彼らやヴィクトリア女王にアヘン貿易の停止を求めた。しかし商人らは同意せず、林則徐は彼らを追い詰めていく。ここに戦端が開かれるのである。

現代の我々からすれば、禁止薬物で巨利を得るイギリスにこそ一方的な非がある。とはいえ林則徐の行動にも瑕疵《かし》なしとはしえない。そのジェネラリストゆえの貧困な国外認識と硬骨な性格が予想以上の厄災《やくさい》を招いてしまったのである。その具体例を茶葉・中毒者対応・井戸投毒・英国人観の四点にわたって見てみよう。

林則徐は一八三九（道光十九）年二月に外国商人へ在庫アヘンの提出を布告しているが、その中で「夷狄《いてき》がもし茶葉や大黄《ルバーブ》を得られなければ生きてはいけないという。だからこそ一切物惜しみせず汝らへ毎年の輸出を認めてきた」と記し、同年六月にヴィクトリア女王へ送った説諭にも「茶葉や大黄は外国では一日とて無くてはならないものであろう」と述べる。そもそも中国では数百年も前から「(チベット系の)蛮人は何より茶を求め、一日とて茶がなければ病んで瀕死となります。蛮人の命は中国が握っていると申せましょう」(『明史紀事本末』巻六〇「奄答《アルタン》封貢」。宋代の事例でも『宋史全文』巻二六上・淳熙四年七月条、清代では姚瑩『後湘詩集』巻四「荷蘭《オランダ》羽毛歌」)といった認識があった。そこで林則徐は茶葉を人質にアヘン輸出停止を迫ったのである。しかし当然ながら茶葉はイギリス人の死命を制するものではなかった。なによりアヘン貿易はただイギリスのアヘン商人の利益だけではなく、アヘンを生産するインド農民の富裕化ひいてはイギリス商品購買力獲得に寄与していた。一八二〇年代からは地方貿易商人 Country Trader が東インド会社から自立し、アヘン収益をアメリカの手形で決済することが多くなる。中国はそれまで以上の世界的な貿易構造に組み込まれつつあったのである。

　また林則徐はイギリスの利己主義を批判する。いわく「聞けば汝の国の禁令ではアヘンを吸飲した者を死刑とするという。これはアヘンの害毒を明らかに知るものではないか」(前出二月布告。六月説諭にも類文がある)という。西洋人アヘン死刑説は一八〇六(嘉靖十一)年刊の王大海《おうたいかい》『海島逸誌』「バタヴィア後記」に見えるが、イギリス本国でアヘンが特定薬局でのみ販売される薬物となるためには一八六八(同治《どうち》七)年六月の薬事法改正を待たねばならない。一八八二(光緒《こうしょ》八)年二月にイギリスの駐宜昌領事であったスペンス(Donald Spence)は外相に宛てて以下のように報告している。

わたし自身の経験からみれば、この清朝最大のアヘン吸飲地域での四ヶ月（一八八一年の重慶滞在期を指すか）よりもなお、イギリスのやや大きな町の道々で土曜日の夜にこそ（飲酒という）悪癖から生まれる悲惨を見て取れるのです。通常の中国のアヘン吸飲者の被害はイギリス水兵の日ごとの「四分の一」（に薄めた支給ラム酒）の被害に及びません。（Commercial reports by her majesty's Consuls in China: 1881. Part I, Ichang. P.41）

イギリスも当然ながら中国のアヘン禁止令を承知していた。ただし当時のイギリスにあっては飲酒こそが最大の害毒と意識されており、アヘンは禁止薬物ではなかったのである。

半可通がイギリスを追い詰める

そして林則徐はアヘン禁輸を拒否する外国商人たちに圧迫を加え始める。商人たちはやむなく洋上に浮かんだ。一八三九（道光十九）年七月二三日、林則徐は管下の民兵や住民へ「夷人《いじん》が上陸し井戸を探し水を汲む際には必ず阻止して飲ませないようにせよ」と告示した。その中には井戸に毒を投じた者もおり、七月二五日にはイギリス側の現地責任者であったエリオット（Charles Elliot）が住民へ投毒中止を訴えている。イギリス人にとってみれば、商品だけではなく自国民の生命にまで危害が及んだことになる。一八四〇（道光二〇）年三月六日にはイギリス庶民院で清朝攻撃の艦隊派遣に関する予算動議が行われたが、この投毒は票決で不利に働くこととなった（Hansard, Series 3 Volume 53.

Commons Sitting of 7 April 1840.)。

武力衝突が起こると事態は加速する。長らく官僚の綱紀粛正をしてきた林則徐であったが、ここで部下の誇大報告に幻惑され皇帝に大勝利を伝えてしまう。一八三九(道光十九)年の七月二七日に香港沖合で海戦が起こると、八月十一日に林則徐は皇帝へ「夷人は(戦死者の)遺体をすくいあげて付近で埋葬しておりますが、もう十七柱にのぼります」と報告、また九月二八日に珠江河口で海戦が起こると、十月十六日に「(水師提督の関天培《かんてんばい》が)何度も砲撃を加えると、ヴォラージュ号の船首は断ち折れ、船首の夷人は次々と海に身を投げました」「(上陸した敵兵を攻撃したところ夷人は壊走し)次の日に遠望すると砂浜には多くの夷人の遺体が埋葬されていました」と報告している。そもそも林則徐はイギリス兵について「銃砲はともあれ歩兵術に熟練しておりません。しかも(いわゆる筒袖段袋の軍装で)足は巻き縛っており、余裕のない服装のため屈伸に不向きです。もし上陸してきても出来うることはないでしょ

❖林則徐・アヘン関連年表(月日は太陰暦による)

年	出来事
1729	清朝政府が国内でのアヘン販売を禁止
1767	英国のアヘン中国輸出量が1000箱に
1785	7月、林則徐が福建省福州府に生まれる
1811	林則徐が進士となり、翰林院に入る
1830	英国のアヘン中国輸出量が10000箱に
1832	林則徐が江蘇巡撫に昇進
1838	閏4月、黄爵滋がアヘン厳罰論を提議 11月、林則徐が欽差大臣に任命される
1839	2月、林則徐が外国商人へアヘン提出を命ず 7月27日、アヘン戦争はじまる
1842	7月24日、南京条約締結
1844	洪秀全が広西で拝上帝の教えを広める
1850	9月、林則徐が洪秀全討伐を命じられる 10月、林則徐が赴任中の広東潮州で死去
1856	9月、アロー号事件。第2次アヘン戦争へ
1868	6月、英国でアヘンが薬局専売に
1906	8月、清朝がケシ栽培・アヘン吸引禁止
1908	清朝と英国でアヘン逓減協定が成立
1911	4月、清英アヘン逓減協定の改訂

う」(七月二四日報告)と報告しているのである。皇帝はこうした甘い現状認識を信じ、「すでにこのようにに討伐できたのだから、(イギリスが恭順せず抵抗してきても)どうして再び武威を示さないことがあろうか」(九月五日上諭)、「(関天培は)最も嘉賞すべきであろう。法福霊阿巴図魯《ファフリバトゥル》(勇敢なる英雄)の称号を賜う」(十一月八日上諭)と喜びを示す。しかしこの皇帝の認識とは裏腹に、実際の戦果は大きく割り引く必要があったのである。己の立場や選択を正当化すべく、皆が口当たりの良い報告を選好し、積極的に幻惑されていた。こうした誇大報告の連鎖はイギリス側にも見られ、両国の中央による意思決定に悪影響を与えてしまったのであった。結局イギリスは勝利し、清朝は敗北する。こののち一八五六(咸豊六)年には第二次アヘン戦争が勃発、アヘンの輸入は公認された。ただしイギリス商人はインド商人との競争に敗れ、一八七〇年代にはアヘン市場から撤退する。また許大済の献策に倣うかのように中国各地でアヘンが生産され、インド産アヘンと競合するようになる。なおその後に中国アヘン市場をおとずれたのは新興国の日本であった。

林則徐は、同輩のなかでも比較的に出世した、当時のいたって普通の実直な科挙官僚であった。貧困や天災といった矛盾に義憤を感じることはあれ、自己陶酔的なヒロイズムは持ち合わせていない。彼のただ一つの誤算は、なにより外国行動の予測失敗にあった。それは外国認識の貧困に起因するものであり、そして当時の知識人の限界でもあった。その彼の行動が一端となり、中国は苦しみに満ちた近代へと導かれたのである。

⦿参考文献

井上裕正『林則徐』（「中国歴史人物選」十二、白帝社、一九九四年十一月）
井上裕正『清代アヘン政策史の研究』（「東洋史研究叢刊」六三、京都大学学術出版会、二〇〇四年二月）
新村容子『アヘン貿易論争――イギリスと中国――』（「汲古叢書」二六、汲古書院、二〇〇〇年十二月）
新村容子『アヘン戦争の起源――黄爵滋と彼のネットワーク――』（汲古書院、二〇一四年一月）
堀川哲男『林則徐』（「中国人物叢書」第一期第十一巻、人物往来社、一九六六年七月。のち中公文庫、一九九七年四月）
唐屹軒「鴉片戦争的和戦人物品藻与士人網絡」（『国立政治大学歴史学報』第四五期、二〇一六年五月）
茅海建『天朝的崩潰――鴉片戦争再研究――（修訂版）』（三聯書店、二〇一四年十月）

1814–64年
中国の太平天国の指導者。ヤハウエの子、天王を名乗り、清朝の打倒を目指した。

皇帝を否定し切れなかった救世主

洪秀全
…こうしゅうぜん…

菊池秀明

洪秀全は一八五〇年に中国で発生した太平天国運動の指導者である。彼はキリスト教と出会い、いにしえの中国への回帰を唱えて上帝教《じょうていきょう》を創設した。

その教えによると、上帝ヤハウエはヨーロッパ人の神であるだけでなく、大昔の中国人も崇拝していた神であった。だが歴代王朝の君主が「皇帝」を名乗ったために、中国人の上帝に対する信仰は失われた。そこで彼はみずから「王」を名乗り、時の皇帝を擁していた清朝の打倒をめざして蜂起したのである。

日本では長髪賊《ちょうはつぞく》の乱と呼ばれたこの事件は、中華人民共和国の成立後に中国革命の起点として高く評価された。また近年はカルト宗教による破壊的な運動とか、二〇〇〇万と言われる死者数を挙げて「人類史上最悪の内戦」といった否定的な見方をされることが多い。だがこの運動の本当の意味は別のところにある。皇帝という呼称をやめ、春秋戦国時代に見られた複数の王による統治をめざしたのである。それは中国で二〇〇〇年間続いてきた専制君主による中央集権的支配に対する挑戦だった。

洪秀全のキリスト教受容と武装蜂起

洪秀全は一八一四年に広東で生まれた客家人《はっかじん》であった。客家とは後発の移民で、貧しく差別を受けたために、自分たちこそは中国文明発祥の地から移住した由緒正しい漢人であるという屈折したアイデンティティーを持っていた。洪秀全は中国の官吏登用試験である科挙《かきょ》を受験したが成功せず、病に倒れて天上に昇る夢を見た。そこで彼は金髪に黒服姿の老人から腐敗したこの世を救えという使命を与えられた。

一八四三年にプロテスタントの伝道パンフレットを読んだ洪秀全は、夢で自分が出会った老人こそはキリスト教の神ヤハウエであると確信した。また宣教師たちがヤハウエの訳語として、中国の古典にある「上帝」という語をあてていたため、洪秀全はヤハウエが太古の中国で信仰されていた神であると受けとめた。このようにヨーロッパ文化の受容にあたり、中国の歴史の中にその原型となるものを探し出し、中国「起源」であるが故に価値があると見なす傾向は、近代中国の歴史において繰り返し見られた。それは外来の文化を柔軟に取り入れることで自分たちの文化を形成してきた日本人には考えられない、文明を生んだ民としての中国人のプライドがなせる業であった。

上帝教を創設し、布教活動を始めた洪秀全であったが、アヘン戦争で外国に対する反発の強かった広東では成果はあがらなかった。そこで彼とその同志は広西へ向かい、同じく貧しい暮らしをしていた客家の間に布教した。洪秀全らは旧約聖書にあるモーセの十戒にならい、それまでの中国の宗教を偶像崇拝と批判してその神像を壊してまわった。また唯一の神である上帝を信仰する者は救われるが、拝まない者は虎や蛇に襲われると宣伝した。この教えは既存の神々による庇護を得られず、山奥で不安定な生活をしていた下層民の心を捉え、信者の数は爆発的に増えた。

だが偶像破壊運動は廟《びょう》の祭りを主催していた有力者の怒りを買い、活動家が捕らえられた。信者に動揺が広がると、楊秀清《ようしゅうせい》というシャーマンに天父ヤハウエが降臨し、天上に昇って使命を受けた洪秀全は「天下万国の真主」であるというお告げを下した。これを受けた洪秀全は、太古の中国は上帝ヤハウエを崇拝していたが、始皇帝《しこうてい》が皇帝を名乗ってヤハウエを冒瀆《ぼうとく》して以後、中国人の上帝に対する信仰は失われた。中国の歴代皇帝はみな「地獄の災いを求める者」であり、現在の清朝皇帝を打倒して、上帝を崇拝していた中国に立ち返らなければならないと主張した。そして信徒たちは極秘で武装蜂起の準備を進めた。

一八五〇年に広西の金田《きんでん》村で蜂起した洪秀全たちは太平天国を名乗り、北へ向かって進撃を始めた。一八五三年に長江中流域の武昌《ぶしょう》を占領した太平軍は、一気に長江を下って南京を攻めた。清朝の守備隊はあっけなく敗北し、旗人《きじん》と呼ばれる満州人、モンゴル人を中心とする将兵とその家族二万人が偶像崇拝者と見なされて殺された。南京に首都を構えた太平天国は北京攻略軍を派遣したが、後続の軍との合流がうまくいかずに敗退した。また食糧の安定的供給を図るために長江中流域に占領地を広げた。

太平天国の「宗族」共産主義と「封建」国家論

太平天国は蜂起にあたり、集まった信者で「男営」「女営」と呼ばれる男女別々の軍事組織を作り、食糧を集中的に管理する「天庫」制度を設けた。これは武昌、南京などの大都市を占領した後にも行われ、人々は財産を没収され、家族と引き離されて二五人を一組とする「館」に編入された。食糧も館ごとに支給され、成年男子の場合は一日あたり米六〇〇グラム(後に食糧不足により三〇〇グラム)が与えられた。また織物作りなど様々な技能を持つ者を集めた「匠営《しょうえい》」や生活必需品を作る「百工衙《ひゃくこうが》」などが設けられた。

こうした社会組織は上帝教の「天下の人々はみな天父上主皇上帝の一大家族である」という教義によって支えられていた。太平天国の発布した政策綱領である『天朝田畝制度』は「飯があればみんなで食い、服があればみんなで着る」「どこの人もみな均等にし、一人残らず暖衣飽食《だんいほうしょく》できるようにする」という共産制の理想を掲げた。その思想的なよりどころは中国で長く理想の社会とされた大同ユートピアであったが、より直接的なベースは漢族の移民が相互扶助を目的として作った宗族と呼ばれる同族団体であったと考えられる。

この宗族は始遷祖《しせんそ》と呼ばれる共通の祖先に連なる人々によって構成され、メンバーシップを持つ人々の関係は原則として平等だった。また一族の共有財産が置かれ、祖先祭祀や科挙を受験する成員に対する経済的支援を行った。動乱の時代や治安の悪い地域ほど人々は宗族に庇護を求め、福建の客家居住区では円楼《えんろう》と呼ばれる要塞型《ようさいがた》住宅が作られた。太平天国に参加した人々は宗族を形成できない下層移民の出身だったが、それだけに自分の生存を保障してくれる擬似《ぎじ》「宗族」としての上帝会を頼ったのである。つまり南京に出現した共産主義的な軍事、社会組織は上帝ヤハウエの庇護を約束された人々の巨大な宗族だった。

ところで太平天国の社会組織が宗族をベースとしたことは、これに君臨する権力のあり方に影響を与えた。先に見たように洪秀全は皇帝の呼称を上帝ヤハウエに対する冒瀆と見なし、みずからは天王を名乗った。また彼以外にも東西南北の方角を名乗る四人の王と、これを補佐する翼王《よくおう》が封じられた。これら五人の王はヤハウエを天下万国の人々の共通の父とし、洪秀全をその嫡男《ちゃくなん》とする上帝教の教義では天王を補佐する臣下であった。だが同時に上帝教はヤハウエを父、イエス・キリストを長男、洪秀全を次男とする特異な家族観を持っており、そこでは五人の王も上帝の子供、洪秀全の弟と位置づけられた。

元々中国では皇帝が唯一の専制君主であるのに対して、春秋、戦国以前から存在した王は複数の者が並び立ちうる封建制度の君主であった。また一子相続が一般的だった江戸期日本の親族組織と比べ、徹底した均分相続が行われた中国の宗族では兄弟間の関係も対等だった。太平天国はヤハウエの権威を強調して皇帝の称号を否定した結果、天王を初めとする六人の王の差異も絶対的なものではなくなったのである。じじつ太平天国が蜂起すると、書生気質で教義の研究に没頭しがちだった洪秀全に代わり、軍師の地位についた東王楊秀清が軍事と政治を取り仕切った。

また中国では長く皇帝が官僚を用いる中央集権的な統治が続いたが、画一的な支配体制は深刻な弊害を生んでいた。十六世紀頃から科挙合格のタイトルをもつ地方のエリートが「地方のことは地方の人の手で」を唱えて一種の自治を求め、人口の増加に対応しきれなくなった地方政府を補佐して行政サービスを担い始めた。複数の王による一種の「分権」体制を採った太平天国はこうした社会の変化と親和性を持ち、彼らが人材登用のために行った科挙は諸王がそれぞれ別個に試験を主催した。

さらに興味深いのは太平天国が長江中流域の占領地で実施した郷官《きょうかん》制度である。郷官とは中国の古典にある地元出身の地方官で、納税や徴兵、裁判などを担当した。一万二〇〇〇戸余りを統括する軍帥《ぐんすい》以下の各官は地方から選出され、末端にあたる両司馬（二五戸を統轄《とうかつ》）、伍長（五戸を統轄）は村人が宗族会議を開いて担当者を決めた。もっとも上級の地方官は中央から派遣されたため、太平天国の郷官制度は中国で長く行われてきた郡県制との折衷と呼ぶべきものであった。また郷官は太平軍の作戦活動に伴う様々な負担を担ったため、清朝の処罰を恐れた従来の有力者は郷官になりたがらなかった。だが清朝統治下では活躍の場がなかった新興の地域リーダーは、郷官となることで地方行政に参与する道を手に入れた。中には「死の危険を冒して賊中に出入りした」とあるように、地域の利害を代弁して太平天国の地方政府と交渉した者もいたという。

このように見ると太平天国の登場は、皇帝と官僚機構による専制的な支配体制を揺り動かすものであったと言えるだろう。むろん清末に盛んとなった郡県・封建論争が、地方に一定の自立性を認める封建論と皇帝権力の関係をどのように考えるべきか答えを見つけられなかったように、太平天国も「分権」的な王制や郷官制度を明確に理論づけることはできなかった。だが少なくとも皇帝の称号を否定したことは、一君万民的な支配体制に疑問を投げかけたのである。それは大名が割拠《かっきょ》する封建制が長く続き、中央集権的な国家体制作りが急務だった幕末維新期の日本と比べた時に、当時の中国社会の直面していた課題が異なっていたことを示している。

救世主信仰とシャーマニズムが破壊した「封建」国家

ところで洪秀全は天王という称号以外に、「天下万国の真主」という称号を持っていた。真主とは世界の終末が訪れた時、ミロク仏の生まれ変わりがこの世を救うという救世主で、白蓮教《びゃくれんきょう》などの民間宗教で広く信じられていた。シャーマンだった楊秀清は、天上に昇って使命を受けた洪秀全こそは真主であると宣言し、それが武装蜂起につながった。南京到達後、主として宗教的な権威として宮殿にこもった洪秀全と楊秀清の間には一種の分業体制がしかれたが、それは洪秀全を唯一の救世主とみなす真主信仰とは論理的に矛盾していた。

この真主信仰の問題点が最初に表面化したのは外交においてだった。太平天国が南京を占領すると、イギリスなどのヨーロッパ諸国はその実態を探るべく使節を派遣した。これと接見した王の一人はイギリス人がモーセの十戒を諳《そら》んじると、「我々のものと同じだ！」と驚き喜んだ。だがイギリス人が洪秀全について尋ねると、その王は「真主」の文字を書き記し、中国の主は全世界の主であり、世界の人々は上帝の次男である彼に従わなければならないと言った。さらにイギリス人に対して王はこう言った。

＝真主は単なる中国の王ではない。彼は我々の主であると共に、君たちの主でもあるのだ。

ここでは真主である洪秀全は世界の救世主であり、中国で唯一の君主であるだけでなく、全世界でも唯一の君主であるとの考えが表明されている。この言葉に唖然としたイギリス人は太平天国が伝統的な華夷思想から抜け出しておらず、主権国家の概念を理解していないと判断して、正式な会談を行わずに南京を去った。続けて南京を訪れたフランス、アメリカも交渉を進めることができず、アメリカ公使は太平天国政府と対等な立場で交渉することは不可能であると断言した。

次に問題となったのは東王楊秀清が行う天父下凡と呼ばれるシャーマニズムだった。楊秀清は広西山奥の客家の出身で、若くして両親を失い、炭焼きをしながら社会の底辺で暮らしていた。天父ヤハウエの降臨が始まると、「目が見えず、口がきけなくなる」異常な病気を抱えていた彼は人々の罪を贖《あがな》う「聖霊」あるいは「勧慰師《かんいし》」と位置づけられ、ヤハウエを父とする天上の家族においても洪秀全に次ぐ地位を与えられた。

通常、憑依型《ひょういがた》のシャーマンは女性など社会的劣位にある人々がなるケースが多く、神々が降臨している間は人々の尊敬を集めるが、トランス状態から醒めた後は聖なる存在とは見なされない。だが文盲ながら才気のあった楊秀清は軍師となり、軍事、政治をほぼ取りしきった。南京到達後も布告の多くは彼の名によって発布された。

だが楊秀清の天父下凡は大きな矛盾を抱えていた。日頃彼は洪秀全を「二兄」と呼び、東王の立場からは天王の臣下としてふるまった。だが一度彼に天父ヤハウェが降臨すると、二人の関係は逆転する。父であるヤハウェの命令は絶対であり、息子である洪秀全は逆らうことができない。これは太平天国を一つの擬制「宗族」として捉えた場合、洪秀全の弟と父親という二つの顔を使い分ける楊秀清の行動は世代ランクの紊乱《ぶんらん》に他ならなかった。

南京到達後、洪秀全と楊秀清のあいだには齟齬《そご》が目立つようになり、下凡した天父がささいなことを理由に洪秀全を叱責し、彼を笞打つ事件が発生した。また楊秀清以外の王たちは彼の作戦計画に従って各地を奔走《ほんそう》したが、しだいに彼の独裁に対する不満が高まった。すると不安になった楊秀清は命令に背いた幹部を処刑したり、敗北した王の爵位《しゃくい》を取り上げて「農民に貶《おと》す」処罰を行った。封建的な王制では王同士の関係も原則対等だったが、楊秀清が世代ランクを飛び越して「父」としてふるまった結果、「兄弟」である筈の王たちとの対立が深まったのである。

一八五六年、楊秀清は各地に展開していた軍を南京付近へ集結させ、城を包囲していた清軍を一掃した。だが彼は間髪をいれず他の王たちに出征を命じ、南京には洪秀全と楊秀清が残るのみとなった。すると天父ヤハウェが下凡し、洪秀全を楊秀清の王府へ呼びつけた。天父は洪秀全に対して、「おまえと東王は均しく我が子だ。東王にはかくも大きな功績があるのに、どうして九千歳の地位に止めておくのか」と詰問した。この時洪秀全は「東王は万歳です。その子もまた万歳です」と答え、昔から中国では皇帝のみに与えられ、太平天国でも天王だけが名乗っていた万歳の称号を楊秀清に与えると約束した。記録によると、さらに下凡した天父は次のようなお告げを下したという。

――朝廷内の諸臣は努力が足りぬ。心を一つにして帝たる真の神を敬っていない。

一見臣下たちを戒めたかに見えるこのお告げには、その実、重大な問題が含まれていた。「帝」とはヤハウエ即ち楊秀清であるが、彼は同時に「真の神」であるという。天王洪秀全は地上の権力者としては王の一人に過ぎないが、真主であることで他の王たちと区別されていた。だがいま楊秀清が「真の神」となったことで、救世主としての洪秀全の立場まで相対化されてしまったのである。

楊秀清に万歳の称号を与えることに同意した洪秀全であったが、宗教的な権威である真主の地位を侵犯されることは決して容認できなかった。はたして洪秀全は前線に出ていた王たちに密命を下し、楊秀清の殺害を命じた。これを受けて南京へ戻った王たちは九月に天京事変《てんけいじへん》を引き起こし、楊秀清とその部下、家族など数万人を殺した。シャーマニズムは楊秀清による世代ランクの飛び越しによって王たちの間に亀裂を生み、救世主としての宗教的権威を侵された洪秀全を逆上させた。いわば救世主信仰とシャーマニズムは、ヤハウエのもとでの「封建」国家として出発した太平天国に内部分裂をもたらしたのである。

王たちの自立傾向と天父天兄天王太平天国

天京事変は太平天国にとって大きな打撃となった。楊秀清の死によって求心力が失われ、長江の上流から攻勢をかけた曽国藩《そうこくはん》の湘軍《しょうぐん》に拠点を次々と奪われた。人々は挙兵以来の五王の中で唯一残った翼王石達開《せきたつかい》に望みを託したが、親族以外の人間が権力を握ることを恐れた洪秀全は無能な兄弟を王に封じて様々な圧力を加えた。これに耐えかねた石達開は一八五七年に兵を率いて南京を去り、事実上太平天国から離脱した。

この時洪秀全は若く有能な前線指揮官たちを抜擢して指導部を立て直そうとした。広西藤県の山郷出身だった李秀成《りしゅうせい》はその一人で、同郷の陳玉成《ちんぎょくせい》と共に安徽で湘軍を撃破し、劣勢を巻き返した。一八六〇年に彼らは電撃的な作戦で南京周辺の清軍を再び一掃し、太平天国は一時的に危機を脱出した。

だがここで再び王権のあり方をめぐる問題が発生した。一八五九年に洪秀全のいとこで初期の信者だった洪仁玕《こうじんかん》が香港から南京へ到着すると、喜んだ洪秀全は彼を干王に封じ、かつて楊秀清が担っていた軍師の地位を彼に与えた。だが前線の将軍たちは功績もない洪仁玕が王位を得たことに不満だった。そこで洪秀全はバランスを取るために、陳玉成を英王、李秀成を忠王に封じた。諸王による「封建」体制の復活である。

次に問題となったのは王たちの地方勢力化の傾向だった。「宗族」共産制が行われた南京では、人々はある王の王府に所属し、そこから様々な物資の供給を受けて生活していた。それぞれの王府は占領地に徴税吏を派遣し、集めた物資を南京に送って管理あるいは分配した。元々中国の宗族は内部に「房《ファン》」と呼ばれる分節を持っており、一定の共有財産を除くと、それぞれの「房」が競争しながら資産の拡大に努めていた。同じことは太平天国の諸王府についても当てはまり、大きな権限を握るか、広大な占領地を手に入れた王府はそれだけ豊かになり、庇護を求める人々が集まった。諸王

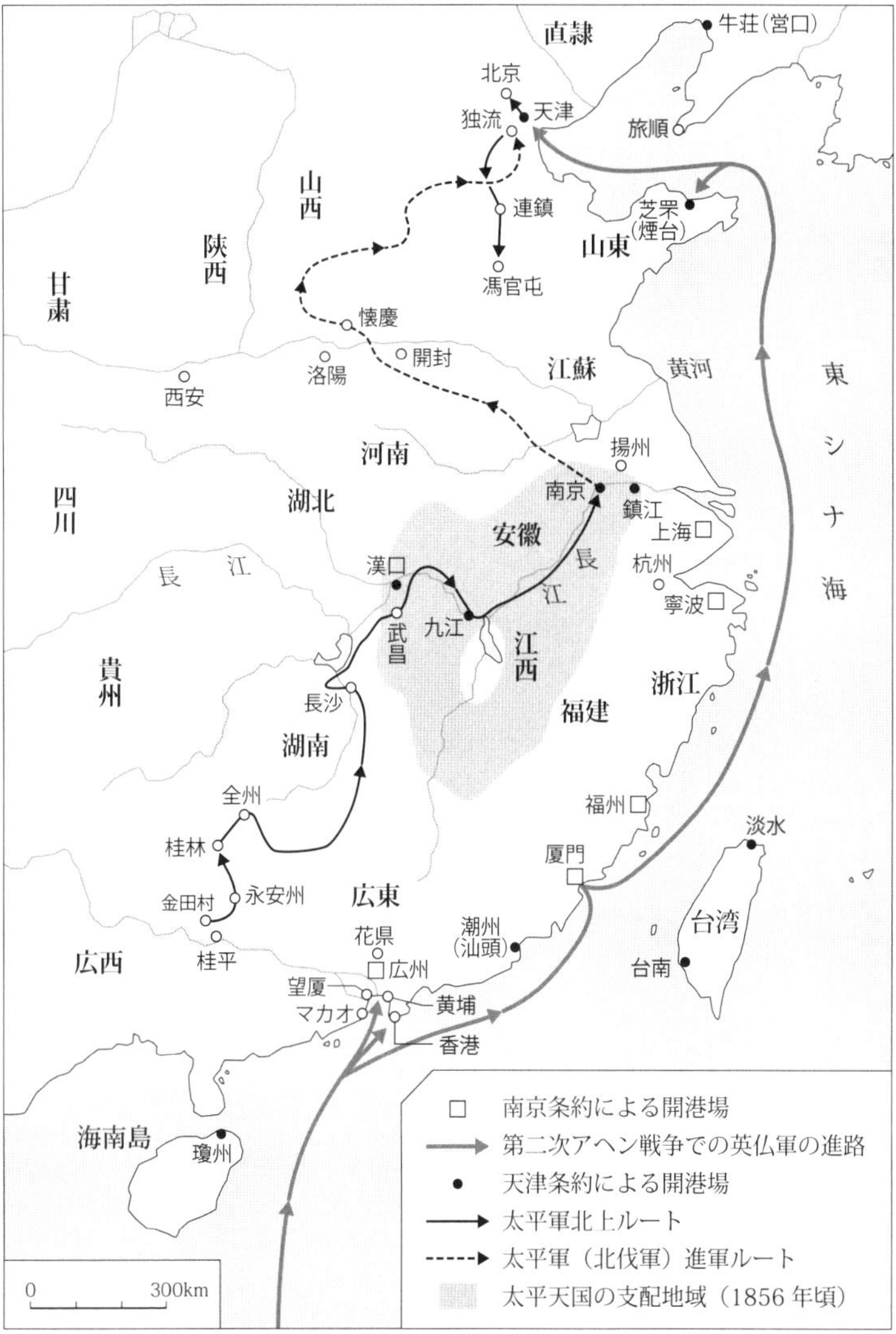

太平天国と第2次アヘン戦争　（『世界各国史3「中国史」』をもとに作成）

に対する人々の評価は「飯があれば皆で食う」という理想をどれだけ実現できるかで左右されたため、彼らは支配地の拡大と物資の獲得に熱をあげた。なかには幾つもの王府から貢ぎ物を求める使者がくり返しやって来て、負担に苦しんだ住民の反発を招いた地域もあった。

こうした中で、最も成功したのは忠王李秀成であった。彼は南京付近の清軍を殲滅《せんめつ》すると、中国で最も豊かな地方である江蘇《こうそ》東部、浙江《せっこう》へと軍を進めた。上海から遠くない蘇州に王府を構えた李秀成は、各地に郷官を置いて地域支配を始めた。ここで集められた物資は南京へ送られ、忠王の部下とその家族の生活を支えた。当時南京を訪問したヨーロッパ人の記録によれば、忠王府には蘇州で手に入れた大量の絹織物が貯蔵されていたという。

これら諸王の地方における勢力拡大に頭を痛めた洪秀全ら太平天国の中央政府は、一八六一年に国号を太平天国から天父天兄天王太平天国に改めた。その目的は洪秀全の権力を強化することにあり、軍を「天軍」、支配下の民を「天民」と呼ぶように命じ、「わが軍、わが民」と呼ぶ者を反逆者として処刑した。だが王たちはこれに反発し、新しい国号を用いないで王位を剥奪される者もいた。

次に洪秀全らが行った諸王の勢力削減策は、強大化した王の部下を新たに王に封じ、その権限を分散させることだった。李秀成の部下だった陳坤書《ちんこんしょ》はその一例で、彼は護王に封じられると李秀成の命令に従わなくなった。この頃湘軍は南京を包囲し、南京の食糧事情が逼迫《ひっぱく》した。南京の中央政府は慌てて使者を派遣して食糧を集めようとしたが、各地で自立傾向を強めた王たちは城門を閉ざし、要請に応じなかった。賄賂《わいろ》で王位を得ようとする者も現れ、士気を鼓舞する目的で王位を濫発《らんぱつ》した結果、太平天国全体で二七〇〇人の王が生まれた。その結果命令系統が混乱し、統一的な作戦活動は殆ど不可能になった。

戦局が絶望的になった一八六三年、李秀成は洪秀全に南京を放棄して、外地にいる友軍と合流することを求めた。だが洪秀全は「朕《ちん》は上帝と天兄の命を受けてこの世に降り、天下万国の真主となった。朕の天下は鉄壁だ！」と言ってこれを拒絶した。翌六四年五月に彼は病に倒れると、「朕はこれから天国に上り、天父天兄から天兵を得て、天京を守る」との詔を残して病死した。七月に南京は陥落し、太平天国は滅亡した。

洪秀全は皇帝の称号をヤハウエに対する冒瀆として廃止し、諸王による「封建」王朝を建てた。しかし彼は同時に全世界を救済する唯一の救世主であり、最後までその地位にしがみついた。宗教的信念から皇帝を否定しながら、中国歴代王朝が続けてきた専制君主の誘惑からは逃れることができなかった。その後遺症は現在なお中国国内および周辺地域に対して強圧的な態度で臨んでいる北京の共産党政府まで続いている。

⦿参考文献

小島晋治『洪秀全と太平天国』(「岩波現代文庫」、二〇〇一年)

菊池秀明『太平天国にみる異文化受容』(「世界史リブレット」、山川出版社、二〇〇二年)

菊池秀明『金田から南京へ——太平天国初期史研究』(汲古書院、二〇一三年)

1811–72年
中国清代末期、湘軍を創設した儒者・官僚で、太平天国を鎮圧し、地方台頭の時代を準備した。

血塗られた中国近代を作った男
曽国藩 …そうこくはん…

菊池秀明

曽国藩(一八一一―七二年)は太平天国を鎮圧するために結成された義勇軍である湘軍《しょうぐん》の指導者である。彼はキリスト教の影響を受けた太平天国を儒教文明に対する挑戦と受けとめ、「礼教の護持」をスローガンとする宗教戦争を唱えた。儒者であった彼は湖南《こなん》で弟子たちを将校に命じ、故郷の農民たちを兵として戦いに駆りたてた。湘軍の組織はよく整えられていたが、彼らの関心は「いかに徹底して敵を殺すか」にあった。太平天国を滅亡させた後、曽国藩の弟子たちは洋務派官僚となって次の時代を担った。だが彼らが作った中国の近代は、敵と見なされた人間に対する容赦ない殺戮《さつりく》を伴う血塗られた時代であった。

曽国藩の官界進出と社会批判

曽国藩は一八一一年に湖南湘郷県で生まれた。ライバルとなる太平天国の指導者洪秀全《こうしゅうぜん》より三歳年上に当たる。曽国藩の故郷である白楊坪《はくようへい》村は目の前に棚田が広がる山村で、彼が自分を「山中の人」と評したのもうなずける。彼の家は父親がようやく科挙《かきょ》の初級試験に合格し、学生身分を獲得した新興勢力で、曽国藩も子供の頃は薪拾いを手伝ったという。

若い頃の洪秀全が貧困と差別の中で科挙に挫折したのに比べると、曽国藩の人生は順調だった。一八三八年に科挙の最終合格者である進士となった彼は、全国のエリートが集まるアカデミーである翰林院《かんりんいん》に入って北京暮らしを始めた。曽国藩は有名な学者のもとで朱子学や訓詁学《くんこがく》を学び、修身の実践に取りくんだ。また彼は李鴻章《りこうしょう》（一八二三―一九〇一年）など後に太平天国鎮圧の過程で協力する人々と幅広いネットワークを築いた。

この時期の曽国藩にとって政治的な財産となったのは穆彰阿《ムチャンア》との関係だった。穆彰阿は道光帝《どうこうてい》（在位一八二〇―五〇年）の重臣で、アヘン戦争では講和派として林則徐《りんそくじょ》の罷免《ひめん》に関わった人物として知られる。穆彰阿に注目された曽国藩は内閣学士に抜擢され、礼部侍郎の肩書きを与えられた。だが一八五〇年に道光帝が崩御すると、穆彰阿は失脚して曽国藩は旗人《きじん》（満州人を中心とする八旗の人々）貴族の後ろ盾を失った。

咸豊帝《かんぽうてい》（在位一八五〇―六一年）が即位すると、曽国藩は積極的な政策提言を行った。そこで彼は人心の掌握《しょうあく》こそが統治の要であると述べ、「民の苦しみが帝に届かない」現実に警鐘を鳴らした。

それでは曽国藩のいう「民の苦しみ」とは何だろうか？その第一はアヘン交易の結果生まれた銀価の高騰《こうとう》による税負担の増加であり、傾き始めた財政を支えるための苛酷《かこく》な税の取り立てであった。第二は盗賊の横行とこれを取り締まろうとしない地方官の無気力であり、第三は地方政府の腐敗を中央へ訴えた人々が逆に拷問《ごうもん》や冤罪《えんざい》を受け、官民の信頼関係が失われて一触即発の状態になっているという事実であった。

この頃広西では太平天国が清朝の打倒をめざして蜂起した。曽国藩は反乱の拡大に危機感を持ち、敗走を重ねる清軍正規兵の「賊を見れば戦わずに逃げ、賊が去れば民を殺して手柄にする」無軌道ぶりを告発した。また彼の批判は漢人エリートの提言に耳を傾けない清朝中央政府に及んだ。彼は咸豊帝が年老いた旗人官僚を反乱鎮圧の司令官に任命した誤りなどに対して、次のような苦言を呈した。

広西がすぐに平定されれば、陛下《へいか》にとって天下に難しい問題はなくなり、ご自分を助けてくれる人がお目に入らなくなるでしょう。これはお考えが傲慢《ごうまん》になる萌しであり、わたくしが最も恐れるところであります。

この率直過ぎる提言は咸豊帝を激怒させ、周囲のとりなしによってようやく罪を免れたという。これ以後言動に慎重となった曽国藩から清朝に対する批判は影をひそめ、彼はもっぱら反乱軍の殲《せん》滅《めつ》と兵の育成に力を注ぐことになるのである。

湘軍の結成、出撃と咸豊帝の不信

一八五三年に清朝は母親の死によって故郷へ戻っていた曽国藩を団練《だんれん》大臣に任命した。団練とは地方で組織される自警団のことで、十八世紀末の白蓮教《びゃくれんきょう》反乱の鎮圧に効果をあげた。だが今回の団練結成は前回と条件が大きく異なっていた。費用が自弁だったのである。

初め曽国藩が団練に期待したのは太平軍との戦いではなく、これに呼応する勢力の摘発や清軍将兵の暴行を押さえる治安維持の役割だった。彼は団練の指導者に警察・司法権を与え、みずからも省都長沙《ちょうさ》に私的な裁判所を設けて一〇〇人以上の容疑者を処刑した。人々は曽国藩を「首切りの曽」と呼んでその強引なやり方を批判したが、彼は「残忍厳酷《げんこく》との汚名を得ようともあえて辞さず」と言って強硬な姿勢を崩さなかった。曽国藩にとって一番の問題は中国官界や有力者の事なかれ主義であり、果断な行動力を備えた新興エリートが政治的な発言力を伸ばすことで社会秩序を再構築すべきだと考えていた。

このような情況が変化したのは、同郷の羅沢南《らたくなん》が率いる団練二〇〇〇名が江西の南昌へ救援に向かったことだった。彼らは太平天国の西征軍に敗れたが、その奮戦ぶりを知った曽国藩は彼らを「敗れても互いに救わない」清朝正規軍に代わる軍事力に育てることを決意した。

そこで曽国藩は職業軍人を採用せず、自分の弟子たちに湘郷県内の素朴な農民を募集させた。将校となったのは科挙合格を果たせないでいた読書人(儒教的知識人)であり、兵士には高額の俸給《ほうきゅう》を約束した。また軍の結束を重んじ、「殺された同郷人の仇を討って国難を救おう」を合い言葉にした。実際には太平軍の中には湖南人将兵が多くおり、湘軍《しょうぐん》が出撃すると互いに地元訛りで「俺たちの陣地へ来いよ！」と呼びかけ合った。だが曽国藩はそうした現実に目をそむけ、太平天国の中核を占めた広東、広西人に対する敵愾心《てきがいしん》を煽《あお》ることで人々を戦いに動員した。それは中国社会に濃厚な地域主義（パトリオティズム）を生み出した。

曽国藩が軍を編制するうえで重視したのは火力と水軍であり、とくに水軍は長江流域を活動する太平軍を攻撃するために不可欠だった。彼は広東から技術者を招いて戦闘艦の建造に取り組んだが、この間に清朝側では旗人と漢人官僚が対立し、旗人の讒言《ざんげん》によって咸豊帝の叱責《しっせき》をうけた先輩の漢人官僚が死地に追いやられる事件が発生した。曽国藩も咸豊帝の出撃命令を受けたが、彼は水軍の創設が急務であると主張して動かなかった。

一八五四年二月、曽国藩は一万数千人からなる水陸両軍の編制を終え、出撃にあたって『粤匪《えっぴ》を討つの檄《げき》』を発布した。そこで彼はキリスト教に影響を受けた太平天国が儒教文明を否定する異端的宗教であると非難し、太平軍によって寺や廟《びょう》を破壊された「神々の怨み」を晴らすことを大義名分として掲げた。だがある湘軍の司令官は太平天国と戦う意義について、「名誉のためでも利益のためでもない。彼らに服従したくないにすぎないのだ」と語っている。彼らにとって当時の中国が矛盾を抱えた社会であることは言うまでもなかったが、この現実を変える試みは自分たちがイニシアティブを取ってこそ意味があった。曽国藩は「賊一名を殺した者には銀十両の褒美《ほうび》と八品軍功の位を与える」という賞罰の軍規を定め、「官僚となり財産を築いてハハハと笑おう」といったスローガンで士気を鼓舞した。それは彼が社会的成功を求める人々の情熱を巧みに操ったことを示している。

初めのうちは勝利できなかった湘軍であったが、一八五四年四月の湘潭《しょうたん》の戦いで油断していた太平軍に大打撃を与えた。これで勢いづいた湘軍は北上して岳州を占領し、さらに東進して十月に湖北省の省都である武昌を占領した。この知らせが北京へもたらされると、大喜びした咸豊帝は曽国藩を地方長官である湖北巡撫《じゅんぶ》に任命した。だがこの時ある大臣が「曽国藩は故郷で休養中の身で、なお匹夫《ひっぷ》でございます。かような卑しき男が一声呼びかけただけで、蹶起《けっき》してこれに従う者が万余人とは、恐らくは国家の福とはなりますまい」と述べたところ、顔色を変えた咸豊帝は慌てて命令を撤回し、彼に引き続き無位無官のまま戦いを指揮するように命じた。曽国藩は在野の漢人勢力が台頭することを恐れた咸豊帝の不信感のもとで、太平天国との戦いに挑まなければならなかったのである。

第三　勢力としての成功と苦悩

さて武昌を占領した湘軍は、一八五四年十一月に長江中流域の要害である田家鎮《でんかちん》を攻めた。太平軍は河の両岸を鎖でつなぎ、筏《いかだ》の上に築いた水上要塞で湘軍の攻撃を防ごうとしたが、司令官の指揮が適切でなかったために大敗を喫した。この戦いで湘軍は周到な作戦で太平軍の防衛線を突破し、敗走する太平軍将兵を徹底的に殺した。むろん報告された人数には水増しもあったが、読書人であった湘軍指導者が「敵を効果的に抹殺《まっさつ》する」ことにエネルギーを傾けたことは間違いない。この新興エリートの血塗られた組織運営の能力こそは、近代中国を突き動かす原動力になっていく。

次に湘軍がめざしたのは江西の九江《きゅうこう》だった。一八五五年初め、相次ぐ敗戦に南京の太平天国指導部は司令官のテコ入れを行い、智将である翼王石達開《せきたつかい》に率いられた太平軍は粘り強く抵抗した。いっぽうの湘軍は補給線が伸びきり、水陸両軍の連携がうまくいかなかったが、太平軍を侮った曽国藩は一部の水軍を長江から鄱陽湖《はようこ》へ進撃させた。これを見た石達開は湖口で鄱陽湖と長江をつなぐ水路を遮断し、湘軍の兵力を分断した。隙を突かれた湘軍は太平軍に敗れ、乗船を奪われた曽国藩は自殺を図ったところを危うく救われた。

湖口での惨敗によって、それまで湘軍優位で進んでいた戦況は一変した。太平軍は敗走する清軍を追撃して湖北へ入り、一八五五年四月に再び武昌と対岸の漢陽を占領した。さらに一部の軍は湖北北部、南部へ兵を進めた。

いっぽう曽国藩は江西にいた。湘軍の創設時から水軍を重視していた彼は、鄱陽湖に閉じ込められた水軍の先遣部隊を見殺しにする訳にはいかなかった。また湘軍の兵糧は多くを湖南で集められた寄付に頼っていたが、曽国藩は江西を新たな兵站《へいたん》基地にする構想を持っていた。武昌が太平軍に包囲されると、動揺した湘軍の将校たちは救援のために軍を江西から撤退させることを求めたが、この時曽国藩は厳しい口調で次のように言った。

ならぬ！賊が武漢へ向かったのは、我らが必ず救うところを攻めたのだ。わが軍が九江を攻め、真っ直ぐに南京へ向かうのも、賊が必ず救うところを攻めている。もし輾転《てんてん》として後方を顧み、あちこちの言うことを聞いていたのでは、わが大軍を誤らせることになる。士気が一度失われてしまえば、再び高めることは容易ではない。

ここで曽国藩の主張した「敵の必ず救うところを攻める」という戦略は、湘軍、太平軍共に重んじた兵法の鉄則だった。その実、湘軍と太平軍は敵味方に分かれたとはいえ、参加者の出身地から軍の組織、敵の後方へ回り込んで優位を確保する戦法に至るまで類似点が多かった。両者は指導者がエリートであるか否かの違いを除けばライバルの関係にあり、中国の次の時代を誰が担うかをめぐって争ったのである。

ところで江西で軍の立て直しに努めていた曽国藩には、もう一つ油断できない相手が存在した。清朝の地方長官が率いる官僚機構と軍、そして地元の有力者たちである。彼らは湘軍を私的な利益の拡大を図る新興勢力と見なし、事あるごとに非協力あるいは敵対的な態度を取った。後に曽国藩が提出した弾劾文《だんがいぶん》によると、江西巡撫の陳啓邁《ちんけいまい》は湘軍に兵糧を支給することを渋り、部下の敗北を取りつくろうために湘軍の部隊を各地へ転戦させて酷使した。また曽国藩が彼の呼びかけに応えて団練を結成した新興のエリートを登用しようとすると、彼を厄介者《やっかいもの》扱いした有力者の意をくんで処罰しようとした。

元々太平軍が江西へ進出すると、旧来の有力者は「団練を結成することは自ら災いを招くことだ」と考え、太平軍に貢物を献げて模様眺めをする傾向が強かった。これは地方官や清朝の地方軍も同じで、身の安全を図って太平軍と真剣に戦わない者も多かった。彼らにとって見れば、太平軍との死闘を辞さない湘軍の登場は迷惑以外の何者でもなく、自分たちの既得権益を脅かす点で脅威に他ならなかった。後に曽国藩は当時を振り返り、「私は権限も勢いもない地位に置かれ、常に他人と権力と威厳をめぐって争った」と述懐している。言い換えれば湘軍は太平軍、清朝の地方政府と三つどもえの争いを演じながら、自分たちの勢力基盤を固めようとしたのである。

一八五五年秋、湖北からの度重なる援軍要請を受けた曽国藩は、ついに精鋭である羅沢南の軍を武昌救援に向かわせた。湖北南部へ入った羅沢南は太平軍を破り、湖北巡撫の胡林翼《こりんよく》と合流して武昌へ迫った。だがこの時江西の湘軍兵力が手薄となったことを知った石達開は、突然軍を率いて江西へ進入した。江西西部の諸都市はまたたく間に太平軍に占領され、樟樹鎮《しょうじゅちん》の戦いで湘軍が敗北すると、省都南昌とその周辺は太平軍に包囲されてしまった。策に窮した曽国藩は羅沢南に救援を求めたが、一刻も早く武昌を奪回しようと焦った羅沢南は太平軍に撃たれて戦死した。

もしこの時石達開が兵糧攻めを続けていたら、曽国藩は敗北していたに違いない。だがこの時、東王楊秀清《ようしゅうせい》は石達開を南京へ呼び戻し、南京周辺にいた清軍を一掃させた。九死に一生を得た曽国藩は軍を立て直し、再び江西、湖北へ進出してきた太平軍を打ち破った。さらに一八五六年秋、突然太平軍が撤退を始めた。南京で天京事変《てんけいじへん》が発生し、楊秀清が殺されて内部分裂が発生したのである。太平軍が優位に進めていた西征もこれによって終結し、戦いの主導権は湘軍の手に握られたのである。

殲滅戦と報復の応酬

天京事変によって太平天国の勢いが衰え、武昌を奪回した湘軍は、長江下流に向けて再び攻勢に出た。彼らがまず攻撃目標としたのは九江で、ここは太平軍一万七〇〇〇人が守りを固めていた。初め曽国藩は太平軍の守備隊長に手紙を送り、降伏を誘った。だが戦いが始まると湘軍は城の周囲に幾重にも長濠《ちょうごう》を築き、外地との連絡を遮断《しゃだん》して兵糧攻めに出た。

それまで清軍は城を速やかに奪回するため、わざと一方面の守りを薄くして反乱軍の撤退を誘っていた。だが脱出した太平軍が勢いを盛り返し、弾圧が遅れることを嫌った曽国藩は、周囲を完全に封鎖することで敵に逃げ道を与えず、「一兵たりとも逃さない」殲滅戦《せんめつせん》を始めた。守備隊は飢えに苦しみながら抵抗したが、やがて援軍の希望も失われた。一八五八年五月に地下にトンネルを掘り進めた湘軍は城壁を爆破し、城内へ突入して残っていた一万人を皆殺しにした。やがて各地の城も陥落し、江西全土が湘軍によって平定された。

次に目標となったのは安徽《あんき》の元省都である安慶《あんけい》だった。これに先だって曽国藩は父親の死によって喪に服したが、復帰の時に与えられた役職は相変わらず実権がなかった。それは清朝がなお彼を警戒していることを示していたが、元々囲碁と反省が趣味だった曽国藩は再び清朝の地方政府と衝突することを避け、若い頃に批判した中国官界のやり方に馴染もうとした。また旗人の官文が湖広総督に任命されると、曽国藩は胡林翼を通じて彼と良好な関係を築かせ、咸豊帝の側近である粛《しゅく》順《じゅん》など旗人貴族の後ろ盾を得た。これらの措置によって曽国藩の太平天国掃蕩戦《そうとうせん》は順調に進むかに見えた。
ところが事態は一変した。一八五八年十一月に湘軍の中核部隊が壊滅したのである。天京事変後に敗北が続いた太平天国は、若い司令官を抜擢することで指導部の再建を試みた。その中心となったのは陳玉成(後の英王)と李秀成(忠王)で、二人は一八五八年九月に清軍が長江の南京北岸に構えた陣地を撃破した。ついで湘軍が安徽へ入ると、十一月に二人は三河鎮《さんかちん》でこれを迎え撃ち、李続賓《りぞくひん》(羅沢南の弟子)、曽国華(曽国藩の弟)が率いる六〇〇〇名を全滅させた。この知らせを受けた曽国藩は次のように言った。

軍情は変幻して測りがたい。春夏の頃は、この賊をもうすぐ平定できると思っていた。図らずも七月に廬州が占領され、八、九月に江浦、六合(江北大営)の敗北があった。ここにまた三河の大敗北があり、全局は破壊されてしまった。一八五四年の冬と似たような情況であり、堪えがたい思いだ。

湘軍が九江で行った皆殺し戦術が、太平軍の報復を生んだのである。この後も両軍が果てしない消耗戦をくり広げると、戦争の犠牲者はうなぎ上りに増えることになる。
三河鎮での敗北の後、胡林翼の協力を得て軍の再編に取り組んだ曽国藩は軍を安徽へ向かわせた。すると陳玉成と李秀成は一八六〇年五月に南京周辺の清軍陣地を再び撃破し、李秀成は中国で最も豊かな地域であった蘇州《そしゅう》や浙江《せっこう》へ進出した。慌てた清朝は曽国藩を両江総督に任命し、ドル箱であるこの地を一刻も早く奪回するように命じた。また租界のあった上海に逃げ込んだ江南のエリートも、曽国藩の幕営を訪ねて東進をうながした。

そこで曽国藩は安慶攻撃を弟の曽国荃《こくせん》に任せ、自らは安徽南部の祁門《きもん》県へ進んで江南をうかがった。また弟子である李鴻章に安徽で淮軍を組織させ、上海から太平軍を攻撃させることにした。さらに奇才として知られた左宗棠《さそうとう》に一軍を与え、浙江方面を攻めさせた。

曽国荃らは一八六〇年六月に水陸両軍で安慶を包囲し、守備隊を救出しようとする太平軍と激しい戦いを演じた。すると陳玉成と李秀成は長江の南北に分かれて西へ軍を進め、湘軍の後方基地があった武昌を攻めようとした。かつて曽国藩が主張した「敵の必ず救うところを攻める」戦略によって安慶の包囲を解こうとしたのである。

一八六一年三月に陳玉成が黄州を占領すると、湘軍の諸将のあいだに動揺が走った。陳玉成は武昌北岸の漢口《かんこう》へせまったが、ここを開港地としていたイギリスの反対を受けて攻撃を断念した。いっぽう南岸を進んだ李秀成は江西で兵力の拡大に時間を費やし、なかなか姿を見せなかった。待ちきれなくなった陳玉成は安慶の救援に向かい、六月に武昌付近へ到着した李秀成もやがて軍を返した。後に捕らえられた李秀成は曽国藩の幕僚に「なぜ軍を返したのか？」と質問され、「兵が足りなかった」と答えている。結局一八六一年九月に安慶は陥落し、城内にいた将兵とその家族三万人は皆殺しにされた。こうして千載一遇のチャンスを逃した太平天国は滅亡の道を歩んだのである。

新王朝創設の誘惑と挫折

安慶を陥落させた湘軍が最後にめざしたのは南京だった。一八六二年五月に南京郊外の雨花台へ到達した曽国荃の軍は、厳重な包囲網を敷いて外地との連絡を遮断した。食糧不足に陥った太平天国指導部は各地の将軍たちに救援を求めたが、地方勢力化した彼らは応じなかった。僅かな兵を連れて南京へ戻った李秀成は、洪秀全に南京を脱出して西北で再起を図るように促したが、洪秀全がこれを拒否したために実現しなかった。

一八六四年七月に湘軍は南京太平門の地下に設けた地雷を爆発させ、城壁を破壊して城内へ突入した。すでに太平軍に抵抗する力はなく、南京は占領されて太平天国は滅んだ。ある曽国藩の幕僚によれば、当時南京城内には三万人がいたが、戦闘能力のある兵士三、四〇〇〇名は抵抗して殺されるか、湘軍将兵が倉庫から奪った財物を運ぶのを手伝って釈放された。だが力のない一般住民とくに老人や女性、子供は全て殺され、城内は死体の山となった。湘軍の掠奪行為は占領後一ヶ月経ってもやまなかった。曽国藩があみだした殲滅戦は占領地の人々に対する殺戮《さつりく》と破壊をもたらしたのである。

曽国藩はこうした結果をどう考えていたのだろうか。曽国荃が南京で手に入れた富を湖南へ持ち帰り、故郷に豪勢な邸宅を建てると、その成金趣味に怒った曽国藩は弟を激しくなじった。彼自身は祖父の「わが家は農家だ。田を耕すこと以外に頼って飯を食うな」という教えを重んじ、終生勤倹に励んだ。だが社会的成功を求めて湘軍へ結集した人々の欲望を押しとどめることはできなかった。

ところである日、曽国藩の屋敷の梁《はり》から次のような落書きが見つかったという。

＝両江総督じゃ役不足、南京へ行ったら皇帝になろうぜ。

似たようなエピソードは他にもあり、曽国藩が安慶へ進駐すると、ある反骨の湘軍首領が「いまや東南の地は主なし。先生にはそのお気持ちはおありか?」と新王朝の創設を促したという。だがこれらは多くが後世の推測で、曽国藩が皇帝の位をねらうことはなかった。儒者である彼は秩序を乱す者への苛烈な暴力は厭《いと》わなかったが、帝位の簒奪者《さんだつしゃ》になるだけの腹黒さはなかったのだろうか。

実のところ曽国藩が皇帝の地位を望まなかったのは、中国社会で中央の権力を握ることの恐さを熟知していたからであった。彼の行動はいつも清朝に警戒されていた。後ろ盾だった穆彰阿の失脚を経験した彼は、中央政界へ進出して権力闘争の渦中に巻き込まれるよりは、地方で自分の実力を伸ばすことを選んだ。このため一八六一年に咸豊帝が死去し、西太后のクーデタによって粛順らが粛清された時も、曽国藩と湘軍はその影響を受けずに済んだ。さらに太平天国の滅亡後、清朝は湘軍に別な反乱軍の鎮圧を命じたが、曽国藩はその役割を李鴻章《りこうしょう》の淮軍に任せ、湘軍を解散してしまった。長い戦争で軍が疲弊していたこともその一因だが、油断ならぬ存在として清朝に粛清される危険を取り除こうとしたのである。それは自ら清朝に代わる中央政権を立てようとした太平天国の指導者たちが、激しい権力闘争によって墓穴を掘った歴史と比べた時、曽国藩の方が賢明であったことを示している。

激動の時代を大胆かつ用心深く生きた曽国藩であったが、晩年は精彩を欠いた。その原因は一八七〇年に発生した天津《テンシン》教案であった。教案とは反キリスト教事件のことで、一八六〇年に北京条約が締結されると、キリスト教宣教師の内地伝道が認められた。彼らは医療や教育などの分野で近代ヨーロッパ文明の伝達者として中国社会へ入り込み、次第に多くの信者を獲得した。だが中には主観的な熱意ばかりが先行し、傲慢な態度を取る宣教師もいた。また中国人信者には下層民が多かったが、教会が訴訟に介入するなど彼らの利益を擁護したため、他の中国人とくに儒教エリートの反発を招いた。この傾向はカトリックに強く、宣教師は問題を大使館へ持ちこみ、外交ルートを用いて圧力をかけた。

天津教案は教会が子供を誘惑したという疑惑から群衆がカトリック教会を取り囲み、発砲したフランス領事を殺害したことから始まった。フランスは軍艦を天津沖に派遣し、地方官の処罰を求めるなど強硬な姿勢で臨んだ。清朝は直隷総督だった曽国藩に事件の処理を命じたが、すでに湘軍を解散させていた曽国藩にはフランスの圧力に対抗できる軍事力がなく、事件とは関係のない消防団員を処刑して事態を収拾せざるを得なかった。それは反キリスト教の聖戦を唱えて太平天国を鎮圧した曽国藩に対する人々の期待を裏切るものだった。批判を浴びた曽国藩はやがて両江総督へ転任したが、失意のなか一八七二年に南京の役所で死んだ。享年六〇であった。

太平天国が滅亡した時、捕らえられた李秀成は曽国藩に対して次のように述べている。

西洋の鬼と争うならば、つとめてまず大砲を買い、早めに準備しなければならない。彼らと戦うことになるのは間違いない。わが天国はもう滅びたが、私も大清の民の一人であるから、やはり軍と民が立派で、わが大国の人民が驚かされないことを願っている。

ヨーロッパ列強との戦争に備えて軍備を強化せよという忠告に聞く耳を持たなかった、いや持ちえなかったところに曾国藩の限界があったと言えるだろう。

⊙参考文献

近藤秀樹『曾国藩』(人物往来社、一九六六年)
朱東安『曾国藩伝』(百花文芸出版社、二〇〇一年)
吉澤誠一郎『清朝と近代世界——一九世紀』(「シリーズ中国近現代史」一、「岩波新書」、二〇一〇年)
菊池秀明『北伐と西征——太平天国前期史研究』(汲古書院、二〇一七年)

1823–1901年
中国清代末期、淮軍を率いた洋務派の官僚。軍事力と外交交渉で清朝を支えた。下関条約での清国全権大使。

明治日本に立ちはだかった巨頭

李鴻章

…りこうしょう…

菊池秀明

李鴻章（一八二三―一九〇一年）は義勇軍である淮軍《わいぐん》を組織して太平天国を鎮圧した清朝の官僚である。彼はヨーロッパの技術を用いて兵器工場の建設に取り組み、やがて洋務運動と呼ばれる近代化事業をリードした。明治日本が清朝と条約を締結した時に、清朝側の代表は多くの場合この李鴻章であった。李鴻章の私的な軍隊である淮軍は彼の権力を支える政治的財産であり、とくに北洋海軍の存在は日本にとって脅威であった。日清戦争の敗北で李鴻章は大きなダメージを受けるが、その実、彼は日本の実力を良く知り、戦争を回避しようと画策していた。

生い立ちと淮軍の結成

李鴻章は一八二三年に安徽《あんき》省《しょう》合肥《ごうひ》県で生まれた。彼の家は父親が科挙《かきょ》の最終試験である進士の合格を果たしたエリートで、李鴻章も一八四七年に進士となった。彼の生涯を語るうえで忘れてならないのは、北京で試験の準備を進めた時に曾国藩《そうこくはん》（一八一一―七二年、湖南湘郷県人）の弟子となったことである。曾国藩は太平天国を鎮圧するために結成された義勇軍である湘軍《しょうぐん》の創設者であり、李鴻章は父親が曽国藩と同じ年の科挙合格者だった縁故で曽国藩に師事した。それは後に彼が淮軍を結成し、洋務派官僚として成功していくうえで重要な基礎となる。

進士合格後の李鴻章は北京のアカデミーである翰林院《かんりんいん》の編修を務めたが、一八五三年に太平天国が南京を占領すると、太平軍の進攻に備えるべく故郷へ向かった。その後地方長官である巡撫《じゅんぶ》のもとで幕僚を務めた李鴻章は、自警団である団練を結成して長江沿岸で活動する太平軍を警戒した。

だが彼はすぐに華々しい戦果を残した訳ではなかった。一八五三年末に太平軍が合肥県のある廬《ろ》州《しゅう》府《ふ》城を攻めると、李鴻章は団練を率いて郊外に駐屯し、救援のためにやってきた清軍の司令官に出陣を促した。だが太平軍に怯えた司令官は動こうとせず、やがて内通者が出て廬州は陥落した。実はこの時太平軍の包囲網を突破して城内に兵糧を届けた部隊もあったが、李鴻章は危険を冒してまで守備隊を救出しようとはしなかった。後日彼はこの地方の歴史書を

日清戦争関係地図

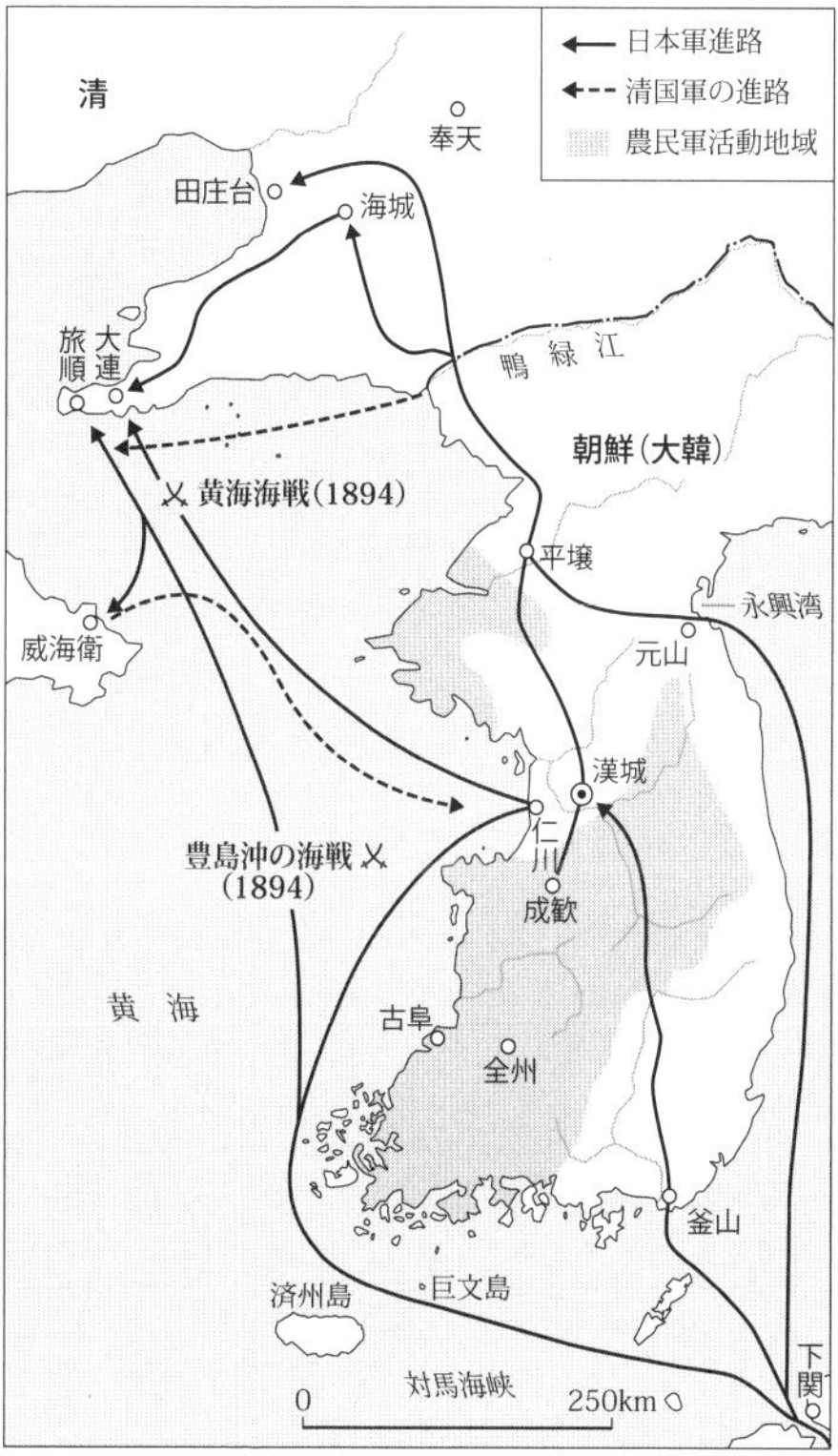

監修し、この戦いで死んだ他の団練指導者たちの「忠義」ぶりを称えている。李鴻章は冷徹な目でリスクを回避しつつ、体制にとって聞き心地のよい言説を「奏でる」ことが中国官界で成功する道であることを知っていた。

その後李鴻章は引き続き安徽で団練を率いたが、上司との折り合いが悪く目立った働きをすることはできなかった。一八五八年に廬州が再び太平軍の攻撃で陥落すると、地元での活動に見切りをつけた李鴻章は江西にいた曽国藩の陣営を訪ね、彼の幕僚となった。湘軍は湖南人の同郷意識を結束軸として編制された軍隊であり、よそ者である李鴻章が頭角をあらわすのは容易ではなかった。だが曽国藩は李鴻章の才能を見ぬき、「一軍の将」となりうる人材と期待をかけたという。

李鴻章の運命が大きく変わったのは一八六〇年、南京周辺の清軍を撃破した太平軍が中国で最も豊かな長江下流域の江蘇《こうそ》東部、浙江《せっこう》へ進出したことがきっかけであった。慌てた清朝は曽国藩を両江総督に任命し、ドル箱であるこの地域の奪回を命じたが、長江中流域の攻略を先決と考えていた曽国藩に派遣できる兵は少なかった。そこで曽国藩は李鴻章を江蘇巡撫代理に推薦し、安徽北部で新たに義勇軍を募集することを清朝に求めた。清朝がこれを許可すると、一八六二年に二五〇〇名からなる淮軍が編制されて上海へ向かった。

李鴻章が創設した淮軍は湘軍と同じく同郷人からなる軍隊で、「淮」は安徽を流れる淮河《わいが》の流域を指している。だが湘軍は曽国藩の弟子たちが故郷の農民を集めて訓練した軍隊であったのに対し、淮軍の母胎はいささか異なっていた。元々「安徽の乞食」で有名なほどに貧しく、捻軍《ねんぐん》と呼ばれる反体制勢力が活動していた安徽北部では、混乱の中で地方の有力者が自衛のための武装組織を作っていた。その最たるものは一八六一年に清朝に反旗をひるがえし、寿州を攻撃した苗沛霖《びょうはいりん》の団練で、安慶の防衛に失敗した太平天国の英王陳玉成《ちんぎょくせい》を捕らえて清軍へ引き渡すなど、清朝と太平天国の双方を天秤にかけながら勢力の拡大を図った。淮軍の中核となったのもこうした土豪勢力であり、彼らは淮軍成立後も高い自立性を持っていた。いわば淮軍は清朝統治の衰えの中で台頭してきた地方武装勢力をベースに成立したのであり、李鴻章もこうした「地方の時代」を代表する男だったのである。

淮軍の活躍と洋務運動の開始

イギリス船に乗ることで途中太平軍の攻撃を受けることなく長江を下り、上海へ到着した李鴻章と淮軍は、ここを拠点として長江下流域に進出していた太平軍と戦った。相手は天京事変によって衰えた後期の太平天国を支えた忠王李秀成《りしゅうせい》である。

当時の上海にはアヘン戦争後に成立した租界《そかい》と呼ばれる外国人居留地があり、清朝との間に結んだ不平等条約の特権をもとに貿易を行っていた。一八五三年に太平天国が南京を占領すると、上海では秘密結社の小刀会が蜂起し、上海県城を占領した。フランスなどの外国勢力は清朝と協力してこれを鎮圧したが、現地の外国人商人は自分たちの権益を守るために本国以上に強硬な態度を見せることが多かった。

一八六〇年に李秀成の軍が蘇州《そしゅう》を占領し、上海に迫ると、北京条約で清朝のさらなる譲歩を引き出した外国勢力はアメリカ人ウォードの率いる洋槍隊という中国人傭兵部隊を編制し、太平軍を撃退した。これが常勝軍の始まりで、一八六二年五月に淮軍が戦線に到着した時は、李秀成が二度目の上海攻撃を行い、上海近郊で常勝軍と戦いを繰り広げている最中だった。太平軍の総攻撃を跳ね返した淮軍は、常勝軍にならって装備の近代化を図り、長江上流から南京を攻める湘軍と挟み撃ちするように太平軍に対する戦いを進めた。

むろん李鴻章の戦いは幾つかの課題を抱えていた。その第一は軍資金の調達で、上海一帯は貿易の関税や釐金《りきん》と呼ばれる国内の流通商品にかかる臨時税など豊かな税収を上げていたが、その利益は寧波幇《ニンポーバン》と呼ばれる浙江商人と彼らと結んだ官僚に握られていた。李鴻章は言葉巧みに彼らの税収に関する情報を聞き出し、財務担当者に自分の部下を送り込んでその利益を手中に収めた。それは生涯にわたって李鴻章を支える経済的な基盤となった。

もう一つ重要だったのは常勝軍の扱いである。一八六二年九月にウォードが戦死すると、その後を継いだ男は反旗をひるがえして太平軍に投じた。これをチャンスとみた李鴻章は常勝軍を自らの管理下に置き、清朝支持の姿勢を明確にしたイギリスの軍人ゴードンと協力して太平軍に対する攻撃を進めた。一八六三年末に淮軍の部将となっていた元太平軍将校の働きかけで、蘇州を守っていた八名の王たちが投降すると、李鴻章は無断で彼らを殺してしまった。これを聞いたゴードンはピストルを持って李鴻章を追いかけ回すなど激しく怒り、両者の関係は決裂した。やがて常州を奪回すると、ゴードンは辞任して常勝軍を解散させ、淮軍は長江下流域を拠点とする最大の軍事集団になったのである。

一八六四年七月に南京が陥落して太平天国は滅亡したが、中国各地で捻軍を初めとする反乱勢力が割拠する状態は続いていた。太平天国鎮圧の最大の功労者だった曽国藩は清朝の嫌疑を受けるのを恐れ、湘軍を解散して反乱鎮圧の任務を李鴻章に委ねた。また彼に南京で近代的な兵器工場の建設を行わせた。

李鴻章と共に江南機器製造局の設立に関わった人物として、中国初のアメリカ留学生である容《よう》閎《こう》がいる。彼は中国の近代化を担う人物として曽国藩に期待を寄せ、その命を受けてアメリカで器材を購入した。李鴻章も淮軍の用いた近代兵器が大きな威力を発揮したことを指摘し、中国国内での兵器生産は「(外国から)侮られないための拠り所であり、自強の本である」と述べてその重要性を訴えた。この時幼い同治帝《どうちてい》(在位一八六一―七五年)の後見役として垂簾聴政《すいれんちょうせい》を始めた西太后《せいたいこう》(一八三五―一九〇八年)はこの方針を支持した。いわゆる洋務運動の始まりである。

この近代化事業の中心的な理念が「中体西用」であったことは広く知られている。李鴻章の幕僚だった馮桂芬《ふうけいふん》によると、それは当時の清朝にとって国防こそが最重要課題であり、「中国の倫常名教」即ち儒教倫理を中心にすえながら、ヨーロッパの進んだ技術を導入すべきだという考えだった。そのためにはまず外国語学校を設立して人材を育成することが必要とされ、事業の内容も兵器生産から紡績業、鉱山開発など近代的な産業全般へ広がった。

これらの企業は「官督商辦《かんとくしょうべん》」と呼ばれる半官半民の経営方式を採用し、外国との貿易を担っていた「買辦」と呼ばれる仲介商人がその担い手となった。李鴻章は洋務企業が外国資本との競争に耐えられるように保護を与え、「官」による介入を最小限に抑えて民間の投資を誘った。だが広大な国土を持つ中国ではインフラの整備が進まず、企業の業績も伸び悩んだ。利潤を求めた経営者たちは株式投機などに手を出したが失敗し、やがて乱脈経営を取り締まるために「官」の干渉が強化された。それは結果として監督する立場にあった地方長官たちが企業を私物化する傾向を生んだ。

その後中国人学生のアメリカ留学に尽力した容閎は、李鴻章について「高帽子（おべっかに乗りやすい）」と辛口の評価を送っている。また彼は曽国藩の清廉ぶりを称えたうえで、「かれの子分であり後継者であった李鴻章はこの点で違っていた。李は死後子孫に四千万両の財産を残した」と記している。淮軍の勢力基盤拡大のために李鴻章が見せたしたたかな交渉術は、アメリカ帰りの容閎には中国官界にありがちな腐敗と映ったのだろう。

明治日本との交渉と北洋艦隊の建設

一八七六年に李鴻章は啓蒙団体だった明六社のメンバーで、駐清公使だった森有礼《もりありのり》と会見した。この時興味深いのは、明治維新後の日本が洋服を取り入れたことに対する李鴻章の反応で、「ヨーロッパの風俗にならい、独立の精神を捨ててヨーロッパの支配を受けることに少しも羞恥《しゅうち》を感じないのか？」と批判的なコメントを残している。李鴻章が服装という一見些末《さまつ》な問題にこだわったのは、「衣冠を整える」ことが「礼」の実践であると考える儒教の特質に由来していた。彼にとって近代化事業とはあくまで儒教的理念を実現するための方途であり、日本のような全面的な「西洋化」を望んでいなかったことがわかる。

さて近代日本が清朝と外交交渉を行った時に、清朝側の代表としてしばしば登場するのが李鴻章である。彼は一八七〇年に発生した天津教案の後始末をするために、曽国藩の後を継ぐ形で直隷《ちょくれい》総督となり、北洋大臣を兼任して外交に関与するようになった。そして直面したのが明治日本との関係であった。

当時の日本は朝鮮との外交交渉を優位に進めるために、まずその宗主国《そうしゅこく》である清朝と対等な関係の条約を締結することを望んでいた。清朝では倭寇《わこう》や豊臣秀吉の朝鮮出兵に対する記憶から日本を警戒する意見もあったが、李鴻章は日本を敵に回してヨーロッパ勢力と結託させるよりは、これを味方につけた方が得策であると主張した。北京条約の締結後、対外交渉を扱う官庁として設立された総理衙門《がもん》もこれに同調し、李鴻章が日本との条約交渉に当たることになった。

一八七一年に調印された日清修好条規は両国がヨーロッパと結んでいた不平等条約と異なり、領事裁判権を相互承認するなど対等な関係で結ばれた条約だった。またその条文は「両国に属したる邦土《ほうど》は、おのおの礼をもって相待ち、いささかも侵越することなく、永久安全を得せしむべし」とあるように、領土の相互不可侵をうたっていた。この条項によって清朝は日本の野心を抑えることができると考えたが、この時「邦土」が具体的に何を指すのかについて両国のあいだでは解釈に大きな違いがあった。

この問題が最初に表面化したのは一八七四年の台湾出兵である。一八七一年に宮古島の船が台湾に漂着し、島民が牡丹社の「生蕃《せいばん》」に殺される事件が起きた。「生蕃」とは清朝政府の支配に従わない先住民族のことで、日本統治時代の台湾では高砂族《たかさごぞく》と呼ばれた人々をさす。日本はこの事件を清朝と薩摩藩《さつまはん》に「両属」していた琉球王国の帰属問題を解決するチャンスととらえ、一八七三年に北京を訪れた副島種臣《そえじまたねおみ》は清朝側の考えを問いただした。

この時総理衙門は殺されたのは清朝の朝貢国である琉球の民であって、日本人ではないとしたうえで、台湾の「生蕃」は清朝の政教が及ばない「化外《かがい》」の地だから、そこで起こった事件に責任は負えないと回答した。すると日本は台湾が国際法でいう「無主の地」であり、日本は自国民である琉球島民のために自力で「生蕃」を討伐するという名目をたてた。そして日本は西郷従道《さいごうつぐみち》の率いる遠征軍を台湾へ派遣した。

この日本の行動に対し、清朝は領土の相互不可侵を定めた日清修好条規に対する違反だと強く抗議したが、海軍力の不備から譲歩せざるを得なかった。琉球の帰属問題についても、日本は琉球藩が中国へ朝貢使節を派遣することを禁止し、一八七九年には琉球藩を廃止して沖縄県を設置した。それは日清修好条規でうたわれた「邦土」の中に朝貢関係を結んだ周辺諸国を含むと理解していた清朝側にとって大きな衝撃だった。

台湾出兵をきっかけに清朝内部で日本に対する警戒感が高まるなか、李鴻章は「海防」の強化を訴えて淮軍の海軍部門である北洋艦隊の建設に乗り出した。まず天津に士官育成の学校を設け、淮軍出身の丁汝昌《ていじょしょう》を司令官に任命した。また主力艦としてドイツ製の装甲艦である定遠《ていえん》、鎮遠《ちんえん》を購入し、遼東《りょうとう》半島の旅順《りょじゅん》に軍港を設けて根拠地とした。こうして北洋艦隊の陣容を整えた李鴻章は、二度にわたって艦隊を長崎に寄港させた。強力な海軍力を見せつけることで、日本の軍事行動を抑え込むことがねらいだった。

だがこうした示威行為は結果として日清間の軍拡競争を招いた。北洋艦隊に太刀打ちできないとみた日本は、三二センチの巨砲を備えた松島級砲艦と速射砲を装備した高速巡洋艦を竣工《しゅんこう》させた。また北洋艦隊が長崎に寄港すると、これを見学した日本の記者は将兵の訓練や規律が充分でないことを見ぬいた。元々自立的な地方武装勢力を母体とした淮軍は排他的な地域主義が横行しやすく、上官の命令が徹底されない欠点を抱えていたのである。この北洋艦隊の問題点は日清戦争によって白日のもとにさらされることになる。

朝鮮をめぐる日清間の対立と日清戦争

朝鮮は清朝にとって最も重要な朝貢国《ちょうこうこく》であった。清朝側の認識によれば朝貢国とは「属国」であり、同時に内政、外交については「自主」に任せていた。一八七六年に日本は朝鮮と日朝修好条規を結び、朝鮮を「自主の邦《くに》」と定めることで清朝の影響力を排除できると考えた。だが清朝と朝鮮はこの条約によって両国の朝貢関係が否定されたとは受けとめなかった。彼らにとって朝鮮が清朝の「属国」であることと、朝鮮が「自主」であることは矛盾しなかったからである。この見解の違いが日清間の深刻な対立を引き起こした。

一八八二年に朝鮮で壬午《じんご》の軍乱が発生すると、李鴻章は機先を制してソウルを占領し、反乱軍が擁立した大院君《たいいんくん》を廃して閔妃《びんひ》による政権を復活させた。また治安維持の名目で淮軍を朝鮮に駐留させ、顧問を送り込んで干渉を強化した。続く一八八四年に朝鮮の開化派が日本の支援を得てクーデタを起こすと、李鴻章は軍事介入を行って新政権を崩壊させ、部下の袁世凱《えんせいがい》を通じて「自主」の原則を踏み越えた朝鮮の政治・経済的支配を試みた。同じ頃清朝は南の「属国」であったヴェトナムをめぐってフランスと戦い（清仏戦争）、天津条約で李鴻章はフランスによるヴェトナムの保護国化を認めた。それは清朝の宗主権を否定することを意味したが、彼は首都北京に近い朝鮮への影響力を維持することを選んだのである。

一八九四年二月に朝鮮では東学と呼ばれる民間宗教が蜂起した。この甲午《こうご》農民戦争に動揺した朝鮮政府は袁世凱に淮軍の出動を要請し、李鴻章は二一〇〇名の兵を朝鮮へ派遣した。清朝が天津条約の取り決めに従って日本に派兵を通告すると、すでに情報を得ていた日本は李鴻章の予想を超えた七〇〇〇名の兵力を朝鮮へ送り、先遣隊は淮軍よりも早くソウルへ入城した。この時朝鮮政府と農民軍との間には全州和約が成立し、両軍が同時に撤兵することで事態は沈静化するかに見えた。だが日本の外相だった陸奥宗光《むつむねみつ》は撤兵に応じず、朝鮮の内政改革と淮軍の退去を求めて開戦のきっかけを探った。

いっぽうの李鴻章は日本との戦争を回避しようと努めていた。彼は戦争によって自分の政治的財産である淮軍が失われることを恐れた。また北洋艦隊の装備が老朽化し、いま日本と戦っても勝利できないことを彼はよく知っていた。さらに李鴻章は当時の中国社会が「旧法を墨守《ぼくしゅ》」しているため、近代化や軍事をめぐる国家間の熾烈《しれつ》な競争についていけない現実に深く失望していた。そこで彼は青年皇帝だった光緒帝《こうしょてい》に、「決して一旦の功を焦って日本側の悪巧みに陥ることがないようにお願いいたします」と訴えた。だが長く西太后に実権を握られていたことに不満だった皇帝とその側近は、李鴻章の外交姿勢を軟弱と非難して主戦論に傾いた。やむなく李鴻章はイギリス、ロシアの干渉に望みを託したが、いずれも不発に終わった。

一八九四年七月二五日に日本は豊島沖で奇襲攻撃をかけ、淮軍将兵を輸送していたイギリス船籍の船を撃沈した。八月一日に双方が宣戦布告を行って日清戦争が始まると、日本軍は増援を断たれて動揺した淮軍を圧倒した。また平壌《へいじょう》に集結した淮軍は司令官同士の意見が合わず、全軍が総崩れとなって撤退した。九月に日本の連合艦隊は北洋艦隊を捕捉し、黄海《こうかい》の海戦で大打撃を与えた。十一月に旅順を占領した日本軍は、一八九五年一月には山東半島の威海衛《いかいえい》を攻撃し、丁汝昌を自決させた。これで淮軍の敗北は決定的となり、清朝はアメリカを通じて和平交渉を申し入れた。

一八九五年三月から下関で始まった講和交渉の清朝側代表は李鴻章であった。すでに彼は七〇歳を超えており、精力を傾けて育成してきた北洋艦隊が壊滅した失意の中での訪日だった。さらに交渉が長引くと、日本の青年にピストルで狙撃される事件が発生した。

四月に調印された下関条約は、李鴻章および清朝にとって「苛酷」な内容だった。清朝は朝鮮を「完全無欠なる独立自主の国」であると認め、朝鮮に対する宗主権を放棄した。また遼東半島と台湾、澎湖《ほうこ》諸島を日本へ割譲《かつじょう》し、賠償金二億両《テール》を支払うことになった。初め日清戦争を支持していた内《うち》村鑑三《むらかんぞう》は、この結果を知ると「台湾をもぎ取ることと、戦争の本来の目的である朝鮮の独立と何の関係があるか、(日清戦争は)義戦として始まったが、欲戦として終わったのだ」と述べて日本のやり方を批判した。

だが李鴻章は言われるままに日本の要求に屈した訳ではなかった。彼は交渉を長引かせる一方で、その内容を諸外国に伝え、干渉を引き出そうと図った。その結果下関条約の調印から六日後、ロシア、フランス、ドイツが日本に対して遼東半島の返還を要求した。この三国干渉は日本の輿論《よろん》を沸騰させ、臥薪嘗胆《がしんしょうたん》の合い言葉のもとにロシアに対する敵意が高まったが、これを背後で画策したのは李鴻章であった。長年難しい外交交渉を一手に引き受けてきた彼だからこそできた芸当と言うべきだろう。

落日の帝国を支えた晩年

下関条約の調印を終えて北京へ戻った李鴻章は、敗戦の責任を問われて北洋大臣・直隷総督を解任された。だが彼の仕事はまだ残っていた。一八九六年にロシアのニコライ二世の戴冠式《たいかんしき》に招かれ、ヨーロッパを歴訪したのである。

この時李鴻章がロシアと結んだのが露清密約であった。この密約は日本を仮想敵国とし、朝鮮を適用範囲に含めた攻守同盟であった。またロシアが建設を進めていたシベリア鉄道が中国東北部即ち満州《まんしゅう》を通過することを認めた。この結果生まれたのが東清鉄道であり、ロシアが満州へ進出するきっかけとなった。

ヨーロッパで歓迎を受けた李鴻章を帰国後に待っていたのは、中国分割の危機を前に総理衙門大臣としてさらに難しい外交交渉を行うことだった。日清戦争後、康有為《こうゆうい》を中心に明治維新モデルの改革を求める声が高まり、光緒帝の支持を得て戊戌変法《ぼじゅつへんぽう》が始まった。だがその内容は性急で、地方長官たちは模様眺めを決め込んで同調しなかった。すると変法派は李鴻章を保守派の代表とみなし、彼を解任させた。だがこの変法運動は西太后のクーデタによってあっけなく挫折した。

李鴻章の最後の舞台となったのは、一九〇〇年に発生した義和団《ぎわだん》事件だった。義和団はキリスト教と外国勢力の排斥を唱えた熱狂的な宗教運動で、北京の朝廷を対外戦争へと導いた。だが結果は日本軍を主力とする八カ国連合軍の北京占領だった。義和団戦争が発生した当時、李鴻章は広東にいた。彼は至急上京せよとの清朝の命令に背き、長江流域の地方長官たちと共同で独自に外国と和解する「東南互保《ごほ》」を行った。それは清朝の中央政府にとってみれば命令違反であったが、戦闘が北京、天津を中心とする局地的なものに限定されたため、中国全土が破局に陥ることは免れた。中央の指示に従わなかった李鴻章の行動は、彼が元々「地方の時代」を代表する存在であったことを改めて示したのである。

義和団戦争後の講和交渉は列強の利害が一致しなかったため、一九〇一年九月までほぼ一年におよんだ。清朝は天文学的な数字の賠償金を支払うことになり、その負担は李鴻章が基盤としてきた地方に転嫁された。また彼が同盟関係を模索したロシアは大軍を送り込んで満州を占領し、戦争終結後も撤兵しようとしなかった。これに反発したイギリスは日本と日英同盟を結び、日露戦争を誘発することになる。

北京議定書が締結されて間もない一九〇一年十月、苛酷な交渉に身体をむしばまれた李鴻章は喀《かっ》血《けつ》して危篤状態となり、帰らぬ人となった。享年七九。その晩年は一人で国難に当たり、ボロボロになりながらも投げだそうとはしなかった。李鴻章の人生における一番の皮肉は、自ら作り出した「地方の時代」の象徴だった淮軍という私的な軍隊を率いて、国家の命運をかけた対外戦争を戦わなければならなかったことにあった。日本にとっては敵役であり、中国国内の改革派、革命派にとっては打倒すべき対象だったが、清末という一つの時代を支えた巨頭であったことは誰にも否定できないだろう。

⦿参考文献

岡本隆司『属国と自主のあいだ――近代韓清関係と東アジアの命運』(名古屋大学出版会、二〇〇四年)
川島真『近代国家への模索――一八九四―一九二五』(「シリーズ中国近現代史」二、「岩波新書」、二〇一〇年)
岡本隆司『李鴻章――東アジアの近代』(「岩波新書」、二〇一一年)

1858−1927年
中国清朝末期に活動した思想家・政治家。政治制度改革運動を主導し、その主張は光緒帝に採用された。

康有為《こうゆうい》

名誉欲と権力欲にとりつかれた野心家

宮古文尋

一八九五年、日清戦争《にっしんせんそう》での敗北をきっかけに、清朝では、政治制度を含む抜本的な改革（変法《へんぽう》）の必要性が叫ばれ始める。この「変法運動」をリードしたのが、康有為《こうゆうい》（一八五八―一九二七年）である。一八九八年、その改革主張は、光緒帝《こうしょてい》（在位一八七五―一九〇八年）に採用され、「戊戌変法《ぼじゅつへんぽう》」が開始される。しかしながら、改革は一〇〇日あまりで中止に追い込まれ、康有為は日本に亡命した。清朝の行く末を憂い、改革に身を捧げた康有為は、その志半ばで中国を去ることになった。

我こそは改革者、孔子の再来である

ふと、孔子《こうし》は生まれた時から孔子であったのだ、と気付くと、学問が何の役に立つのかと思い、学問をやめた。胸が高鳴っていた。書物を放り出し、戸を閉ざして、友人にも構わず、心を落ち着け、静かに座り、精神を磨いた……不意に、自らも孔子になったのだと気付き、喜びのあまり笑った。

康有為が著した自伝、『我史《がし》』の下書きの一節である。この箇所については、一部を書き直したものが公刊されている。ただし、康有為の秘かな心の内は、このようであった。

これが記されたのは、一八九五年。この時、康有為は改革を訴えるとともに、「孔子改制説《こうしかいせいせつ》」を唱えていた。当時の中国では、「孔子は古代の優れた政治や考えの意味を紐解き、説明した。その教えが儒教《じゅきょう》である」、と考えられていた。一方、「孔子改制説」は、「儒教の教えは孔子が考え出したものであり、孔子は世の中の変化に対応して、政治や制度を作り出し、改めたのだ」、と主張するものである。

孔子の教えは、古い優れた考えを説いたもの——この考え方にもとづき、儒教の教えを絶対とする当時の中国において、古い制度は良いものであり、先人のやり方は変えてはならない。それだから、改革を訴えるにしても、そこで提案される新たな制度は、実は昔から存在していたのだ、と主張する必要があった。

例えば、議会の開設を訴えたければ、「古い書物に書かれている、この漢の制度をよくよく見てみると、これは西洋の議会制度の原型である。この古い制度を再び用いることにしよう」、といった具合に。

「孔子改制説」は、そもそも孔子は改革者であったとすることで、すべての改革を肯定することができる。それだけではない。康有為は、自らは孔子の再来である、と夢想していた。

自らが思い描く理想の政治は、孔子が思い描いた理想の政治である。自らが改革者であるならば、孔子も改革者である。なぜならば、我こそが、孔子の生まれ変わりなのだから。

科挙での挫折

冒頭に引用したのは、康有為が三八歳の頃に、十七年前のことを振り返った一文である。十七年前、二一歳の康有為は、私塾に入門し、儒学《じゅがく》、つまり、孔子の教えを学んでいた。しかしながら、孔子は生まれながらにして孔子であって、孔子の学問を学んだわけではない。孔子に近付くには学問など必要ない。それゆえ、自分は私塾を飛び出した。康有為は、当時のことを、そう振り返る。

「その時、自分は孔子になった」。康有為は、そううそぶくのであるが、そもそも何のために儒学を学んでいたのか。それは、科挙《かきょ》試験の対策である。

「科挙」とは、当時の官僚採用試験である。金銭で官職を買ったり、推薦により抜擢《ばってき》されたりといった例外はあるものの、基本的には、科挙試験に合格しなければ、官僚になることはできない。

そのためには、五七万字にも及ぶ儒学の古典と、さらにその数倍の分量にも達する古典の解説書を暗記することが、最低条件となる。加えて、特殊な文体により、答案を作文する能力も求められる。「孔子改制説」のように、古典に対する新たな解釈を打ち出すことは、試験においてはむしろ不利になりかねない。

康有為は、この型にはめられた学問にうんざりしたのだろう。自らの才能は、人の教えを学ぶには飽き足らない。自らが教えを作るに値するものである。科挙などで自らの才能を推し量ることなどできないのだ。そう言わんばかりである。実際のところはともかくとして、思うように進路が定まらない時、選ぶ側の見る目がないと考えたくなった経験は、誰しもあるのではないだろうか。

科挙試験には段階がある。まずは、「童試《どうし》」。童試の受験生は「童生《どうせい》」、童試に合格した者は「秀才《しゅうさい》（生員《せいいん》）」と呼ばれる。秀才となると、日本でいう都道府県レベルでの試験、「郷試《きょうし》」を受験する資格を得る。郷試合格者は、全国各地から首都北京に集まり、「会試《かいし》」に挑む。

童試は、科挙を受験する資格を得るための試験であるから、「科挙」とは郷試以降を指す。郷試と会試は、三年に一度行われ、会試は郷試の翌年に行われる。朝廷にお祝いごとがある年に、特別に行われることもある。

康有為は、自らの幼少期を神童だったと振り返る。一族や地域から科挙の合格者が一人でも出ると、皆が生活に困らないだけの収入を得ることができたから、康有為への周りの期待は大きかった。

ただ、康有為は十四歳、十五歳の時、童試に合格できなかった。それでも康有為は、気のおもむくままに小説や芝居の本を読んで日々を過ごしていた、と当時を振り返る。まるで、自らのありあまる才能を発揮できない試験にも、才能を見抜けない者にも、興味はなかった、とばかりに。

しかしながら、周りは前途有望な康有為を放っておくことはなく、試験勉強に精を出すよう叱咤した。さらに、康有為は童試に合格しないまま、郷試を受験する資格を得ることができた。おそらく、金銭で資格を買ってもらったか、祖父の働きが認められ、特別に与えられたのだろう。

そうして一八七六年、十九歳の時、初めて郷試を受験した。結果は不合格。そこで康有為は、私塾に入門したのだが、前述の通り、翌年に控えた再受験を前に、私塾を辞めてしまった。

一八七九年、康有為は、自身にとって二度目の挑戦となるはずであった、この年の郷試を受験しなかった。科挙対策の勉強に縛られず、読書にふけっていた。しかしながら、この頃、康有為と同じ広東《カントン》の出身で、北京に勤務する官僚、張鼎華《ちょうていか》(?—一八八八年)が、康有為の才能に目をつけた。

張鼎華の誘いにより、康有為は、二五歳で迎えた次回の郷試以降、その受験地を、地元の広東から、合格者の定員が多い北京へと移した。広東では、およそ二万人の受験者のうち、八〇人程度が合格するのに対し、北京では、およそ一万五〇〇〇人の受験者のうち、二八〇人程度が合格できた。

それでも康有為は、郷試に合格することはできなかった。

三度の落第を重ね、九年が過ぎた一八八八年には、張鼎華が亡くなり、北京での後ろ盾も失った。『我史』に記してはいないが、おそらく特別に開催された翌年の郷試にも失敗したのだろう。一八八九年、三二歳になった康有為は、失意のまま北京を後にした。この時の心境を、こう振り返っている。

アメリカに教育に行こうか。それともブラジルを開拓し、土地の経営でもして、新中国を作ろうか。考えてはみたが、私のできることは限られていた。老いた母もいることだし、遠くに出かけることもできない。もう広東に帰って、教育をし、本を書き、生涯を終えよう。そう思った。

自分の考えで政治を動かしたい

朝廷に政策を提案するためには、「上奏《じょうそう》」という文章を提出しなければならない。ただし、上奏を許されるのは、一部の高級官僚のみ。上奏を提出する権利のない、下級官僚や庶民は、権利のある高級官僚や役所に、上奏の代行(代奏《だいそう》)を依頼する必要がある。

一八八八年、郷試のために北京を訪れた折、康有為は代奏により、自らの政策案を朝廷に届けようとした。この康有為が初めて試みた上奏を、「第一上書《だいいちじょうしょ》」と呼ぶ。康有為の上奏を評価した者もいたが、過激な改革案と、偉そうな物言いが好まれず、代奏は拒否された。

康有為が受験生の身分にもかかわらず、果敢にも上奏を提出しようとしたこと、また、そこで大胆な改革案を述べていたことは、ちょっとした話題になっていた。広東へと帰郷した康有為に一目会いたいと、陳千秋《ちんせんしゅう》(一八七〇—九五年)という若者が訪ねてきた。

陳千秋は、康有為の議論のとりこになった。友人の梁啓超《りょうけいちょう》(一八七三—一九二九年)を誘い、ともに康有為に弟子入りする。梁啓超は、この前年、十七歳で郷試に合格していた。

郷試に合格すると、「挙人《きょじん》」の資格を得る。その意味は、単に次の会試を受ける資格を得るにとどまらない。挙人の資格を得ると、社会の尊敬を集め、様々な特権も与えられる。本来ならば、康有為が梁啓超に敬意を払う関係性となる。それなのに、梁啓超が康有為に弟子入りしたのは、なぜだろうか。

康有為は、私塾を辞めた頃から、西洋の書籍の翻訳本や、海外の見聞記を、むさぼるように読

北京、上海、広東の位置関係　（吉澤誠一郎『清朝と近代世界―19世紀（「シリーズ中国近現代史①」）』岩波書店、2010年を一部改変）

んでいた。受験のために北京を訪れると、広東に戻る際には、上海《シャンハイ》に立ち寄った。当時の上海には、英米仏の外国人居留地ができていたから、宣教師が発行した新聞や雑誌がたくさんあった。康有為は、これらを買い集めたという。

そうだとするならば、康有為がこの十年で吸収した西洋の知識の蓄積は、相当なものであっただろう。科挙対策にとどまらない、康有為の知識と学問の幅広さは、伝統的学問に縛られた科挙受験生にとって、魅力的に映ったのだと思われる。

また、郷試には合格したものの、初めて挑んだ会試に失敗していた梁啓超は、新たな師を求めていた。梁啓超は、西洋の知識をはじめとした、康有為のもの珍しい議論だけではなく、その学問に、科挙対策としての価値をも見出したのである。

単なる丸暗記のみで書かれた答案では、試験官に評価されない。伝統的解釈から逸脱することは許されないが、数千にも及ぶ答案の中で抜きん出るためには、新鮮さも必要であるし、その時々の学問的流行をある程度なぞることも必要となる。そのさじ加減は試験官の好みによるから、試験管の学問的な趣味嗜好を抑えておくことも重要になる。

北京で郷試を受験していた康有為は、そこでの「学問的流行」にも通じていた。「第一上書」という大胆な行動の背景には、張鼎華を通じて知り合った官僚の後ろ盾もあった。会試は北京で行われる。広東を出て、会試に臨まなければならない梁啓超は、北京の学問的空気、そして、政治的空気にも通じる必要があったのである。

「第一上書」の代奏を試みたことでも明らかなように、康有為は、自らの考えを政治に反映させたかった。ただ、科挙の合格は叶わない。半ば科挙をあきらめ気味の康有為にとって、弟子を官僚に送り出すことは、自身の考えを政治に反映させるための手段であった。

科挙には合格したけれど

一八九三年頃には、康有為の弟子は四〇名にも及んでいたとされる。この年、康有為は、「親族に強いられてしょうがなく」、「母に今回で最後だと宣言し」、広東で郷試に挑んだ、としている。実際には、これだけの弟子を抱えた手前もあったのかもしれない。

しかし、ここで康有為は、ついに郷試に合格し、「挙人」の資格を得る。これにより、弟子の数も一〇〇名を超えていく。梁啓超とともに挑んだ翌年の会試には失敗するが、一八九五年、康有為は梁啓超に先んじて、会試に合格した。

❖康有為と梁啓超の科挙受験の結果

年	康有為		梁啓超	
1871	14歳	童試落第		
1872	15歳	童試落第		
		—この間に郷試受験の資格を得る—		
1876	19歳	郷試落第		
1879	22歳	郷試辞退		
1882	25歳	郷試落第 ※受験地を広東から北京に変更		
1885	28歳	郷試落第		
1888	31歳	郷試落第		
1889★	32歳	郷試落第？	17歳	郷試合格（挙人に）
1890★	33歳		18歳	会試落第（康有為に弟子入り）
1891	34歳	郷試辞退？	19歳	
1892	35歳		20歳	会試落第
1893☆	36歳	郷試合格（8位？挙人に） ※広東で受験	21歳	
1894☆	37歳	会試落第	22歳	会試落第
1895	38歳	会試合格（5位、貢士に）	23歳	会試落第
		会試覆試（154位）		
		殿試（49位、進士に）		
		朝考（162位の二等、候補主事に）		
1898	41歳	※戊戌変法開始	26歳	会試落第

★：光緒帝親政開始の祝賀で特別開催　　☆：西太后還暦の祝賀で特別開催

会試に合格すると、たて続けに三種の試験が待っている。まず、合格者に不正を働いた者がいないかチェックする、「会試覆試《かいしふくし》」。次に、合格者に順位をつける、「殿試《でんし》」。最後に、殿試の上位三名を除いた合格者を、一等から三等にクラス分けする、「朝考《ちょうこう》」である。

会試に合格すると、殿試を受験する資格、「貢士《こうし》」を得る。殿試を終えると、官僚になる資格、「進士《しんし》」を得る。殿試で上位三名に入ると出世ルートに乗り、朝考で一等に振り分けられると出世ルートに乗る可能性を残す、といったところである。朝考で二等だと北京勤務の下級官僚に、三等だと地方勤務の下級官僚になる。

康有為は、会試で五位、会試覆試で一五四位、殿試で四九位、朝考で一六二位の二等とされた。授かった官職は、「『候補《こうほ》』主事《しゅじ》」。つまり、「主事」への任用待ちの官職である。

この年、進士になった者は二九三名であったが、そのうち、康有為が配属された部署の候補主事とされたのは、十八名だった。さらに、これ以前に同部署の候補主事とされ、いまだ任用を待つ者は、一七五名にも及んでいた。実際に職に就くまでには、早くとも十年はかかる。康有為は、次のように記している。

自分が官僚に向いていないことは分かっている。人のために駆けずり回ることはできない。一生を教育と本を書くことに捧げよう。自分は、平民として人生を終える。母に言われたから、しょうがなく受験したのだ。もともと科挙などどうでもよかった。まして、官僚になるなどあり得ない。

康有為の夢

康有為は、科挙対策の勉強に精を出すことなく、受験には関係のないことにばかり興味を抱いていた、と自らの人生を振り返る。官僚になることなど、自分にとってはどうでもいいことだった、と。

ただ、そう言いながら、康有為は進士となると、その記念碑を立てたりもしている。

そして、進士となった三八歳の康有為は、『我史』を執筆した。そこでは、過去の受験失敗のいいわけをせずにはいられなかった。

二八歳で受験に失敗した時は、体調が悪くうまくいかなかったが、受験者で一人だけ解答できた問題があったので評判になった。三一歳で受験に失敗した時は、本当は三位の成績であったのに、「第一上書」で改革を訴えたことを嫌っていた試験官に不合格にされた。それぞれそう記す。

合格した時のことも同様である。郷試に合格した時は、本当は二位で合格したが八位にされた。会試に合格した時は、本当は一位だった。殿試の順位も、本当は一位だった。

これらが真実なのか、嘘なのかは分からない。ただし、明らかなのは、康有為は科挙の結果に不満だったことである。ただ官僚になるだけでは、康有為の野心もプライドも満たされない。出世ルートに乗り、高級官僚になり、自分の考えで政治を動かしたい。康有為の夢は、ずっとそれであった。

変法運動

科挙を受験できるのは男性のみではあったが、年齢制限はなく、老齢の「童生」も珍しくなかった。三六歳で挙人となり、三八歳で進士になった康有為が、決して遅いわけではない。ただし、受験勉強をするにも、郷試や会試の受験に出かけるにも、相当の費用が必要となる。事実上、科挙に挑戦できる、そして、挑戦し続けることができるのは、富裕層のみであった。

「数千の進士、数万の挙人、数十万の秀才、数百万の童生」と、言い表される。康有為が合格を果たした一八九五年の会試の受験者は、約五〇〇〇人。受験者は、郷試を突破した「挙人」である。

三年に一度開催される郷試は、全国で約二〇万人が受験し、一五〇〇人程度が合格する。その郷試を受験する資格を持つ「秀才」は、六〇万人程度いたと推測される。秀才や挙人の資格を得ると、官僚の私設秘書になるなどして、収入を得ることもできた。それに満足し、次の段階の試験を受験しない者も多かった。

そうした事情を差し引いても、進士の資格を得るまでの科挙受験の厳しさは、想像を絶する。東京大学の入学者数が、毎年三〇〇〇人程度であることと比べてみてほしい。

まして、現代のように多様な夢があるわけではない。男子が生まれたならば、一族総出で科挙の合格を願い、男子は皆が科挙合格を夢見る。康有為がその結果に満足できなくとも、「進士」の資格を得た意味は大きい。当時の清朝の人口は、ゆうに四億を超える。そのうち、新たに進士の資格を手にする者は、三年に一度、多い年でも約三〇〇人しかいないのである。

会試が行われた一八九五年は、日清戦争での敗戦により、列強に対抗するには改革が必要だという声が高まる最中《さなか》にあった。康有為もこの年、三度の上奏を試みたが、代奏されたのは一通のみであった。

しかし、今や康有為は進士さま。康有為は、改革を主張する運動のリーダーとなっていく。康有為とその弟子、志をともにする仲間たちは、新聞や雑誌を発行し、政治団体や学堂を設立。改革案を宣伝し、その理論を教育した。この一連の活動を、「変法運動」と呼ぶ。

その活動に賛同し、資金援助をする高級官僚も少なくなかった。彼らは、康有為の改革案のすべてに賛同していたわけではない。特に、「孔子改制説」は問題視されたし、新聞が発行禁止とされたこともあった。それでも、改革が必要だという考えは一致していた。

特に、地方長官たちは協力的だった。意見が衝突することもあったが、康有為も彼らを信頼していた。一八九七年末、康有為は五度目の上奏、「第五上書《だいごじょうしょ》」を試みた。その中では、「中央政府で改革を進められないのならば、まずは、地方で改革を進めてみましょう。地方長官に改革を任せてみましょう」、と述べられていた。

チャンス到来

「第五上書」は、代奏されなかった。やはり、自分程度の身分では政治を動かせない。失望した康有為は、広東への帰り支度をしていた。

しかし、それを引き留めに来た高級官僚がいた。風向きが変わるかもしれない。康有為は、とある官僚に上奏を依頼した。その内容が評価されない限り、承諾されることのない、「代奏」の依頼ではない。康有為が作成した上奏を、上奏の権利を持つ、他人名義で上奏する依頼である。

翌日、康有為の依頼を受けた官僚は、時の皇帝、光緒帝に上奏した。その内容は、康有為を招き面会し、海外派遣員とすべきか検討するよう、要請するもの。康有為、自作自演の自己推薦であった。このために、康有為は金銭を支払ったとも言われている。

上奏を受けた光緒帝が、康有為に面会することはなかった。ただ、海外に派遣すべきかどうか話し合うよう、中央政府に指示した。一八九八年一月、中央政府は、海外派遣の必要はないでしょう、と返答したが、上奏の中で「西洋事情に詳しい」とされていた、康有為の面談を行うことにした。

面談で康有為は大絶賛された、などということはない。それでも康有為は、天にも昇る心地であった。ついに、自分の政策案を、中央政府に直接伝えることができたのである。

「陛下は私を招き、面会しようとした。しかし臣下《しんか》は、まずは上奏させて、その内容を見てから検討しましょう、と意見した。そこで陛下は、私に上奏するよう命じた」。康有為は、『我史』の中で面談後のことをこう記している。面談の様子を聞いた光緒帝が直々に、本来上奏する権利のない康有為に、特別に上奏を許し、それを自らに直接届けるよう命じた、と。すべて嘘である。

康有為が面談後に提出した「第六上書《だいろくじょうしょ》」は、光緒帝の求めに応じて上奏されたものではなく、康有為が自発的に上奏したものである。また、これが代奏され、光緒帝に届けられたのは、四〇日以上が過ぎてからのこと。上奏を命じてすらいないのだから、この時、光緒帝が康有為に面会しようとしたというのも、当然、康有為の虚言だろう。

『我史』の一八九六年以降の箇所、つまり、以上のつくり話は、一八九八年から九九年にかけて、亡命先の日本で書かれている。康有為は、この時の経緯を後に振り返り、誇張と嘘をまじえて『我史』に記しただけではない。面談が終わってすぐ、弟に書き送った手紙にも次のようにある。

＝陛下は、私にすぐに上奏するよう要請している。またとないチャンスだ。海外に派遣されなかったということは、高い地位を与えられ、中央政府に抜擢されるか、特別職を与えられて勤務することになるだろう。

康有為は、面談後のまさにその時、弟に書き送った手紙の中でも、思い違いをしていた。いや、思い上がりと言った方がいいのかもしれない。いずれにせよ、その興奮と浮かれぶりが尋常ではなかったことが察せられる。実の弟に対しても、話に尾ひれをつけずにはいられなかったほどに。

何はともあれ、康有為は「自らが中央政府に抜擢される」と期待して、この直後に「第六上書」を上奏した。康有為の心の内では、夢は目の前まで迫っていた。そして、その夢は、破裂せんばかりに膨らんでいったのである。

すべての権力をわが手に

「第六上書」で康有為が主張した改革案の最重要点は、全国のあらゆる人々に上奏を認めること、そして、「制度局《せいどきょく》」を設立することである。

上奏は、代奏を依頼せずとも、誰でも自由に提出できるようになる。提出された上奏の是非については、制度局が検討する。素晴らしい内容だと評価したならば、その上奏をした者を制度局に抜擢するよう、皇帝に推薦する。地方には、地方長官の権限が及ばない官僚を新たに派遣して、地方の政治を監督させる。これが、康有為の改革案であった。

つまり、康有為の改革案は、中央と地方にかかわらず、現在の高級官僚の権限を、ほぼ制度局のものにする、というもの。提案された政策を評価するのは、制度局。制度局の成員を推薦するのも、制度局。地方に派遣された官僚を統率するのも、制度局。そして当然、康有為自らが、制度局の一員になる。

康有為は、ほんの二カ月ほど前、「第五上書」の中では、地方長官に改革を任せてみましょう、と述べていた。しかし、「第六上書」では、地方長官が従える地方官僚は「すべて無駄な人員」だ、と主張した。

これ以降、康有為たちが発行していた新聞や雑誌、学堂での講義の内容も、康有為の心変わりを反映したものになっていった。新聞や雑誌には、地方官僚の権限を奪う改革案が掲載されるようになった。それまで康有為たちの改革運動を支えていた官僚たちも、離れていった。

この数ヶ月後の、一八九八年六月十一日。光緒帝は、改革の開始を宣言する。一八九八年は、干《かん》支紀年法《しきねんほう》で「戊戌《つちのえいぬ》」の年にあたるため、これ以降の改革を「戊戌変法《ぼじゅつへんぽう》」と呼ぶ。（戊辰《ぼしん》戦争が「戊辰《つちのえたつ》」の年に起こり、甲子園球場が「甲子《きのえね》」の年に作られたため、それぞれそう呼ばれるのと同様である。）

光緒帝は、康有為たちの改革案を実施に移そうとした。しかし、康有為たちがすべての権限をわがものにしようとしている、と考えた多くの官僚たちは、改革を進めることに非協力的であった。

改革が思うように進まないまま、一〇三日が過ぎた、九月二一日。「戊戌政変」が起こった（詳しくは本書「西太后」の項を参照）。

西太后を亡き者に

西太后《せいたいこう》(一八三五―一九〇八年)は、光緒帝の伯母であり、前皇帝の母である。幼くして即位した前皇帝が成年に達するまで、同じく光緒帝が成年に達するまで、皇帝に代わり、政治を行っていた。光緒帝はこの時、政治を始めて九年ほど。一方、西太后は、今は隠居の身とは言え、過去に三〇年近い政治経験があった。官僚の中には、光緒帝よりも、西太后の考えを重視する者も多かった。

戊戌政変から二日。康有為たちが、西太后を幽閉しようと計画していたことが明らかになった。康有為たちは、改革が進まないのは西太后が邪魔をしているからだと考え、その存在自体を消してしまおうと計画していた。実際には、西太后は改革の妨害などしていなかったのであるが。

計画を知った西太后は、光緒帝の関与を疑い、その自由を奪った。今まで進んでいた改革は、すべて白紙に戻された。康有為たち九名の逮捕命令も下された。康有為は、日本に逃れたが、六名が処刑された。

自己保身と自己顕示に専念

亡命先の日本でインタビューに応じた康有為は、自らの理想の世界について熱く語るばかりであった。光緒帝や清朝の行く末に、まるで無関心な康有為に、インタビュアーは驚いたという。

康有為は、西太后は改革を妨害した、光緒帝も西太后に不満だった、と言って回った。光緒帝が、「外国に渡って救援を求めよ」と、康有為に命令したかのように、文書を偽造した。

こうした行為が、西太后の手の中にある光緒帝を、さらに不利な立場へと追い込むであろうことに、康有為の考えは及ばなかった。康有為の関心は、いかに自らの海外逃亡を正当化し、日本で自らの復権のために支援を取り付けるか。そのことのみにあった。

皇太后を幽閉し、抵抗したならば、暗殺も辞さない――この計画を正当化することはできない。しかも、その失敗により、志をともにした仲間や弟は処刑され、光緒帝は自由を失った。仲間の中には、光緒帝を救出しようと、あえて北京に留まったがゆえ捕らえられ、命を落とした者もいた。一方、それを計画した張本人は、日本に逃げてきた。

康有為は、自らが仲間の反対の声をしりぞけてまで企てたテロ計画について、何も語らなかった。日本で自らの支援者を得るためには、この計画の存在を知られるわけにはいかない。やがて、その事実は、康有為のこの態度に憤ったかつての仲間により、暴露されたのであるが。

一八九九年春、康有為は日本を出国し、その後十六年に及び、地球を三周し、三一カ国をまたぐ亡命生活を送った。

その間、清朝では改革が再開し、ついには革命が起こった。康有為は帰国を果たすと、過去の自らの上奏をその内容を改ざんした上で出版した。現在主張されている、進められている改革案は、自分がとうの昔から考えていたことと同じだと、嘘偽るためである。

康有為が変法運動を繰り広げていた頃。ドイツが膠州湾《こうしゅうわん》を占領すると、それをきっかけに、列強の侵略行為が相次いだ。戊戌変法は、列強に対抗するために改革が必要だとする、康有為らの訴えを聞き入れ、光緒帝がその開始を決断した改革であった。
康有為が晩年を過ごし、一九二七年、七〇歳でその生涯を終えたのは、膠州湾を占領したドイツの海軍司令官が建てた邸宅であった。現在は、康有為の記念館（康有為故居《こきょ》紀念館）になっている。康有為は、このドイツ建築の邸宅と、そこから望む――光緒帝が改革を決意したあの時、ドイツ艦船が占拠していたであろう――海の眺めを、たいそう気に入っていたそうである。

⊙参考文献
狩野直喜『清朝の制度と文学』（みすず書房、一九八四年）
坂出祥伸『康有為――ユートピアの開花』（集英社、一九八五年）
竹内弘行『康有為と近代大同思想の研究』（汲古書院、二〇〇八年）
藤谷浩悦『戊戌政変の衝撃と日本――日中聯盟論の模索と展開――』（研文出版、二〇一五年）
宮古文尋『清末政治史の再構成――日清戦争から戊戌政変まで――』（汲古書院、二〇一七年）
孔祥吉『康有為変法奏議研究』（遼寧教育出版社、一九八八年）
茅海建『従甲午到戊戌　康有為《我史》鑑注』（生活・読書・新知三聯書店、二〇〇九年）
茅海建『戊戌変法史事考二集』（生活・読書・新知三聯書店、二〇一一年）

1871–1908年
清朝代11代皇帝。幼少で即位、西太后の摂政ののち親政を開始し、政治改革を決断する。

師を捨てすべてを失った激情家
光緒帝
…こうしょてい…

宮古文尋

四歳で皇帝に即位した光緒帝《こうしょてい》（在位一八七五―一九〇八年）が、自ら政治を行うようになったのは、十九歳になってからのこと。九年後、光緒帝は、このままでは清朝は列強に対抗できない、と危機感を抱き、改革を決意する。しかし、それからわずか一〇〇日あまり。光緒帝は、西太《せいたい》后《こう》（一八三五―一九〇八年）に政治の実権を奪われ、その監視下に置かれた。清朝と民の行く末を思い、改革を決意した、心優しき青年皇帝は、十年の軟禁生活の後、その短い生涯を終えることになる。

突然の即位

一八七五年、清朝第十代皇帝同治帝《どうちてい》（在位一八六一―七五年）が、十九歳の若さで逝去《せいきょ》した。その日、同治帝の母、西太后は、まだ四歳の自らの甥っ子を、新皇帝に指名した。第十一代皇帝光緒帝である。光緒帝は、父母のもとを離れ、宮廷に移り住み、皇帝として育てられることになった。

西太后が、この幼子《おさなご》の教育係の一人に任命したのは、齢《よわい》四七の翁同龢《おうどうわ》（一八三〇―一九〇四年）。科《か》挙《きょ》試験（詳しくは本書「康有為」の項を参照）の殿試《でんし》を、二七歳の若さで一位合格した傑物《けつぶつ》である。その父は、第九代皇帝咸豊帝《かんぽうてい》(在位一八五〇—六一年)の教育係を務め、翁同龢もまた、同治帝の教育係を務めた。

その難しさも、責任の重さも、誰よりも承知していたであろう。同治帝の教育係となったのは、同治帝が十歳になってからのこと。しかし、今回は、六歳より始まる皇帝の教育、そのスタートからの担当。翁同龢は、この命を断ろうとしたが、それは叶わなかった。

翁同龢は二九歳の時から、七四歳でこの世を去る一週間前まで、毎日欠かさず日記をつけていた。この日記の記述から、光緒帝の幼少期を紹介することにしたい。皇帝ともなると、良くも悪くも、小さな頃から強い個性を放っていたとイメージされがち、あるいはそのように描かれるのが常であるが、現実は必ずしもそうとは限らない。

翁同龢の奮闘

翁同龢は、ほぼ毎日行われた光緒帝の学習について、欠かさずその日の様子を記録している。よくできた、素晴らしかった、順調だった。あまりよくなかった、昨日よりはよかった、変わらなかった。たくさん間違った、途中で飽きてしまった、集中力がなかった。その記述には、幼き皇帝の面目を保とうとするような、配慮や思惑は働いていない。綴られているのは、当時の正直な心境である。

光緒帝の気分に規則性はなく、まさに気が向くまま。上機嫌かと思うと、次の日に不機嫌になることもあれば、その逆もある。その光緒帝に振り回され、翁同龢は一喜一憂する。

光緒帝が落ち着きなく、じっと座ることすらできなかった日には、「どうしたものか!どうしたものか!」と、愚痴を綴る。書き取りは好きなのに、音読が嫌いなのはなぜなのか。昨日はできたのに、どうして今日はできないのか。翁同龢は、思い悩んだ。

無理にやらせようとすると、泣いてしまう。口も開かなくなる。だから、褒めておだてて励まして。あの手この手で、勉強に気を向かせようとする。勉強の予定を減らしてみたり、変えてみたり。優しくしてみたり、厳しくしてみたり。効果的な方法はないか、試行錯誤した。

体調にも気を配った。勉強がはかどらないのは、体調が悪いからかもしれない。顔色は悪くないか。その小さな手は熱くないか。注意深く様子をうかがう。風邪気味であるようなら、その日の課題を減らす。集中できない時には、途中で休憩をとり、一緒におやつを食べたり、庭園を散歩したりする。そうすると、みちがえるように勉強に身が入る。そうしたことを、翁同龢も少しずつ学んでいった。

幼き皇帝

学習が始まり二年目。お正月で学習がない間も、光緒帝が毎日本を読み、書き取りをしていたと聞き、翁同龢は喜んだ。その後も半月ほど、学習は順調。「とてもおとなしくしていたし、よくできた。こんなことは数カ月なかった。喜ぶべきことだ」と、翁同龢は日記に記している。だが、その三日後には、「悪い病気がまた始まった」、と嘆く。

光緒帝は、幼い頃から体が弱かった、と描かれることが多い。確かに、翁同龢の日記には、光緒帝が体調を崩したという記述がよく出てくる。ただ、光緒帝が具合を悪くするのは、暑さ寒さの酷い時や、季節の変わり目といった、誰しも体調不良に陥りやすい時期。小さな子供なら、なおさらだろう。前日の夜にスイカを食べ過ぎて吐いてしまい、翌朝も熱っぽい。それから何日か続けて体調が悪い。そうかと思うと、二日もするとけろっとして、勉強の調子もよくなる。そんなことの繰り返しであった。

少し集中して勉強したと思えば、すぐ飽きる。しょっちゅう体調を崩しては、すぐ治る。洋の東西を問わず、今も昔も、そして皇帝も平民も、幼い子供はそういうものなのだろう。

翁同龢が、光緒帝の教育係となり、二カ月が過ぎた頃。光緒帝が、本の文面を指差し、「朕は、『財』の字は好きじゃない、『倹』の字が好きだぞ」、と言った。翁同龢は、「倹約を重んじる素晴らしい皇帝になるに違いない!」と、その喜びを日記に綴っている。

この頃までの、翁同龢の光緒帝への態度は、日記の中においても、皇帝に対する臣下《しんか》のようであった。しかし、二年目ともなると、その関係性と、翁同龢の光緒帝への評価は、徐々に教師と教え子、あるいは親子の間のようなものになってくる。「また病気が始まった」。「また発作が始まった」。「毎日毎日人をがっかりさせる」。光緒帝がよくできなかった日の日記には、辛辣な言葉が並ぶ。

言うことを聞かず、翁同龢のことを困らせてはいたが、光緒帝は翁同龢のことが好きだった。この年、翁同龢が体調を崩し、休むことがあった。「どうして翁は来ないのだ?」。光緒帝がそう言っていたことを、翁同龢は他の教育係より伝え聞いた。翁同龢が復帰すると、「どうして何日も来なかったのだ?」と、光緒帝は問いかけた。

こんなこともあった。翁同龢が数日後から、長期の休みに入ることを知った光緒帝は、翌日は休みの予定であるのに、「明日もいつも通りに来い!」と、ぐずって収拾がつかなくなった。三カ月ほどの休みを終えて戻った翁同龢に、光緒帝は、「朕はずっとお前のことを考えておったぞ」、と言った。翁同龢がいない間、勉強は全くはかどっていなかったが、光緒帝も、この日ばかりは張り切った。お付きの者たちは、久しぶりに陛下の音読の声を聞いた、と話していたという。

これを機に、光緒帝は熱心に勉強するようになった、ということはない。また二カ月もすると、口も開かなくなる。仲が親密になればなるほど、その安心感から、甘えも生じる。だれてもくるし、わがままにもなる。皇帝は、まだ幼い。

この年の学習の最後の日、雪が降った。光緒帝は、勉強を放り出し、何も被らずに外に出ると、習ったばかりの古典を引用して、「雪かきをするではない!朕は自然を愛し、自然と暮らすのだ!」とはしゃいだ。本来の古典の内容は、「世の中のことを患い、政治を行う苦しさは、自然を相手に暮らす農夫には分かってもらえない」、と嘆くもの。翁同龢は、意味がまるで分かっていないのだな、と呆れかえってしまった。

深まる絆

光緒帝が八歳となった教育係三年目は、翁同龢にとってつらい一年であった。

年が明けても、光緒帝はいっこうに勉強に身が入らない。我慢ならなくなった翁同龢は、教育係を他の者に替えて欲しいと西太后に訴えたが、聞き入れてもらえなかった。翌日の光緒帝は、西太后に怒られたのか、おとなしくしていた。しかし、それも長くはもたない。一カ月ほどした後、翁同龢の日記には、「この十日ほど、お座りになってくださいと言わなかった日はない。言うと必ずかんしゃくをおこして反抗する。これがいつものことなのだ」、と記されている。

それでも、翁同龢が体調を崩して休みをとると、光緒帝は、「とっても心配だ」と、他の教育係に様子を見に来させる。翁同龢が休んでいる間、まじめに勉強していたとも伝え聞いた。翁同龢は、「感激のあまり冷や汗が出た」と、この時のことを記している。

しかし、翌日復帰すると、相変わらず光緒帝はだらだらしている。翁同龢は、「人がどうにかできることではない！」と嘆いた。気ままな小皇帝の相手をすることに、うんざりしてきていた。

翁同龢はこの年、「陛下は雷の音を怖がった。どうしたことだろう。以前にはなかったことだ」と、日記に綴っている。それだけ、翁同龢の前の光緒帝は、臣下に対する皇帝というよりも、じいやに対するおぼっちゃまのように、一人の子供として過ごせるようになっていたのだろう。

もしかすると、翁同龢には、小さな子供のそんな甘えが分からなかったのかもしれない。翁同龢の妻は早くに亡くなり、翁同龢には実子がいなかった。養子はいたが、養子に入ったのは、子がもう成人してからのことだった。

この年、その養子が亡くなってしまう。翁同龢は、深い悲しみに暮れた。

十日あまり後、久しぶりの学習。光緒帝のできはよかった。ただ、翁同龢は、心ここにあらず。早めに切り上げようとした。すると、幼き皇帝は、「まだ時間ではないぞ」と、それを許さなかった。翁同龢は、次の日の学習の様子を、「極めてよかった。とてもはきはきしていた」、と記している。光緒帝が、翁同龢の悲しみを理解していたのかは分からない。勉強がはかどること数日。光緒帝はその理由を、「昨日たくさん遊んだからな!」と、無邪気に答えた。

「他の者に教育係を替えて欲しいと言ったのは、大きな間違いだった。学習を終える時、順調ですよ、と陛下にお伝えした」。翁同龢は、次の日の日記にそう記した。その翌日には、「とても落着いて勉強していた。昨日お褒めしたから、力になったのかもしれない」、と。光緒帝との時間は、そして、光緒帝の日々の成長は、翁同龢にとって慰めになっていた。

その後も、小皇帝との戦いは一進一退。気が向かない時もあるし、おとなしく座ってすらいられないこともある。ただ、翁同龢は以前のように、「どうしたものか!」と、思い悩むことはなくなった。「口では勝てない」。「疲れる疲れる」。日記にはそんな言葉が綴られるようになった。幼き皇帝が我が子のように思えてきた時、翁同龢の心は、少し楽になったのかもしれない。

年が明け、新年のお祝いの時。光緒帝は、「みんな、あけましておめでとう!」と言った。翁同龢は、「こんなことは初めてだ」と、その成長への実感を日記に書き留めた。

翌日から光緒帝は鼻声だったが、勉強は頑張った。数日後、「今朝の陛下は食欲もなく、風邪をひいているようだが、きっと勉強に行きたがるだろう。適当にやっておいておくれ」と、西太后からの命が届いた。光緒帝は、勉強好きの少年に育っていった。

青年皇帝の誕生

翁同龢は、同治帝十四歳、光緒帝十三歳の時から、学習の中で詩や作文を課している。文章で命令を下す当時の政治制度において、皇帝たるにふさわしい文章作成能力を養うためである。六歳から手塩にかけて育ててきた光緒帝への、翁同龢のひいき目もあるかもしれないが、同治帝と光緒帝、その出来栄えに対する評価は、極めて対照的である。

同治帝のものに対しては、評価するコメントもないではないが、「集中力がないこと甚だしい」、「軽薄な言動」、「文章力がない」、「平凡」、「文章になっていない」、といったものが目立つ。「こんなことで暮らしはどうなってしまうのか!」ともあり、翁同龢の焦りすら感じる。

一方、光緒帝のものに対しては、「極めて順調」、「極めて注意深い」、「よい」等々、概して評価が高い。簡単なコメントが多いことは、翁同龢の光緒帝に対する信頼感、そして、自身が誰よりもその能力をよく理解しているという、自負の表れでもあるだろう。

一八八九年。十九歳になった光緒帝は、自らの手で、政治を取り仕切ることになった。皇帝自らが政治を行うことを、「親政《しんせい》」という。親政開始から五年後の一八九四年、日清戦争が開戦。光緒帝は、早くも苦境に立たされた。

日本と正面から戦うべきではない。そういう意見もあった。それをしりぞけ、光緒帝は開戦を決断する。親政開始後、翁同龢は光緒帝の政治の相談役ともなっていた。翁同龢は、日本と戦うべきとの意見。光緒帝もこれに倣った。しかし、清朝は連戦連敗。一八九五年、日本に敗戦し、下関条約を結ぶ。この結果、台湾は日本に奪われてしまった。

光緒帝と翁同龢の苦境

日本への敗戦を見て、ヨーロッパ列強も清朝の侵略に乗り出した。一八九七年十一月、ドイツが膠州湾《こうしゅうわん》を占領。これを皮切りに、各国が先を争って港湾を占領し、そこを無償で貸し出すよう要求した。翁同龢は、ドイツとの交渉を担当したが、ドイツの要求をしりぞけることはできなかった。膠州湾は、ドイツに貸し出されることになる。あくまでも借地ではあったが、その期限は九九年。事実上、台湾と同様、膠州湾は奪われたと認識された。

この時、翁同龢は、すでに六八歳にもなろうとしていた。その長く豊富な経験と、培われた実績は、翁同龢が中央政府において屈指の実力者となるに充分なものであった。

しかし、翁同龢は、他国の外交官との会議の場に出席したことはあっても、自らが矢面《やおもて》に立って、外交交渉の責任を担ったことはなかった。実質、初めての経験となった外交交渉では、ドイツの外交官にいいように翻弄された。

交渉の最中《さなか》、一八九七年十二月。光緒帝と中央政府の会議の場に、交渉が思うように進んでいないことに対する、西太后の不満の声が伝えられた。翁同龢は、「ドイツのような嘘つきを相手にしたなら、どうしようもありません!」と、思わず声を荒げてしまった。我を失っていた。
翌一八九八年二月には、翁同龢は三度にわたって任務を放棄し、ドイツとの交渉に赴くことを拒んだ。中央政府の他の官僚は翁同龢を責めたが、光緒帝は翁同龢を責めることなく、別の者を交渉に行かせた。

有利に交渉を進めるために

外交には、厳しい「交渉」の側面と、親善を深める「交際」の側面がある。ただ、清朝には、「交際」により、他国と友好関係を構築するなどという発想はなかった。

「優れた中国と劣ったその他」。伝統的な中国の考え方を極端に言い表すならば、世界には、その二つしかない。さらに言えば、人間には、「皇帝とその他」しかいない。外国は、清朝に対して敬意を表すのがあたり前であり、清朝は、外国に礼儀を尽くす必要はない。皇帝が直々に、他国の外交官と会見するとなれば、なおさらである。

だから、外国人が皇帝に会うことを許すにしても、宮廷の中に立ち入ることは許さない。その他にも、かごや馬に乗って来てはならない。ここは皇帝の道だから通ってはならない。ここは皇帝の出入り口だから使ってはならない。皇帝の前で座ってはならない。皇帝とは二人の通訳を介して話さなくてはならない。様々な決まりがあった。こういったしきたりを、「儀礼《ぎれい》」という。

清朝にとっては、それが当然かもしれない。一方、ヨーロッパ各国の外交官にしてみると、これは侮辱でしかなく、大変不満であった。

一八九八年二月五日。この日、翁同龢は、ドイツとの交渉に行くことを拒んだ。この五日間で、もう三度目のことだった。それから八日後。光緒帝は、儀礼を変えようと言い出した。二日後には、光緒帝と、ドイツを含む各国の外交官との会見が予定されていた。

ドイツとの交渉が思うようにいかず苦しむ翁同龢を、少しでも助けるつもりであったのかは分からない。ただ、少なくとも光緒帝が、ヨーロッパ各国の圧力を和らげるため、他国の外交官たちが不満に思っている儀礼を変えよう、と考えたことには違いない。しかし、翁同龢はそれに反対した。

離れていく心

翁同龢は、元々外国人を見下していた。「ガチョウとアヒルの群れ」。翁同龢は日記の中で、他国の外交官たちを、そう称している。交渉を担当することになり、いざ、実際に相手をしてみても、西洋の外交官には誠意などなく、あるのは相手をいかに騙そうかとする策略ばかり。そのような外国人に、光緒帝は敬意を表すと言う。翁同龢には、我慢ならなかった。

これ以降、光緒帝は何度も、外国人と会見する際の儀礼を変えよう、と主張した。そのたびに、翁同龢は反対した。一方、光緒帝も、それを聞き入れない。ついには、事前に臣下たちの同意を得ることなく、会見の場で突然、従来の儀礼を変えた。二人の関係は、だんだんと険悪なものになっていく。

前年、一八九七年末。ドイツ親王より、翌年北京を訪れ、光緒帝と会見したい、と申し入れがあった。ドイツ親王は、膠州湾を占領したドイツ艦隊の指揮官でもある。四月になり、光緒帝は、宮廷の中で親王に会うことにしよう、と提案した。光緒帝がその場所として提案したのは、「毓慶宮《いくけいきゅう》」だった。

翁同龢は猛反対した。光緒帝は十五歳の時、毓慶宮に、「妍秘書屋《けんひしょおく》（麗しの秘密の書斎）」と、額を掲げたことがあった。そう、毓慶宮は、光緒帝が翁同龢に学んだ宮殿。光緒帝六歳の時からの、勉強の場であった。

だから駄目だとは、翁同龢は言わなかった。外国人を宮廷の中に入れるのは、従来の儀礼に反する。そもそも毓慶宮は狭い。門が古くて危ない。あれこれと、反対の理由を並びたてた。光緒帝はそれに対し、「では、きさまらには他の案があるのか!言ってみろ!」と、激怒した。

五月、ドイツ親王と光緒帝の会見は、別の場所で行われた。ただ、光緒帝は、ドイツ親王を座らせ、両者の対等関係を示す「握手」をし、最大限の敬意を表した。数日後、清朝政府は宴席をもうけて、ドイツ親王一行をもてなした。翁同龢は、出席しなかった。

光緒帝がドイツ親王に礼を尽くしたことに不満だったのは、翁同龢だけではなかった。しかし、その不満は、あろうことか翁同龢に向けられた。事情を知らない者は、儀礼を変えて、光緒帝に恥をかかせたのは翁同龢だ、と罵った。加えて、ドイツとの交渉がうまくいかず、膠州湾を奪われたことの責任を、翁同龢に問う声も相次いでいた。

「今では皆の笑いものだ」。「一族の恥さらし」。「外国から賄賂《わいろ》をもらったに違いない」。翁同龢は激しく責められた。「弁解するつもりはない。自戒《じかい》の念をこめて、自らの罪を書き残す」。翁同龢は、自らに浴びせかけられた罵詈雑言《ばりぞうごん》の数々を、日記に書き留めた。

この頃、光緒帝は、改革の開始を決意していた。列強に対抗するには改革が必要との考えは、翁同龢も同様であった。六月十一日、光緒帝は、後に戊戌変法と呼ばれる改革の開始を宣言した。その文章は、翁同龢が起草《きそう》した。

半年ほど前。翁同龢は会議の場で、「ドイツのような嘘つきを相手にしたなら、どうしようもありません！」と、声を荒げた。だからと言って、憎き外国人どもに、このままいいように翻弄《ほんろう》され続けていいはずがない。何かを変えなければならない。この日、翁同龢は、会議が終わるとその足で、改革の訴えが聞き入れられないことに失望し、北京を離れようとしていた、康有為《こうゆうい》を引き留めに行った。

翁同龢も、康有為のアイディアを認めてはいた。ただ、光緒帝や中央政府に、康有為を近付けすぎることには、危うさも感じていた。五月末、光緒帝が、康有為の著作を取り寄せて欲しいと頼むと、翁同龢は、「あの人物は何を考えているか分かりませんから」と、それを拒んだ。

改革の開始を宣言した翌日。六月十二日。光緒帝は、これからは宮廷の中で他国の外交官に会おうと思う、と話した。翁同龢がこれに反対すると、光緒帝は厳しい言葉で翁同龢を責めた。

また、この日光緒帝は、張蔭桓《ちょういんかん》（一八三七―一九〇〇年）の手助けをして欲しいと、翁同龢に要請した。張蔭桓は、同郷の康有為と親しく、また、光緒帝とドイツ親王の会見の式次第を取り決めた人物。翁同龢は、これを断った。

翌十三日。康有為に会ってみようかと思う、と光緒帝が言い出した。翁同龢は、「先送りにした方がいいでしょう」、と答えた。

なにも翁同龢が、ただただ意固地になっていたわけではない。反対には、それなりの理由があった。ただ、光緒帝からすると、翁同龢は、自分が何を言っても頑として聞き入れず、いつも頭ごなしに口うるさく反対する。だんだんと、そんな存在になっていた。

親政を始めた光緒帝は、もう一人前の皇帝である。それでも政治を行うにあたっては、幼少からの師である翁同龢を頼り、その意見を尊重した。だが、日清戦争以降、翁同龢が光緒帝に提案した政策は、結果的に失敗に終わった。それにより、翁同龢に非難が集まっていた。光緒帝は、少しでも翁同龢を助けたかったのかもしれない。自らが外国人と会見する際の儀礼を、変えようとした。

翁同龢は、それに反対した。外国人に対する憎しみも増していたし、まして、その外国人に光緒帝が礼を尽くすことは、耐え難かった。最初は、互いが互いを思うゆえの、些細なすれ違いであったのかもしれない。ただ、二人の間に生じた溝が、埋まることはなかった。

永遠の別れ

六月十五日。光緒帝は、翁同龢を追放した。翁同龢は、すべての職を解かれ、故郷に帰るよう命じられた。つまり、もう二度と、宮廷の中で光緒帝に会うことはできない。

翌日、光緒帝は、馬車で宮廷の外に出る予定であった。翁同龢は、宮廷の門へと急ぎ、沿道に立っていた。光緒帝は振り返ったが、何も言わなかった。翁同龢は、これは悪い夢なのかと疑った。

光緒帝六歳、翁同龢四七歳の時から、苦楽をともにした二人が顔を合わせたのは、これが最後であった。光緒帝は二八歳、翁同龢は六九歳になっていた。

翁同龢が追放されたその日。光緒帝は、外国人と会見する際、どのように外国人をもてなすべきか儀礼を定めるよう、中央政府に命じた。そして翌日。康有為を招き、面会した。

日本の外交官は、翁同龢が追放された理由を調査した。日本政府に報告されたその理由は、「日清戦争以降、翁同龢の主張した政策が失敗だった」、「自分の意見が通らないと、不満をあらわにする言動が目立った」、とされていた。その中でも特に、次の件が大きかったらしいと、報告されている。

翁同龢は、光緒帝とドイツ親王が握手をすることに猛反対したが、光緒帝は、他の官僚の意見を採用し、会見の当日に握手をした。すると翁同龢は、光緒帝に対し、不満をぶちまけた。予定されていた宴会にも、翁同龢は出席しなかった。

日本の外交官にこう証言したのは、張蔭桓であった。

孤独な皇帝

光緒帝のやることに口を出す者はいなくなった。光緒帝は、康有為たちの改革案を採用し、次々と改革の命令を下した。しかし、改革は思うようには進まない。光緒帝は、改革に反対する官僚を追放するなど、強引に改革を進めようとした。光緒帝にブレーキをかける者はいなかった。

康有為たちは、現在の中央政府、そして改革に反対する官僚たちに勝る権力を、自らが手にすることしか頭になかった。そのために、外国人を自分たちのバックにつけようとした。光緒帝は、康有為に言われるがまま、現在の中央政府とは別に、政策を話し合う部署を新しく作り、そこに外国人を招きたい、と西太后に直訴した。

西太后は、そのようなことを勝手に進めたら、皇帝の地位もどうなるか分からないぞ、と激怒した。光緒帝は、頭が真っ白になった。どうすればよいだろうかと、康有為たちに密書をしたためた。西太后の激怒を招いたにもかかわらず、光緒帝が、まだ外国人を招こうとしていたのかは分からない。ただ、康有為たちは、なおもそうしようとしていたし、それを隠すことなく、堂々と進めた。西太后は、光緒帝が、また康有為にそそのかされるのではないかと警戒し、親政をやめさせ、光緒帝の政治を監視することにした(戊戌政変《ぼじゅつせいへん》、詳しくは本書「西太后」の項を参照)。

なぜ、康有為たちは堂々と計画を進めたのか。それは、裏では西太后を幽閉、場合によっては暗殺しようとしていたからである。西太后さえいなくなってしまえば、何だって好きなようにできる。そう考え、他のことには用心していなかった。

西太后に一喝され、困り果てた光緒帝が意見を求めた相手は、その解決策として、テロを企てるような輩《やから》でしかなかった。頼るべき師は、もう、そばにはいなかった。

光緒帝は、西太后の幽閉計画が明らかになっても、その計画の存在を認めなかった。本当は知っていたのか、知らなかったのか。その恐ろしい計画が信じられず、康有為たちと自らを悪者にするために作られた嘘だと考えたのか。真相は、分からない。

ただ、この計画が明るみになったことで、光緒帝はすべてを失った。十年後、自由を奪われたまま、光緒帝はその短い生涯を終えることとなる。

⦿参考文献

孔祥吉・村田雄二郎『清末中国と日本――宮廷・変法・革命』(研文出版、二〇一一年)

宮古文尋『清末政治史の再構成――日清戦争から戊戌政変まで――』(汲古書院、二〇一七年)

1835−1908年
清朝第9代咸豊帝の妻。10代同治帝の母、11代光緒帝の伯母として清朝末期の政治の実権を掌握した。

変革を厭わなかった自由奔放な未亡人
西太后
…せいたいこう…

宮古文尋

同治帝《どうちてい》（在位一八六一—七五年）が幼くして皇帝に即位すると、その母、西太后《せいたいこう》（一八三五—一九〇八年）による垂簾聴政《すいれんちょうせい》が行われた。同治帝が亡くなると、西太后は、まだ幼い光緒帝《こうしょてい》（在位一八七五—一九〇八年）を次期皇帝に指名し、垂簾聴政を続け、政治の実権を手離さなかった。光緒帝が親政《しんせい》を始めた後も、西太后は事実上実権を握り続けたばかりか、「戊戌政変《ぼじゅつせいへん》」を起こし、光緒帝の政治的権限を完全に奪った。実に、四〇年以上に及び、清朝の最高権力者であり続けた。

夢見た皇太后

清朝の皇帝の位は、正妻の息子だとか、長男だとかが、自動的にその座を譲られるわけではない。正妻の子も、側室《そくしつ》の子も、どんなに歳が離れていようとも、皇帝の子は皆が平等に、次期皇帝に指名される権利がある。さらに、清朝第五代皇帝雍正帝《ようせいてい》（在位一七二二—三五年）は、子の中から皇帝にふさわしい者を選び、その名を記した紙を箱に隠しておき、皇帝の死後、箱の中身を確認し、次期皇帝を擁立《ようりつ》する制度を考案した。これを、「太子密建《たいしみっけん》」制という。

皇帝がその座を息子に譲るまでは、何回でも後継ぎを考え直し、書き直すことができる。だから、息子たちは、自らが次期皇帝に選ばれるために競争する。もっとも、同治帝以降の皇帝には、その競争相手すらいなかったのであるが。

その息子たちの母は、何を夢見るだろうか。まずは、男子を産むこと。次に、わが子が皇帝に選ばれること。つまり、自らが皇帝の母、皇太后になることである。

正妻である皇后は、自らが生んだ子が皇帝に選ばれずとも、夫が皇帝の位を次代に譲ると、皇太后になる。しかし、皇后にはなれなかった側室たちは、自らが生んだ子が皇帝に選ばれない限り、皇太后になることはできない。側室は、子が皇帝に選ばれ、自らは皇太后の位を手にし、皇帝の母として敬われ、優雅な余生を送ることを夢見る。

西太后は、第九代皇帝咸豊帝《かんぽうてい》(在位一八五〇―六一年)の側室の一人であった。咸豊帝が、三一歳の若さで亡くなった時、息子は一人しかいなかった。まだ六歳の一人息子は、第十代皇帝同治帝となる。その同治帝の生みの母こそが、西太后。西太后は、夢見た皇太后となった。西「太后」と呼ばれるようになるのは、この時からである。

垂簾聴政

皇帝と中央政府との会議の時、幼き皇帝は玉座《ぎょくざ》に座っている。はたから見れば、その光景は、臣下《しんか》と皇帝が話しているように見える。しかし、もちろん、小皇帝に難しい政治の話は分からない。

垂簾聴政が行われていた養心殿《ようしんでん》
幼き皇帝が座る玉座の後ろには、黄色の薄い絹製の簾が下げられており、その後ろに2人の皇太后が座る椅子がある。出典＝于倬雲主編『紫禁城宮殿』（人民美術出版社、2013年版）

実際には、皇帝の後ろに「簾《すだれ》」を「垂《た》」らして控えた皇太后が、「政」治の話を「聴」いている。西太后は、咸豊帝の皇后であった東太后《とうたいこう》（一八三七—八一年）とともに、幼い息子に代わって政治を行うことになった。これを、「垂簾聴政」という。

なにも西太后は、権力を握るために、死期を間近に控えた皇帝の側室になったわけではない。側室に入ったのは、咸豊帝が二〇歳の時。この時、自ら政治の実権を握ろうと野心を抱いていたはずもない。いや、まさかわずか十年あまり後、夫がこの世を去り、自らが政治の実権を握ることになるとすら、夢にも思っていなかっただろう。西太后は、皇太后になると同時に、政治を行う必要にも迫られることになった。

垂簾聴政を始めてから十二年。息子、同治帝は十八歳になり、自ら政治を取り仕切ることになった。皇帝が、自身の手で政治を行うことを、「親政」という。西太后は、垂簾聴政から引退する。しかし、わずか二年も経たないうちに、息子、同治帝も死去してしまう。

清朝皇族の男子は、同世代で同じ字を名前に付ける。咸豊帝（奕詝《えきちょ》）の世代では、「奕《えき》」。同治帝（載《さい》淳《じゅん》）の世代では、「載《さい》」。咸豊帝の孫、つまり、同治帝の子の世代では、「溥《ふ》」となる。

同治帝は、子がないまま亡くなった。そうである以上、やむを得ず、本来は子に授けるはずであった、「溥」の字を名に持つ世代から、次期皇帝を選ぶという考え方もあった。

しかし、その時候補となるのは、「『夫（咸豊帝）の兄弟かいとこ』の孫」である。西太后と血のつながりはない。新皇帝は、太皇太后《たいこうたいごう》、つまり、おばあさまとして、心から自分を敬うのか。その不安

❖**清朝皇帝系図**…（　）内は在位期間

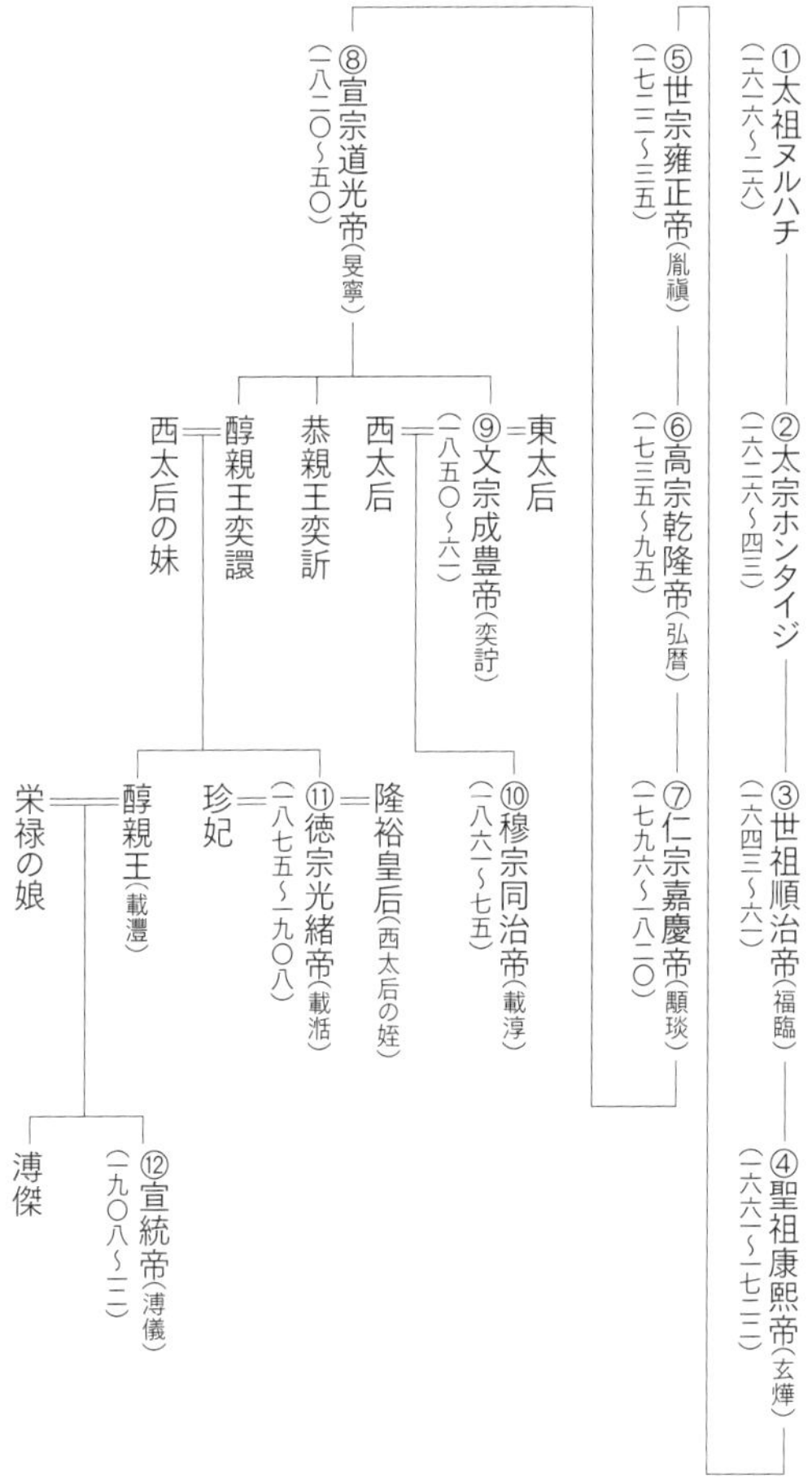

からかもしれない。西太后は、最も自らと血のつながりの濃い幼児を、新皇帝に指名した。次期皇帝載湉《さいてん》（光緒帝）は、亡き夫、咸豊帝の弟と、西太后の妹の間に産まれた子であった。

西太后は、養子を迎えて新皇帝とし、再びその母、皇太后になった。太皇太后になり、政治に関わらず、のんびりと隠居生活を送る道よりも、再び垂簾聴政を行う道を選んだ。その選択は、想い描いていた通りの、皇太后生活への執着によるものだっただろうか。加えて、垂簾聴政の経験も、もう十年以上。もはや政治も、お手のものだったのかもしれない。

西太后の政治

西太后も東太后も、政治は全くの素人である。基本的には、臣下たちに任せるしかない。それだから、信頼できる臣下を起用することが、最も重要となる。その「信頼」は、よい政治ができるかどうか、という判断からは生じない。そんなことを見極める力は、政治の素人である西太后たちにはない。自分たちに対抗することがない。自分たちを害することがない。その信頼が重要となる。

その信頼は、どこから生じるだろうか。親や兄弟との血のつながり。親友との情のつながり。そこから生じる信頼は、自らの存在が相手にとって代えがたいものである、という確信にもとづく。つまり、相手は絶対に自分を裏切ることはない、という確信である。

血や情のつながりのない者に対し、自らの存在を代えがたいものにするには、どうすればよいだろうか。自分にしか与えることのできないものを与え、手なずけるとともに、それはいつでも奪うことができるのだ、と思い知らせる。これも、有効な手段の一つとなる。

垂簾聴政が始まった時、西太后たちが中央政府の中心に据えたのは、亡き夫、咸豊帝の弟。恭《きょう》親《しん》王《のう》であった。

咸豊帝は、皇帝の座を争った弟を信頼していなかったのか、恭親王を重用しなかった。一方、咸豊帝が重用していた皇族や官僚たちがいた。西太后たちは、恭親王とともにクーデタを起こし、彼らを追放した。結果的に、西太后は、恭親王に大きな恩を売った。西太后は、それだけではなく、時に恭親王を失脚させ、そうかと思うと、また登用した。

西太后のこうした行為が、すべて計算づくであったのか、ただの気まぐれであったのかは、分からない。ただし、恭親王をはじめとした臣下たちは、西太后と組むことがなければ、西太后に重用されなければ、決して手にすることのできない権力を手にしながらも、いつそれを奪われるか分からない現実を、まざまざと見せつけられた。そんな彼らが、西太后に牙をむくことはなかった。もしかすると、西太后には、政治の素人であってもそれを補ってあまりある、人を自由自在に操る天性の才能が備わっていたのかもしれない。

いや、むしろ政治は、何から何まですべて自らが考え出し、それを自分の考え通りにやらせるばかりではない。まして、中国は広い。西太后が、全地域の状況を把握し、指示を出すことなどできるはずもない。やはり、西太后の政治において最も重要なことは、政治を任せるべき臣下を見定めることである。

幸か不幸か、当時の清朝は、決して平和な時代ではなかった。ヨーロッパ列強との衝突、相次ぐ国内反乱。いわゆる、「内憂外患《ないゆうがいかん》」に悩まされていた。混乱の中、自ずと浮上してくるのは、力を持った官僚。おべっかばかりで西太后に取り入ることができても、部下や民をまとめることができない。そのような官僚が、浮上する隙はなかった。

垂簾聴政が始まる前から、太平天国《たいへいてんごく》の乱などの内乱への対処にあたっていたのは、曽国藩《そうこくはん》や李鴻章《りこうしょう》に代表される地方長官だった。彼らは、自ら資金をねん出し、軍隊を編成し、反乱を鎮圧した。西太后は、彼らに地方の統治を任せた。李鴻章には、列強との交渉も担当させた。

地方長官たちは、西洋の技術を採り入れ、兵器工場を作り、軍備を整えた。それだけにとどまらず、紡績工場の建設や、鉱山開発、鉄道の敷設等、近代化と改革を推し進めた。これらの動きを、「洋《よう》務運動《むうんどう》」という。

世界には、「優れた中国と劣ったその他」、その二つしか存在しない——この伝統的な中国の価値観からすれば、「劣ったその他」でしかない、西洋の優れた面を認め、その技術を採り入れるなど、許しがたいことである。当然、洋務への批判の声があがる。しかし、そんな批判は、洋務運動を邪魔しなかった。なぜなら、洋務は、西太后の承認のもとに推し進められていたからである。

列強の侵略、内乱の勃発、近代化の推進。西太后が見定めたというよりは、平和にはほど遠い情勢ゆえ、これらに対処できるだけの力を持った臣下が、自ずと頭角を現した、と言った方がいいだろう。ただし、西太后の承認が、彼らが力を発揮する手助けになったことは確かである。

西太后は、伝統的な価値観に固執などしなかった。洋務であろうが、西洋の技術であろうが、それが反乱を抑え、列強とのもめごとを解決し、清朝の繁栄につながるのであれば、構わなかった。西太后にとって、清朝の衰弱は、同時に自らが何かを失うことを意味する。逆に言えば、王朝を維持さえすれば、趣味のお芝居を観ること、毎日の豪華な食事、優雅な生活、すべてを失うことなく、楽しみ続けることができる。皇太后を謳歌《おうか》すること。突き詰めると、西太后の政治の目的は、それだけであった。

光緒親政

皇帝と中央政府の官僚は、毎日早朝に会議を行う。その会議では、北京で提出された、政策案や事務報告を述べた文章（上奏《じょうそう》）の要約が、官僚より読み上げられる。皇帝はそれに対し、報告には「わかった」、提案には「その通りにしなさい」、「どうするべきか話し合いなさい」などと、口頭で指示を下す。

その場で判断できない内容の時は、皇帝はその上奏を留め置き、地方から届けられた上奏と一緒に、後にじっくりとその内容を検討する。そして、上奏の末尾に同じく、「そうしなさい」などとコメントを書く。もちろん、もっと詳細な指示を書きつけることもある。皇帝がコメントをつけた上奏は、上奏の提出者に返送され、提出者は、そこに書かれた指示に従う。

西太后は、垂簾聴政でこれらの役割を代行した。東太后が亡くなってからは、これを一人で担当した。

光緒帝が十七歳になり、光緒帝による親政が始まることになったが、はじめの二年間は、西太后も会議に同席することになった。皇太后、あるいは引退した前皇帝のアドバイスを受けながら、皇帝が政治を行うことを、「訓政《くんせい》」という。二年後、訓政期間も終わり、本当の意味での親政が始まった。

光緒親政が始まると、その日どんな上奏があったか、そして、それに光緒帝が口頭でどう答えたか、あるいはどんなコメントを書いたか、これらを簡単にまとめたリストが、翌日西太后に届けられると決められた。その中でも、光緒帝が重要だと判断した上奏は、全文が、当日のうちに西太后に届けられることになった。

これらは、臣下たちが西太后に要請したことである。しかし、その通りには受け止められず、「西太后は権力を手離さなかった」、「西太后の権力欲の表れだ」、と必ず説明される。確かに、この要請の背景に、西太后に対する臣下たちの配慮が働いた側面はあるだろう。

ただ、この時、西太后が政治に携わるようになってから、すでに二五年以上。実に、夫、咸豊帝の在位期間の倍以上にも及ぶ。その西太后に代わり、まだ二〇歳に満たない、経験のない光緒帝が政治を行う。その時、臣下が西太后に気を回すこと、そして、臣下のみならず、光緒帝や西太后自身が、今後の政治に多少なりとも不安を抱くことは、そんなに不自然なことだろうか。まして、決して平和とは言えない状況である。

西太后が、政治のことは何もかも忘れて、純粋に隠居生活を送りたかったのか。それとも、まだ政治に携わりたかったのか。実際のところは分からない。ただ、権力者が引退する時、当人が何も言わずとも、部下や後輩が気を回して何か役割や職を準備するのは、現在でもままあることだろう。それをすべて断り、潔いと称賛されるのか。それとも、責任放棄だと非難されるのか。用意された役割を引き受け、責任感が強いと見られるのか。それとも、権力への執着と見られるのか。本来は、それだけのことである。

新たな改革のはじまり

いずれにせよ、西太后には、政治を任せるべき人物を見定める必要はなくなった。これから政治を託すのは、今、この世に存在する中で、最も自分と血のつながりが濃く、自らの指名により皇帝の座と権力を手に入れた、光緒帝である。この青年皇帝以上に、自らを裏切ることはない、自らに危害を加えることはない、そう信頼できる人間はいない。

光緒帝の政治決定は、すべて西太后に報告されていたから、西太后は、いくらでも横やりを入れることはできた。しかし、西太后はそれをしなかった。

もちろん、日清戦争《にっしんせんそう》や、ドイツの膠州湾《こうしゅうわん》占領、清朝に危機が迫れば、「しっかりしなさい」とか、「なにをしているんだ」といった類の、西太后の怒りの声が、光緒帝と中央政府の会議の場に伝えられることはある。政府が政策の選択をめぐって二分した時、西太后と光緒帝の意見が異なる時、官僚たちの間に、西太后の心中を察した動きがあったことも否めない。ただ、西太后が、「こうしなさい」

と、皇帝や政府に政策を強要することはなかった。

日清戦争の敗戦により、垂簾聴政の頃から進められていた改革、「洋務」にも限界が見えてきた。さらに改革を進めなければ、わが朝は列強に対抗できない。西洋の技術のみを参考とする、「洋務」にとどまらず、西洋の政治制度をも参考にすることを視野に入れ、新たな改革を開始する必要があるのではないか。光緒帝は、そう考え始めた。

この頃、西太后は、宮廷から十数キロ離れた庭園で暮らしていた。光緒帝は、何か重要な命令を下す前には、必ず西太后のもとを訪れた。改革を決意した時も、いつもと同じように庭園を訪れた。西太后は、「今の清朝の方針として、西洋の学問を重視すると宣言した方が良いでしょう」と答え、光緒帝の背中を押した。一八九八年六月十一日、光緒帝は、改革の開始を宣言。後に、「戊戌《ぼじゅつ》変法《へんぽう》」と呼ばれる改革が始まった。

皇帝の政治

改革が始まってからも、毎日の会議の様子や、上奏の内容は、変わらず西太后に報告された。改革に賛成する上奏はもちろん、改革に反対する上奏も、すべて報告された。

西太后は、報告された光緒帝の決定をくつがえしたり、やり直しを命じたりはしなかった。大きな改革の指示を下す前には、これまで通り、光緒帝は西太后のもとを訪れ、相談した。西太后は、光緒帝の決断に反対することはなかった。皇帝の政治を、尊重した。

ただ、改革は思うようには進まなかった。光緒帝が改革を進めるにあたり、その案を採用した、康有為《こうゆうい》たち「変法派《へんぽうは》」は、下級官僚や、まだ官僚となる資格すら得ていない者がほとんどだったたし、権力も、経験も、人望もなかった。垂簾聴政のもとで洋務を進めたのが、経験も実績も十分、多くの部下を束ねる地方長官たちであったのとは、あまりにも対照的であった。

光緒帝と康有為たちはいらだった。太后さまの鶴の一声があれば改革は進むのに。なぜ、それをしないのか。実は、太后さまは改革に反対しているのではないか。保守派官僚の背後から、改革を妨害するよう指示しているのではないか。そんな疑いも抱き始めていた。

そうではない。本来、上奏する権利すら持たない、つまり、政策を申し述べる権利もないような下級官僚を大抜擢し、その政策意見に反対する高級官僚を追放する。政府の意見が二分した時に、いずれかの勢力を意図的に強化する。自分が考えついた政策を、臣下たちの反対を無視してでも、強引に推し進める。そんな政治を、西太后はしたことがないのである。

そもそも、夫や子が早く亡くなったため、予定外に政治を行うことになった西太后の政治は、言ってみれば、「受け身」の政治である。自らが率先して推し進めようとするのは、自身が住む庭園の修繕や、自身の還暦の盛大な祝賀。皇太后ゆえ、そのスケールは大きく、莫大な費用も必要となり、王朝の財政を左右する。財政が揺らげば、内外政策にも影響を及ぼす。それゆえ、そんな西太后の贅沢三昧とわがままは、臣下たちを悩ませたし、後世批判の対象にもされている。ただし、西太后が執着したのは、基本的にごく身の回りのことである。

内政や外政、複雑な政治判断が必要となる政策については、自らアイディアを出すわけではない。臣下が提案したことに、賛成したり、反対したり、説得もされる。その繰り返しであった。そして、政策を提案するのは、自らの力でのし上がってきた高級官僚たちである。

しかし、幼少の頃から、政治を自らの手で行うことを使命としていた光緒帝は、臣下をリードして政治を行わなければならない。じっとしてはいられなかったし、それが皇帝のあるべき姿だとも考えていただろう。

光緒帝は初めて、西太后を訪れることなく、つまり、西太后に相談することなく、命令を下した。その命令は、改革に反対する高級官僚六名の追放と、変法派四名の中央政府書記官への大抜擢だった。当然ながらこの人事は、改革が進むことに対する、よりいっそうの危機感を保守派官僚に抱かせることとなり、大きな波紋を呼んだ。このようなことが繰り返されたならば、変法派と保守派の対立が激しさを増し、混乱を招くことは必至であった。

西太后は、「やりすぎです」と、光緒帝に釘を刺した。ただし、この時ですら、光緒帝の下した命令を取り消すことはしなかった。しかし、光緒帝は、これが「やりすぎ」なら、改革はゆっくりと進めるしかない、と嘆いた。皇帝自ら、改革を宣言したのだ。ゆっくりでは、駄目だった。

そして、康有為たち変法派にも、急ぐ理由があった。変法派の勢力を強くするため、またとないチャンスが目の前に迫っていた。伊藤博文が、北京に向かっている。外国人が改革を支援したならば、自らの勢力を強化することができる。康有為たちは、そう考えた。

もっとも、これも康有為らが勝手に思い描いていたシナリオであり、総理大臣を辞任し、清朝の視察に訪れていた伊藤に、そんな気はなかったのであるが。

初めての反対

光緒帝は、現在の中央政府とは別に、政策を話し合う部署を作り、その成員に外国人を招きたい、と西太后に直訴した。これより前、康有為たちは、光緒帝の側近として、伊藤博文を招きましょう、と上奏していた。当然、西太后はそのことを知っている。すべての上奏の概要、そして光緒帝が重要と認めた上奏の全文は、西太后に届けられている。

西太后の政治は、それを任せるべき人物、つまり、自らを害することはない、と信頼できる人物を見定めること。西太后にとって、伊藤博文をはじめ、外国人が、それから最も遠い存在であることは、明らかであった。まして伊藤は、ほんの四年前、清朝が日本と戦火を交えたまさにその時、総理大臣として敵軍を指揮していた人物である。

西太后は激怒した。光緒帝が提案した政策に、初めて頭ごなしに反対した。もしも勝手にそんなことをしたら、皇帝の地位もどうなるか分からないぞ、とまで叱りつけた。

それでも伊藤に改革の助言を求めるべきだとか、改革の方法を問い合わせるべきだとか主張する上奏が、光緒帝経由で西太后のもとに届けられる。伊藤を招くという話が、北京中の噂になっているという知らせも届いた。伊藤が希望したわけでもないのに、光緒帝は伊藤と会見するという。西太后のいらだちと不安は、つのるばかりであった。

西太后は、亡き夫咸豊帝の命日や、光緒帝の誕生日等、行事がない限りは、庭園から宮廷には戻らなかった。美しく、広大な庭園で、皇太后としての余生を謳歌していた。しかし、光緒帝と伊藤の会見に合わせ、急きょ宮廷に戻った。一八九八年九月十九日のことである。

九月二〇日、光緒帝と伊藤の会見が行われた。会見の中で、光緒帝が伊藤に何かを要請することはなかった。西太后は、翌二一日に庭園に戻る予定であった。しかし、それを数日後に延期する。

この日、日本と同盟を結ぶべき、という上奏が届いていた。改革については、賛成する者もいたし、反対する者もいたから、西太后は口を出さずに、そのなりゆきをうかがっていた。ただし、日本との同盟となれば、話は別であった。

戊戌政変

半年ほど前までのこと。前年末にドイツが膠州湾を占領したのをきっかけに、ヨーロッパ列強に対抗するために日本と同盟を結ぶべき、と主張する上奏が相次いでいた。中央政府の高級官僚は、一致してそれに反対した。

日本もヨーロッパ列強も、同じ侵略者でしかない。援助を求めたならば、見返りにどんな要求を突き付けられるか分からない。いずれかに接近したならば、他の列強に開戦の口実を与えるかもしれない。皆が、そう考えていた。

日本との同盟は、政治に携わらない下級官僚や、科挙《かきょ》受験生のたわごとであった。

光緒帝は、そのことを分かっているのか。自分が宮廷を離れたならば、保守派官僚を追放し、変法派を抜擢した時のように、また相談もなく、勝手に日本との同盟の話を進めたりはしないか。西太后は、庭園に帰る予定を延期した。

翌日、九月二一日。早朝の会議には、西太后が同席していた。訓政の再開である。これを、「戊戌政変」という。

前日から、この日の早朝までの間、西太后と光緒帝にどんなやり取りがあったのか。そして、光緒帝がまだ外国人を招こうとしていたのか。さらには、日本との同盟を進めようとしていたのか。いずれも知りようがない。

ただ、確かなのは、西太后は、かつて自らが、地方長官たちに外交交渉までをも任せた時と同じようには、光緒帝の政治判断に信頼を寄せることはできなかった、ということである。

西太后は、これまで通り、光緒帝と中央政府の会議の様子が翌日に報告されることも、光緒帝が重要と判断した上奏がその日のうちに届けられることも、もうそれでは遅いと考えた。なぜなら、伊藤は北京にいるからである。

西太后の予感は的中した。この日、「交渉役を伊藤のもとに派遣しましょう。康有為をその補佐としましょう」と、同盟を結ぶまでの具体的な手順が上奏された。西太后は、すぐさま上奏した者を追放した。そして、康有為の逮捕命令を下した。

西太后が知るよしもないが、この上奏は、康有為が代筆したものだった。伊藤の招聘や、日本との同盟に向けた動きは、すべて封じられた。

西太后は、これにより、改革をすべて否定したわけではない。もしかしたら、お灸をすえたならば、そのうちまた、光緒帝の親政を再開することも考えていたかもしれない。その政治手腕には疑いを持ったし、危うさも感じた。しかし、光緒帝が、誰よりも自らを敬い、自らを裏切ることはないと、信頼した肉親であることに変わりはなかった。

生じた迷い

戊戌政変から二日後。九月二三日。耳を疑う知らせが届いた。康有為たちが、西太后を幽閉しようと計画していたという。すぐさま、変法派の逮捕が命じられた。

光緒帝は、この計画を知っていたとは認めなかった。しかし、西太后は、それを疑うことなく、聞き入れることはできなかった。日に日に疑念は増していく。誰が、どれだけの人間が、自分を幽閉し、場合によっては、殺そうとしていたのか。この忌まわしい計画を、知っていたのか。関わっていた者は、近くにいやしないか。改革を進めることを認めたがゆえ、こんなことになったのか。

九月二六日、これまで進められていた改革は白紙に戻された。二八日、変法派の六名が処刑された。それだけで、西太后の恐怖、不信感、怒りが鎮《しず》まることはなかった。二九日、宮廷内に仕える、光緒帝のお付きの者、彼が誰よりも愛した側室珍妃《ちんぴ》の世話係、計十四名が処刑された。十月八日からは、この後十年、その命が尽きるまで続いた、光緒帝の軟禁生活が始まった。

西太后は、最も信頼した光緒帝に、裏切られたと思っただろう。しかし、その光緒帝を、皇帝に選んだのも、自分自身である。誰に政治を任せるべきか、自らの見る目は確かなのか、迷いが生じた。

西太后は、もはや一切政治に携わらせる気はない光緒帝を、皇帝の座から降ろし、新たな皇帝を擁立しようとした。賛成したのは、自らに近い子を次期皇帝にしたい皇族と、それが実現したならば、その権力にたかろうともくろむ官僚たち。反対する者は、中央政府を去った。結果的に、中央政府においては、この権力を手に入れることしか頭にない一派の勢力が増した。

しかし、光緒帝の廃位《はいい》を実現することはできなかった。賛成しなかったのは、地方長官たちと諸外国。自らの権力を強めるべく、新皇帝の擁立をもくろんでいた一派は、それを諸外国に妨害されたことで、排外主義を色濃くした。

この頃、教会などの西洋の施設や、西洋人を攻撃する排外運動が起こっていた。その中心となっていたのが、「義和団《ぎわだん》」である。中央政府の大勢を占めるようになっていた排外主義者たちは、この機会に義和団と結んで、外国人を追い払ってしまおうと考えた。この無謀な計画に反対する声を強引にしりぞけ、列強に宣戦布告。各国公館を包囲、攻撃した。当然、列強はこれに反撃。八カ国の連合軍が、またたく間に北京を占領した。

一方、地方長官たちは、列強と協議し、外国人の保護に努めていた。中央政府の排外主義者は、列強と戦わない地方長官を責めた。しかし、西太后は、その訴えを聞いても何もしなかった。

新皇帝の擁立。列強への宣戦布告。いずれも、西太后が決めたことである。地方長官たちは、光緒帝の廃位に同意せず、列強と戦わなかった。それなのに、西太后は、彼らをとがめることはしなかった。

誰が主張する政策が正しいのか。誰に政治を任せたならば、この難局を乗り切ることができるのか。どうすれば、優雅な皇太后生活を謳歌し続けることができるのか。この時の西太后には、判断できなかったのかもしれない。

義和団戦争の結末は、その当面の答えを西太后に導いた。翌年、西太后は、再び改革を始めると宣言。始められた改革を、「清末新政《しんまつしんせい》」という。主導したのは、地方長官たちだった。

好きなことを好きなように

「西太后が心変わりした」。「ようやく改革の必要性に気付いた」。「諸外国の圧力に屈した」。一九〇一年の清末新政の開始は、そのように解釈されている。西太后は、それまで改革に反対していた。改革が進むことを阻むべく、戊戌政変を起こした。そう思われているからである。

また、同様に、一〇〇枚あまり現存する写真に象徴されるように、西太后はこれ以降、急に西洋趣味にふけったと言われている。まるでそれまでは、大の西洋嫌い、西洋人嫌いであったかのように。

こうした認識は、正しいだろうか。

一八九八年、戊戌変法が始まる前のこと。ドイツ親王が北京を訪れた。それより前、どのように親王をもてなすか、どこを会見の場とするかで、光緒帝と中央政府の会議は揉めに揉めた（詳しくは本書「光緒帝」の項を参照）。

様々な衣装をまとい、写真撮影を楽しむ西太后
（伍容萱編『西洋鏡里的皇朝晩景（第三輯）』故宮出版社、2014年を編集）

光緒帝は、宮廷の中でドイツ親王と会見すると主張し、官僚たちは、それに反対した。この時、光緒帝は、「おそらく太后さまは、宮廷の中でお会いになると仰せられるだろう」、と述べたうえで、会見の場とする宮殿を提案している。

つまり、官僚たちの反対は、「太后さまは、宮廷内に外国人を招き入れようとなさるでしょうけど、陛下までそうなさるのはおやめください」、という反対であった。光緒帝は、反対する官僚たちに激怒した。それは、「太后さまのご意向に逆らうことができるのか！」という意味を含んでいたことになる。

その後、宮廷の中、あるいは自身が居住する庭園を会見の場所としても構わないと、西太后の意見が届いた。結局、会見は、西太后と光緒帝、それぞれが庭園での寝室としている宮殿で行われた。西太后との会見で、ドイツ親王は、西太后の前に進み出て、「嗅手《きゅうしゅ》の礼」を行ったとされる。手のにおいを嗅ぐように見えることから、こう呼ばれたのだろう。つまり、ひざまずき、手を取り、手の甲に口づけをする。ドイツ親王から西太后へ敬意を表す、西洋式の儀礼である。

ただ、西太后は、皇太后である。宮廷内の女性、つまり、皇后や側室のお付きの者は、すべてが女性か、去勢した男性。皇太后が会議に臨む際には、わざわざ簾を垂らす。なぜか。彼女たちが、皇帝以外の成人男性と接触することは、タブーだからである。その清朝において、他国の男性王族と、皇太后が会見する。このこと自体が、異例中の異例であることは、言うまでもない。

会見の日、ドイツ親王が実際に西太后の手に触れたのか、手の甲に唇を接したのか、それとも仕草のみであったのかは、分からない。ただし、宮廷内の女性として、最大のタブーとも言えるこの件に関して、西太后も、いかなる官僚も、事前に注意を払っていた様子は見られない。

むしろ西太后は、この西洋式の儀礼に興味を抱いていたようにも思える。自らの好奇心をみたすならば、伝統など気にしない西太后。それに対して、「そういうお方だから」というような、臣下のあきらめにも似たもの。ドイツ親王北京訪問の一部始終を見るならば、そんな様子もうかがえる。

戊戌政変から三ヶ月が過ぎた、一八九八年十二月。西太后は、各国外交官夫人からの、誕生日をお祝いしたいという申し入れに応じ、彼女たちを招き、光緒帝とともに会見した。外国人女性が皇宮に立ち入ること、皇太后や皇帝に対面すること、なにもかもが、初めてのことだった。

会見で西太后は、夫人たちひとりひとりの手をそっと包み込んだ。すると、彼女たちの指には、はなやかで美しい装飾が施され、大粒の真珠が輝く、金色の荘厳《そうごん》な指輪が光っていた。会見後に催された宴会には、清朝の女性皇族も参加していた。宴席も一段落し、外交官夫人たちが別室に案内されると、驚いたことに、そこには再び西太后がいた。

「私たちは家族ですよ」。西太后は、両手を夫人たちひとりひとりに差し出し、自らの胸に手をやりながら、情熱的にそう話した。西太后が皇后を紹介すると、皇后は皆と握手を交わした。夫人たちは、お芝居を観た後、ふたたび西太后が控える部屋へと案内され、お茶をともに楽しんだ。「私たちは家族ですよ」。西太后は、またそう言うと、プレゼントを贈った。それぞれによく似合うものを選んだ、美しい贈り物だった。

❖西太后年表

年	年齢	事項
1851	18	咸豊帝の側室となる
1856	22	後の同治帝を出産
1861	27	咸豊帝死去、同治帝即位 東太后とともに垂簾聴政開始
1873	39	同治親政開始
1875	41	同治帝死去、光緒帝即位 二度目の垂簾聴政開始
1881	47	東太后死去
1887	53	光緒親政開始（2年間の訓政期間を伴う）
1889	55	訓政期間終了
1898	64	戊戌変法、戊戌政変（訓政再開）
1900	66	義和団戦争
1901	67	清末新政開始
1908	74	光緒帝、西太后死去
1912		清朝最後の皇帝、宣統帝《せんとうてい》の退位

　西太后のほがらかで楽しげな表情は、外交官夫人たちの目には、自分たちへの好意にみちあふれているように映った。「気さくでやさしい」。そんな印象を残した。

　戊戌変法が始まって間もなく、中央政府の官僚は、「もともと太后さまは、改革派を好む人である。それゆえ、皇帝陛下が改革論を採用したことで、皇帝陛下と太后さまの仲も、より親密になり、太后さまの発言力が増してきている」と、現在の宮廷内事情を、日本の外交官に話している。

　早く改革を始めないかと、やきもきしていたけれども、それを強いることはせずに、黙っていた西太后。一方、ようやく改革を決断した光緒帝。そして、改革の開始により、言いたかったことを言えるようになった西太后。そこで語られた関係は、そのようなものであった。

　とは言え、西太后が望んだ改革に、具体的な構想があったわけではないだろう。現状が良くないからには、何か対策を考えろ、という程度のものである。

ただ、西太后が、決して戊戌変法に反対していなかったこと。政変の原因が、改革への反対ではなかったこと。これらは、前に述べる通りである。清末新政の開始は、現状を打破できる対策を提案し、それを推進できるだけの実力を兼ね備えた勢力を、ようやく見定めたこと。西洋趣味への傾倒は、光緒帝の皇帝としての体面を傷つけまいと気にかけることもなく、伝統など顧みず、自由気ままに皇太后を謳歌できるようになったこと。その結果だったのかもしれない。

否定されなかった噂と嘘

改革を握りつぶした保守反動の権化。差別主義者であり排外主義者。権力欲にまみれた頭の固い老人。最初に、西太后をこう語り、こうしたイメージを、多くの人々に植え付けたのは誰だろうか。康有為である。

そもそも、清朝を離れ、亡命した立場でもなければ、好き勝手に皇太后のことをどうこう言うことはできない。しかも、たちが悪いことに、康有為は、あたかも光緒帝がそう言っていたかのように触れ回った。さらに、その証言は、光緒帝にも西太后にもごく近しい人物による、信憑性の高いものであるかのように受け止められた。

康有為は、西太后の顔を見たことすらないだろう。光緒帝に会うことができたのは、一度のみである。政策の提案は、文章の提出を通じて行われていた。光緒帝から康有為に、何か意向を伝えたければ、誰か高級官僚に伝言を頼むか、手紙を託すしか手段はない。皇帝が初対面の下級官僚に、皇太后の不満を言うなどあり得ない。まして、それを誰かに伝えさせるなど、言うまでもない。康有為が語る西太后像など、うわさ話で聞いた程度の話、あるいは彼のつくり話に過ぎない。

西太后は、清朝最末期数十年の最高権力者である。つまり、数千年続いた中国王朝終焉の象徴である。「清朝を倒した」中華民国。「野蛮で未開な中国」を侵略する西洋列強と日本。いずれにおいても、王朝体制は、打倒すべき、否定すべき、蔑むべき、そのような対象であり続けた。

改革を遅らせた国賊。冷酷非道の極悪人。欲望に支配された醜い老婆。この西太后のイメージは、世界中において、政治的に都合のいいものであり続けた。そして、不確かな証言や、創作された物語を吸収し、こうした西太后像は、ますます膨らんでいったのである。

⦿参考文献

岡本隆司『李鴻章——東アジアの近代』（岩波書店、二〇一一年）
加藤徹『西太后——大清帝国最後の光芒』（中央公論新社、二〇〇五年）
宮古文尋『清末政治史の再構成——日清戦争から戊戌政変まで——』（汲古書院、二〇一七年）
茅海建『戊戌変法史事考』（生活・読書・新知三聯書店、二〇〇五年）

1859–1916年
清朝で近代軍の指導者として頭角を現し、中華民国初代大総統に就任、最後には皇帝へ即位した。

袁世凱……えんせいがい……

乱世の英雄になれなかった治世の能吏

水盛涼一

一九一五年十二月十一日、全国の国民代表一九九三名全員の賛成を得て、中華民国参政院は「国体」を改変する請願を「上奏」した。その新たな「国体」は君主立憲、新国号は「中華帝国」である。新皇帝となった袁世凱は去る一九一三年八月に敵対する孫文《そんぶん》ら第二革命の勢力を駆逐《くちく》し、その十月には北京で中華民国の正式な大総統へと就任していた。そして二年、満を持して即位した新皇帝であったが、すぐにも周囲から囂々《ごうごう》たる非難を受けることになる。結局、一九一六年三月二二日に帝制の取り消しを発令、六月六日には逝去したのであった。彼の失意の死後には、幕下の軍人たちを中心として各地に軍閥《ぐんばつ》が乱立、中国は混迷を深めることになる。

こうした袁世凱について、同時代人はもとより後代の史家にいたるまで皆が「国を盗んだ大悪党」と罵《ののし》る（たとえば陳伯達《ちんはくたつ》『介紹竊国大盗袁世凱』）。清朝にとれば袁世凱は栄達の巨恩を亡国で報いた者、また孫文たち革命派にとれば共和制の芽を摘みとり専制へ回帰した者である。双方からの酷評もやむをえまい。しかも最末期の袁世凱には滑稽の感すら付きまとう。たとえば袁世凱は新帝国の宮廷演劇として「新安天会」を上演したが、その筋立ては陳州府に下凡した広徳星君（袁世凱は府下項城県の出身）が仲間の将軍たちとともに天運大聖仙府逸人孫悟空ら（孫文は号を逸仙という）を駆逐して天下を平定するというものであった（劉成禺《りゅうせいぐう》『洪憲紀事詩本事簿注』「盛時弦管舞台春」条）。思うままにならない世情に架空の世界で溜飲《りゅういん》を下げるとは、なんとも憎めない小悪党のイメージではないか。ただし、袁世凱はその生涯にわたって悪党を貫いたわけではない。批判にさらされる晩年ではあったが、満五六年の生涯のほとんどを大清帝国の忠実かつ才能あふれる官僚として過ごしたのである。そしてこの官僚時代の延長こそが大総統そして皇帝としての袁世凱であった。能吏の時代に間近で彼を見た人々はどう感じたのか。局外者による酷評とは異なる場所から袁世凱の一面を見ていこう。

香り高い文化の家の御曹司

一八五九（咸豊《かんぽう》九）年、袁世凱は現在の河南省項城市に出生した。彼は軍閥の巨魁《きょかい》という印象であるし、往時の中国では文人を重くみて武人を軽んじる風潮もあったから、あたかも無学武骨の人物と思われるきらいがある。とはいえ彼は決して武のみで立身出世を遂げたわけではない。袁世凱は祖父を袁樹三《じゅさん》、またその父を袁保中《ほちゅう》という。この祖父樹三の弟の甲三《こうさん》は科挙《かきょ》（今の日本でいう国家公務員試験）の進士《しんし》（同じく総合職採用予定者）に合格し、しかも文官ながら当時の王朝にとっての反乱勢力を討伐して栄達を遂げた。甲三の子らも保恒《ほこう》が進士、弟の保齢《ほれい》が挙人《きょじん》（進士の前段階）で、ともに父に従い従軍した。また袁世凱の父の保中は故郷項城に残って家産を守りあげたのだが、その弟の保慶《ほけい》は挙人合格のうえ叔父の甲三に従って各地を転戦している。彼らは多かれ少なかれ科挙に関する資格を得ていた。袁世凱もこの「書香の家」に育ったのである。当然ながら親世代は子らに科挙での立身出世を望む。そこで袁世凱もまた若い叔父である保恬《ほてん》や保皖《ほかん》そして自分の弟の世輔《せいほ》らとともに勉学に励むこととなった。この頃の彼について保齢は「甥の（世）輔は愚鈍で落ち着きがないが学則を厳しく守る。（世）凱は（試験に必要な文章の道について）なんとも悪くない才能であるよ」（『袁氏家書』巻五）と記す。少なくとも同輩中では期待の存在であった。若年の袁世凱の様子は、権力の絶頂期に出版された半生記『容庵弟子記』にも得々と語られている。当時悪筆は科挙に落第するから、合格を目指した彼の字も時に端正《たんせい》また時に雄渾《ゆうこん》、決して拙劣なものではない。

　とはいえ科挙の倍率は高く、合格も並大抵ではない。すでに富裕であった親世代は彼のために貢生《こうせい》の身分を買い求めた。貢生とは当時最高の大学にあたる国子監《こくしかん》に優等な成績で送り込まれた学生を指す。この資格があれば、科挙試験の前哨戦である県試・府試・院試を受験せず、直接に挙人を目指して郷試《きょうし》に応じることができる。こうして貢生袁世凱は一八七六（光緒《こうしょ》二）年に郷試を受験したが落第、ついで一八七九（光緒五）年にも受験したがやはり落第した。なかなか成果の出ない彼は若さを持て余し郷里で問題を起こしてしまう。そこで頼ったのが親世代と交流のあった軍人の呉長《ごちょう》慶《けい》である。その頃の呉は同郷の直隷《ちょくれい》総督（首都近郊にあたる河北省の最高官）李鴻章《りこうしょう》に連なる軍をあずかり山東省登州府に駐屯していた（張謇《ちょうけん》『嗇翁自訂年譜』光緒七年四月条、胡思敬《こしけい》『大盗竊国記』）。袁家の一族はみな文官ながら軍務で身を立てたわけで、この袁世凱の選択もあながち大博打とはいえない。とはいえ一族の戦った反乱勢力も今や無い。平時の軍隊に活躍の場は少ない。しかも呉長慶幕下での彼の勤務内容は基本的にデスクワークである。彼には後年の出世の糸口など見えてはいなかったろう。そこに現れたのが日本であった。

朝鮮での日々

日本では一八七三(明治六)年に征韓論《せいかんろん》が沸騰、一八七五(明治八)年にはソウル付近で江華島《こうかとう》事件が発生し、翌年には日朝修好条規を締結した。当時の朝鮮王朝では王妃の閔妃《びんひ》を中心とした閔氏が政権を掌握していたが、国内には開化政策や腐敗への不満が蓄積していく。ここにクーデタが発生する。一八八二(明治十五、光緒八)年の壬午《じんご》事変である。この武力蜂起に対し、清朝は半島への派兵を決定した。その駐屯軍こそが半島対岸に在った呉長慶の部隊である。あと少しで満年齢二三歳となる若き袁世凱も参謀格として駐屯《ちゅうとん》に同行、圧倒的な軍事力によりクーデタ政権を打倒したのであった。なお彼はその後も朝鮮に在って駐屯軍の管理を補助し、また西洋式軍隊育成を担当する。こうして朝鮮における清朝の存在感が高まると、朝鮮の改革派は日本の軍事力を恃《たの》んで政変を起こす。一八八四(明治十七、光緒九)年の甲申《こうしん》事変である。袁世凱は事態を傍観せず、朝鮮駐屯軍トップの承諾を得てクーデタ派や日本軍を攻撃し勝利したのであった。

袁世凱は朝鮮王朝における清朝の圧倒的な地位形成に貢献した。そして一八八五(光緒十一)年には朝鮮関係事務を一手に掌握する地位に就く。推薦したのは直隷総督にして北洋通商大臣(外交通商事務の担当者)を兼務していた李鴻章であった。その推薦状は彼を「知謀にたけ」「胆力知略ともに優れ大局を見通すことができます」(十月二八日付二通)と激賞している。とはいえ世の動きは意にならないものである。一八九四(明治二七、光緒二〇)年二月、朝鮮王朝南西部で東学を奉じる人々が武力蜂起する。勢力は急速に拡大、王朝政府は袁世凱に対して壬午・甲申の先例にならう出兵を申し入れた。そこで彼は李鴻章に連絡、ただちに本国から兵が派遣された。しかしここに日本も派兵、最終的には日本と清朝の戦争へと発展してしまう。戦役は同年七月二五日に戦端が開かれ、翌年三月まで続いた。そして下関条約が調印されたのであった。

なお、ここに当時の清朝を象徴する逸話がある。一八九五(明治二八、光緒二一)年二月、日本が威《い》海衛《かいえい》軍港を接収、広東省水師(海軍)所属の広丙《こうへい》号も対象とした。その際、威海衛トップの牛昶昞《ぎゅうちょうへい》が広丙の返還を求めたのである。

> 今回の戦争はもとより広東省とは関係がないものです。もし(沈没二艘を含む)広東所属の一軍がみな消滅してしまった場合、両広総督(広東・広西の最高官)に申し訳なく、(広丙の)程璧光《ていへきこう》艦長も上司に顔向けができません。そのため煩わしくも書信を差し上げ、(伊東祐亨《すけゆき》海軍中将)閣下が事情を諒解して広丙を程艦長に還付し広東へ帰航いただくよう懇請するものです。(海報第五六号『威海衛軍港明渡関係書類』第八号文献、防衛省防衛研究所蔵)

日清戦争は日本と清朝が戦った戦争であった。しかしこの提案は、戦争が清朝の一地方長官である李鴻章のものであり広東省とは関係ないと主張する。一八五〇年代の戦乱の季節、清朝は各地方に大きな裁量権を与えて反乱勢力を討伐せしめた。討伐の立役者の一人が袁甲三であり、また李鴻章であった。しかも鎮圧後もなお地方は徴税・軍事・近代化などの各方面でそれぞれ独自路線を歩んだ。中央の威令《いれい》は地方に行き届かず、各地方は己が地域の伸張を第一に考える。広内もまた広東省のいわば地方裁量経費により建造された。ここからすれば直隷(河北省)の起こした戦争など広東省にとっていたずらに自省の資産を失うに終わった悲しむべきものである。こうした強力な地方権限の穏便な回収、それが当時の中央政権の大きな課題であった。

なお、風向きの変化により袁世凱は帰国願いを幾度も申請、一八九四年七月十九日に失意のなか朝鮮を出国する。その後は国内で後方支援を行い敗戦を迎えたのであった。彼はこうして朝鮮で十数年にわたって作り上げた政治資産を失ったのである。袁世凱を引き立てた李鴻章も日清戦争の責任をとり一時的に失脚した。とはいえ捨てる神あれば拾う神があるもので、後方支援の関係者たちが彼を引き立てる。まず推薦を行ったのが戦略指揮を担っていた地方高官の劉坤一《りゅうこんいつ》である。いわく「胆力や識見は優れ、性質は忠実にして実直、実務でも秩序だっており、地方官のなかでも出色の文官です」「この困難な時局、軍務に明るい文官で袁世凱のような者はまことに少なく存じます」(五月十四日付朝廷宛推薦)。同じく兵站《へいたん》を担った胡燏棻《こいつふん》も軍機処(朝廷の最高諮問機関)の大臣に宛て「英気は人を圧倒するもので、建議も採用すべきものばかりです」(六月八日付書信)と述べるほか、地方高官の張之洞《ちょうしどう》もまた朝廷へ「袁世凱は英明で進取に富み実務にあたれば大胆で軍務に最も好適」「文官で軍務に通暁《つうぎょう》する者」(八月八日付報告)と推薦している。

失意の帰国者から中央直属軍の指導者へ

そこで朝廷は定例の殊勲者集団接見にかこつけて袁世凱を北京へ呼び出した。彼が八月一日に紫禁城の養心殿で五一名の文官の同輩とともに順に声を張り上げたところ、翌日には彼にのみ単独謁見の命が下されたのである。ここで長口舌を振るった袁世凱は、さらに八月二〇日に一万字を越える意見書を具申する。その内容は人材育成九条、財政九条、軍事十二条、外交四条の計三四条に及ぶものであった。ここで朝廷は彼に中央直属軍の練兵を任せたのである。袁世凱が逝去まで政治資産とした所謂《いわゆる》軍閥はここに誕生したのであった。

なお袁世凱はこの中央直属軍を一から作り上げたわけではない。すでに李鴻章が一八八〇(光緒六)年に天津水師学堂を、また一八八五(光緒十一)年に天津陸軍武備学堂を建設し、イギリス人やドイツ人の軍人を招き将校育成を行っていた。また戦時中の一八九四(光緒二〇)年十一月、兵站担当の胡燏棻が天津近郊の馬廠《ばしょう》で洋式軍隊「定武軍」の育成を開始した。その後に定武軍は駐屯地を近傍の小站《しょうたん》に遷す。ただし胡燏棻は鉄道敷設事業に転出、そこで一八九五(光緒二一)年十二月八日、袁世凱が定武軍を引き継いだ。そしてその名も「新建陸軍」と改め、複数のドイツ軍人による大々的な教練を始めたのである(『新建陸軍兵略録存』巻一)。そこでは後の北洋三傑である王龍(王士珍《おうしちん》)・段虎(段祺瑞《だんきずい》)・

馮狗《ふうこくしょう》（馮国璋）、また袁世凱の旧友で進士の徐世昌《じょせいしょう》（後の第四代大総統）も支援にまわる。外国人、留学帰国者、科挙官僚という出身母体豊かな人々が彼のもとに結集したのである。ここで彼が心がけたのは、教員に人材を選び抜き、士兵の採用を厳格にし、腐敗を排除して構成員の待遇に還元し、兵器から日用品まで優良品を使用することであった。この新建陸軍に対し、日本は早くも一八九六（明治二九、光緒二二）年に清朝軍政の最重要拠点として注目している。

（天津小站の新建陸軍は）独逸式《ドイツしき》に模倣して訓練しつゝある者なるが、清国政府は尤《もっと》も袁世凱が統率する新建陸軍に清国陸軍前途の改革の希望を寓《ぐう》したる者にて、之を直隷の総督たる王文韶《おうぶんしょう》の部下に属せずして軍機大臣の直轄に帰したる所以《ゆえん》なり。是れ即ち彼の恭親王《きょうしんおう》が袁世凱をして清国内部軍制改革の手始めとして一小模範を形造せしめ、漸々《ぜんぜん》内部陸軍の改革を計らんとするの意に出でたるを知るべし。是以て今後最も注目を要すべき者は……是の新建陸軍の前途に在り。（三月三十日付「天津派遣員報告」『諜報』第二号、明治二十九年四月十五日、防衛省防衛研究所蔵。振り仮名句読点濁点付加・仮名片平変換・括弧内注記は筆者修改）

また、三年後の一八九八（光緒二四）年十月二七日に小站を訪れたイギリス海軍少将ベレスフォード（Charles William de la Poer Beresford）は「わたしは（袁世凱）将軍が最も精力的であり、十分に知的かつ良い教育を受けた人物と感じた」「この（新建陸）軍はわたしが中国で見たなかで唯一の、細部すべてにわたって完璧な西洋式思想による軍である」と絶賛している(The Break-up of China, 1899. chapter 22, pp.306-309)。袁世凱の育成しているのは中央直属軍であるから、中央高官との交渉の機会も多い。こうして天津小站に居ながらにして彼の官位は少しずつ上昇していく。その途次には皇太后と皇帝の争う戊戌《ぼじゅつ》の政変が発生、皇帝派から皇太后へのクーデタを要請されるも動かず、やはり小站にて事態の推移を見守っている。

英明なる期待の改革者

こうして袁世凱は文官ながら将校育成と軍事教練に一意専心していたのだが、ここに変化が訪れる。山東省西部で宗教的拳法集団である義和団《ぎわだん》が勢力を拡大、反キリスト教気運と結びつき勢力を拡大しはじめたのである。そこで一八九九(光緒二五)年に朝廷は事態の処理のため彼を山東巡撫代行に任命、ほどなく正任へと昇格させた。彼が山東省内で弾圧を加えると義和団は省外へ移動、北京に入城した後には朝廷内の一部と結合して排外の動きを強めていく。結局北京の朝廷は一九〇〇(光緒二六)年に諸外国へ戦線を布告した。ここで地方各省は外国へ中立を通知、外国軍は一路北京を目指して進み、袁世凱麾下《きか》を除く中央直属軍はほぼ壊滅する。やむなく朝廷は諸外国と和睦を結んだ。ここで開戦派は処断され、高級中央官僚の多くが排斥された。そして袁世凱は四三歳の若さで直隷総督へと浮かびあがることとなる。代行就任が一九〇一(光緒二七)年、正式昇格が一九〇二(光緒二八)年であった。これから一九〇七(光緒三三)年まで直隷(河北省)の地を治めたのである。

ここで袁世凱は実に多くの洋式制度を導入した。警察を創設し、鉄道敷設を推進し、鉱工業の会社を創立し、住民のための学校を多数建設し、官僚のための再教育機関を設置した。また地方自治を導入し、初めての地方選挙を行った。その多くは顕著な成果を見せ、各省に直隷モデルとして参照されるほどとなった。当時三年にわたって総督袁世凱のもと勤務した吉野作造は、彼を「只《ただ》此間に在て卓然時流を抜き、立憲制度に関して正確なる見識を有せしもの」「政治家として慥《たしか》に尋常以上の才幹を有し、清国第一の傑物」「招聘《しょうへい》外人に対しても、将《は》た自国人に対しても、比較的能《よ》く正当の待遇をなすを誤らず、彼等をして安んじて事に従はしめし者」（『国家学会雑誌』第二一巻第六号・第二三巻第四号）と称揚している。袁世凱の幕下には、小站での練兵の時と同様に外国人がおり、科挙官僚がおり、留学帰国者がいた。しかもこの中には嵇鏡《けいきょう》や金邦平《きんほうへい》といった、留学時に陳独秀《ちんどくしゅう》（後の中国共産党初代総書記）と行動を共にした者すら含まれる。こうして袁世凱は国籍経歴を問わず適材適所に努めた。直隷経営の成功には、彼の持つ清濁併せ呑む人格的魅力そして包容力があったことは疑い得ない。

しかし若すぎる身での輝かしい成果は清朝中央の警戒を生むことになった。一九〇七（光緒三三）年九月には軍や地方から引きはがされ軍機大臣・外務部尚書（外務大臣）へ「栄転」する。しかも一九〇九年一月には突如罷免されてしまう。やむなく彼は故郷河南省へと居を移したのであった。とはいえ時勢は隠棲《いんせい》を許さない。一九一一（宣統三）年十月十日に辛亥《しんがい》革命がはじまると、袁世凱は討伐軍の総司令官に任じられた。そして十一月一日には内閣総理大臣に就任する。ここで和平交渉の全権を得て革命派と交渉、最終的には中華民国が成立し、宣統帝《せんとうてい》溥儀《ふぎ》は退位した。そして彼は初代臨時大総統の孫文から位を譲られ、第二代臨時大総統として中国に君臨することとなる。

幸運児の墜落

野心を秘める隠居から臨時大総統へ、袁世凱の地位は一年のあいだに大きく動いた。以降の行動は一つである。革命後いよいよ強力となった各省の勢力を削減し、中央集権に努めたのである。そのためには暗殺といった悪《あく》辣《らつ》非情な手段すらも厭《いと》わず、法制や人事の改革を行い、徴税権を回収し、中央の軍事強化につとめ、対外交渉を有利に進めようとした。そのなかには軍事や財政のように上首尾のものもあれば、外交や国民一体化のように必ずしも成功したとは言えないものもある。それでも袁世凱は愈々《いよいよ》仕事に邁進した。当時、彼の身近に仕えていた黄開文は「袁世凱の文書閲覧と指示は神速であった。（黄の勤務していた）礼官処から人を出して文書を報告したら、使者本人がまだ帰らないうちに指示が返ってきたものである。保留事案が無かったこと、

❖袁世凱関連年表（月日は太陽暦による）

年	出来事
1853	3月、太平天国が南京を占領し首都に
1859	9月、袁世凱が河南省項城県で出生
1862	2月、太平天国討伐のため李鴻章が淮軍結成
1864	7月、太平天国の首都南京が陥落
1881	5月、袁世凱は淮軍系の呉長慶へ身を寄せる
1882	7月、朝鮮で壬午事変。袁世凱は駐留軍の一員としてソウルへ
1894	3月、日清戦争勃発
1895	12月、袁世凱が中央直属軍の練兵を命じられる
1899	義和団の勢力が増大。12月、袁世凱が山東省の巡撫代理に
1901	11月、李鴻章が逝去し袁世凱が直隷総督代理に
1909	1月、袁世凱は河南省に隠棲
1911	10月、武昌起義。袁世凱は内閣総理大臣に
1912	1月、中華民国南京臨時政府が発足 3月、袁世凱が二代目臨時大総統に就任
1914	7月、第一次世界大戦が勃発
1915	1月、日本が対華二十一条を要求 12月、袁世凱が皇帝即位を了承
1916	3月、袁世凱が帝位撤回し大総統に帰任。6月、死去

推して知るべし」（全冰雪編『解説老北京』収録「清末民初名人逸聞」）と振り返っている。しかし努力はなかなかに実らない。思うにまかせない袁世凱はさらなる中央集権化をめざし、数年前に消滅した君主制を追い求める。そこで中華帝国を成立せしめ、一九一六年を洪憲《こうけん》元年と改元し、自ら君主を買って出た。ここで失意の死を迎えたのである。イギリス公使のジョーダンはこう振り返る。いわく「我が亡友（である袁世凱）の名誉について言えば……彼はまさに権力の絶頂に居た頃よりも困難に在った頃のほうがなお偉大であったように私は感じるのである」と（一九一六年六月十三日付ラングレー宛文書 Public Record Office, Sir John Jordan Papers, Foreign Office 350/15）。最後に、やはり晩年の袁世凱に仕えていた惲毓鼎《うんいくてい》の当日の日記から彼の死を振り返ってみよう。

袁（世凱）大総統が午前十時に逝去した。享年は五十八である。一代の英雄であった。しかし第一には辛亥（一九一一）年の清朝亡国協力、第二には乙卯（一九一五）年の皇帝即位希求という誤りがあり、結局この仕儀となった。人々が反旗を翻し親信も距離をおくなか、怨みを抱いて絶命したのである。もし辛亥の冬に君主立憲を推進し、宣統帝を戴き、親王となって内閣を率い、全権を総攬《そうらん》して東南部の動乱をおさめていれば、どうして歴史上の一流の人々に恥じる事があろうか。もしそうでなかったとしても、徹頭徹尾大総統として治世をしていれば、中華民国の開国者として英傑たりえただろう。初心をゆるがせにし、徳行もまっとうせず、忠も信も共に失ったが、これは実に左右の小人たちが誤導したものである。

袁世凱は努力した。しかしその行動は中国をさらなる混迷に導くだけに終わってしまった。その敗因は、辛亥革命以降に各種の思想が愈々《いよいよ》声高に唱えられたことにあるかもしれない。貪欲に多くの人々を幕下に加えた袁世凱に思想はなく、ただ中央集権と富国強兵への渇望があるのみであった。その極限を突き詰め、彼は死んだ。

⊙参考文献

岡本隆司『袁世凱――現代中国の出発――』（岩波書店、二〇一五年二月）
佐藤鐵治郎『一個日本記者筆下的袁世凱』（天津古籍出版社、二〇〇五年五月）
佐藤淳平「袁世凱政権期の預算編成と各省の財政負担」（『東洋学報』第九六巻第二号、二〇一四年九月）
水盛涼一編「吉野作造明治期中国論説集成」（郭連友・大川真編『東アジア文化交流叢書』創刊号、二〇一五年四月）
吉澤誠一郎「中華民国顧問グッドナウによる国制の模索」（斯波義信編『モリソンパンフレットの世界』第二巻、東洋文庫、二〇一六年三月）
王剛「甲午戦争中的督辦軍務処」（『軍事歴史研究』二〇一七年第二期）
李細珠「再論〃内外皆軽〃権力格局与清末民初政治走向」（『清史研究』二〇一七年第二期）
Jerome Ch'en（陳志譲）（守川正道訳）『袁世凱と近代中国』（岩波書店、一九八〇年八月）
Jerome Ch'en（陳志譲）（北村稔・岩井茂樹・江田憲治訳）『軍紳政権――軍閥支配下の中国――』（岩波書店、一九八四年十一月）
Ernest P. Young（藤岡喜久男訳）『袁世凱総統――「開発独裁」の先駆――』（光風社出版、一九九四年十二月）

1335−1408年
朝鮮の太祖。高麗末期に武功を重ねて出世し、王朝交替を実現。

武才と強運の持ち主は政治的野心を懐いたか

李成桂

…イソンゲ・りせいけい…

六反田 豊

はじめに

一三九二年七月十六日(月日は陰暦、以下同じ)、高麗《こうらい》の都である開京《ケギョン》(黄海北道開城市《ファンヘブクトケソン》)のとある屋敷の門前に、裴克廉《ペグンニョム》・趙浚《チョジュン》・鄭道伝《チョンドジョン》らの高官をはじめ大勢の人々が押しかけた。門は固く閉ざされていたが、夜になって彼らはそれを強引に押し開けて中庭へ進み、恐れ慌てた様子で姿をみせた屋敷の主《あるじ》に拝礼すると、鼓《つづみ》を打ち鳴らして万歳を叫んだ。屋敷の主の名は李成桂《イソンゲ》、朝鮮《ちょうせん》の建国者にして、死後太祖《テジョ》という廟号《びょうごう》を贈られた人物である。

当時、宮中の最長老は、恭愍王《コンミンワン》(在位一三五一―七四年)の後宮である王大妃安《アン》氏だった。裴克廉は四日前の十二日、その安氏に働きかけ、高麗最後の国王となる恭譲王《コンヤンワン》(在位一三九〇―九二年)を廃する教書を得た。人心の離反を悟った恭譲王はこれを受け入れて同日中に王宮を去り、翌十三日にはやはり安氏の命により李成桂が政務を代行することになった。

そして十六日。この日、裴克廉らが李成桂の屋敷を訪れたのは、彼を国王に推戴《すいたい》するためだった。裴克廉らは持参した国璽《こくじ》を表座敷に安置し、李成桂に即位を迫ったが、李成桂はひたすら固辞し、応じようとはしなかった。しかし結局抗しきれず、翌十七日に寿昌宮《スチャングン》に赴き、即位した。ただし玉座には着かず、正殿の柱に隠れるようにして群臣の朝賀を受け、すべての臣僚に対して従来どおり政務に従事するよう指示を出すと自宅に戻った。

以上は朝鮮政府の公式記録である『太祖実録《たいそじつろく》』が伝える李成桂即位の模様である。ここで強調されているのは、高麗から朝鮮への王朝交替が禅譲《ぜんじょう》により平和裡《り》になされたこと、しかも李成桂自身には何らの政治的野心もなく、彼の即位はあくまでその人望を慕う臣僚らの推戴の結果だったということである。とはいえ、これはあくまで朝鮮政府の公式見解にすぎない。当然ながら、王朝交替の正当性に抵触する事柄は書かれるはずがない。思うに、国王の座に登りつめるほどの人物なればこそ、李成桂もまたその抜きんでた才覚とまれにみる強運とに加え、人一倍の政治的野心の持ち主だったのではなかっただろうか。

祖先とその動向

李成桂は一三三五年十月十一日、朝鮮半島東北部の和州《ファジュ》（咸鏡南道《ハムギョンナムド》金野《クミャ》郡）に生まれた。父の李子《イジャ》春《チュン》は、当時東北面《トンブンミョン》とも呼ばれた同地一帯を本拠地とする豪族の長《おさ》だった。一二五八年、モンゴル（のち元《げん》）は鉄嶺《チョルリョン》（江原道《カンウォンド》淮陽《フェヤン》郡と高山《コサン》郡の境界）以北を直轄支配するためにこの地に双城総管府《そうじょうそうかんふ》を置いたが、李子春は父の代から武人としてこれに仕えていた。

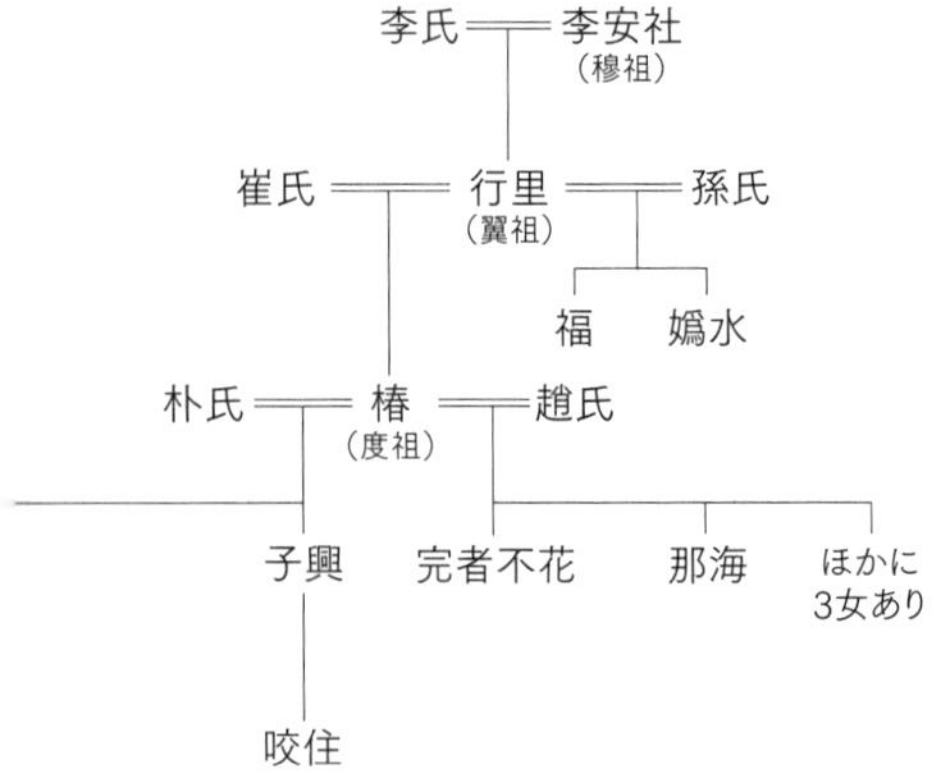

李成桂関係地図
（武田幸男編『朝鮮史』山川出版社、2000年による）

『太祖実録』は、李子春までの李成桂の祖先の動向をおおむね次のように記す。すなわち、李成桂の祖先は南西部の全州《チョンジュ》（全羅《チョルラ》南道全州市）を本貫《ほんがん》（一族の始祖の発祥地）とするが、高祖父李安社《イアンサ》の代に全州から北方の三陟《サムチョク》（江原道三陟市）、次いで宜州《ウィジュ》（江原道元山《ウォンサン》市）へ移動した。一二五四年、李安社はさらに豆満江《トゥマンガン》を越えて開元路《かいげんろ》南京《なんけい》の斡東《あつとう》（吉林《きつりん》省《しょう》琿春《こんしゅん》市敬信鎮《けいしんちん》付近）に移り、翌五五年にモンゴルから同地の千戸《せんこ》（軍指揮官の一種）兼達魯花赤《ダルガチ》（監督官）に任命された。以後、彼はこの地域の女真《じょしん》人をも勢力下に組み込みつつ豪族として成長した。子の李行里《イヘンニ》（李成桂の曽祖父）は再び宜州に戻ったが、その子の李椿《イチュン》（李成桂の祖父）は再度和州へ北上して双城総管府に仕え、北方の咸州《ハムジュ》（咸鏡北道咸興《ハムン》市）一帯にも勢力を伸ばした。

同様の記述は、『太祖実録』だけでなく、やはり朝鮮

❖李成桂とその四祖(父・祖・曾祖・高祖)略系図

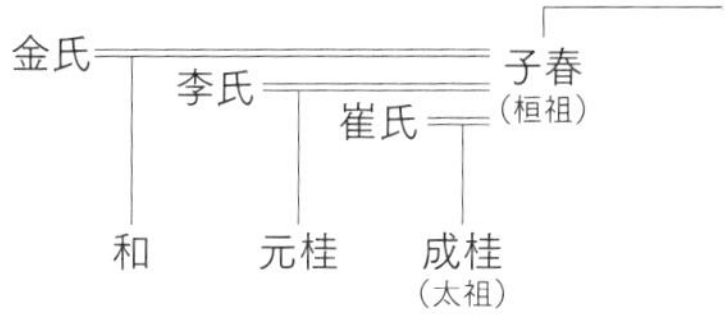

政府が編纂した『高麗史《こうらいし》』や『龍飛御天歌《りゅうひぎょてんか》』などにもみられる。しかし彼らの本拠地である東北面が当時女真人の集住地帯だったことや、前述のとおり彼らの勢力下に多数の女真人が含まれていたことなどから、李氏一族を女真系とみなす説もある。その当否はともかく、一四世紀後半頃までにこの一族が女真人をも含み込んだ東北面屈指の豪族勢力に成長していたことは事実である。

さて十四世紀半ばになって元の勢力に翳《かげ》りがみえはじめると、恭愍王は鉄嶺以北の奪還を計画した。これに対し双城総管府に仕えていた李子春は一三五五年、権力基盤維持のために恭愍王に謁見して内応の姿勢を示し、翌五六年に恭愍王が双城総管府を攻撃した際、武功を立てたと伝わる。これが契機となって李子春は高麗政府に登用されたが、一三六一年(六〇年とする記録もある)に和州で死去した。その後を継いだのが次男の李成桂だった。

初出仕と初武功

李成桂が初めて高麗政府に出仕したのは一三五六年とされる。恭愍王が双城総管府を攻撃した年である。このとき彼は二二歳(数え歳、以下同じ)だった。『太祖実録』には、端午《たんご》の恒例行事である、年少武官・高官子弟中から選抜された者による政府主催の撃毬《げききゅう》（ポロに似た騎馬競技）大会に李成桂も参加し、馬を巧みに操り、誰もみたことのない技を繰り出したとある。この記事をみる限り、官位や職名は不明ながら、李成桂に与えられたのは武官の職であり、時期は五月初旬以前と推測される。同年三月には父の李子春が恭愍王への二度目の謁見をはたしているので、あるいはそのときだったのかもしれない。

一三六一年九月、豆満江流域の辺境地帯で禿魯江《トンノガン》万戸《ばんこ》朴儀《パクウィ》による反乱が起こると、李成桂は出陣を命じられ、翌十月に朴儀を誅殺《ちゅうさつ》する戦果をあげた。李成桂が父の後継者となって初めてみせた活躍だった。

注目すべきは、李成桂がこのときすでに中央軍の一つ金吾衛《きんごえい》の上将軍《じょうしょうぐん》（正三品《せいさんぴん》の武官職）だったことである。特段の功績もないのに、初出仕からわずか五年で高級武官の地位に就いていたことになる。実職でなかった可能性も指摘されているが、そうだとしても、高麗政府が李子春の功績を評価し、子の李成桂にも高い期待を寄せていたことが窺われる。

李成桂はまたこのとき東北面上万戸《じょうばんこ》にも任じられていた。これは、彼が本拠地の東北面に有する私兵や彼に従う女真人勢力を指揮する権限を高麗政府から公認されたものだろう。朴儀討伐ではそれらの兵力が実際に動員され、李成桂はみごと高麗政府の期待に応えた。

武人としての活躍

初の武功を立てた李成桂は、以後、息つく間もなく戦陣に立ち続けた。まず、鴨緑江《アムノッカン》を越えて侵入した紅巾《こうきん》軍と対戦した。紅巾軍とは、一三五一年に中国で起こった紅巾の乱（宗教結社に主導された漢民族の農民反乱）の反乱勢力である。その一部が六一年十月に高麗まで押し寄せると、李成桂は十一月にこれを迎撃し、翌六二年一月に紅巾軍が開京を陥落させた際にも交戦して首都奪還に成功した。次に、同年二月に東北面を侵した元の将軍納哈出《ナガチュ》の軍と対戦すべく、四月に東北面兵馬使《へいばし》として出陣し、七月にこれを撃退した。

二年後の一三六四年一月、今度は恭愍王の廃位を企てた崔濡《チェユ》が忠宣王《チュンソンワン》（在位一二九八年。復位一三〇八—一三年）の庶子徳興君《トックングン》を擁し、一万の元兵を連れて高麗に侵入した。王命を受けた李成桂は東北面から出陣し、崔瑩《チェヨン》とともにこれを撃退した。さらに翌二月には、東北面の咸州・和州を陥落させた金三善《キムサムソン》・三介《サムゲ》兄弟配下の女真人勢力を破った。

これらの活躍により同月、李成桂は密直司《みっちょくし》（王命出納・宮中宿衛・軍機などを管掌）の副使《ふくし》となり、官位も奉翊大夫《ほうよくたいふ》（従二品）に昇進、端誠亮節翊戴功臣《たんせいりょうせつよくたいこうしん》の称号を下賜された。さらに四年後の一三六九年十二月には東北面元帥《げんすい》・知門下省事《ちもんかしょうじ》（政務全般を総轄する門下省の知事）に任じられた。この間、中国では六八年に漢《かん》民族の王朝である明《みん》が建国され、元は北方のモンゴル高原に後退した（北元《ほくげん》）。李成桂は七〇年、遼東《りょうとう》に遠征し、同地の北元勢力を駆逐した。

倭寇との対戦

このように、李成桂は当初おもに北方からの脅威に対して軍事行動を展開した。しかしのちになると、彼は南方からの脅威である倭寇《わこう》の撃退でも多くの戦果をあげた。倭寇は一三五〇年頃から朝鮮半島を盛んに襲うようになった。そして南部では沿海地方のみならず内陸深くまで侵入し、また北部沿海地方にまで北上する例もしばしばみられるなど、朝鮮半島全域にわたって掠奪行為を繰り返していた。

そのような倭寇と関連して李成桂の名が史書に登場するのは、一三七一年からである。同年七月、倭寇が開京近くの礼成江《イェソンガン》に侵入したのを受け、李成桂は楊伯淵《ヤンベギョン》とともに開京防衛の任に就いた。次いで翌七二年六月、倭寇が東北面の安辺《アンビョン》(江原道安辺郡)・威州を侵すと、彼は和寧《ファニョン》(もとの和州)の地方官としてこれに備えた。七五年、倭寇が開京南方の徳積島《トクチョクト》・紫燕島《チャヨンド》(永宗島《ヨンジョンド》)近海に出現した際にも、彼は崔瑩とともに開京防衛に当たった。

これら三例とも実戦には至らなかったが、一三七七年五月、倭寇が南部の智異山《チリサン》に侵入すると、これと交戦して勝利し、また同年八月には開京北方の西海道《ソヘド》(黄海南北道)各地を襲った倭寇を撃破した。翌七八年四月には開京近郊の昇天《スンチョン》(黄海北道開豊《ケプン》郡)でも倭寇を破った。そして八〇年九月、李成桂は倭寇の大集団と対戦することになった。

この年の八月、五〇〇隻の大船団からなる倭寇が南西部の錦江《クムガン》河口の鎮浦《チンポ》に上陸し、周辺地域を襲った。羅世《ナセ》・崔茂宣《チェムソン》らの攻撃で船を焼かれた倭寇集団は各地を移動しつつ掠奪を続け、九月に雲《ウン》峰《ボン》（全羅北道南原《ナムオン》市）郊外に駐屯した。李成桂の軍勢は雲峰付近の荒山《ファンサン》でこれと戦い、首領の阿只抜《あきば》都《つ》を倒し、倭寇集団を潰滅に追い込むことに成功したのである。

『高麗史』には、このとき李成桂が弓の巧みな腕前をみせたことが活写されている。すなわち、全身を隙間なく甲冑で覆った阿只抜都を射殺《いころ》すため、李成桂は配下の李豆蘭《イドゥラン》に「俺が奴《やつ》の兜の頂点を狙うので、兜が頭から落ちたらお前がとどめを刺せ」と指示した。はたして李成桂が馬上より射た矢は命中し、阿只抜都の兜を横にずらした。阿只抜都がそれを直そうとした瞬間、李成桂が射た二本目の矢がまたも命中し、ついに兜は地面に落ちた。そこですかさず李豆蘭も矢を放ち、阿只抜都を殺した。

李成桂が弓の名手だったことは、『太祖実録』でも随所に言及されている。たとえば、彼が幼かった頃、義母の金氏《キム》（異母弟の李和《イファ》の母）が塀の上にいる烏《からす》五羽を弓で射るよう求めたところ、李成桂は一矢で五羽すべてを射落とした。これを尋常ではないと感じた金氏は、決して他言せぬようにと李成桂に語ったという。むろんある程度脚色されてはいようが、李成桂が若い頃から弓を得意としていたこと自体は事実とみてよい。

威化島回軍

一三八八年一月、李成桂は守門下侍中《しゅもんかじちゅう》に任じられた。最高位の宰相職である門下侍中《もんかじちゅう》に次ぐ職位である。このとき彼は五四歳だった。初出仕以来三二年が経過していた。彼が長きにわたり高官

節妃韓氏
（神懿王后）

慶善公主　慶慎公主　芳衍（徳安大君）　芳遠（靖安君／太宗）　芳幹（懐安大君）　芳毅（益安大君）　芳果（永安君／定宗）　芳雨（鎮安大君）

の地位を維持し、ついには高麗政府の中枢にまで入れたのは、高麗を取り巻く当時の国際情勢が彼のような武人に活躍の場を多く与えてくれたからである。しかも、そうした機会を最大限に利用しうるだけの軍事力と武才とを、彼は持ち合わせていた。

ところでその翌月、明が高麗に鉄嶺以北の直轄支配を通告してきた。親元政策をとっていた門下侍中の崔瑩は、これを拒否する一方で明の遼東攻撃を計画し、曹敏修《チョミンス》と李成桂に遠征軍の指揮を命じた。李成桂は、この遠征の無謀さを説いて強く反対したが、禑王《ウワン》（在位一三七四―八八年）や崔瑩には聞き入れられず、遠征軍は四月に平壌《ピョンヤン》（平壌市）を出発し、五月には明との国境をなす鴨緑江に達した。しかし中洲の威化島《ウィファド》に渡ったところで、遠征軍は増水した川の流れに行く手を阻まれた。これ以上の前進は不可能と判断した李成桂は曹敏修らを説得して軍を反転させ、六月には開京を陥落させた。崔瑩は応戦したが敗れ、流配後に処刑された。禑王も江華島《カンファド》に追放された（威化島回軍《ウィファドフェグン》）。

王位への野心

威化島回軍によって李成桂は事実上政権を握った。しかし彼がすぐさま王位に就くことはなく、禑王の後継は、曹敏修や李穡《イセク》らの密議によってその子の昌王《チャンワン》（在

太祖の2妻と王子・王女

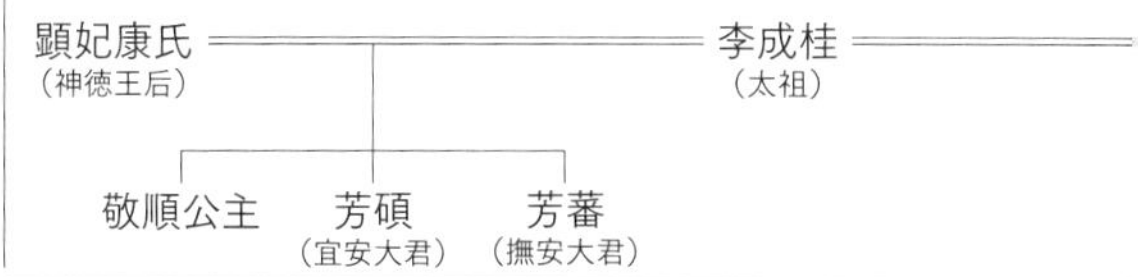

位一三八八—八九年）に決まった。李成桂は別の人選を考えていたが、そこに自らの即位という選択肢はまだなかった。しかしだからといって、彼がこのときまで王位に対してまったく野心を抱いていなかったのかといえば、それもまた疑問である。なんとなれば、十五世紀後半に編まれた徐居正《ソゴジョン》の随筆集『筆苑雑記《ひつえんざっき》』に次のような記述があるからである。

> 牧隠《モグン》李先生（李穡）が……桓王《ファンワン》（李子春）の碑文を撰したのは太祖（李成桂）が潜邸《せんてい》（即位前）の頃だったが、「周《しゅう》は古い国だが天命を新しく受けた」という語を引用したのはどういうわけか。都統《ととう》崔瑩が死に臨み、「李広平《こうへい》（李仁任《イイニム》）が、判三司事《はんさんしじ》（李成桂）はきっと国の主となるだろうとつねに言っていた」と語った。広平と都統は、ともに国政を担当する大臣でありながら、なおこう発言したのだから、天命と人心がわが太祖に帰することは、戊辰《ぼしん》（一三八八年）を待たずともわかっていたのである。
>
> （同書巻一）

徐居正が述べるとおり、李穡は李成桂の父李子春の神道碑《しんどうひ》の文章を撰しており、それは彼の文集である『牧隠集《ぼくいんしゅう》』と官撰文集の『東文選《とうもんぜん》』に収録されている。しかし李穡が引用したとされる『書経《しょきょう》』の「周は古い国だが天命を新しく受けた（周雖旧邦、其命維新）」という語は、それら両文集所収の碑文には見当たらない。原碑が残っていないため詳細は不明だが、両文集所収の当該碑文には相互に異同が多く、当該碑文が朝鮮建国後に改竄されたことは疑いの余地がない。『書経』の一節もその際に削除された可能性が高い。

ではなぜ削除されたのか。戦前の研究者である池内宏《いけうちひろし》は、この語が李成桂の政治的野心を示すものだったためと推測する。確かに徐居正の記述はそのような推測を裏づけるものである。李穡が李子春の神道碑文を撰したのは威化島回軍の前年である一三八七年だった。徐居正の言を信じるならば、すでに威化島回軍以前から高麗の高官らが将来的な即位を予想するほどに、政府内での李成桂の威勢は強まっていたことになる。そのような状況のなか、彼自身も王位に対する野心を抱いていた可能性は十分にありうるだろう。

新興儒臣との結合

しかし李成桂は、前述のように威化島回軍後すぐには即位しなかった。政権を握ったとはいえ、高麗を支える権臣勢力の多くが健在だったからである。彼らをはじめとする抵抗勢力を除去しないことには、王朝交替は物理的に不可能だった。加えて、王朝交替のためにはそれを正当化する大義名分も整えねばならなかった。力尽くで国権を奪取したのではなく、王朝交替はあくまで必然の帰結であると万人が納得する論理が必要だったのである。

李成桂は、これらの課題解決のために新興儒臣《しんこうじゅしん》の力を借りた。新興儒臣とは、十四世紀以降、元から輸入された朱子学《しゅしがく》を学んで科挙《かきょ》に合格し、新たに政界に進出してきた官人層である。恭愍王代以降、彼らは政治集団を形成し、対内的には既成勢力である保守派の権臣と対立して内政改革を志向し、対外的には漢民族の王朝である明を支持した。

李成桂は威化島回軍後、親明の姿勢を明確にするとともに、新興儒臣が進めようとしていた内政改革にも賛同した。新興儒臣の側でも、李成桂の政権掌握を自身がめざす改革や理想の国家建設の大きな機会ととらえた。こうして両者は結びつき、歴史の歯車は王朝交替へ向けて一気に回転を速めることになる。

私田改革反対派の排除

新興儒臣にとって当面の課題は私田《しでん》改革だった。この頃の私田は政府が官人などに土地の租《そ》を徴収する権利(収租権《しゅうそけん》)を与えるものだったが、高麗末期には権臣勢力による私田の大規模独占が常態化していた。この状況を解消し、国家収租地の回復とすべての官人へ均等な私田分配をめざすことが改革の主眼だった。私田改革は威化島回軍直後に始まり、新興儒臣のなかでも趙浚・鄭道伝らの急進派が中心となって強硬に進められた。

しかしこの改革によって既得権益を侵害されることになる権臣勢力を中心に、改革に反対する者も少なくなかった。そこで改革を主導する新興儒臣急進派は、反対派排除のために実力行使に出た。一三八九年十一月、流配地にあった禑王による李成桂暗殺計画が発覚したのに乗じ、これを画策した金佇《キムジョ》に連座する形で辺安烈《ピョンアンニョル》以下多数の私田改革反対派を流刑（辺安烈はその後死刑）や罷免に処したのである（金佇の獄）。このとき昌王も廃位された。

この事件が李成桂の意向をどこまで反映したものかは不明である。しかし彼は事件直後、開京の興国寺《フングクサ》で沈徳符《シムドクプ》・池勇奇《チヨンギ》・鄭夢周《チョンモンジュ》・偰長寿《ソルジャンス》・成石璘《ソンソンニン》・趙浚・朴葳《パクウィ》・鄭道伝と会合を持ち、禑王は恭愍王の実子ではなく、よって禑王・昌王父子は高麗王室の正統な継承者ではないとして、昌王の後継に自身の姻戚でもある恭譲王の擁立を決めた。このことからすれば、この事件が、私田改革反対派の排除という次元を超えて、李成桂一派による権力奪取の一環でもあったことは疑いない。なお、禑王と昌王はその後処刑された。

金佇の獄の翌年である一三九〇年五月、今度は尹彝《インイ》と李初《イチョ》が秘かに明に赴き、李成桂の明侵犯計画を告げて高麗への出兵を要請する事件が起こり、関係者として李穡以下多くの官人が逮捕・投獄された（彝・初の獄）。尹彝・李初の訴えが明側で誣告《ぶこく》と認定された結果、連座者の多くも釈放されたが、この事件でも私田改革反対派は大きな打撃を受けた。

さらに同年十一月、彝・初の獄の際に逃亡した金宗衍《キムジョンヨン》による李成桂殺害計画が発覚し、関係者として当時門下侍中だった沈徳符らの名が出た。沈徳符は自身の潔白を証明するとして進んで獄に下り、代わって李成桂が門下侍中となった。ここに至って、彼は制度上でも高麗政府の頂点に立つことになった。しかも翌一三九一年一月、最高軍令機関として新設された三軍都総制府《さんぐんとそうせいふ》の長官（三軍都総制）にも任じられ、軍事面でも最高位に昇った。

王朝交替へ

この年の五月、私田改革の総仕上げとして科田法《かでんほう》が制定された。権臣勢力が独占していた私田の収租権は国家に没収され、官位や職位に応じて官人に再分配されたため、権臣勢力は経済基盤を奪われ、没落が決定的となった。新興儒臣急進派と李成桂配下の武将らによる李成桂推戴の動きもにわかに目立ってきたが、改革は支持しても王朝交替までは望まなかった新興儒臣の穏健派は、この事態をむしろ憂慮した。ここにきて新興儒臣の内部で穏健派と急進派とがこれまで以上に鋭く対立するようになった。

鄭道伝らは科田法制定直後の同年六月、穏健派の李穡と禹玄宝《ウヒョンボ》を弾劾し、流配とした。ところが九月には、穏健派の巻き返しにより李成桂が判門下府事《はんもんかふじ》に降格され、鄭道伝も平壌の地方官に左遷された。鄭道伝はその後、穏健派の領袖鄭夢周の働きかけで、出自の卑しさを理由に失職にまで追い込まれた。翌一三九二年四月にも、趙浚・鄭道伝をはじめとする多数の急進派が弾劾され、流刑に処せられた。しかしその二日後、鄭夢周が李成桂の五男李芳遠《イバンウォン》(のちの太宗《テジョン》、在位一四〇〇―一八年)の命を受けた趙英珪《チョヨンギュ》らにより開京の善竹橋《ソンジュクキョ》で暗殺され、さらに穏健派の多くが流刑に処せられたことで、李成桂の即位に反対する勢力はほぼ瓦解した。

このようななか、急進派は〝高麗の王統は乱れ、暗愚な国王のもと国内の政治や制度も混乱し、もはや人心は高麗王朝から離れてしまった〟と喧伝し、王朝交替を正当化する大義名分を作り上げた。こうして一三九二年七月、冒頭にみたように、李成桂は彼らの推戴を受け、ようやく即位したのである。このとき彼は五八歳になっていた。

おわりに

李成桂は故郷に父祖以来の軍事力を有し、かつ生まれつき武術や武才にも秀でていた。しかも武人として活躍できる場を多く与えられるという幸運にも恵まれた。これらのことが李成桂の即位を実現させる重要な要素となったことはいうまでもない。そのような彼は、高麗政府内で出世を重ねるにつれて、いつの頃からか政治的野心も懐くようになっていったと思われる。そして一三八八年の威化島回軍以後は、それを新興儒臣のなかの一部の者たちと共有しながら王朝交替へと一歩ずつ慎重にことを進めていったのだろう。

高麗から朝鮮への王朝交替は、それ自体としては平和裡になしとげられた。しかしそのわずか三か月前まで、反対派との間で熾烈な権力闘争が繰り広げられていたことも見逃してはならない。その過程で粛清され、命を落とす者さえ少なからずあったのである。

さてそうまでして手に入れた王位だったが、即位後の李成桂は、自らを推戴した新興儒臣急進派や王子たちによる王位継承争いに苦しみ、わずか六年ほどで退位してしまう。若い頃から仏教信者ではあったが、晩年は特に深く仏門に帰依した。一時期、故郷の咸鏡道地方を放浪するなど悲嘆に暮れた日々を送ったのち、一四〇八年五月二四日にこの世を去った。享年七四。彼にとって、王位とは、そして王朝交替とは一体何だったのだろうか。

⦿参考文献

池内宏『満鮮史研究近世篇』（中央公論美術社、一九七二年）

桑野栄治『李成桂　天翔る海東の龍』（「世界史リブレット　人」、山川出版社、二〇一五年）

1367−1422年
朝鮮第3代国王。2度の王位継承争いを勝ち抜いて即位。

その脳裏に刻まれた骨肉の争いの記憶

太宗（朝鮮）

…テジョン・たいそう…

六反田 豊

はじめに

高麗《こうらい》を滅ぼして朝鮮を建国した李成桂《イソンゲ》（太祖《テジョ》、在位一三九二―九八年）は、生涯で二人の妻を娶《めと》った。一人は、李成桂がまだ高麗政府に出仕する前の一三五一年頃に結婚し、当時彼の一族が拠点としていた朝鮮半島東北部の咸州《ハムジュ》（咸鏡南道咸興市《ハムギョンナムドハムン》）で暮らした韓《ハン》氏である。李成桂より二歳年下で、高麗末期の九一年九月（月日は陰暦、以下同じ）に五五歳（数え歳、以下同じ）で没し、朝鮮建国後の九三年に節《チョル》妃《ビ》、九八年十一月に神懿王后《シニワンフ》の称号を追贈された。

もう一人の妻は、具体的な年代は不明ながら、李成桂が高麗政府の高官となったのちに結婚した康《カン》氏である。韓氏存命中にもかかわらず李成桂が康氏を妻としたのは、当時の高麗社会が一夫多妻婚を容認していたからである。咸州に暮らす韓氏が郷妻《きょうさい》と呼ばれたのに対し、康氏は都の開京《ケギョン》（黄海北道開城市《ファンヘブクトケソン》）で生活したため京妻《けいさい》と呼ばれた。一三五六年の生まれで、李成桂とは二一歳も年が離れていた。朝鮮建国直後の九二年八月に顕妃《ヒョンビ》に冊立《さくりつ》されたが九六年八月に四一歳で没し、翌月、神徳王后《シンドクワンフ》と追贈された。

李成桂は韓氏との間に六男二女、康氏との間に二男一女をもうけた。彼が即位した一三九二年七月の時点で、韓氏の産んだ長男芳雨《パンウ》は三九歳であり（一三九三年十二月没）、このときすでに亡くなっていた六男芳衍《パンヨン》を除けば、他の王子たちも皆二〇歳を超えていた。一方、康氏の産んだ二人の王子は、七男芳蕃《パンヨン》が十二歳、八男芳碩《パンソク》が十一歳に過ぎなかった。

李成桂は即位の翌月、後述するようにこれらの王子のうち末子の芳碩を王世子に冊立したが、このことがのちに王位継承をめぐる王子間の争いへと繋がることになった。そしてその争いに勝利し、ついには国王（死後、太宗《テジョン》という廟号《びょうごう》を贈られた）の座を獲得したのが、ここで取り上げる韓氏の産んだ五男芳遠《パンウォン》である。

生い立ちと王朝交替での功績

芳遠は一三六七年五月十六日、咸州に生まれた。母は前述のとおり李成桂の郷妻韓氏である。父親譲りで武人肌の兄たちとは異なり、芳遠は幼少期から聡明で学問を好み、父親の期待を背負って勉学に励んだ。その甲斐あって八二年に十六歳で科挙の進士試《しんし》に合格し、翌年四月には文科《ぶんか》にも及第した。両親はこれを大変喜んだという。

文臣として高麗政府に出仕した芳遠は、順調に出世を重ねたようである。威化島回軍《ウィファドフェグン》と呼ばれる軍事クーデタで李成桂が実権を握った一三八八年六月以降、わずかながら彼の官歴も史書に確認できる。それによれば、まず同年十月、正朝使《せいちょうし》（年賀使節）の書状官に任命されて明《みん》に派遣された。次に九〇年閏《うるう》四月には密直司《みっちょくし》(王命出納・宮中宿衛・軍機などを管掌)の右副代言《うふくだいげん》(正三品)となり、九二年四月に同じ密直司の提学《ていがく》(同右)に転じた。

芳遠の出世は、むろん彼自身の能力と努力によるところが大きかったとみるべきだろうが、その背後には父親である李成桂の存在があったことも決して無視できないと思われる。ともあれ芳遠はこのように高麗政界で高官の地位を獲得する一方、李成桂の即位、つまりは高麗から朝鮮への王朝交替においても重要な役割を果たした。

李成桂および彼と結んで王朝交替をめざす趙浚《チョジュン》・鄭道伝《チョンドジョン》ら新興儒臣《しんこうじゅしん》(高麗末期に台頭した、朱子学《しゅしがく》的教養を身につけた新進の官人層)中の急進派は一三九一年五月、科田法《かでんほう》を断行し、高麗を支えてきた権臣《けんしん》勢力の経済基盤である土地の権益を没収した。これにより王朝交替は既定路線となったが、ここにきて新興儒臣の穏健派がこの流れに待ったをかけた。彼らは、改革は支持しても王朝交替までは望んでいなかったのである。穏健派は同年九月、恭譲王《コンヤンワン》(在位一三八九―九二年)に働きかけて李成桂を首相である門下侍中《もんかじちゅう》から判門下府事《はんもんかふじ》に降格し、鄭道伝を地方に左遷した。翌九二年四月にも趙浚・鄭道伝以下多数の急進派を弾劾した。

この動きの中心にいたのが鄭夢周《チョンモンジュ》だった。彼は穏健派の領袖《りょうしゅう》として絶大な影響力を持っていた。そこで芳遠は同月、趙英珪《チョヨンギュ》に命じて開京の善竹橋《ソンジュクキョ》で鄭夢周を撲殺させた。その後、おもだった穏健派の面々も流刑に処せられたため、政府内で李成桂の即位に反対する者はほぼ消滅した。こうして李成桂は三ヶ月後の七月、裴克廉《ペグンニョム》・趙浚・鄭道伝らに推戴《すいたい》されて即位した。王朝交替を実現させるうえで鄭夢周の除去は避けて通れなかったが、芳遠が「汚れ役」を果たすことで、李成桂一派はその最後の関門の突破に成功したのだった。

芳碩の王世子冊立

朝鮮建国とともに、李成桂（以下、太祖）の即位に功績のあった子飼いの武将や新興儒臣急進派の多くは開国功臣《かいこくこうしん》に叙せられ、政界で中枢的位置を占めることとなった。彼らは朝鮮建国の翌月である一三九二年八月、太祖に対して後継者である王世子を定めるよう要請し、太祖は康氏の産んだ末子の芳碩を王世子に冊立した。その経緯について、太祖の治績を記した朝鮮政府の公式記録『太祖実録《たいそじつろく》』はおおむね次のように記す。

すなわち、当初開国功臣らは年齢と功績を考慮した人選を望んだ。ところが太祖は康氏の意を汲み、彼女が産んだ七男芳蕃を王世子に立てるつもりでいた。それを知った功臣らは「狂率《きょうそつ》（わがままで軽率）な芳蕃よりは末子の芳碩のほうがまだまし」と秘かに語り合ったが、太祖が適任者について下問しても正面切って年齢・功績重視の人選の必要性を主張する者はなかった。ただ裴克廉が末子がよいと答えたので、太祖は芳碩を王世子とした。

つまり、このときの王世子冊立には康氏の意向が強く反映されており、開国功臣らはそれに公然と異を唱えられなかったというのである。確かに太祖が康氏の意向を尊重したことは事実だろう。彼は若い妻を寵愛《ちょうあい》していた。しかも年老いて授かった王子は、太祖にとって目に入れても痛くない存在だったはずである。また開国功臣らが「芳蕃と芳碩とでは芳碩がまし」と語ったとする点も、事実として違和感はない。しかし功臣らが人選は年齢と功績を考慮すべきとしつつもそれを太祖に進言できなかったとする点は、額面どおりには受け取りがたい。むしろ彼らは芳碩の王世子冊立を歓迎したのではなかっただろうか。

建国当初の政治運営を主導したのは、開国功臣のうち特に趙浚や鄭道伝など新興儒臣急進派だった。彼らは最高合議機関の都評議使司《とひょうぎしし》を拠点に、自らが理想とする朱子学理念に基づいた国家建設を進めようとした。そのような彼らであればこそ、太祖とともに王朝交替の激動期を生き抜き、すでに成人していた韓氏の王子たちよりは、康氏の産んだ幼い王子たちのほうが何かと都合がよいと判断した可能性は否定できないように思われる。

新興儒臣急進派の中心人物で、新王朝の設計図を描いた鄭道伝が芳碩の世子弐師《せいしにし》(教育係)を務めた事実も、そのような推測を裏付けるものである。また芳遠の国王としての治績を記録した『太宗実録《たいそうじつろく》』には、芳蕃を王世子に立てようとする太祖に対し裵克廉や趙浚が「嫡長」もしくは「有功」の王子を選ぶべきと主張し、太祖の不興を買ったとある。つまり王世子冊立をめぐる開国功臣の言動に関する記述が『太祖実録』と『太宗実録』とで食い違っているのであり、この件をめぐる両書の記述の信憑性《しんぴょうせい》は必ずしも高くない。

真相は不明だが、この一件が韓氏の王子たちに不満を抱かせる結果をもたらしたことはまちがいない。康氏の二人の王子より年長で功績もあったにもかかわらず、彼らは朝鮮建国後に開国功臣の列に加えられることもなく、官職からも遠ざけられ、父親の後継者となる機会も奪われたのである。兄たちよりも学問に秀で、高官として高麗末期の政治運営に携わるとともに王朝交替にも尽力した芳遠にとって、この一件はとりわけ耐えがたい出来事だったに違いない。そしてそうした芳遠の思いが、新興儒臣急進派が主導する政治運営に対する不満とも相俟って、彼を骨肉の争いへ向かわせる遠因の一つとなったとみられる。

第一次王子の乱

建国当初、政治運営の主導権を握ったのは、前述のように新興儒臣急進派だった。なかでもその中心人物である鄭道伝は、朝鮮建国の最大の功労者として国政と軍事の両面で政府の頂点に立っていた。一三九七年六月、その鄭道伝は南誾《ナムウン》・沈孝生《シムヒョセン》らとともに明の遼東《りょうとう》攻撃を計画した。朝鮮と明との関係は朝鮮建国当初から必ずしも安定せず、政府は対応に苦慮していた。そうしたなか、九五年十月の遣明使節が持参した表箋《ひょうせん》(外交文書の一種)に軽薄侮蔑《けいはくぶべつ》の文言があるとして、明が朝鮮に、表箋作成の責任者である鄭道伝の召喚と謝罪を求めてきた。これに対して鄭道伝が打ち出した強硬策が遼東攻撃だった。

しかし鄭道伝が本気でそれを考えていたかどうかは疑問である。建国当初の朝鮮では、不安定な政情を考慮して王族や功臣に私兵所有が認められていた。地方の兵士や軍馬も彼らが節制使《せっせいし》の肩書きで自身の管轄下に置いていた。鄭道伝の最終的な目的は、そうした王族・功臣らの私兵や彼らの管轄下にある地方の軍事力を官軍として一元化し、政府の軍事権を強化することだった。遼東攻撃はそのための口実に過ぎなかったと推測される。

とはいえ私兵の廃止は王族や功臣にとっては既得権の侵害であり、決して看過できるものではなかった。鄭道伝の遼東攻撃計画は、開国功臣の間に対立を生じさせただけでなく、政治から遠ざけられていた韓氏の王子たちの不満をいっそう強め、また危機感を募らせる結果を招いた。なかでも芳遠は、そうした思いを強く抱いたと思われる。もはや忍耐の限界と感じたのかもしれない。

一三九八年八月二六日、芳遠はついに実力行使に出た。腹心である李叔蕃《イスクポン》の私兵を動員して鄭道伝一派を殺害するとともに、彼らと結びついていた異母弟の芳蕃・芳碩をも殺したのである（第一次王子の乱）。『太祖実録』の記述に沿ってその顚末《てんまつ》を振り返ってみよう。

①鄭道伝・南誾・沈孝生らはかねてから王世子芳碩の側に付き、韓氏の王子を除く経略をめぐらしていたが、太祖異母弟の李和《イファ》の密告で、芳遠はこの事実を把握していた。

②九八年七月末頃から李成桂が病床に臥《ふ》すようになると、鄭道伝らは南誾の妾宅に集まり、太祖の病を口実に韓氏の王子たちを王宮に呼び入れて殺害することを秘かに計画した。決行日は八月二六日とされた。

③八月二六日、太祖の病状が重篤であると聞かされた韓氏の王子たちが正宮である景福宮《キョンボックン》に集まった。しかし芳遠は夫人の機転によりいったん自邸に戻り、万一の事態に備えたうえで、日没後に再度景福宮に出向いた。午後八時頃、王子たちに宮中へ入るよう指示が出されたが、芳遠は門に

灯火がないのを怪しみ、病と称して退出し、自邸近くに戻った。そして後を追ってきた三男芳《パン》毅《ウィ》・四男芳幹《パンガン》および諸臣とともに午後十時頃、南誾の妾宅を囲んで周辺に火を放ち、沈孝生らを殺害した。次いで隣家に逃れた鄭道伝を捕らえ殺害した。

④二七日未明、太祖は景福宮を出て西涼亭《ソリャンジョン》に移った。趙浚らは太祖に鄭道伝らの罪を上奏するとともに芳遠を世子とすることを要請したが、芳遠がこれを固辞したため、韓氏の王子中で存命の最年長者だった次男芳果《パングァ》を世子とすることを求めた。一方、芳蕃と芳碩は都の漢城《ハンソン》(ソウル市中心部)から追放とされたが、漢城を離れる道中で芳遠の手の者に殺害された。同日中に太祖は芳果を世子に冊立した。また辛くも何を逃げて漢城城外に逃亡していた南誾も捕らえられて殺害された。

これからもわかるように『太祖実録』の記述では、芳遠の実力行使はあくまで鄭道伝らが秘かに立てた韓氏の王子たちを殺害する計略を阻止するためだった。しかし『太祖実録』は芳遠が即位したのちに編纂されたものである。してみれば芳遠に不利な記述がなされるはずはない。鄭道伝らの陰謀は、芳遠の行動を正当化するための捏造《ねつぞう》だった可能性が高い。

しかしこの事件は、太祖に大きな衝撃を与えた。寵愛した康氏の遺した幼い息子二人が、こともあろうに異腹とはいえ兄によって殺されたのである。失意に暮れた太祖は九月五日、王世子に冊立されて間もない芳果にあっさりと王位を譲ってしまった。一方、即位した芳果は十五日に宗廟《そうびょう》に赴き、祖先の位牌に即位の事実を告げた(定宗《チョンジョン》、在位一三九八―一四〇〇年)。さらに翌九九年二月、人心を一新するとして漢城から旧都開城に都を戻すことを決め、翌月に開城の寿昌宮《スチャングン》に移った。

第二次王子の乱

第一次王子の乱後、慌ただしく国王の座に就いた芳果(以下、定宗)ではあったが、彼には嗣子《しし》がなかった。そのため次の王位は、弟である芳毅・芳幹・芳遠のうちの誰かが継ぐことが想定された。その至近距離にあったのは、いうまでもなく芳遠だった。前述のように彼は韓氏の産んだ王子のなかでは最も聡明で、朝鮮建国の功労者でもあった。さらに第一次王子の乱では政敵ともいえる鄭道伝一派を除去し、その後は事実上、政治運営の主導権を握っていた。ところがその一方で彼には二人の兄がいた。このうち芳毅は政治的野心とは無縁の人物だったが、芳幹は密かに王位をねらっていたとされる。

第一次王子の乱から一年半余りが過ぎた一四〇〇年正月三〇日、今度はその芳幹と芳遠の間で武力衝突が起こった。開城城内で繰り広げられた市街戦は芳遠側の勝利に終わり、芳幹は兎山《トサン》(黄海北道兎山郡)に流配され、彼を教唆した罪で朴苞《パクポ》が捕縛・誅殺された(第二次王子の乱)。定宗の治績を記した『定宗実録《ていそうじつろく》』の記述に依拠して事件の経過を摘記しておく。

①芳幹は芳遠を除く計画を立てたが、正月三〇日に蹶起《けっき》することが芳遠側に漏れた。

②正月二九日、芳遠は河崙《ハリュン》・李茂《イム》と対応を協議し、芳幹が蹶起日とする三〇日は郊外へ狩猟に出かけることとした。

③三〇日、芳幹の子の孟宗《メンジョン》がやって来て芳遠の向かう先を尋ね、芳幹も本日出猟することを告げた。そこで芳遠が配下の者に芳幹の出猟先を偵察させたところ、兵士が武装して集まっていた。この

事態を受け、芳遠は周囲の者から挙兵を進言された。
④再三にわたる挙兵要請を受け入れた芳遠は、ことの次第を定宗に報告し、寿昌宮の門を閉鎖して非常事態に備えた。一方、芳幹もまた定宗に対し、芳遠が自分を殺そうとしたのでやむなく挙兵したと上奏した。これを聞いて激怒した定宗は承旨《しょうし》(秘書官)の李文和《イムナ》を芳幹のもとに派遣し挙兵をやめるよう命じたが、芳幹は従わず、兵を街路に展開させた。芳遠もこれに対応して各所に兵を配置し、双方で交戦が始まった。
⑤市街戦の末、芳幹の軍勢は総崩れとなった。芳幹は逃亡するも捕らえられ、朴苞にそそのかされてこの挙におよんだと語った。定宗は「骨肉の至情から誅殺するに忍びない」と芳幹を兎山に流配した。病と称して参戦しなかった朴苞もこの日捕縛された。
⑥二月一日、朴苞は訊問ののち青海《チョンヘ》(咸鏡南道北青《プクチョン》郡)へ流配となり、二五日に同地へ向かう途中の咸州で誅殺された。
芳幹が名前をあげた朴苞とは、開国功臣の二等に名を連ねる武臣だった。第一次王子の乱の際には芳遠に加担し、その功績を認められて定社《ていしゃ》功臣の二等に叙せられたが、自身の働きが正当に評価されていないと芳遠に不満を抱いていたという。ちなみに兎山に流配された芳幹は、その後配所を転々とし、一四二一年に五八歳でこの世を去った。

ところで『定宗実録』の記述で気になるのは、第一次王子の乱のときと同様この事件でも、芳遠が相手方の陰謀を事前に察知して行動したとされている点である。芳遠と芳幹の軍勢が開城城内で交戦したこと、そして芳遠側がそれに勝利したこと、この二つは事実として動かないだろう。しかし『定宗実録』が記すように、果たしてこの内乱は本当に芳幹の側から仕掛けたものだったのだろうか。真相は闇のなかだが、疑問の余地なしとしない。

即位と王権強化

芳遠が芳幹を破った翌日の二月一日、定宗は芳遠を王世子とすることを決め、四日、芳遠は王世子に冊立された。さらに九ヶ月後の十一月十三日、定宗から王位を譲られて開城の寿昌宮で即位した。このとき芳遠(以下、太宗)は三四歳だった。王世子冊立の時点で定宗を凌ぐ威勢を誇っていた芳遠は、即位前から王権強化の施策を矢継ぎ早に断行した。

建国当初の朝鮮において政治の主導権を握ったのは、前述のように開国功臣でもあった鄭道伝を中心とする新興儒臣急進派だった。朝鮮はその建国当初、王権よりも臣権のほうが相対的に優勢だったわけである。しかし太宗によって鄭道伝一派が除去されたことで、そうした権力構造は崩壊した。太宗は臣権が退潮したこの機会を捉えて、王権を盤石ならしめるための制度整備を進めようとしたのである。

まず王世子に冊立されて二ヶ月余りが過ぎた四月、軍事権を国王に集中させるべく王族・功臣などの私兵所有を禁じ、節度使による地方軍統轄を廃止した。これは鄭道伝が計画して果たせなかったものである。太宗はそれを実現するだけの力を有していた。以後、全国の軍兵はすべて中央の軍令機構である義興三軍府《ぎこうさんぐんふ》の統轄下に組み込まれた。

これと並行して太宗は、軍機・宿衛等の軍事業務と王命出納とを管掌していた中枢院《ちゅうすういん》を廃止し、それまで中枢院と門下府《もんかふ》（政務全般を統轄）・三司《さんし》（財務会計等を管掌）の高官によって構成されていた都評議使司を議政府《ぎせいふ》に改組・縮小した。廃止された中枢院の軍事業務が義興三軍府に移管されたことからもわかるように、これは政府から軍部を分離する措置だった。中枢院の王命出納機能は新設の承政院《しょうせいいん》に継承された。

次いで即位後の一四〇一年七月、門下府を廃止して議政府に統合し、三司を司平府《しへいふ》、義興三軍府を承枢府《しょうすうふ》と改称した。〇五年正月には司平府を行政官府である六曹《りくそう》（吏《り》曹・戸《こ》曹・礼《れい》曹・兵《へい》曹・刑《けい》曹・工《こう》曹の総称）中の戸曹に、承枢府を兵曹にそれぞれ統合するとともに、議政府の政務を六曹に分担させることでその権限を弱め、逆に六曹の機能を強化した。一四年四月には、行政案件に関する六曹から国王への報告とそれに対する国王から六曹への指示を、議政府を介することなく直接おこなう、いわゆる六曹直啓制《ちょっけいせい》を施行した。

こうして軍事・行政の両面において王権を臣権より優越させる制度が確立した。だが太宗の王権強化策はこうした制度改革にとどまらず、将来的に対抗勢力となる可能性を孕《はら》んだ王族や外戚の排除にまでおよんだ。王族については一四〇一年二月にその官職任用を原則的に禁じ、一一年十二月には太祖の異母弟の子孫を嫡系ではなく庶系として王位継承資格者の範囲から除外した。外戚については太宗の正妃である元敬王后閔氏《ウォンギョンワンフミン》の四人の弟（閔無咎《ミンムグ》・無疾《ムチル》・無恤《ムヒュル》・無悔《ムフェ》）に不忠の罪を着せ、無咎・

無疾を一〇年三月に、無恤・無悔を一六年一月にそれぞれ賜死に処した。

おわりに

太宗とは一体どのような人物だったのだろうか。王朝交替に際して功績を立てながらも朝鮮建国後は政治から遠ざけられ、異母弟の王世子冊立や鄭道伝一派の権力掌握に対して強い不満を抱いた。しかしそれが彼をよりいっそう奮い立たせたのかもしれない。学問に秀で、知略にも優れていた太宗は、二度にわたる骨肉の争いを制して実権を握り、最終的に国王の座にまで登り詰めた。その後も、自身の地位を固めるための制度整備を進める一方、王族や外戚に対しても徹底した排除策をとることで王権の強化に努めた。

その半生をみると、権力を握り、それを守るためには手段を選ばない冷徹な姿が想像されるだろう。確かにそのような側面があったことは否定できない。それゆえに父親である太祖との間にも溝が生じた。太祖は退位後の一四〇二年十一月、先祖の墓参と称して咸州へ赴き、再三にわたる太宗の帰京要請を拒否し続けた。その間、安辺《アンビョン》(江原道《カンウォンド》安辺郡)の地方官だった趙思義《チョサウィ》が親族である康氏の仇を討つとして挙兵したが、これを背後で主導したのは太祖だったとされる。太祖は乱鎮圧後の十二月初旬、ようやく開城に帰還した。

しかし太宗はそうした冷徹さとともに、五〇〇年続く新王朝の基盤を作った国王として高く評価されるべき側面も有していた。彼は一四〇四年十月に都を漢城に戻したほか、即位直後から内政改革も推進した。仏教排斥では厳格な措置をとったが、申聞鼓《しんぶんこ》を設置して民の直訴を受け付け、楮貨《ちょか》（紙幣の一種）の流通を促した。銅活字による出版事業にも力を注いだ。外政でも、〇一年に六月に建文帝《けんぶんてい》から正式に朝鮮国王に冊封《さくほう》され、次いで〇三年四月には永楽帝《えいらくてい》からも冊封されることで、揉め事の続いていた明との関係を安定させた。

一四一八年六月、太宗は王位を三男で王世子の祹《ト》（世宗《セジョン》、在位一四〇〇―五〇年）に譲った。しかしその後四年間は上王《じょうおう》として軍事権を中心に政治の実権を保持し続けた。元気なうちに王位を子に継承させ、新国王の治世が安定するのを見届けたかったのかもしれない。彼の脳裏には自身が経験した骨肉の争いの記憶が強烈に刻み込まれていたことだろう。結局太宗は、上王として実権を握ったまま二二年五月十日に没した。享年五六、文字どおり波乱に満ちた生涯だった。

⊙参考文献

桑野栄治『李成桂　天翔る海東の龍』（山川出版社、二〇一五年）
六反田豊「定陵碑文の改撰論議と桓祖庶系の排除―李朝初期政治史の一断面―」（『九州大学東洋史論集』第一五号、一九八六年）

1397–1450年
朝鮮王朝第4代国王。朱子学にもとづく理想君主、理想国家を追求した。訓民正音(ハングル)創製で有名。

儒学の理想を求めた王 世宗(朝鮮)

…セジョン・せそう…

須川英徳

世宗はなぜ偉大な国王なのか

世宗、朝鮮王朝の第四代国王(在位一四一八—五〇年)。彼の時代において朝鮮の文運はおおいに興隆したとされる。

集賢殿《チッピョンジョン》に優れた人材を集め、古今の文蹟《ぶんせき》だけでなく農書や医薬書などの実用書も研究させ、多くの書物の編纂《へんさん》と印刷頒布《はんぷ》を行った。天文観測所である簡儀台《かんぎだい》を新設し渾天儀《こんてんぎ》、天球儀などの観測機器を整備するとともに暦書編纂を行った。仰釜日晷《ぎょうふにっき》(日時計)、自撃漏《じげきろう》(水時計)を製作し、時刻を宮中だけでなく漢城内の人々にも告げるようにした。さらに、度量衡を新たに定めた。

国家の執り行う儒教的儀礼である五礼(吉礼、嘉礼、賓礼《ひんれい》、軍礼、凶礼)と士大夫《したいふ》の行うべき儒教的四礼(冠礼、婚礼、葬礼、祭礼)を定め、一般人の守るべき徳目として、忠臣、孝子・

王后康氏
宜安大君 芳碩
撫安大君 芳蕃

永膺大君
平原大君

❖朝鮮王朝初期の国王たち

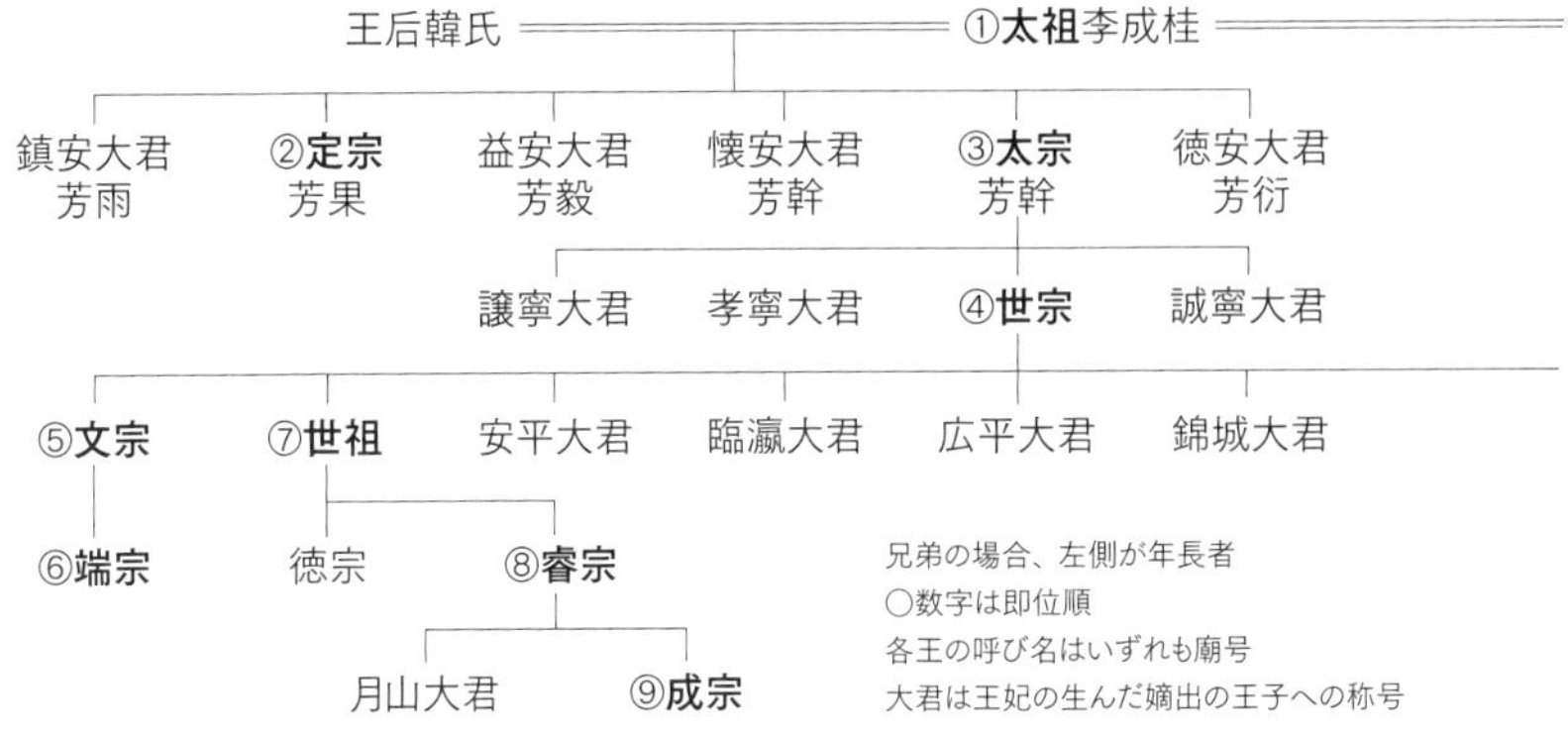

孝女、烈女などの実例を紹介した絵入本の『三綱行実図《さんこうぎょうじつず》』を刊行頒布《はんぷ》した。❖1

　学術や礼楽、儒教的徳目分野のみならず、財政面では田税負担の公平化を図って新たな量田《りょうでん》尺と新たな結負束による農地把握、土地の肥沃度による田品《でんぴん》六等❖2、豊凶に応じた年分九等などの規則を盛り込んだ貢法を実施した。また、銅銭「朝鮮通宝」を発行することで、新たな国家的支払い(財政支出)手段を確保しようと試みた。日照りによる旱害《かんがい》が重要な天災であった当時、降水量計測のために円筒形の測雨器が作られたのもこのときである。この測雨器は世宗の長男が考案した。さらに、全国の産物や地方の特色、地域の旧蹟などを把握できる「地理志」を作り、以後の全国的な地理志作制の先駆けをなした。

　軍事分野においても、父太宗《テジョン》の主導であったが、倭《わ》寇《こう》根拠地とみられた対馬に軍事遠征(己亥《きがい》東征、応永《おうえい》の外寇、一四一九年)を行って倭寇をほぼ根絶するとともに、対馬との安定的な関係を構築した。火砲と火薬の製造を研究させ

❖朝鮮王朝初期の国王在位　（年齢は数え年。本文も同じ）

	在位年	生没年	享年	前王との関係、即位の事情
①太祖	1392—1398	1335—1408	74	高麗恭譲王から譲位、新王朝開創
②定宗	1398—1400	1357—1419	63	次男（長男は早逝）、父王の退位による
③太宗	1400—1418	1367—1422	56	太祖の五男、兄王からの譲位
④世宗	1418—1450	1397—1450	54	太宗の三男、父王からの譲位
⑤文宗	1450—1452	1414—1452	39	世宗の長男、父王の逝去による
⑥端宗	1452—1455	1441—1457	17	文宗の長男、父王の逝去による
⑦世祖	1455—1468	1417—1468	52	世宗の次男、甥からの譲位（簒奪）

て銃筒を実用配備し、女真族《じょしんぞく》の居住地域であった西北地域への数次の軍事遠征を行い、堡《ほ》・鎮《ちん》を設置して女真族の侵入に備えるとともに、南部から農民を移住させることで鴨緑江《アムノックカン》（おうりょくこう）中上流と豆満江《トマンガン》（とまんこう）上流域まで朝鮮の版図を拡大した。このときに確保された領域が、ほぼそのまま今日の朝鮮の領域になっている。

世宗とハングル

今日においては、これらの治績のどれよりも、朝鮮独自の表音文字である訓民正音《くんみんせいおん》（後のハングル）を定めた国王という一点において著名な君主となっている。日本において高校世界史などで世宗が取り上げられる理由もまたそこにある。

ところで、朝鮮王朝の公用文はすべて漢文であった。文科を受けて高級文官を志そうとする者は漢文を自在に読み書きし、「四書五経」などの儒学経典を朱子による注釈で理解し暗記していることが必須だった。武官を目指す場合でも騎射《きしゃ》・騎槍《きそう》などの実技試験に加え、漢文で書かれた法典類・兵書の理解が求められた。下級の胥吏《しょり》であっても吏読《りとう》と称され漢文に漢字で助詞などを補った書き言葉を用いていた。土地売買や財産相続などの文記（証文）も漢文だった。文字は漢字であり、文章は漢文だったのである。そして、中華同様に漢字漢文を用いていることが、朝鮮王朝の知識人たちの自尊心であった。

基本の漢字を習得し、いよいよ「論語」を学ぶような初学者のためには漢字の発音を示すためにフリガナのようにハングルが用いられ、その解釈文もハングルで付されている。朝鮮では日本の漢文学習のようにレ点などを用いて母語の語順に変換して読み下すようなことはせず、仏教経典を読《ど》経《きょう》するように漢文の語順のまま音読みで暗唱した。朝鮮語は日本語とほぼ同じ語順であり、テニヲハを付けて主語・目的語などを示す膠着語《こうちゃくご》であるので、語順や文法のまったく異なる漢文を使いこなすための勉強は、とにかく例文を暗記することだった。世宗が考案し制定した訓民正音がどのように扱われたかと言えば、諺文《オンムン》と呼ばれて漢字・漢文を習得していない無学な男性と女性のための文字とされた。

しかし、日本の敗戦後に成立した大韓民国においては、世宗は、なによりも民族の文字を制定した偉大な国王と評価される。

一九六〇年、経済悪化と不正選挙に憤る市民のデモに押され、李承晩《イスンマン》大統領は退陣してハワイに亡命した。失脚した独裁者の描かれた紙幣を使い続けるわけにいかない。同年八月に発行された新紙幣一〇〇〇ファン、翌年発行の五〇〇ファンの肖像画は世宗だった。韓国の紙幣で歴史上の人物が紙幣に用いられた最初である。しかし、六二年に十ファンを一ウォンとするデノミが行われ、初

図1　**1973年から発行された10,000ウォン紙幣**(現行のもの)
2009年に50,000ウォン紙幣が発行されるまでは
最高額紙幣だった。図2の世宗と顔の印象が異なるのは、
李王家の保管してきた歴代国王の肖像画が
第二次世界大戦後の日本敗戦の混乱のなかで
燃やされてしまったことによる。

図2　**1965－73年に発行された100ウォン紙幣**

図3
1423(世宗5)年に発行された
「朝鮮通宝」
原料銅の不足で発行量が少なく
普及には至らなかった。

代の世宗肖像紙幣は短命だった。六五年に紙幣図案が改められるが、最高額一〇〇ウォンはやはり世宗だった。

朴正熙《パクチョンヒ》大統領❖[3]に権限が集中する維新体制がはじまった一九七三年、最高額紙幣として一万ウォン紙幣が発行されたが、これも世宗だった。二〇〇九年の五万ウォン紙幣発行により世宗は最高額面ではなくなった。とはいえ世宗は一九六〇年から七三年まで唯一の肖像人物であり、六五年から長く最高額紙幣の肖像でありつづけた。紙幣の顔としては、日本における聖徳太子や福沢諭吉以上に親しまれる存在であろう。

徳寿宮《トクスグン》にあった世宗像は撤去されたが、二〇〇九年には大きく新たな世宗坐像が景福宮《キョンボックン》のすぐ前の世宗路《セジョンノ》に建立された。そこでも韓国の文字であるハングルを制定した国王と説明されている。

さらに、盧武鉉《ノムヒョン》政権で建設が始められた新行政首都は世宗《セジョン》市、韓国海軍が建造したイージス艦の一番艦は世宗大王《セジョンデワン》と命名された。こうなると、今の韓国では、彼以上の偉人は思いつかないのでは、との感すらある。

とはいえ、世宗の治世後半は、かれの体調悪化のため世子に代理聴政させたことは致し方ないとしても、儒者官僚たちが虚妄な異端説と排撃する仏教への傾倒を深め、自身を仏弟子と称し、好仏の君であると認め、崇仏を諫める進言にたいし、自分は否徳《ひとく》の君、不賢の君、昏暗固執《こんあんこしゅう》で愚惑の君だから諫奏《かんそう》を聞き入れないのだ、とまで発言した。歴史上最高の名君のはずである世宗は、好仏で昏暗の君主と自認し、臣下の諫言を容れなかった愚惑の君主でもある。彼の心の闇はどこにあったのか。

世宗の即位

世宗は三代国王太宗の三男である。二人の兄を差し置いて即位した経緯は、その後の彼の治世を理解するために必要であろう。太宗の即位(一四〇〇年)からまもなく、長男譲寧《ヤンニョン》大君が世子《せいし》に立てられた。彼は次の国王たるべく、君主として必要な知識、教養を身に付けるため、儒学経典だけでなく『大学衍義《だいがくえんぎ》』、『資治通鑑《しじつがん》』など、道学=朱子学を身につけるために必要な書籍を、当代の優れた文人官僚を教師として学ばせられた。しかし、そのような読書の日々は、彼にとって苦痛でしかなかった。

祖父李成桂《イソンゲ》(朝鮮王朝初代国王)は根っからの武人であり、騎射の名手として知られる。そして、彼に心服する部下とともに紅巾《こうきん》、モンゴル、女真、倭寇と勇戦し、戦場を馳せ回って武名を揚げた人物である。趣味は山野での狩猟で、僧無学《ムハク》を師と仰ぎ仏教を篤く信じた。李成桂自身は政治にたいする野心は薄く、彼の部下たちと彼を推戴《すいたい》しようとする鄭道伝《チョンドジョン》などの儒者官僚たちに担がれて新王朝の開創にいたったと言っても過言ではない。

太祖李成桂は二人目の妻康氏の意を容れて末子を世子に立てたが、彼とその兄は異腹の兄たちの武装蜂起により殺害された。いったん次男が次の王に立つが（二代定宗《チョンジョン》。長男はそれ以前に死去）、王妃に子がいないため、四男芳幹《バンガン》と五男芳遠《バンウォン》の武力対決を経て、五男が第三代の国王に即位する。世宗たちの父、太宗である。

太宗は、父王と兄王がほとんど手を着けていなかった国内制度の本格的な改革に乗り出す。まず、定宗によって高麗《こうらい》の旧都開城《ケソン》に戻っていた都を、父太祖が定めた漢城《ハンソン》に戻した。また、寺院が所有していた奴婢《ぬひ》と田土を没収し、多くの寺院を整理廃止するとともに、残った寺院に上限を定めて田土の保有を許した。武官と文官を分け、武官採用のための武科挙を実施した。さらに高麗以来、国政の最高決定機関であった都評議使司《トピョンイササ》を廃止した。都評議使司とは、門下府（行政）・三司（財政）・中枢院（軍事）の高官たちが集まって構成していた機関なのだが、太宗は、これらを大きく変える。行政実務官庁であった六曹《ろくそう》（吏・戸・礼・兵・刑・工曹）の位置付けを高め、門下府から司諫院《サガンウォン》（王への諫言を司る）と承政院《スンジョンウォン》（王命を受け、庶政の王への報告を司る）を独立させ、軍事指揮権は三軍都摠制府《サムグントチョンジェブ》に集約し、先例の無いことや軍国の重要事を論ずる最高官署として議政府《ウィジョンブ》を置いた。さらに太宗は、六曹の長である判書《パンソ》が王に直接報告し裁決を仰ぐと言う六曹直啓制を一四一四(太宗十四)年に実施することで、国王にすべての決定権が集約される統治体制を構築した。❖4 太宗は、高麗末に科挙に合格し、父を王として推戴《すいたい》することに大いに功績があり、さらには二度にわたる王子どうしの武力抗争に勝ち残った人物でもあったので、自らが全てを決定する統治体制を構築したのである。これは国王への集権化であるが、同時に国王が政務に精励しなければならないことを意味しただけでなく、庶政全般に対する広い見識と学識が必要となった。

しかし、長男はその器ではなかったようだ。父の度重なる叱責にも拘らず、あるいは父に反抗して、側近を使って女色に耽った。狩猟が好きだったのだが、鷹を飼うことも許されなかった。早くから世子を辞めたいとも漏らしており、そのための反抗だったのかもしれない。太宗十八年(一四一八)、太宗は反省の色を見せず、父への反発を強める長男を廃することを決めた。次男孝寧《ヒョニョン》大君は祖父譲りの騎射の名手であったが対人関係をうまく取り結べず(自閉症スペクトラムか)、王の激務には耐えられそうになかった。さらに、早くから仏道に心を寄せていた。そこで、平素から読書好きで才気煥発な三男忠寧《チュンニョン》大君が、「択賢」を求める臣下たちの声に応えるかたちで世子に立てられた。同年中に太宗は国王の位を譲り、第四代世宗の時代が始まる。

世宗の治世

二一歳の若さで即位した世宗治世の当初は、軍事については上王太宗が握るという分担方式であった。一四二二(世宗四)年に太宗が薨《こう》じ、世宗にすべての権限が委ねられる。世宗の目指した統治は、朱子学の説くような君子による政治を中華以上に朝鮮の地に開花させることであった。

宋代の優れた臣下について論じたとき、世宗は司馬光《しばこう》を挙げた。そのとき、王安石《おうあんせき》の著作にも見るべきものがあると勧めた者にたいし「王安石は小人の才人である」と撥《は》ねつけた。勧めたのは当代随一の文章家と評された卞季良《ピョンケリャン》である。そこから見ると、世宗は朱子学の立場に忠実であったことがわかる。また、自分は朱子の忠臣であるとの発言も記録されている。

中国宋代の社会では、儒学においても新たな流れが生まれていた。讖緯《しんい》思想を排して孔子の「正しい」教えを探ろうという試みである。北宋における政治改革者として知られる王安石は、欧陽脩《おうようしゅう》に始まる儒学革新の中心人物の一人であった。政治家としては新法党の領袖《りょうしゅう》である。その改革に反対したのが司馬光を代表とする旧法党だった。両者の対立は儒学においても同様であり、王安石流の新学に対抗して生まれたのが周敦頤《しゅうとんい》、程顥《ていこう》・程頤《ていい》、そして南宋の朱熹《しゅき》にいたる道学の流れである。道学では、人としての内面の修養を重んじるだけでなく、「朱子家礼」によって冠婚葬祭の規則と服喪の期間を定め、「呂氏郷約《ろしきょうやく》」によって地方在住の士大夫《したいふ》による郷村《きょうそん》秩序の維持を説いた。結果的には、王安石は孔子を祭る文廟《ぶんびょう》に北宋末に配亨《はいきょう》されたが、南宋代の一二四一年に外されてしまい、代わって周敦頤から朱熹までの道学系に変えられている❖5。さらに、元代に再開された科挙では、朱子の説が出題と解答の基準として採用されるにいたった。高麗後期に元《げん》で学んだ安珦《アニャン》らによって伝えられ、高麗末の儒者官僚たちが奉じた朱子学とは、党派的に勝利し官が公認した儒学なのである。そのような経緯は、若い世宗には理解されていなかったようだ。ちなみに卞李良は儒学にも深く通じていたが、篤信な仏教徒だった。朱子学絶対ではなかったのだ。

世宗はその治世において、すでに体系化された道学の教えをそのままに遵守し、「朱子家礼」の説く通りに種々の生活の儀礼を実行するように求めた。とはいえ、中国では嫁取婚《よめとりこん》であったのにたいし、十五世紀の朝鮮は婿入婚《むこいりこん》であった。また、士大夫家門においても寡婦《かふ》の再婚は通常のことだった。そのような社会と家族の違いは、国王の一存では変えようのないものである。しかし、葬儀とその後の服喪期間、そして故人のための定期的な祭祀については導入が可能であった。その場合の競争相手は仏教である。朝鮮において儒者たちが仏教を「異端」として激しく排撃するのはここに淵源する。

しかし、世宗の内面において、巫《ふ》や方術など民間に行われる祈禱《きとう》や呪術は、排撃すべき対象ではなかった。一四二〇(世宗二)年に母后閔《ミン》氏が重い病に倒れたとき、世宗は術士たちの言うがまま母とともに四〇日近くの間、避病を理由に僅かな従者だけ連れて漢城城外と城内を転々と移動した。その間、国王の所在はほとんど不明であり、父太宗が重事を代行した。儒学的には孝の実践であろうが、術士や巫堂《ムーダン》の指示する方術・呪術をそのまま実行していたわけである。まさに「怪力・乱神」を信じたのだ。儒学と呪術が矛盾せずに共存していたのは、世宗だけでなく当時の朝鮮儒者たちの内面でもあった。

その一方で、世宗代には宋代に達成されたさまざまな技術もまた、貪欲なまでに吸収して朝鮮

❖身分・官位別奴所有上限

身分官位	本人	その子孫	その正妻	その良妾	その賤妾
宗親・附馬　一品	150	150	150	90	30
宗親・附馬　二品以下	130	130	130	78	26
文武官　一・二品	150	150	150	90	30
文武官　三－六品	100	100	100	60	20
文武官　七－九品	80	80	80	48	16
庶人有職	10	通常の相続可能			
公私賤人	5	主人の文契があれば相続可能			
僧各宗判事以下禅師以上	15	弟子が相続可能			
僧中徳以下大禅以上	10	弟子が相続可能			
僧無職	5	弟子が相続可能			
功臣の受賜奴婢	制限なし	制限なし			

備考…婢の所有には制限なし
（『太宗実録』太宗15年11月甲寅〔21日〕条より）

に導入されていた。冒頭で紹介した天文観測機器や暦書、農書、医学書、火薬兵器などである。これらは形のあるものでそのまま移植可能な技術でもある。高麗後期から輸入された朱子学もまた、そのような統治と礼楽の「技術」として受け入れられて、世宗代に国家と士大夫が遵守《じゅんしゅ》すべき儀礼体系として整備されたと見てよいだろう。その儀礼の示すところと抵触するまでもない呪術や方術は否定されなかったのである。仏教は儒教的儀礼体系と重なるところがあったために、「異端」たりえたのである。

ところで、中国に範を求めることのできない問題が朝鮮には存在した。奴婢《ぬひ》の処遇である。高麗末から奴婢が急増し、王族や士大夫たちの家内労働や雑用、さらに農荘経営の労働力として不可欠であり、主家とは別に農業を営む場合に身貢《しんこう》として納める布は主家の収入の一つであった。中国宋代ほどには商品生産と流通が成長していなかった朝鮮では、農村居住者である士大夫の家計も、塩や鉄製品、文房具のような非自給的物資を例外として、ほぼ自給自足生活であった。そのための従属的労働力の確保が中小地主層でもある士大夫たちの関心事だった。世宗代には人口比で奴婢が三〇%ほどであったと見られるが、その後にはさらに増加して十六—十七世紀には四〇%ほどに達している。逆に高麗では十%未満にすぎなかったようだ。

奴婢の増加は国家の財政にとって重大な問題であった。朝鮮王朝の税制においては、農地に課す田税、郡県に課す貢物、成人の良人男子《りょうじん》に課す役の三つが主要な財源であった。なかでも軍役などの課役負担者である良人男性の減少は、看過できない問題であった。そこで太宗は、一四〇一年に良人女性と奴男性の婚姻を厳禁した。さらに一四一四年には良人男性と婢女性の間に生まれた子は良人身分にすると定めた。すくなくとも、良人と賤人の間に生まれる子を良人に扱うことで、良人の減少を食い止めようとした。このような法令の頒布は、奴婢と良人が入り混じって暮らし、関係を持つことが多かったことを物語っている。加えて、身分や官位によって所有できる奴の上限を定めようとした。この時期の奴は父親から受け継いだ姓を持つ者も多く、財産を所有していて子供に相続させたり他人に贈与するなど、社会的な人格はある程度認められていた。

しかし、世宗は違った。彼は、上下・尊卑の分を厳格に守らせることをより重視した。彼は君臣の関係を主人と奴婢の関係に当てはめた。主人に口答えしたら絞首《こうしゅ》、主人に暴行したら斬首《ざんしゅ》と定めた。さらに、奴婢が主人の虐待を官に訴えることは絞首の罰則をもって禁止した。いずれも君主への叛逆と同等の罪とみなしたわけである。また、婢が子を産んだとき、それが主人の許可を得た良人夫との婚姻関係の結果である場合を除き、生まれた子は賤《せん》となった。婢の所有者たる主人の所有物となったのは言うまでもない。ただし、正式な婚姻関係がなくても父親が子を認知し、対価を支払って贖良《しょくりょう》すれば良人に認めるとも定めた。この贖良は、王族や士大夫家門における婢妾《ひしょう》の子を念頭においての規定であり、一般人にはできることではなかった。以後、婢が子を産んでもほとんどの場合に父親は不明とされ、奴婢身分の者は急速に姓を失っていく。名前もまた介同伊《ケットンイ》(犬の糞)などと人とは思われないものへと変じていく。加えて、僅かな財産を譲渡する場合にも、主人の文書による事前許諾が必要と定めた。さらに、主人が奴婢を殺しても、奴婢に罪がある場合や、傷害致死、過失致死の場合は、主人は罪に問われないと定めた。

かくして世宗の一連の措置により、奴婢はその社会的人格を奪われ、主人が完全に生殺与奪の権を握るにいたる。牛馬でさえ、官の許可なく殺して食肉処理することは世宗によって禁じられたのだから、奴婢は牛馬以下となったわけである。世宗の奉じた儒学の説く「礼」の秩序とは、このように酷薄なものでもあった。朝鮮の儒教では「礼」や法によって踏むべき規範を定め、人々の行いを矯正することに力が注がれたのである。法家の思想に他ならない。

朝鮮に移植された朱子学は、その社会環境の違いに起因して、本来の「すべての人に天の理が備わり、それゆえ自己修養と研鑽《けんさん》を積むことで君子たりうる」という教えから大きく逸れ、人の性質はその生まれによって決まるという唐代以前の儒学へと実際上は逆行した。朝鮮儒学の生活実践における関心は明確に規則に定められている葬儀と祭祀に集中していく。その空隙は風水地理説や四柱（生まれた年・月・日・時刻の干支による占い）、巫や盲僧《バンス》らによる占術と呪術が埋めた。そして、口にする聖賢の言葉と、行っている事実の落差に無感覚な人々を輩出することになる。

世宗の闇

一四三六（世宗十八）年、世宗はそれまでの六曹直啓制を止めて議政府署事制へと戻す。庶事については議政府の大臣たちが決定し、軍国の重要事、死刑判決についてのみ、国王が決裁するとした。国政の万端を国王が直裁《ちょくさい》する制度は、国王に休息を与えないのである。さらに世宗は病苦を理由に、世子に庶務の決裁を委ねることを求めた。世宗は糖尿病と疑われる症状と、それとは別に進行性の眼病（糖尿病の合併症の疑いがある）の二つを抱えていた。一四四二（世宗二四）年、世宗は庶事を世子に任せ、重要事のみ上啓させることを決定した。

この病の発生と進行とともに、世宗は仏事へとのめりこんでいく。兄孝寧大君は早くから仏事に関わっていたのだが、兄の主催する法会に多くの支援を行った。もちろん、臣下たちは激しく反対した。さらに、祖父と父が建立した寺院の修繕を理由にして、つまり孝の実践を口実として、漢城城内の興天寺改修工事を大々的に支援した。一四四二（世宗二四）年、興天寺の工事終了を祝う慶讃法要にさいして、世宗は自らを「菩薩戒《ぼさつかい》弟子朝鮮国王」と署名し国王御璽《ぎょじ》を捺した願文を作製した。菩薩戒は、かつての高麗国王たちが授けられた戒律であり、仏弟子として人民を慈悲によって導くことを意味する。世宗はその後も漢城とその周辺にある祖宗所縁の寺院を修築、増築し続ける。それらの工事に参加した僧侶たちには、みな度牒《どちょう》や僧職を与えた。工役に反対する臣下にたいして、「予は好仏の君主、諫言を容れない昏暗の君主」と自嘲的に語り、すべての諫言を撥ねつけた。そして、仏事への出費、寺院修築、さらには子息たちの邸宅建設が続き、国家財政までもが危機に陥っていく。国庫は底をついた。

一四四四(世宗二六)年から翌年にかけて、王妃の母、世宗の五男、七男が相継いで他界した。その時世宗は譲位を口にしている。さらに一四四六(世宗二八)年には三九年にわたって連れ添い、八男二女を儲けた王妃沈《シム》氏が逝去した。

その世宗の心中はどのようであったのだろうか。儒学のなかには心の救いはなかったのである。これほどに朱子学の教えるとおりに実践し、良き君主たらんと努めてきた。しかし、自分は病に苦しみ、旱害や水害は毎年のように発生し、さらに女真族の侵入は頻々と起きる。その対策に追われつつ、病とともに年老いていく。臣下たちのなかには道学をきちんと理解している者もいるが、多くは官職の栄達と富貴を求めて出仕し、博識をひけらかそうという口舌《こうぜつ》の徒ばかりである。そんな者どもよりも、儒学とは縁のない武官出身者や宦官《かんがん》たちのほうがよほど信頼できる。朝鮮のために身を粉にして尽くしてきたのに、目も見えなくなり、王妃と息子たちに先立たれるとは、天の意など自分には到底知り得ないのだ。それよりも、思うように身動きもならず終日一室に坐する身では、ひたすら仏の世界を想い、僧たちの読経の声を耳にしているほうが、心地よく安らぐのだ。

晩年の世宗は、自らが作り上げた道学の国、東方礼義之邦《くに》、小中華という鉄の檻のなかでもがいたのである。以後の朝鮮儒学では、十六世紀には理気論をめぐって李退溪《イテゲ》、李栗谷《イユルグク》のような大儒も出るのだが、凡百の儒者たちの関心は科挙受験と葬祭、先祖祭祀へと集中していく。神や聖賢の言葉に依拠することで自らの正義と「優越」を確信する者たちの所業が、そうではない「劣った」他者にたいし、どれほど残忍で無慈悲になれるのかは、世界史が繰り返し教えるところである。

一四五〇(世宗三二)年、世子の病を理由に避病のため移御した八男永膺《ヨンウン》大君の邸宅(現在の安国洞にあった。移御のための殿閣と仏殿も建てられていた)で、世宗は夜半に突然倒れ、そのまま帰らぬ人となった。最後の政務の一つは、祖父の後妻が死去したとき、前妻の血筋の孫たちが服喪すべき期間について調べさせることだった。礼の正しい実践とはそういうことなのだ。享年五四であった。

❖1…三綱は五倫とともに儒教の基本的徳目であり、守るべき基本的秩序である。三綱：君為臣綱、父為子綱、夫為婦綱。五輪：父子有親、君臣有義、夫婦有別、長幼有序、朋友有信。

❖2…一結＝一〇〇負、一負＝十束。一結の広さは白米四〇〇斗(一斗≒六ℓ)の収穫量を基準とし、田品に応じて絶対面積が異なるが、一結にたいする税額は等しいものと定めた(「異積同税」)。実面積で一等田一結は約一ヘクタール。六等田一結は約四ヘクタールとなる。

❖3…一九六一年六月、朴正煕少将は軍事クーデターを起こして実権を掌握。六三年、新憲法下で民政移管する選挙にて大統領に選出される。国家主導の経済建設、輸出志向工業化により韓国を経済成長の軌道に乗せた。七二年、憲法を改正して大統領に権限を集中し永久独裁体制を固める。七九年、腹心であるＫＣＩＡ長官に撃たれて逝去。

❖4…末松保和「朝鮮議政府考」(『青丘史叢 第一』(一九六五年)所収、初出は「朝鮮学報」九、一九五六年三月)

❖5…宋代儒学については、小島毅『中国思想と宗教の奔流 宋朝』(「中国の歴史」〇七、講談社、二〇〇五年)

1820−98年
朝鮮王朝末期に国王高宗の父として政治の実権を握り、攘夷政策を行った。

王妃との血みどろの闘争

大院君

…テウォングン・たいいんくん…

月脚達彦

一八六四年に幼少で即位した国王高宗《コジョン・こうそう》に代わって朝鮮王朝の政治の実権を握った大院君（一八二〇—九八年）は、失墜した王権の強化をめざし、朱子学を正統とする立場から、崔済愚《チェジェウ》が創建した東学や、十八世紀末から朝鮮に浸透し始めていたカトリックを異端として弾圧した。一八六六年にフランスが、一八七一年にはアメリカが軍艦を朝鮮に進めて条約締結を求めたが、大院君は戦闘のうえ拒絶して攘夷《じょうい》政策を貫いた。また、日本からもたらされた王政復古の通知の受け取りを拒否して、日本との外交関係を断絶させた。大院君が政権から退いたのちの一八七五年、日本は軍艦を朝鮮に派遣して江華島《カンファド》で交戦し、翌年に日朝修好条規を締結した。

大院君と十九世紀後半の東アジア

ここでの大院君とは、一八六四年に即位した朝鮮王朝第二六代国王高宗（一八五二—一九一九年）の実父の興宣《フンソン》大院君のことである。前の国王の哲宗《チョルチョン》が跡継ぎを残さずに亡くなると、大王大妃趙氏の指名で興宣君李昰応《イハウン》の次男が即位した。大院君はこのような場合に国王の父に贈られる称号であるが、以前の大院君が死後にその称号を贈られているのと異なり、興宣大院君は生前に贈られて、しかも幼少の国王に代わって権力を掌握した異例の大院君であり、朝鮮史で大院君という場合にはこの興宣大院君のことを指す。

一八三〇年代以降、朝鮮に西洋の艦船が来航して条約締結を求めることがあったが、朝鮮政府はこれを拒み続けた。大院君が政権を掌握した時代にも、朝鮮はアメリカ・フランスから条約締結を求められたが、大院君政権は戦闘してこれを斥けた。朝鮮では正学としての朱子学を守って邪《よこしま》な西洋の宗教・文物を排斥するという衛正斥邪論《えいせいせきじゃろん》が台頭する。

大院君政権はまた、一八六九年にもたらされた王政復古を通知する対馬藩主宗氏の書契の格式と内容が、従来の慣例と異なっていたためその受け取りを拒否し、日本との新たな関係の樹立も斥け、日本を洋夷《ようい》と一体化したと見なした。日本では朝鮮の無礼を武力によって責めようという征韓論《せいかんろん》が起こり、一八七三年の西郷隆盛の朝鮮派遣をめぐる政変へとつながった。板垣退助宛の書簡で西郷は、朝鮮に使節を派遣すれば朝鮮側はきっと暴殺するだろうから、朝鮮を討つべき名分が立つので、自分を朝鮮に派遣してほしいと主張しているが、そのときの朝鮮政府はやはり大院君政権である。

中国で洋務が行われ、日本で明治維新があった同時代の朝鮮は、大院君政権のもと攘夷を続け、西洋との条約締結は一八八〇年代まで待たなければならなかった。そのため急速な経済成長を遂げていた一九六〇年代から七〇年代の韓国では、「鎖国」に固執して国の近代化を遅らせた悪人として大院君が語られた。もっとも、特定の党派に属する有力家門が政権を独占する勢道《せいどう》政治が続くなか、大院君政権は内政改革も行っており、今日の韓国では大院君を攘夷政策だけで評価するのではなく、おおむね復古的な改革者としている。では、大院君が行った改革とはどのようなものだったのだろうか。本章ではまず、高宗に代わって実権を握った大院君政権について概観することにする。

大院君は一八七三年に政権から退けられるが、その後の大院君については一八八二年の壬午軍乱《じんごぐんらん》での政権奪還のときを除き、歴史教科書などで触れられることがほとんどない。大院君失脚の背景には王妃閔氏《ミンシ・びんし》とその一族との対立があり、大院君と閔氏は血みどろの闘争を繰り広げた。これに日清の対立が結び付き、大院君自身も清に捕らえられて幽閉《ゆうへい》状態に置かれるという憂き目に遭っている。本章ではさらに、一八九四年の日清戦争へと至る日・朝・清の関係悪化の歴史を、大院君の動向を中心に見ることにする。

勢道政治と大院君の内政改革

十九世紀の朝鮮の政治を象徴する言葉に、世道政治または勢道政治がある。純祖《スンジョ》・憲宗《ホンジョン》と幼少で即位した国王が続き、その次の哲宗は国王としての正統性に問題があるなどして、国王の妃の家門(外戚《がいせき》)の有力者が権力を掌握した。国王の信任のもと権力を掌握した者を世道(批判的に勢道と書くこともある)という。純祖・憲宗・哲宗三代の妃を出した安東金氏《アンドンキムシ》が世道として絶大な権力を握ったが、大院君の政権掌握自体が、外戚ではなく国王の実父が世道として安東金氏の勢力を抑える目的を持つものだった。

安東金氏は党派でいうと、十八世紀半ば以後、大臣・高官の過半数を占めてきた老論だった。大院君は老論に次ぐ党派である少論のみならず、政権から疎外されて久しい南人・北人からも登用を行うとともに、王族やその家門である全州李氏《チュンジュイシ》を優遇し、武臣も優遇した。このように権力基盤を築きつつ、大院君は王権強化を推し進め、勢道政治の基盤になっていた備辺司を廃止して議政府中心の中央官制を復活させ、さらに軍政機関として三軍府を設置し、ここに自派の武臣を任命した。また、在地両班《ヤンバン》の教育機関であった書院の整理を断行した。書院には土地や使用人に課する税の免除などの特権が与えられており、在地両班の結集の場となっていた。大院君は十八世紀初のピーク時には六〇〇近くあった書院を四七にまで整理した。特に老論の領袖である宋時烈《ソンシヨル》の遺言によって設けられた万東廟を廃止したことに対して、老論が激しく反対することになる。両班はまた、軍役に就く代わりに国家に収める綿布である軍布が免除されていたが、大院君はこれを両班の戸の奴の名で徴収して軍営の財源とした。

王権を掣肘《せいちゅう》する臣権の抑圧とともに、大院君は王室の権威を強化するため、秀吉の出兵のときに焼失していた景福宮《キョンボックン》の再建などの土木工事も行った。その費用として官民から願納銭が収められたが、その呼称とは裏腹にこれは強制的に徴収されたものである。また、財源拡張のために当百銭が発行されたが、これは当時流通していた銭の五・六倍の素材価値の銭を額面価値百倍の高額銭として流通させる悪貨だった。当百銭は流通が中止されたが、大院君は清から銭を輸入して流通させたりもした。他にも漢城《ハンソン》の城門の通過税の徴収などの財源拡張策が採られたが、これらは民衆を疲弊させるとして反発を招いた。

大院君は異端の弾圧も行った。一八六四年には、朝鮮南部に信者を広めていた東学に対して、その教祖である崔済愚を処刑した。また、十八世紀末から朝鮮に天主教(カトリック)が伝わったが、十九世紀には政府による弾圧が繰り返され、朝鮮に潜伏していたフランス人神父らが殺害されることがあった。大院君も一八六六年に天主教への大弾圧を行い、フランス人神父や多くの信者を処刑した。この丙寅教獄《へいいんきょうごく》に対してフランス極東艦隊が朝鮮に派遣されることになる。ローズ司令長官率いるフランス艦隊は、漢城の西の江華島に侵入し、軍艦二隻に漢江《ハンガン》を楊花津《ヤンファジン》まで遡航《そこう》させた。その後、フランス艦隊はフランス人神父の殺害者の処刑と通商条約の締結を要求したが、大院君はこれを拒んで戦闘した。それに先立ち、アメリカの商戦ジェネラル・シャーマン号が大同江《テドンガン》を遡航して平壌《ピョンヤン》に至ったが、焼き払われている。この年のアメリカ・フランスの侵入事件を丙寅洋擾《ようじょう》という。

一八六八年には、北ドイツ出身の商人オッペルトが、遺骨の返還と引き換えに条約締結を迫ろうと、大院君の父の南延君《ナムヨングン》の墓の盗掘を試みるという事件が起こっている。一八七一年にはジェネラル・シャーマン号事件の真相究明を理由に、ロジャーズ司令長官率いるアメリカのアジア艦隊が江華島に侵入した。大院君がアメリカの要求を聞き入れず戦闘を繰り広げると、アメリカ艦隊は撤退した。これを辛未《しんみ》洋擾というが、大院君は辛未洋擾のさなかに「洋夷侵犯するに戦いを非とするは則ち和なり。和を

大王大妃趙氏

……養子関係

主とするは売国なり」と刻んだ斥和碑《せきわひ》を各地に立てて、攘夷の決意を固くした。

王妃閔氏との対立と保定府幽閉

大院君の夫人（驪興府大夫人《ヨフンブデブイン》）は、驪興閔氏の閔致久《チグ》の娘である。一八六六年、驪興府大夫人の弟の閔升鎬《スンホ》の養父である閔致禄《チロク》の娘が高宗の妃となった。大院君が高宗の妃として自らの夫人の一族で、しかも既に故人となっている閔致禄の娘を選んだのは、外戚の勢力増大を防ぐためである。しかし、王妃と大院君は対立することになる。ことの始まりは、高宗が一八六八年に宮女との間に男児（完和君《ワンファグン》）をもうけ、これを大院君が溺愛《できあい》したことだともいう。そもそも驪興閔氏は老論に属するが、大院君の南人・北人の登用に不満を持ち、書院整理や土木工事などに反対する老論の門閥が、王妃の義兄の閔升鎬のもとに結集するようになった。これに高宗の親政への意欲が結び付き、大院君は一八七三年に政権から退けられたのである。

高宗の親政開始とともに、政権は驪興閔氏の勢道政治の様相を呈することになった。一八七一年に王妃閔氏が産んだ男児はすぐに死亡したものの、一八七四年に産んだ坧《チョク》（のちの純宗《スンジョン》）は翌年に王世子《おうせし》に冊封され、王妃はその地位を固めた。なお、世道の地位に上った閔升鎬が、一八七四年に自宅に送られ

大院君関係系図

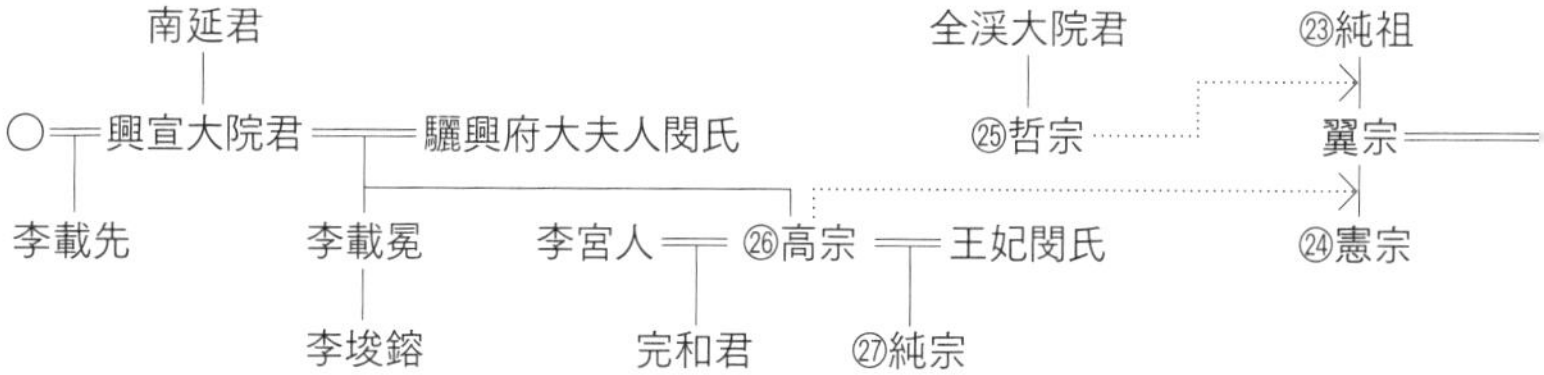

（木村幹『高宗・閔妃』、矢木毅『韓国の世界遺産　宗廟』をもとに作成）

て来た爆薬で殺害される事件が起こっているが、王妃はこれを大院君の企みによるものだと信じたという。王妃は坧の王世子冊封や病気快癒を祝して臨時の科挙《かきょ》を催したり、巫女《みこ》や占い師を寵愛《ちょうあい》したりするなどして、大院君が蓄積した財を蕩尽《とうじん》した。

大院君失脚ののち、大院君派の南人・北人も退けられ、また大院君の政策の一部が否定された。特に大きな政策の変化が、日本との関係の修復である。書契の文言などをめぐって再び対立し、一八七五年には日本が軍艦を派遣して朝鮮側と戦闘する江華島事件が起こったものの、朝鮮政府は一八七六年二月に日本と修好条規を結ぶ。これに衛正斥邪派が激しく反対し、大院君も政府を批判する書簡を送付するが、政府は衛正斥邪派や大院君派を配流するなどして押さえつけた。

日本と関係を修復した朝鮮政府は、一方で欧米諸国との条約締結は否定していた。ところが琉球の帰属をめぐる日本との対立を背景に、清の李鴻章《りこうしょう》が朝鮮政府にアメリカとの条約締結を勧告することになる。さらに、一八八〇年に朝鮮から日本に派遣された修信使の金弘集《キムホンジプ》が駐日清国公使館を訪れ、参賛官(書記官)の黄遵憲《こうじゅんけん》から『朝鮮策略』を送られた。『朝鮮策略』はイリ問題などで清と対立するロシアの脅威を掲げ、ロシアの侵略を防ぐために朝鮮は宗主国である清と親しみ、日本との関係を安定させるとともに、アメリカと条約を締結すること、自強を図ることなどを説いていた。この『朝鮮策略』がもたらされるや、朝鮮では再び衛正斥邪派の反対が沸き起こる。

一八八一年、金弘集の処罰を要求するとともに政府を糾弾する嶺南万人疏が提出されると、政府は疏首を配流に処すなどしてこれを斥けた。しかし、これに刺激された各道の両班らが相次いで上疏を提出すると、政府は最も強硬な批判を行った洪在鶴《ホンジェハク》を凌遅斬《りょうちざん》に処するなどした。さらに同年末には、大院君派の南人らが大院君の庶長子である李載先《イジェソン》を擁立して政府を倒そうとするクーデタ計画が発覚する。李載先は賜死となり首謀者は処刑されて、大院君派は打撃を受けた。朝鮮政府はアメリカとの条約締結に踏み切り、李鴻章の斡旋のもと一八八二年五月に朝米修好通商条約を結んだ。

しかし、間もなく政権への復活のチャンスが大院君に訪れる。朝鮮政府は『朝鮮策略』で説かれた自強の一環として、一八八一年に日本陸軍の堀本礼造少尉を教師とする別技軍《べつぎぐん》という新式の軍隊を創設していた。その一方で在来の軍隊の兵士は十三カ月にわたって俸禄米の支給が滞る冷遇を受け、一八八二年七月、ようやく支給された俸禄米に糠が混入していたことから兵士の不満が爆発した。兵士らが世道の地位にあった閔謙鎬《キョムホ》(閔升鎬の弟)の邸宅を襲い大院君に窮状を訴えると、大院君はこの反乱に介入する。土木工事などで怨嗟《えんさ》を買うこともあったものの、民衆の大院君への信望は厚かった。兵士らは王宮の昌徳宮《チャンドックン》に突入し、閔謙鎬ら要人を殺害した。王妃は昌徳宮を脱出して、一族の閔応植《ウンシク》の別邸に身を隠した。こうして大院君は再び政権を握ることになったのである。大院君は王妃を死んだものとし、その国葬を公布した。また、反乱の過程で日本公使館が襲撃され、花房

別技軍

義質公使は長崎に逃れたものの、堀本少尉および陸軍語学生らが殺害された。

壬午軍乱と呼ばれるこの反乱は、大院君の政権奪還にとどまらず、日清の軍隊の対峙へと発展した。公使館襲撃の報を受けた日本政府は、花房公使を軍隊とともに朝鮮に送って朝鮮政府に賠償などを求めることとした。民間には政府よりも強硬な措置を訴える者もいた。例えば慶應義塾に朝鮮人留学生を受け入れ、金玉均《キムオクキュン》らと接触していた福沢諭吉の「時事新報」は、社説で日本公使館を襲撃した「暴徒」は「文明の敵」であり、日本政府は「文明の為に之を責」めなければならないと主張した。

一方、日本の琉球処分に危機感を強めて朝鮮の外交への干渉を始めていた清は、属邦保護という名目で朝鮮に軍隊を派遣した。大院君は清から派遣されて来た馬建忠《ばけんちゅう》に「（中国）皇帝に冊封《さくほう》された国王を欺くことは、皇帝をないがしろにするに等しい」と譴責《けんせき》されて軍艦で天津に押送され、直隷《ちょくれい》省《しゅう》保定府に幽閉させられる。そうして軍乱は清軍によって鎮圧され、身を隠していた王妃も王宮に戻った。日本は復活した政府との間に済物浦《チェムルポ・さいもっぽ》条約を結んで賠償金の支払い、公使館守備のための軍隊の駐屯《ちゅうとん》、謝罪使節の派遣などを認めさせたが、これは馬建忠の斡旋によるものだった。

壬午軍乱の鎮圧後も清の軍隊は朝鮮に留まり、清は内政・外交への干渉を強化した。その中で閔氏一族は、大院君派を一掃して自らの勢力を強化する。政府は大院君が立てた斥和碑を撤去し、アメリカに続いてイギリス・ドイツなどと条約を締結していくが、政府には清から派遣された外交顧問が据えられ、軍制は清式に改編された。これに対して金玉均ら急進開化派は反発を強め、一八八四年十二月に竹添進一郎日本公使と結んで甲申《こうしん》政変を起こし、閔泳翊《ヨンイク》（閔台鎬の子で閔升鎬の養子)を負傷させて、閔台鎬《テホ》(王世子嬪の父)らを殺害した。政変によって成立した新政権は、介入してきた清軍によって倒され、金玉均らは日本に亡命したが、金玉均が『甲申日録』に記した新政権の政綱の第一条は、大院君の早期の帰国と朝貢の廃止という内容だった。閔氏を抑えて朝鮮の改革を実現するためには、開化に敵対的な人物であっても、大院君の豪胆さと権威が必要だとの考えからだろう。

大院君が図らずも帰国するのは、それから間もなくのことである。甲申政変の事後処理として伊藤博文と李鴻章の交渉によって一八八五年四月に締結された天津条約に基づき、日清両国は朝鮮から軍隊を撤退させ、軍事教官を朝鮮に派遣しないこととした。一方、強まる清の干渉が疎ましくなった高宗と王妃は、清が警戒するロシアに前年から接近しはじめ、ロシア人軍事教官を招聘《しょうへい》しようとしていた。この第一次朝露密約が露見すると、李鴻章は八月に大院君を帰国させ、さらに袁世凱《えんせいがい》を駐箚《ちゅうさつ》朝鮮総理交渉通商事宜に任命して国王・王妃・政府を指導・監督させた。再びこのような背信を行えば、大院君に政権を任せるぞというわけである。

折しもアフガニスタンでのロシアとの対立により、イギリスは同年四月に朝鮮南端の巨文島《コムンド》をヴラジヴォストク攻撃の基地として占領していた。英露対立が朝鮮に波及するなか、高宗・王妃は有事の際に保護を求める秘密協定をロシアと結ぼうとする。この第二次朝露密約を知った李鴻章は、軍艦を朝鮮に派遣してこれを阻止した。このとき袁世凱は高宗を廃位して大院君の長孫(大院君の長男載冕《ジェミョン》の子)の李埈鎔《ジュンヨン》を国王にし、大院君に執権させることを具申したが、李鴻章はこれに反対した。当時、清とイギリスの関係は良好で、英清協調のもとで朝鮮情勢は平穏を回復し、そのなかで閔氏一族の勢力は絶頂を迎えることになる。

日清戦争と大院君

大院君が三度目に政権に就くのは、一八九四年の日清開戦の直前である。東学の農民反乱を機に漢城に駐屯していた日本軍は、七月二三日、景福宮を占領して大院君を擁立し、閔泳駿《ヨンジュン》・閔応植ら閔氏の要人を放逐した。二五日の豊島《プンド》沖海戦ののちの二七日、金弘集ら開化派の政権が樹立され、その最高議決機関として軍国機務処が設置された。開化派政権は急進的な近代的改革を試みるが、そもそも大院君は閔氏を抑える権威として日本と開化派によって担ぎ出されたものの、近代的改革とは相いれない人物である。むしろ李埈鎔を国王にしようとして軍国機務処と対立し、会議員の金鶴羽《ハクウ》に刺客を送って殺害した。大院君はまた、平壌にいる清の将軍に日本軍の撃退と開化派の掃討を要請する書簡を送付するとともに、日清両国軍の派遣とともに解散していた東学農民軍に再蜂起を促していた。大鳥圭介に代わって駐朝鮮公使となった井上馨《かおる》は、清の将軍に宛てた書簡を突き付けて大院君を下野させた。

井上馨公使の強圧のもと、大院君と王妃閔氏は政治から排除された。ところが今度は、李埈鎔の処分などをめぐって開化派政権内部で対立が起こる。井上公使の対朝鮮政策が行き詰るなか、さらに下関条約締結直後の一八九五年四月の三国干渉に乗じて王后(同年一月に王妃から格上げ)閔氏が反撃に転ずると、井上は帰国して公使を辞任した。後任の三浦梧楼《ごろう》公使は、公使館・領事館員、公使館守備隊、日本人壮士、および朝鮮の開化派・訓錬隊軍人の一部らと謀って、孔徳里《コンドンニ》で蟄居《ちっきょ》状態にいた大院君を担いで王后を排除する計画を立てた。

十月七日夜、岡本柳之助らに迎えられて孔徳里を出た大院君は、八日未明、公使館守備隊・訓錬隊・日本人壮士らとともに景福宮に入った。王后閔氏は居所の乾清宮で殺害され、大院君は四度目に政権に復帰した。十月十日、高宗は「王后閔氏を廃して庶人とする」詔勅を下す。こうして大院君と閔氏の闘争は大院君の勝利に終わったようにも見えるが、このとき大院君は国政に関与しないこと、長孫の李埈鎔を日本に留学させることなどを日本側に約束しており、新内閣は矢継ぎ早に急進的な改革を推進した。特に同年末に施行した断髪令は反発を生み、在地両班らによる義兵が起こった。政府が対応に追われるなか、高宗は一八九六年二月十一日に景福宮を脱してロシア公使館に身を避けた。この俄館播遷《がかんはせん》で内閣は崩壊し、高宗は逃亡した大臣や軍人を捕えて処罰することを命令する。大院君は再び蟄居生活に戻った。

俄館播遷から一年後の一八九七年二月、高宗はロシア公使館に近い慶運宮に移り、十月に皇帝に即位して国号を大韓《テハン》と改めた。亡き王后はこれによって皇后を追贈され、十一月に改めてその国葬が盛大に執り行われる。それから間もなくの一八九八年一月八日、驪興府大夫人が死去し、これを追うかのように大院君は二月二二日に死去した。王后と大院君の亡き後の高宗は、皇帝専制体制を築こうとするが、大韓帝国は日露の対立に巻き込まれていく。

王族の傍流にいて安東金氏から辱めを受けることもあった大院君は、一躍国王に代わって権力を握り、勢道政治の打破に立ち上がった。その改革は復古的であり、近代化を進めるものではたしかになかった。しかし大院君は開国論者を抑えて攘夷政策を執ったわけではなく、大院君失権後の政府は開国に踏み切ったものの、宗主国の清の干渉下に勢道政治化していった。日清の対立が絡む朝鮮の政治の混乱は、大院君一人にその責が着せられものではない。十六世紀以来続いた党派の対立と思想の硬直化、勢道政治のもとでの十九世紀朝鮮の危機的状況、近代への移行にともなう東アジア国際秩序の変容、これらの大きな状況の中で、朝鮮の政治的混乱と日本の関わりが理解されねばならないだろう。

⦿参考文献

姜在彦『朝鮮の攘夷と開化』（平凡社、一九七七年）
木村幹『高宗・閔妃』（ミネルヴァ書房、二〇〇七年）
岡本隆司『世界のなかの日清韓関係史』（講談社、二〇〇八年）
月脚達彦『福沢諭吉の朝鮮』（講談社、二〇一五年）
矢木毅『韓国の世界遺産　宗廟』（臨川書店、二〇一六年）
李成市・宮嶋博史・糟谷憲一編『世界歴史体系 朝鮮史二　近現代』（山川出版社、二〇一七年）

「悪の歴史」

南・東南アジア編

127?–149?年
古代インド・クシャーン朝第4代目の王であり、王朝の最盛期を築いた。

中央アジアとインドの支配者
カニシュカ
…Kaniṣka…

宮本亮一

はじめに

カニシュカは、中央アジアからインド中部にかけて広大な領域を支配したクシャーン朝四代目の王である。漢文仏教文献などにその名が記され、有名な歴史上の人物であるが、その生涯は全くといっていいほど謎に包まれている。というのも、この王の具体的な動向を記した資料がほとんど存在しないからである。勃興期のクシャーン朝に関する重要な情報を提供してくれる『後漢書』には、初代王クジュラ・カドフィセス（丘就卻）、二代目のヴィマ・タクトゥ（閻膏珍）の動向が記されているものの、それ以降の諸王に関する情報が見当たらず、中国正史の中に手がかりを求めることもできない。

しかし、ここ二〇年ほどの間に、わずかではあるが、カニシュカの具体的な動向を伝える資料が発見されている。それらはいずれも、クシャーン朝の本拠地の一つが置かれたトハーリスタン（現在のアフガニスタン北部、ウズベキスタン南部、タジキスタン南部にあたる地域で、紀元前にはバクトリアと呼ばれていた）

の土着語であるバクトリア語で書かれたものである。ここでは、これらのバクトリア語資料を活用し、カニシュカの動向を探ってみたい。ちなみに、バクトリア語という言語は、「本シリーズ」（『東アジア編・上』）に登場する安禄山《あんろくざん》がその血を引く、ソグド人の言語（ソグド語）と同じ系統（中世イラン語の東方言）に属する言語である。

カニシュカの即位とカニシュカ紀元

カニシュカが何年に即位したのかは分かっていない。この問題は、カニシュカが創始した紀元（カニシュカ紀元）の元年が何年にあたるのか、という中央アジア史上の大問題と混同されることもあるが、即位と新たな紀元の創始が同年である必要はない。最近では、カニシュカ紀元の元年が、それ以前に使用されていたインド・グリーク紀元、またはヤヴァナ紀元と呼ばれる別の紀元の三〇一年、つまり四番目の世紀の初年にあたることから、

地図1

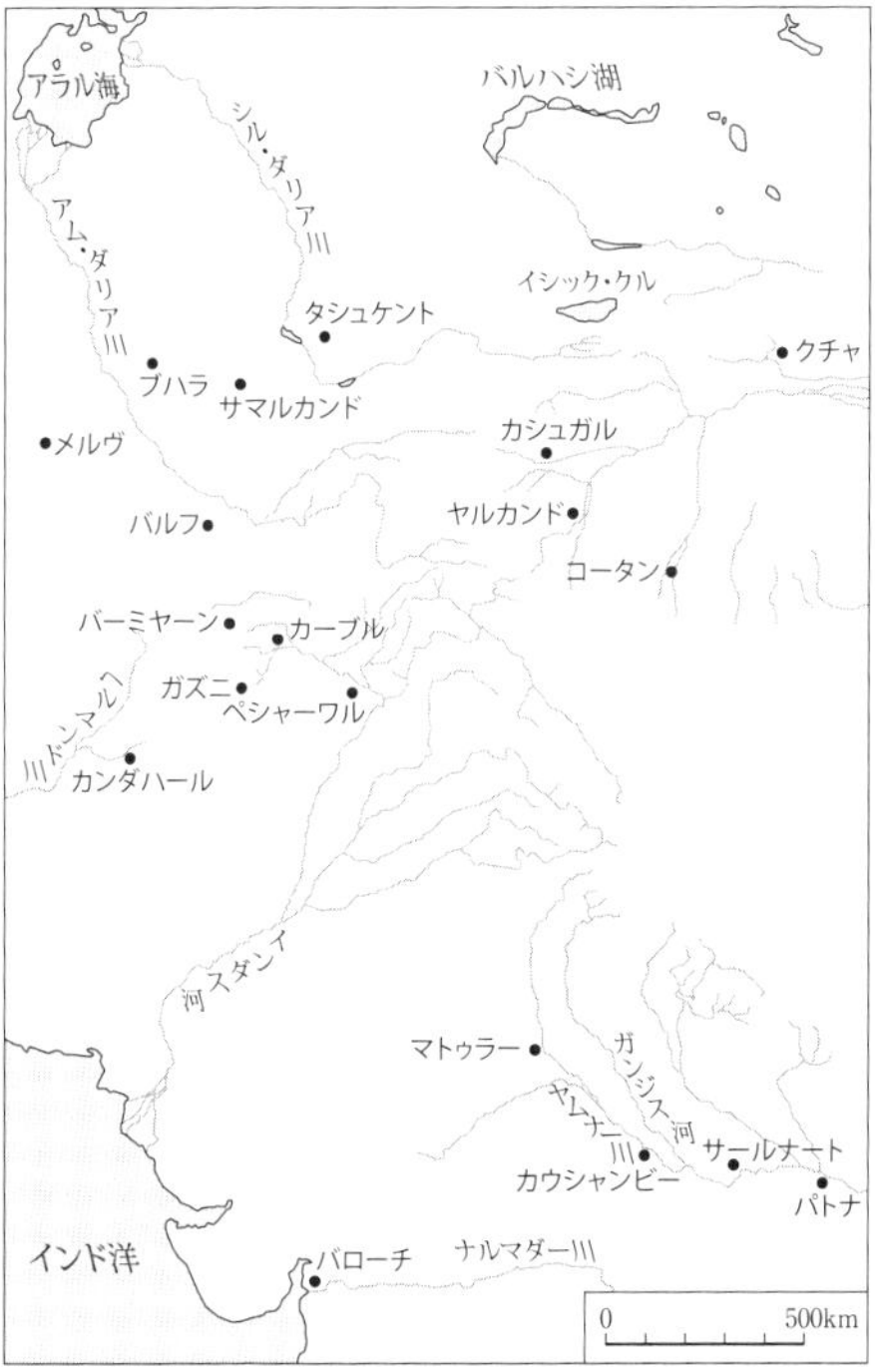

カニシュカは、自らの新しい紀元を開始するために節目の年を利用しただけであって、その年に即位したのではないという指摘がある。

カニシュカが新たな紀元を開始したことについては、後ほど内容を確認するバクトリア語碑文の存在から、今や何の疑問もない。しかし、その元年がいつなのかという問題については、長い研究の中で、実に様々な説が主張されてきた。それらは大きく分けて、西暦一世紀後半、二世紀前半、三世紀前半の三つの説が主流であった。しかし現在、多くの研究者が、これを一二七年とするハリー・ファルクの説を受け入れている。この説によってあらゆる疑問が解消される訳ではなく、依然として一世紀や三世紀という主張も存在するが、ここでは、一二七年説を最も妥当なものと考え、以下の記述におけるカニシュカ紀元の換算もこれに従う。

カニシュカ紀元の元年が明らかになったとしても、カニシュカの即位年は判明しない。しかし、二代王ヴィマ・タクトゥの名前を記した、バクトリア語・インド系俗語・未知の言語の三言語で刻まれたダシュテ・ナーウル碑文に見える年号から、この王が少なくとも西暦の一〇四年まで在位していたことが知られているので、三代目の王ヴィマ・カドフィセスの治世が何年継続したか分からないとはいえ、カニシュカの即位は、カニシュカ紀元の開始年からそれほど離れた年ではなかったと推測できる。

インドの支配

さて、次にカニシュカの具体的な動向を見てゆこう。冒頭で触れたバクトリア語の資料が発見される以前から、カニシュカがインドを支配したことは良く知られていた。それは、「大王カニシュカの〇年」と年数が記された碑文が、インド各地で発見されているからである。しかし、クシャーン朝史研究に新たな光を当てたバクトリア語の碑文、「ラバータク碑文」が発見されたことにより、具体的にカニシュカの支配が及んだ地域の情報が得られたのである。やや長い引用になるが、碑文の解読者であり、バクトリア語研究の第一人者であるニコラス・シムズ＝ウィリアムスの翻訳に従ってその内容を提示してみよう（《》は筆者が付け加えた補足説明）。

> ……偉大なる救済、クシャーンのカニシュカ、正しき者、公正なる者、君主、崇拝に値する神は、ナナ、および全ての神々から王権を手にし、神々が望んだために、《紀元》一年を創始した。そして、彼はギリシア（語）の勅令《ちょくれい》（?）を発布（?）し、それをアーリア（語）に置き換えた。《紀元》一年、それらはインド、クシャトリア（or クシャトラパ）の諸都市、…adragoの占領地（?）、Ozopo（?）、サーケタ、カウシャンビー、パータリプトラ、そしてシュリー・チャンパーにまで布告された：どこ（の都市）であれ、彼、そして他の将軍（?）たちは到達（?）し、（その）意思の下に服従させ、全インドを（その）意思の下に服従させた。カニシュカ王は、karalrang《官職名》のシャファルへ、この場所、カシグ平原に、バゲ・アーブ《「神の水」という意味》と呼ばれる神殿を建てるように命じた。こちら栄光

のウンマの面前に現れたこれらの神々、すなわち(?)、上述のナナ、上述のウンマ、アウルムズド、ムズドワン、スローシャルド―インドの(言葉)ではマハーセーナと呼ばれ、ヴィシャーカと呼ばれた―ナラサ、(そして)ミフルのために。そして、彼はまさにその、ここに記された、これら神々の彫像を作るように命じた。そして、これらの諸王:曾祖父クジュラ・カドフィセス王、祖父ヴィマ・タクトゥ王、父ヴィマ・カドフィセス王、そしてカニシュカ王自身(の彫像)を作るように命じた。諸王の王として、神々の子カニシュカが(それを)作るように命じ、karalrangのシャファルがこの神殿を建てた。そして、karalrangのピアシュ、karalrangのシャファル、hashtwalg《官職名》のヌクンズクが王の命令を遂行した。ここに記された神々が、諸王の[王]、クシャーンのカニシュカを、永遠に健康に、幸運に、(そして)勝利者[とせん]ことを。王、神々の子は、《紀元》一年から六(?)年まで全インドを制圧(?)していた。[そして]、この神殿は《紀元》一年に建てられ(?)、また三番目(?)の年に……王の命令によって、多くの儀式(?)が行われ、多くの奉仕人が集められ、多くの…[が与えられた。そして,カニシュカ]王は、この城砦を神々に捧げた。そして、バゲ・アーブで……これらの自由人たちのために……

ここには、カニシュカが新たな紀元を創始し、インドの諸都市に影響力を行使したことが記されている。また、カニシュカに連なる諸王の系譜が明記されていることも、この碑文の大きな特徴である。ちなみに、クシャーン朝の王統に関する古い学説には、カニシュカの以前と以後で、家系に断絶があった、つまりカニシュカが王位の簒奪者《さんだつしゃ》であった、というものが存在したが、ラバータク碑文の発見により、この説は現在では顧みられることはない（ただし、もし仮にカニシュカが簒奪者であったとしても、自らの功績を記した碑文を残し、そこで王位の正当性を主張するなら、この碑文のような書き方になるだろうと想像することは可能である）。

カニシュカの動向に話を戻すと、碑文に見える全ての都市に王朝の勢力が及んだかどうかは慎重に考えなければならない。まず、サーケタ（現ファイザーバード）に関しては、中国正史（『後漢書』、『三国志』）の中で、クシャーン朝の勢力が及んだ地域として記されている東離国（あるいは車離国/離車国）の「沙奇」城がここに当たると考えられている。ただし、従来考えられている通り、中国正史にカニシュカの時代の記述が存在しないのだとすれば、実際にクシャーン朝の勢力がサーケタに及んだのはカニシュカの治世以前のこととなる。

カウシャンビー（現コーサム）については、この地でカニ

地図2

シュカ紀元二年の紀年を持つ碑文が発見されているので、カニシュカの時代に王朝の支配下にあったのだろう。最後の二つの都市、パータリプトラ(現パトナ)とシュリー・チャンパー(現バーガールプル)に関しては、クシャーン朝が支配したことを示す資料が存在しないため、実際のところはわからない。ただし、ラバータク碑文に名前が挙げられているということは、これらの都市が、クシャーン朝にとって、影響力が及んだ地域と主張する価値のある重要な都市であったことを示しているだろう。

また、ここで注意しなければならないのは、クシャーン朝の勢力がインドへ到達したのはカニシュカの時代ではないということである。カニシュカの祖父ヴィマ・タクトゥの時代には、すでに中インドのマトゥラーにまでその勢力が及んでおり、マトゥラー近郊の神殿跡で発見されたヴィマ・タクトゥの名を刻んだ巨大な像がそのことを証明している。このように、中央アジア、とりわけ現在のアフガニスタンにあたる地域を支配した勢力が、インド方面へと支配地域を拡大させる動きは、歴史上頻繁に見られる動向であり、クシャーン朝はその典型的な事例の一つと言えよう。

インドからトハーリスタンへの帰還

さて、このようにインドを支配したカニシュカであるが、ごく最近になって発表された新たなバクトリア語碑文(円形の銀板に銘文が刻まれている)の内容を見ると、彼が紀元十年(一三六年)に、インドからトハーリスタンへ帰還したことが分かる。この資料は、出所も現在の所有者も分かっておらず、シムズ＝ウィリアムスは写真だけを利用して解読している。不明な部分が多いが、ここにその内容を提示しておこう。

諸王の王の法廷(?)で、《紀元》[一]年に、[ナナが]諸王の王、クシャーンのカニシュカに王権を与えた。彼の父の僕、私ヌクンズクは、amboukao(?)であった。神々の子は、自らの善良さゆえに、そして私の奉仕ゆえに、私を、(彼の)父と祖父の僕たち、《すなわち》最上位の(者たち)と同等(の者)とした。《紀元》一年、…がインドに布告された。そして彼はインドを征服(?)し、私は彼の仕事における信頼を得た(?)僕であった。私はそこで、…この記録(?)に書かれたこの仕事を行なった。十番目の年、諸王の[王]、神々の子が、戦利品(?)を伴い、インドからトハーリスタンへ[帰還した]時…[彼は]ウェーシュの法廷(?)に、神への捧げもの(?)(として)、[この銀盤を(?)]献じた(?)。カニシュカ王がこれをウェーシュへもたらしたのは、《紀元》十年、ニーサン月《三番目の月》、十番目の日(のことであった)。《銀器の》重さ二七〇。

この碑文は、ラバータク碑文にも登場したクシャーン朝の高官ヌクンズクが一人称で語ったものである。カニシュカが「帰還した」という部分が、解読者の推測に基づいているが、この一文がインドからトハーリスタンへの移動を意味していたと考えることに大きな問題はないだろう。意味の不明瞭な単語が多いため、移動の要因を碑文の内容から知ることは難しいが、征服活動を行った後、何らかの理由で本拠地のトハーリスタンへ帰還したと考えるのが自然だろう。では、カニシュカは紀元一年から十年までの間、常にインドにおり、征服活動を行なっていたのだろうか？

七世紀に中国からインドへ赴いた玄奘《げんじょう》の旅を記録した『大唐西域記』には、カニシュカについての逸話が残されており、それによれば、カニシュカは、威勢を恐れた人々が送ってきた人質の居所を季節ごとに変えさせていたという（冬はインド、夏はカーブルの北のカーピシー、春と秋はガンダーラ）。『後漢書』にはクシャーン（貴霜）が「大月氏《だいげっし》」という遊牧民族の中から台頭したと記されている。貴霜が大月氏と同一民族であるのか、それとも大月氏が支配していた定住地域の大夏（トハーリスタン）出身であるのかという問題は解決されていないが、もし大月氏とクシャーン（貴霜）とが同一民族であるならば、クシャーンの支配階層は季節移動を行っていたことになる。

支配階層の季節移動と碑文に記された征服活動からの帰還とは直接的に関係しないが、カニシュカも常にインドへ止まっていたのではなく、季節に応じて、あるいは何らかの政治的な理由に応じて、インドとトハーリスタンの間を移動していたのかもしれない。

現在判明しているカニシュカの具体的な動向は、おおよそ以上の事柄であり、我々が知っている情報は余りにも断片的と言わざるをえない。もちろん、カニシュカの没年も判明していないが、カニシュカ紀元二三年（一四九年）の紀年を持つ碑文を最後にカニシュカの名が見られなくなり、続くフヴィシュカの名が、カニシュカ紀元二八年（一五四年）の碑文から登場することから、カニシュカはこの間に没したのであろう。

カニシュカと仏教

最後に、カニシュカと仏教との関わりについて述べておきたい。インド仏教史を繙《ひもと》くとき、カニシュカの名を目にすることは多い。それは、先に言及した『大唐西域記』をはじめ、漢文仏教文献に、この王が仏教を受け入れ信仰したことや、仏典の編纂会議を行わせたことなど、王の功徳や威勢を讃える逸話が見られるからである。これらの逸話には、カニシュカの「悪」の側面について記すものもあるが、それらは、たいていの場合、王の「悪」の側面が強調された後、仏教を信仰することによってその罪が軽くなるという展開をみせる。例えば、カニシュカが、自分は九億人の敵を殺害したが、その中には仏教を信仰していた人物が二人、中途半端な仏教の知識を持った者が一人しかおらず、罪深いのはこれらの人物の殺害だけであると述べたため、怒った比丘《びく》の神通力によって地獄の苦しみを体験させられ、その後、王が仏教の教えを聞き入れ、罪が軽減されるという話がある（『付法蔵因縁伝』）。しかし、そもそもこれらの文献は、どれもかなり後世に記されたものであり、カニシュカと仏教との具体的な関係を知るための資料としてはほとんど役に立たない。ましてや、カニシュカの動向を探るための資料としての価値は皆無である。むしろこれらの話は、仏教の良い側面を強調するために作り出されたものと考えるのが妥当ではないだろうか。

ただし、カニシュカと仏教を結びつける同時代の資料が全く存在しない訳ではない。カニシュカが発行した貨幣には、裏面に仏陀の像とその名を表したものが存在し、また、カニシュカの名を冠した僧院が作られたことを示唆する、舎利《しゃり》容器に刻まれた銘文も存在する。そのため、実際にカニシュカの時代に王朝の支配者層と仏教との間に何らかの接触があったことは確かだろう。カニシュカの後を継いだフヴィシュカに関しても、ガンダーラ彫刻の中に、この王を表したと考えられているものが存在する。また、最近になって、「大乗に目覚めたフヴィシュカという名の王」という文言が見える仏教写本(写本の年代は四世紀と推測されている)の断簡が発見されており、カニシュカ以後も、王朝の支配者層と仏教との結びつきが継続していたのかもしれない。しかし、これらの資料は、貨幣を除き、全て仏教側が残したものであり、そこから王朝と仏教との結びつきがどの程度のものであったのかを判断することは難しい。むしろ、クシャーン朝の諸王が発行した貨幣の表面には、拝火壇に手をかざす王の姿が多く描かれており、王族は基本的にゾロアスター教に類する宗教を信仰していたと考えられている。

また、クシャーン朝の支配下にあったガンダーラ地方(現在のパキスタン、ペシャーワル盆地を中心とする地域)を中心に行われた仏教美術(いわゆるガンダーラ美術)に関する最新の考古学的研究によれば、彫刻の技法や様式に変化が生じ、仏教寺院の建立、修復が活発に行われたのは、カニシュカの二代後の王ヴァースデーヴァの時代であったという。この王の時代、クシャーン朝は政治的に衰退し、西方のサーサーン朝が台頭したことにより、本拠地トハーリスタンの支配権を失った可能性が高く、王朝の支配と仏教の隆盛との間に直接的な関係を想定することには慎重にならざるを得ない。

⊙参考文献

Falk, H. ed., *Kushan Histories. Literary Sources and Selected Papers from a Symposium at Berlin, December 5 to 7, 2013*, Bremen, 2015.

小谷仲男『大月氏——中央アジアに謎の民族を尋ねて——』(「東方選書」三八、東方書店、新装版、二〇一〇年)

定方 晟『異端のインド』(東海大学出版会、一九九八年)

内記 理『ガンダーラ美術と仏教』(京都大学学術出版会、二〇一六年)

在位380
−415年頃
古代インド・グプタ朝最盛期の王。5世紀初頭に西インドのシャカ族王朝を滅ぼし、北インドを統一した。

兄の王位を簒奪し、その妻を娶った帝王 チャンドラグプタ二世

…Candragupta II…

古井龍介

チャンドラグプタ二世（在位三八〇—四一五年頃）は、父王サムドラグプタ（在位三五〇—三七五年頃）の征服事業を受け継いで、西インドに勢力を誇ったスキタイ系シャカ族の王朝を滅ぼし、西はアラビア海から東はベンガル湾に及ぶ北インド全域を統一した、グプタ朝最盛期の王である。その治世は、宮廷詩人カーリダーサの諸作品に代表される華やかな文化に彩られ、またその事跡は、彼の別名を冠したヴィクラマーディティヤ王の伝説を生んだ。

戯曲『デーヴィーチャンドラグプタム』と後世の記憶

チャンドラグプタ二世について興味深い逸話が、ヴィシャーカダッタ作とされ、断片のみが複数の詩論書とそれらへの注釈に引用されて伝わる戯曲、『デーヴィーチャンドラグプタム（王妃とチャンドラグプタ）』で語られている。それらの断片および後世の文学作品や碑文、さらにはペルシア語史書の記述から再構成される事件の推移は以下のとおりである。

シャカ族の王と戦っていたラーマグプタ王は、劣勢となり、軍陣をその大軍に囲まれてしまった。シャカ族の王は停戦の条件として、王妃ドゥルヴァデーヴィーを差し出すことを要求し、ラーマグプタ王は自己と臣下の安全のため、それを受け入れた。夫の仕打ちに怒り悲しみ、恐れる王妃の哀れな様子を見た王弟チャンドラグプタは一計を案じ、彼の恋人マーダヴァセーナーへの贈物として下賜され、侍女が運んでいた王妃の衣服と宝飾を身にまとって王妃になりすますと、彼の身を案じる兄王の制止を振り切って単身シャカ王の軍陣に赴き、シャカ王を殺してその軍勢を退散させた。その勇敢な行いにより人々の期待を集め、それによってラーマグプタと対立するに至ったチャンドラグプタは、狂気をよそおって命の危険を逃れると、遂には兄王を殺して王位を簒奪し、ドゥルヴァデーヴィーを自らの妻とした。

チャンドラグプタ二世を含むグプタ朝歴代の王達の碑文は、この事件について何も語らないが、七世紀の王ハルシャヴァルダナ(在位六〇六―六四七年)の宮廷詩人バーナは、代表作『ハルシャチャリタ(ハルシャ王の事績)』で、チャンドラグプタが、他人の妻を求めたシャカ王を女性になりすまして殺したことに言及しており、十二世紀に付された注釈はシャカ王が求めたのがチャンドラグプタの兄の妻であるドゥルヴァデーヴィーであったと記している。また、八世紀から十世紀にデカンで栄えたラーシュトラクータ朝のいくつかの銅板寄進文書は、兄を殺してその王国と妻を簒奪《さんだつ》したグプタ朝の王に言及し、その名をサーハサーンカ(大胆さを印とする者)としている。サーハサーンカはチャンドラグプタ二世をモデルとしたヴィクラマーディティヤ王の別名であり、ここで含意されているのがチャンドラグプタ二世であることは明らかである。このように、事件は記憶され、後世に伝えられたのである。

史実との一致とラーマグプタの実在

『デーヴィーチャンドラグプタム』はあくまでも戯曲であり、その物語も一見荒唐《こうとう》無稽《むけい》である。しかし、ここに無視しえない史実との一致があることが、他の史料から明らかとなっている。まず、チャンドラグプタ二世の正妃がドゥルヴァスヴァーミニー／ドゥルヴァデーヴィーであり、王子

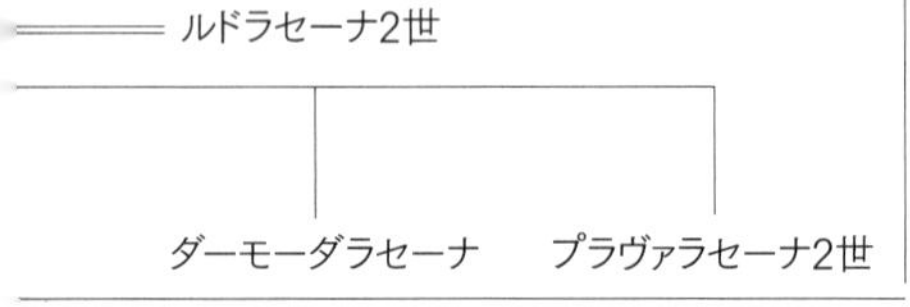

ゴーヴィンダグプタおよび次の王クマーラグプタ一世（在位四一五—四五五年頃）の母であったことが、バサール（現在のビハール州北部の遺跡）から発見された彼女の粘土印章およびクマーラグプタ一世以降のグプタ朝諸王の系譜から知られている。

　長らくグプタ朝の王としての存在を疑問視されてきたラーマグプタについても、その実在を裏付ける史料が発見されている。サムドラグプタによる征服以来、グプタ朝支配領域の最西端となっていた中西部インドのマールワー地方（現在のマディヤ・プラデーシュ州北西部からラージャスターン州東部）からは、ラーマグプタの名が

グプタ朝初期系図（筆者作成）

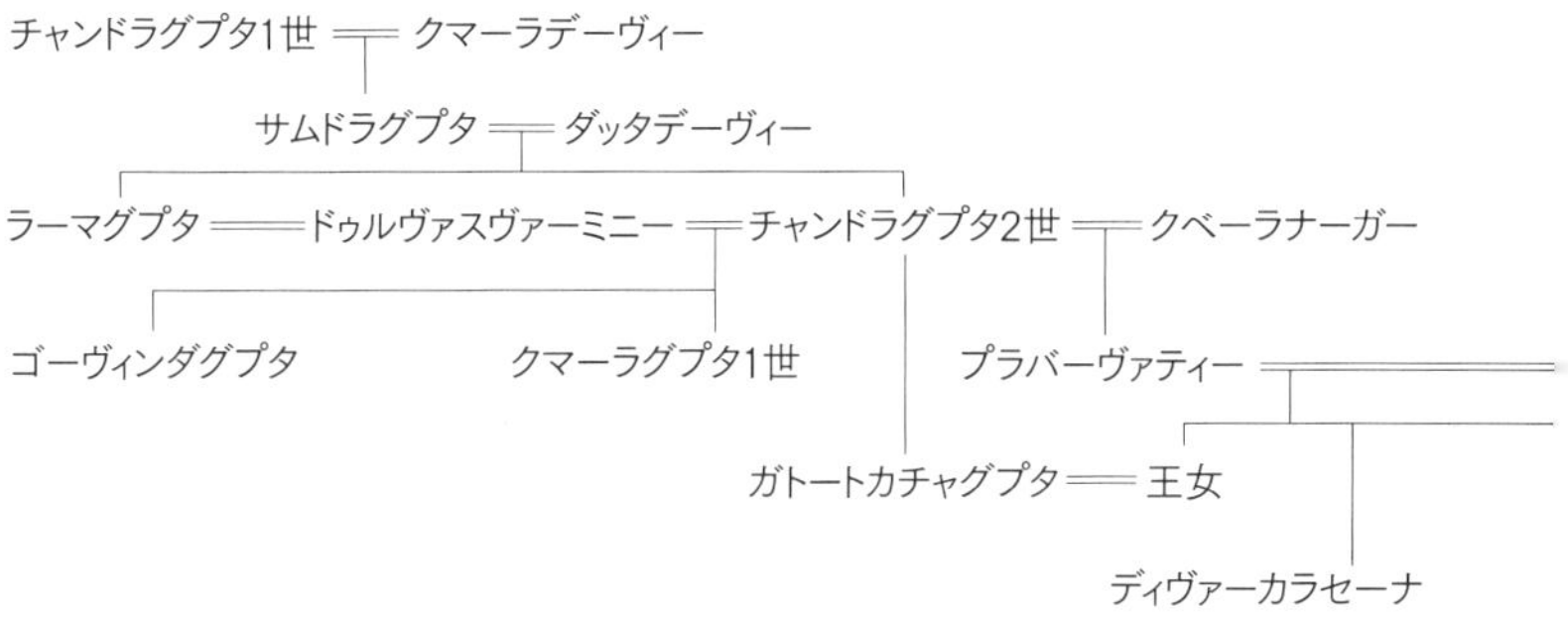

打ち出され、グプタ朝の紋章であるガルダ（人面鳥）やチャンドラグプタ二世の銅貨とも共通する水瓶を意匠とする銅貨が発見されている。さらに決定的なのは、同地方の都市ヴィディシャー近くのドゥルジャンプル村で発見された三体のジャイナ教聖者像である。それらに刻まれた銘文には、像の建立者であるラーマグプタが、チャンドラグプタ一世（在位三一九—三五〇年頃）以来のグプタ朝王の正式な王号である「大王中の王」を冠して言及されている。これらの証拠により、現在ではラーマグプタがグプタ朝の王であったことが確実視されており、また古文字学に基づく碑文の年代推定からも、サムドラグプタの直後、四世紀後半の在位として問題はない。以上から、チャンドラグプタ二世による兄ラーマグプタの殺害と王位の簒奪、その妻との結婚には史実として一定の蓋然《がいぜん》性《せい》が認められる。

兄弟相克の背景——王位継承の不安定性

ラーマグプタとチャンドラグプタ二世との関係が必ずしも険悪でなかったことは、兄が単身敵陣に向かおうとする弟を引き止めようと、彼を行かせるくらいなら王妃を差し出す方が良いと言ったという『デーヴィーチャンドラグプタム』の記述からうかがわれる。このような両者の関係が悪化し、ついには弟が兄を殺す事態となった背景には、グプタ朝王位継承の不安定性がある。彼らの父サムドラグプタは父王チャンドラグプタ一世に認められて王位を継承したとされているが、その際の様子が、サムドラグプタの事績を述べたアラーハーバード石柱碑文に描写されている。それによると、チャンドラグプタ一世はサムドラグプタを呼び寄せて抱きしめ、廷臣たちが喜び、また他の王子達が落胆を表しつつ見上げる中、涙を浮かべながら彼を後継者に指名したという。この記述からは、グプタ朝において長子相続が確立しておらず、父王による承認が決定的であったことがわかる。他の王子達が父王の決定を容易に受け入れたとは限らず、サムドラグプタの金貨とその様式が非常に良く似た金貨にその名が打ち出されているカーチャが、サムドラグプタに対して反乱を起こした王子の一人であった可能性が示唆されている。

ラーマグプタも父王から認められて王位に即いたのだろうが、シャカ族との戦いで見せた臆病とも取れる振る舞いは、王としての資質に疑念を抱かせるものであった。また、チャンドラグプタの活躍は、廷臣達の支持、さらには王妃ドゥルヴァスヴァーミニーの心さえをも、彼へと向けさせたであろう。このような状況の中、ラーマグプタがチャンドラグプタに対して猜疑心を抱き、次第に強めていったこと、またそれが両者の対立をもたらし、ついには弟が兄を殺害して王位を簒奪する事態に至ったことは十分に想定される。

兄を殺害して王となったチャンドラグプタ二世にとり、その権力の安定化は喫緊《きっきん》の課題であった。ドゥルヴァスヴァーミニーを自らの正妃としたことも、その一環であろう。彼女については前述のようにバサール出土の粘土印章が知られているが、その紋章はグプタ朝のガルダではなく右向きに座した獅子であり、彼女の出身家系のものと考えられる。またその文面は「大王中の王、吉祥なるチャンドラグプタの妻にして大王ゴーヴィンダグプタの母たる正妃、吉祥なるドゥルヴァスヴァーミニー」となっており、印章を付すべき文書を独自に発給する権限を、彼女自身が有していたことがうかがわれる。これらから、ドゥルヴァスヴァーミニーはグプタ朝支配下の有力王家の出身であり、彼女を正妃として迎えることで得られるその後ろ盾が、チャンドラグプタ二世にとって決定的な意味を持っていたことが推測される。

即位後の事績——征服事業と正統化

即位後のチャンドラグプタ二世の事績として最も重要なのは、西インドのシャカ族勢力の征服である。西インドのマールワーからスラーシュトラ（現在のグジャラート州サウラーシュトラ半島）にかけての地域は、紀元前一世紀以来、スキタイ系シャカ族の王朝が定着し、クシャトラパ（太守）を称して支配していた。サムドラグプタのアラーハーバード碑文における同時代諸勢力についての記述からは、彼らがグプタ朝支配圏外の勢力として、同王朝と一定の外交関係を結んでいたことがうかがわれる。一方、『デーヴィーチャンドラグプタム』の逸話は、グプタ朝支配領域が拡大した結果、シャカ族勢力との抗争が不可避となっていった情勢を物語るものである。チャンドラグプタ二世は、四世紀末から五世紀初頭にかけての数度にわたる征服事業によってシャカ族勢力を滅ぼし、その領土を併合したが、これは兄の代から続く敵対関係に終止符を打つものであった。

チャンドラグプタ二世の征服事業は東インドにも及んだ。彼と同定されるチャンドラ王の事績を刻んだメーロウリー鉄柱碑文によれば、王は合同して向かってきたヴァンガ（現在のバングラデシュ南部）の諸勢力を征服したという。チャンドラグプタ二世はさらに、デカンのヴァーカータカ朝やコンカン地方（現在のカルナータカ州海岸部）のカダンバ朝など、同時代の有力王朝と婚姻関係を結んだ。ヴァーカータカ朝については、別の妃クベーラナーガーとの間に生まれた娘のプラバーヴァティーを同王朝のルドラセーナ二世に嫁がせているが、プラバーヴァティーは夫が早世した後、王子ディヴァーカラセーナ、さらにはその弟で兄の夭折の後に続けて王となったダーモーダラセーナとプラヴァラセーナ二世という、三人の息子たちの摂政を務めており、彼女を通してチャンドラグプタ二世の影響力がヴァーカータカ朝にも及んだことが推測される。

このような征服事業および外交を展開しつつ、チャンドラグプタ二世は自己の王位の正統化に努めている。彼の治世に言及する数点の碑文において、チャンドラグプタ二世はサムドラグプタの「良き息子」、さらには「彼（＝サムドラグプタ）により認められた」とされており、正妃ダッタデーヴィーに生まれたことの強調とともに、後付けで自己を父王の正統な後継者と主張したことがうかがわれる。また、シャカ勢力征服の途上に通過したヴィディシャー付近での、カーカナーダボータ大僧院（現在のサーンチー遺跡に存在）への金貨の施与やウダヤギリ丘陵諸石窟の開削《かいさく》などに見られるように、仏教やヒンドゥー教の諸宗派を保護する一方で、ヴィシュヌ神信仰の有力な一派であったバーガヴァタ派への帰依を明確にし、それらの宗教的権威による王権の正統化も図っている。このような正統化への努力の裏には、兄を殺害して王位を簒奪したことへの負い目があったのであろうか。

その後のグプタ朝――解消されなかった問題

チャンドラグプタ二世による征服事業と巧みな外交の結果、グプタ朝は北インドを統一する勢力となった。また、正妃に生まれ、父王に認められたグプタ朝の正嫡《せいちゃく》としての主張やバーガヴァタ派への帰依など、彼が始めた王権正統化の様式はその子孫にも受け継がれていった。しかしながら、チャンドラグプタ二世による兄の殺害と王位簒奪の背景であった王位継承の不安定性は、その後も解消されなかったようである。チャンドラグプタ二世とドゥルヴァスヴァーミニー間の王子のうち、王としての即位が確認されるのはクマーラグプタ一世であるが、ゴーヴィンダグプタについてもヴァイシャーリー(バサール)にあって現在のビハール州北部を太守として治め、またマールワーに何らかの支配権を及ぼしていたことが、粘土印章および碑文から知られている。このことからは、皇太子として王国の一部を任されていたゴーヴィンダグプタの夭折により、クマーラグプタ一世が王位に即いたという穏当な結論が導き出されうるが、両者間に王位を巡る争いがあった可能性も否定できない。また、近年発見されたラームテーク碑文の分析から、両者の異母兄弟であるガトートカチャグプタが、姉ないし妹であった前述のプラバーヴァティーの娘と結婚しており、ヴァーカータカ朝の後ろ盾を得てクマーラグプタ一世に対して反乱を起こし、一時マールワーを支配していた可能性が指摘されている。ヴァーカータカ朝へのプラバーヴァティーの嫁入りがチャンドラグプタ二世の外交政策の一環であったことを思い起こすならば、これは皮肉な結果であると言わざるをえない。

⦿参考文献

古井龍介「グプタ朝の政治と社会」（山崎元一・小西正捷編『世界歴史大系　南アジア史一　先史・古代』山川出版社、二〇〇七年、一六三―一八八、一九三頁）

Agrawal, Ashvini, *Rise and Fall of Imperial Guptas*, *Delhi*: Motilal Banarsidass, 1989.

Gupta, Parmeshwari Lal, *The Imperial Guptas*, 2 vols, Varanasi: Vishwavidyalaya Prakashan, 1973, 1979.

Thapar, Romila, *The Past Before Us: Historical Traditions of Early North India*, Ranikhet: Permanent Black, 2013.

Thaplyal, Kiran Kumar, *The Imperial Guptas: A Political History*, New Delhi: Aryan Books International, 2012.

ラッフルズ

Raffles

住民の在地支配者への服属を強化した自由主義者

弘末雅士

1781−1826年　イギリス東インド会社の職員。ジャワ副総裁としてイギリスの植民地行政を推進、シンガポール開港にも尽くした。

ラッフルズの構想

ラッフルズは、一七八一年に生まれたイギリス人である。一七九五年に東インド会社の職員となり、一八〇五年にペナンに赴任した。以降一八二六年に四五歳で生涯を終えるまで、人生の大半を東南アジアで過ごした。ラッフルズは、アダム＝スミスの自由主義経済論の信奉者であった。イギリス東インド会社ならびにオランダ東インド会社の独占取引を批判し、イギリスがオランダに代わり、海の帝国を形成する構想を提示した。

ラッフルズがペナンにいた時期は、ナポレオン戦争中であった。イギリスはフランスに対抗するため、一七九五年にその勢力下にあったオランダ領のマラッカを占領した。イギリスの狙いは、オランダの勢力を駆逐《くちく》することにあり、マラッカを植民地として保持する意志は希薄であった。東南アジアにおけるイギリスの植民地支配の将来計画を設計しつつあったラッフルズは、マラッカのオランダ要塞を破壊・放棄しようとした東インド会社首脳部に対し、この地の重要性を説き、これを中止させた。

　ラッフルズは、さらにジャワに着目した。ヨーロッパでは、一八一〇年にナポレオンがオランダを併合した。彼は一八一〇年にインド総督ミントーを訪れ、ジャワの重要性を説き、総督の信頼をえた。ミントーは、財政難などから積極策に消極的であった本国を説得し、ジャワ侵攻の許可を取りつけた。一八一一年八月イギリス軍は一〇〇隻の艦隊を擁し、バタヴィアに迫った。オランダ側は、バタヴィア郊外や中部ジャワなどで抗戦したが、わずか一月半後に降伏した。

　ラッフルズは、一八一一～一六年にジャワ副総督を務めた。その地で彼は、農民の自由意思による経済活動を重んじ、現地人中間支配者の権限を制限しようとした。ジャワがオランダに返還されたのち、一八一八年にラッフルズはスマトラのブンクル（ベンクーレン）に移り、一八二四年まで滞在した。この間一八一九年にシンガポールを開港し、この港を関税のかからない自

ラッフルズ関連地図

由港とした。今日ラッフルズは、シンガポールの人々から「建国の父」とみなされている。しかし、皮肉なことにこうした自由主義政策の導入は、在地権力者の権限を増大させる結果を招いた。

ジャワ統治

イギリスは、ジャワをはじめオランダの勢力下にあった地域の大部分を獲得した。総督ミントーは、新領土をマラッカ、スマトラ西海岸、ジャワ、モルッカ諸島の四地域に分けた。ミントーはラッフルズをジャワの副総督に任命し、統治を事実上彼に委ねてインドへ帰った。

ラッフルズは、オランダがジャワにおいて採用してきた王侯や上級首長を介した間接統治方法に否定的な意見を有した。それに代えて、農民の自由意思による栽培や交易がなされることをめざした。ラッフルズは、ジャワ王家に積極的に介入した。当時のジャワには、中部ジャワにジョクジャカルタのスルタン王家、スラカルタにススフナン王家とマンクヌガラ王家が存在した。また西ジャワにはバンテン王国が存在した。

その一つのジョクジャカルタのスルタンは、イギリスの影響力が強まるのを恐れ、密かにスラカルタのススフナン王家と通じ、イギリスに対抗した。イギリスは一八一二年、一二〇〇名の兵士をジョクジャカルタに派遣し、スルタンを流刑に処した。代わりに息子を王位に就けたものの、領土の一部をイギリスに割譲させた。イギリスに協力した元スルタンの兄弟は、独立したパクアラム王家を持つことが認められた。

一方、スラカルタの王家にイギリスは進軍しなかったものの、ジョクジャカルタの王家と同様に領土の一部を割譲《かつじょう》させた。ラッフルズはまた、スルタンとススフナン両王家の関所や市場の管轄権をイギリスに委譲させ、それを中国人の徴税者に委ねた。これに対し一八一四〜一五年にススフナン王は、駐留するインド人傭兵の不満分子と共謀して、イギリスに対抗しようとした。しかし、計画が発覚し、王は王位にとどめられたものの、計画に加担した王子が流刑に処せられた。またラッフルズは、西ジャワのバンテン王国を名目的存在とみなし、廃絶した。

ラッフルズは、農民が王侯や首長に生産物を納め労役に服するのを廃止し、植民地政庁が個人に直接、金納を原則とする地税を課そうとした。彼は、水田と天水に頼る乾田をそれぞれ三等級に分け、それぞれに地税を課すことを案出した。そのためには、土地の測量が必要となった。ラッフルズは、一八一四年から土地の測量にかかり、バンテンやチルボンさらに東部ジャワの諸地域で実施したと唱えた。それにより、ジャワ人の農民のあいだに勤労精神が芽生えてきたと評価した。

しかし、そうした土地測量がどれだけなされたのか、はなはだ疑問が残る。ナポレオン失脚後、一八一六年ジャワはオランダに返還された。一八一八年にオランダ人が作成した報告書は、土地測量は網羅的《もうらてき》に行われたものでなく、たまたま行われたところでも、調査の正確さを欠くとしている。ラッフルズがジャワを統治した短期間のうちに、ジャワの土地測量を完了するのは、およそ不可能であった。

ラッフルズの期待に反し、ジャワ農民の首長への服属関係は維持された。そもそもラッフルズの導入した地税の徴収は、村落首長に委ねられた。貨幣を得る手段の限られていた農民は、村落首長や高利貸しへの従属度を強めた。また貢納や労役など農民による首長への諸義務は、多くの地方で存続した。農民の負担は、以前より増大した。またオランダが十七世紀終わりからプリアンガンで実施していた、指定した金額で指定した量のコーヒーを供出させる義務供出制を、ラッフルズは存続させた。上級首長がその実施を請け負った。ラッフルズは、ジャワの王家の権限を縮小したものの、一般住民の中間支配者への従属を強めたのである。

シンガポール建設

ジャワがオランダに返還されたのち、ラッフルズは健康上の理由から一時帰国したが、一八一八年にスマトラ島のブンクルに移った。ラッフルズは、スマトラの住民をジャワ人より劣るとみなし、農業がジャワ同様に発展している同島のミナンカバウ地域に、往古の権力を再建しようとした。しかし、一八一九年にイギリスは、スマトラ島の主権をオランダに委譲し、ラッフルズの構想は実現しなかった。ラッフルズはスマトラ滞在中も、イギリスのアジアにおける海の帝国構想を進展させた。復帰してくるオランダの独占政策を打破するために、東西交通路の要衝にイギリスの拠点を構えようとした。当初ラッフルズは、リアウをその候補地と考えたが、オランダもこの地に高い関心を有しており、確執が予想された。そこでラッフルズは、シンガポールに着目した。一八一九年一月二九日、シンガポール島に上陸した彼は、そこにユニオン・ジャックを掲げ、シンガポール港を関税のかからない自由港とした。

シンガポール領有を正統化するためにラッフルズは、この地域に影響力を行使してきたジョホール・リアウ王国の王位継承に敗れたトゥンク・フサインと王族のトゥムンゴンを担ぎ出し、前者をジョホール王国のスルタンに据えた。イギリスは、シンガポールに商館を建設する代償として、スルタンに年金五〇〇〇ドル、トゥムンゴンに三〇〇〇ドル支払うこととした。その代わりスルタンとトゥムンゴンは、他の外国と条約を結ぶことや、イギリス以外の国がシンガポールに植民地を持つことを、放棄させられた。

自由港となったシンガポールは、東南アジアの船舶や中国からのジャンク船、さらにインドからのカントリー・トレーダーを引きつけた。ラッフルズによれば、開港以降二年半の間にシンガポールに寄港した船舶の総トン数は、十六万一〇〇〇トンを超え、輸出入の見積額は二〇〇万ポンドとなったという。一八一九年に二〇〇人ほどだったシンガポールの人口は、一八二四年には一万人を超えた。これまで中国からバタヴィアに来ていたジャンク船の多くが、シンガポールに寄港し始めた。

自由主義者だったラッフルズは、同時にシンガポールでの奴隷《どれい》貿易を禁止しようとした。イギリス本国では、奴隷貿易禁止が既に法令化されていた。ラッフルズは、一八一九年二月にシンガポールにおける奴隷の輸入・譲渡・売買を禁止した。しかし、人口過少地帯であった東南アジアで、賃労働者を得ることは容易でなかった。新たな植民地建設に、奴隷は貴重な人的資源であった。シンガポールの知事に就任したファークァルは、奴隷貿易を黙認した。ラッフルズはこれに対し、一八二三年、再度奴隷取り引きを禁じ、シンガポールが東南アジアで唯一奴隷の存在しない場所であると豪語した。しかし、その実効性は疑わしい。

またラッフルズは、シンガポールにおける賭博《とばく》やアヘンの吸引、アラク酒の飲酒を禁止しようとした。しかし、華人や現地人のこうした慣習を廃絶することはできず、これらをイギリスの管理下で華人に請け負わせる制度を導入せざるを得なかった。シンガポールで胡椒《こしょう》やガンビール（薬用植物）栽培がおこなわれ始め、華人労働者が増えてくると、この請負制度から得る収入は、植民地経営上きわめて重要になった。

一八二四年イギリスとオランダの間でロンドン条約が結ばれ、マラッカ海峡を挟んで両国の勢力圏が決められ、シンガポールとマラッカはイギリス領となった。イギリスは一八二六年、ペナンとシンガポールさらにマラッカを合わせて海峡植民地とした。一方、ブンクルはオランダ領となった。ラッフルズは健康を害し、一八二四年にイギリスに帰国した。しかし、体調は回復せず、一八二六年に帰らぬ人となった。彼が開港したシンガポールは、その後も順調に発展をとげ、一八四五年には人口が五万人余、六〇年には八万人余へと増加した。

シンガポールの発展と海賊

シンガポールの発展は、しかし、地元住民の利益を必ずしも満足させなかった。シンガポール開港のために担ぎ出されたスルタンは、名目的な地位を保つにすぎなかった。またトゥムンゴンは、六〇〇〇～一万人と推定されるマレー人首長や海上民の臣下を養うために、年金だけでは不十分であった。一八二五年に父親のトゥムンゴン・アブドゥル・ラーマンが亡くなったあと、トゥムンゴンとなったイブラヒムは、そこで配下の海上民を使って、航行する船舶に海賊行為をしかけた。

海上民の海賊活動は、シンガポール開港以前から起きていた。しかし、一八三一年ごろより、高度に組織化された襲撃活動が目立ち始めた。一八三一年八月の『シンガポール・クロニクル』は、衣服や米や金、錫、宝石、森林生産物などを載せた、シンガポールに拠点をもつブギス人の船団が、二二隻の高速帆船にティンギ島沖で襲われ、うち七隻が略奪されたことを伝える。翌一八三二年九月には、トレンガヌ王所有の八〇トン積の船が、コーヒー、胡椒、錫などの高価な積荷を載せて、シンガポールを目指していたところ、三〇～四〇隻の高速帆船にティンギ島で襲われた。船長ほか数名の乗組員が殺戮《さつりく》され、積荷が略奪された。また十一月初めにはシンガポールからアヘンや生糸、小型砲を積載したパハン行の小型船が、同じくティンギ島付近で海賊船に襲撃され、積荷が奪われた。三三年には、華人商人の二〇万ドル相当の積荷を運ぶ船団が、パハン沖で高速帆船の襲撃を受け、船団のほとんどが海賊の手に落ちた。

高価な船荷が狙われたことは、この海域での交易活動を熟知した集団がいたことを物語る。シンガポール政庁は、パハンのみならずリアウ、リンガ、トゥムンゴンの居住するシンガポールのトロック・ブランガの集団が、これらの海賊活動に関与したとみなした。商人たちは、イギリス当局政庁に海賊の取り締まりを強く訴えた。しかし、関税も寄港税も徴収しない自由港のシンガポールは、財源が限られ、十分な対応ができなかった。

一八三四年と三五年には、シンガポールの近辺でも、海賊が横行した。三四年四月、シンガポール港停泊中のイギリス船が、マレー人の集団に襲われた。同じ四月、シンガポールを出航した米を載せた船舶が、同地を直前に出帆した高速帆船に襲撃された。さらに同月、マラッカからシンガポールに帰還中のイギリスの警備艇までが、二隻の高速帆船に襲撃された。シンガポール近辺で事件が起きたことに、当局の衝撃は大きかった。

翌三五年には、多数の殺傷を伴う襲撃が頻発した。三月に、アヘンなどの高価な商品を積載したトレンガヌ行の船が、イギリス国旗を掲げた高速帆船にシンガポール港を出た直後に襲撃され、二二名が殺戮された。同じ三月、サゴ椰子《やし》を積んだ船が、シンガポール沖で七隻の高速帆船の襲撃を受け、十八名が命を落とした。四月、広東発のジャンク船がシンガポールへ向かう途中にティンギ島で五隻の高速帆船に襲われ、三〇名の船員が命を落とした。

イギリスは、海賊による襲撃の報告を受けると、ただちに警備艇を向かわせた。しかし、海賊船は、シンガポール付近で略奪を行うと、オランダ領のリアウ・リンガ諸島に逃げ込んだ。イギリスは、リンガのスルタン配下の高速帆船が海賊行為を働いたとして、オランダに抗議した。それに対しオランダ側は、これらの活動がシンガポールのトゥムンゴンの仕業であると反論した。いずれにせよ、略奪された商品は、リンガのスルタンやトゥムンゴンに献上され、その他の品物は、リンガやトゥロック・ブランガの市場でさばかれた。このため一八三五年シンガポール知事は、シンガポールを拠点とする海峡植民地やその周辺のアジア貿易が、全滅の恐れがあると本国に訴えた。

現地人支配者への協力依頼

海賊活動に対処するために、イギリスはインドからも警備艇を派遣した。またイギリスとオランダは、シンガポールのトゥムンゴン、リアウの副王とリンガのスルタンに海賊鎮圧のための協力を持ちかけた。彼らの助力なしには、略奪行為を終息させることができないと判断されたからである。ヨーロッパ勢力に協力することで権限の拡大をはかろうとしたトゥムンゴンとリアウの副王は、これに応じた。

一八三六年、イギリスの沿岸警備艇は、海賊船を発見すると、シンガポールからオランダ領に入り、ガラン島を攻撃した。二七〇隻の海上民たちは、ガラン島を離れ、トゥロック・ブランガのトゥムンゴンの庇護を求めた。トゥムンゴンは彼らを受け入れ、イギリスもその処置を容認した。以降トゥムンゴンは、海賊鎮圧のために、自らの船舶も巡回させた。イギリスは、スルタン・フサインが逝去した後、一八四一年イブラヒムをジョホールのトゥムンゴンと正式に認めた。

トゥムンゴンは、イギリスとの協力関係を活用して、ヨーロッパ人商人をトゥロック・ブランガに招来した。折しも、一八四〇年代はじめに、海底ケーブルの覆いやコルクの原料となるグッタ・プルチャが、ジョホールの内陸部で見つかり、ヨーロッパ諸国に高値で輸出され始めた。トゥムンゴン配下の海上民たちは、採集されたグッタ・プルチャを河川と海上を経由してシンガポールに持ち込む業務を担当した。またシンガポールとジョホールで、トゥムンゴンは胡椒とガンビールの栽培にも着手した。こののちトゥムンゴンの子孫は、正式にジョホールのスルタンとしてイギリスに認められるに至る。

またジャワでも類似した現象が生じた。ラッフルズがジャワ統治した前後のオランダ人総督も、時代の潮流であった自由主義の信奉者であった。彼らも、中間支配者の権限を制限しようとした。その結果中部ジャワの王家は、大幅な権力の縮小を余儀なくされた。一八二五年ジョグジャカルタのスルタン王家の一族ディポネゴロは、王家の関係者をはじめ広範な人々の支持のもとに、オランダに対しジャワ戦争を起こした。最終的にオランダは講和に現れたディポネゴロを捕え、一八三〇年に戦争を終結させた。しかし、五年間に及ぶ戦争は、オランダの財政を著しく悪化させた。オランダは中間支配者の重要性を再認識した。その後一八三〇〜七〇年に、現地人首長の協力のもとに、住民に指定した作物と分量を指定した価格で供出させる、強制栽培制度を導入した。オランダの財政は立ち直った。

ジャワでもシンガポールでも、新しい政策の実施にあたり、現地人有力者は要の位置にいた。現地人支配者は、外来者と現地人を仲介することで、権力を行使できた。上位者と一般住民をつなぐ下位首長も同様であった。諸義務を課された一般民衆も、生活を安定させ生業に幅を持たせるために、パトロンを必要とした。在地の中間支配者を廃し、住民の自由意思に基づく活動が社会に発展をもたらすとしたラッフルズの考えは、当時の東南アジアでほとんど支持を得なかった。自由主義政策の導入は、かえって現地人支配者の重要性をヨーロッパ人に再認識させた。東南アジアの人々にとって、「自由」とは何かを考えさせる興味深い事例である。

⦿参考文献

アブドゥッラー（中原道子訳）『アブドゥッラー物語――あるマレー人の自伝――』（平凡社、一九八〇年）
弘末雅士「近世国家の終焉と植民地支配の進行」（池端雪浦編『新版世界各国史六　東南アジアⅡ島嶼部』山川出版社、二〇〇八年）
弘末雅士「ヨーロッパ人の植民地支配と東南アジアの海賊」（東洋文庫編『東インド会社とアジアの海賊』勉誠出版、二〇一五年）
"The Piracy and Slave Trade of the Indian Archipelago", *The Journal of the Indian Archipelago and Eastern Asia*, vol. 3, 1849, and vol. 4, 1850.
信夫清三郎『ラッフルズ伝――イギリス近代的植民政策の形成と東洋社会――』（平凡社、一九六八年）
白石隆『海の帝国――アジアをどう考えるか――』（中央公論社、二〇〇〇年）
鈴木恒之「近世国家の展開」（池端雪浦編『新版世界各国史六　東南アジアⅡ島嶼部』山川出版社、二〇〇八年）
Trocki, C. A. *Prince of Pirates: The Temenggons and the Development of Johor and Singapore 1784-1885*, Singapore, 1979.
Turnbull, C. M. *The Straits Settlements 1826-67: Indian Presidency to Crown Colony*, London, 1972.

1869−1948年
「非暴力」と「真理把持」の理念をもってインド独立運動を主導した。「インド独立の父」と呼ばれる。

最晩年の挫折と孤立
ガンディー
…Gandhi…

中里成章

モーハンダース・カラムチャンド・ガンディーはインドの政治家・社会運動家・思想家・法律家である。「非暴力《アヒンサー》」と「真理の把持《サッティヤーグラハ》」の概念を核とする独自の哲学を打ち立て（ガンディー主義）、インドの民族運動に思想的・倫理的な基礎づけを与えた。それとともに、個人的なカリスマと独創的な戦術及び卓抜した組織力で農民大衆を組織して、エリート中心だった民族運動を大衆的民族運動に成長させ、インドを独立に導いた。「マハートマ」（「偉大な魂」の意）という尊称を奉られたが、本人は「ガンディー・ジー」（「ジー」は「～さん」の意）と呼ばれるのを好んだと言われる。

ガンディーは、一八六九年十月、インド西部グジャラート州の港町ポールバンダルで、バニヤー（商人）・カーストの藩王国宰相の家に生まれ、ロンドンで法学教育を受けて法廷弁護士資格を得た。一八九三年、南アフリカに渡り、インド人移民の市民権運動の指導者となった。一九一五年に帰国するとたちまちインド国民会議（略称、会議派）の最高指導者の地位に登りつめ、非協力運動（一九一九／二〇—二二年。第一次サッティヤーグラハ）、市民的不服従運動（一九三〇—三二年。第二次サッティヤーグラハ)、「(イギリスは)インドを立ち去れ」運動(一九四二年)等を指導した。一九四八年一月、ヒンドゥー教徒(以下、ヒンドゥー)の右翼青年によって暗殺された。この青年は、ヒンドゥー至上主義的な右翼政党ヒンドゥー大協会《ヒンドゥー・マハーサバー》のメンバーだったことのある人物で、インドとパキスタンの共存、ヒンドゥーとイスラーム教徒(以下、ムスリム)の融和を説くガンディーを、パキスタンとムスリムに対して弱腰だと考えていた。ヒンドゥー大協会は、現在のインドの政権党インド人民党(BJP)の前身のひとつである。

ガンディーは複雑な性格の持ち主であった。一面においては、ガンディーは活動的でよく笑い、罪のない冗談を連発して人を笑わせるのを好んだと言われる。ネルー(一八八九—一九六四年)によれば、晴れやかな性格の人で、ガンディーが部屋に入って来ると爽やかな風が吹き込んできたように感じたという。だが他方では、ガンディーは落ち込んで憂愁に沈んでしまうことのある人でもあった。ネルーは、ガンディーの眼が「悲しみの深い淵」のように見えることがあることを見逃さなかった。別の人の鋭敏な観察によれば、何かとてつもなく痛ましい《パセティック》雰囲気を漂わせた人だったともいう。精神分析家のエリクソンは、ガンディーが生涯に二〇数回も行った断食は、この憂愁を乗り越えるためのものでもあったであろうと分析している。

さて、ガンディーを「悪」に結びつけるのは、右のような青年を生み出したインドの右翼勢力に同調して、ヒンドゥー至上主義的な国家建設の裏切者だと断罪するならともかく、かなり難しそうである。本章では、テーマを少しずらせて、ガンディー最晩年の「挫折」に設定し、ガンディーの足跡を辿ってみることにしたい。最晩年のガンディーは、インド・パキスタン分離独立前後の危機的な状況を打開しようともがき苦しみながら新しい道を模索し、結局暗殺者の手にかかって斃《たお》れることになった。その道行きを振り返ることによって、「偉大な魂」でも「悪」でもない等身大のガンディーに接近する手がかりを得ることができるかもしれない。ただし紙幅が限られているので、「ノアカリ行脚《あんぎゃ》」としてよく知られる、分離独立暴動を鎮めるための運動を中心とすることとしたい。

インド・パキスタン分離独立

ガンディーの最晩年と言うとき、それは普通、一九四六年十月頃から四八年一月の暗殺までを指す。一年半にも満たない短い月日であるが、この期間はインド近代史上決定的な重要性を持つインド・パキスタン分離独立の時期と重なっていた。この時期のガンディーの言動を理解するためには、激動する時代の相貌をひとわたり見ておかなければならない。

植民地インドの主要な民族主義政党、会議派と全インドムスリム連盟(以下、連盟)はそれぞれ、多数派であるヒンドゥーを中心とする諸集団と、少数派であるムスリムとを支持基盤とし、厳しく対立していた。しかし両者の対立は、初めから、別々に国民国家を樹立しなければ解決しないほど深刻だったわけではない。いろいろな見方があるが、両政党がインドとパキスタンの二つの国家に分離して独立する方向へ突き進むようになるのは、一九四六年半ば以降と見るのが妥当でないかと思われる。この頃から、両党をそれぞれ支持するヒンドゥー(及び四七年以降のパンジャーブ州ではスィク教徒)

とムスリムとが血で血を洗う衝突（分離独立暴動）を繰り返すようになり、逆に、流血の惨事が二つの政党の対立をますます抜き差しならないものにする、悪循環が始まった。そのおよそ一年後の四七年八月、血《ち》腥《なまぐさ》い空気がインド亜大陸をおおうなかで、インドとパキスタンの二つの国家が分離して独立した。この国家レベルでの分割と同時に、州レベルの分割、つまり地域的統合の長い歴史を持つ二つの重要な州――ベンガル州とパンジャーブ州――を宗教的な人口比によって東西二つに切り分けてしまう措置も強行された。けれども不幸なことに、生体解剖に比されることもあるこの政治的外科手術も、宗教対立を解決する決め手にはならなかった。暴動はなおも燃え盛り、分離独立の前と後を合わせて、暴動の死者二〇万から二〇〇万、暴動のために故郷を追われ、インド側からパキスタン側へ、あるいはその逆方向で逃れた難民千数百万という途方もない数の犠牲者を出してひとまず終熄したのだった。

　このような事態がガンディーの非暴力主義と正反対のものであることは、誰の目にも明らかであろう。この時にこそ非暴力主義の真価が問われたと言っても過言ではない。この危機に際して、ガン

植民地支配末期のインド

国境線は相当部分が未確定のまま残されている。

ディーがどのような行動をとったか、何を考えたのか、その軌跡を辿るのが本章の目的である。ここで、必要な範囲に限って、もう少し詳しく主な出来事を時系列的に追っておくことにしよう。

植民地インドの独立のための政治交渉が本格的に始まるのは、一九四六年三月である。この時、英政府はインドに内閣使節団を派遣し、民族主義諸勢力と独立問題について交渉させた。五月、使節団は、ゆるやかな連邦制の下に相対立する勢力を統合してインドを独立させる案を提示し、会議派と連盟はそれを受諾した。この時点では植民地インドは、両党の深刻な対立にも拘らず、かろうじて統一を保って独立するかに見えた。局面は、独立を準備するための中間政府を組織する交渉に切り替わった。ところがこの過程で閣僚の任命権をめぐって対立が再燃し、七月、連盟がムスリム大衆に向かって、八月十六日を期して「直接行動」に起つように訴えると、会議派が支持者のヒンドゥーを動員し始める事態となる。そして、一触即発の不穏な空気のなかで迎えた八月十六日、連盟の州政権があったベンガル州のカルカッタ(現、コルカタ)で大規模な暴動が発生するのである。死者四〇〇〇人以上、負傷者一万人以上に達し、「カルカッタ大虐殺」と呼ばれることもあるこの大暴動は、これ以後インドを波状的に襲うことになる分離独立暴動の第一波であった。

一方、ニューデリーの中央政府においては、九月初め、中間政府が会議派のネルーを首班として発足するが、連盟は参加を拒否。困難な交渉の末連盟が中間政府に加わるのは、十月末になってからのことである。しかし、会議派と連盟の溝は埋まらず、中間政府は両者の抗争の場と化してしまう。

このように政治交渉が混迷する中で、十月、今度はベンガル州の東のはずれにあるノアカリ県(及び隣接するティッペラ県)で暴動が起こる。この地域はガンジス川河口部に位置する純農村地帯で、ムスリム農民が圧倒的多数を占めていた。暴動は、連盟系の地方政治家に使嗾《しそう》されたムスリム群衆がヒンドゥーの富裕な地主や金貸しを襲撃したことに端を発し、ヒンドゥーの殺害、女性への暴行、家屋や財産の大規模な破壊、イスラーム教への改宗の強制等がこれに続いた。死者は三〇〇人程度だったと推定されるが、ノアカリは交通不便なために情報の伝達が遅く、新聞は、大虐殺が起こったとセンセーショナルに報道した。人々はカルカッタの都市暴動が農村に飛び火したと受け止め、次に何が起こるのか戦慄して見守った。

すると、十月末、ベンガル州の西隣りのビハール州で暴動が発生する。この州ではヒンドゥーが圧倒的多数派であった。暴動は、ヒンドゥーの側が少数派のムスリムに対して、ノアカリへの報復として起こしたものであった。ビハール暴動はノアカリ暴動よりもはるかに規模が大きく、七〇〇〇人のムスリムが犠牲となり、十万人以上が難民となったとされる。

ここまで来ると、血が血を呼ぶ事態になったことは明らかであった。しかしイギリスは、インド社会と摩擦や衝突をできる限り起こさずに、速やかに撤退することを最優先課題としていたし、各州の行政は会議派と連盟の対立のために機能不全に陥っていた。警察力は党派色に染まりつつあった。

このような不安定な状況の下で、暴動の連鎖反応の起点となったカルカッタでは、小規模な暴動やテロが断続的に続いていた。この不気味な状況は四七年八～九月まで続く。他方、暴動はインド全体、特にパンジャーブ州や北西辺境州、スィンド州に拡大していった。その中で、桁違《けたちが》いに大きな犠牲者を出し圧倒的な重要性を持ったのは、パンジャーブ州の暴動である。

パンジャーブは首都ニューデリーに隣接する州で、ムスリム、ヒンドゥー及びスィクが主要な宗教集団として鼎立《ていりつ》していた。比較的安定を保っていたが、四七年三月末に最初の暴動が発生すると、それは間もなくムスリム、ヒンドゥー、スィク三つどもえの流血の衝突へと発展し、暴動の勢いは雪だるま式に膨れ上がっていった。凄惨な暴力が振るわれ、ヒンドゥーとスィクはインド側へ、ムスリムはパキスタン側へと集団で脱出しようとした。この州では、三月から一年余りの間に、宗教ごとに人口の総入れ替えが行われたとさえ言われる。それほど暴動は烈しかった。

独立への政治プロセスに話を戻すと、四六年十二月、内閣使節団案に沿って、独立後の憲法を制定するための制憲議会が召集された。しかし連盟はこれをボイコットする。四七年二月、英国のアトリー首相は、イギリスはインドから四八年六月までに撤退すると声明を出し、その交渉を進めるために、インド総督をマウントバッテンに交代させた。五月、マウントバッテンは、植民地インドをどのように分割するか、分離独立の具体案を民族主義諸勢力に示し、独立の時期を一年近く前倒しして四七年八月とすると通告する。会議派と連盟はそれを受諾するが、独立までに三ヵ月足らずしか残されていなかった。時間に追い立てられるようにして、パキスタンは八月十四日に、インドは八月十五日に独立を果たす。けれども、暴動は依然として続き、難民は新たに引かれた国境線を越えて殺到していた。インドでは首都デリーで大暴動が起こるような状況であった。

その上、こうして慌ただしく独立したインド・パキスタン両国は、独立の喜びも冷めやらぬうちに、カシミールの帰属問題をめぐる国際紛争に突入してゆく。カシミールは、植民地インドの枠内でイギリスが間接統治を行っていた藩王国で、藩王はヒンドゥー、住民の多数派はムスリムであった。分離独立に際し、インドとパキスタンのどちらに帰属するかが大問題となり、ついに四七年十月、第一次印パ戦争が勃発する。そして、四八年一月、ガンディーが暗殺される。ガンディーはヒンドゥーとムスリムの融和と印パ両国の友好とを説いていた。暗殺は、分離独立暴動と第一次印パ戦争の二重の圧力の下で、インド社会が異常に緊張していた時に起こった悲劇であった。

ガンディーと分離独立暴動

このようにインドの人民の間に凄惨な分離独立暴動が拡大するのを眼の当たりにして、ガンディーは非暴力主義が失敗だったのかもしれないと考えるようになった。例えば次のような率直な言葉がある。

> わたしの主義は失敗している。わたしは失敗者としてでなく成功者として死にたい。だがわたしは、失敗者として死ぬのかもしれない。

この「失敗」には、非暴力主義に基礎を置く民族運動の失敗という意味の他に、真理を求めてきたガンディー個人の求道生活の失敗という意味も含まれていたようである。ガンディーは言う。

わたしはまだ十分に無私の境地《ディタッチメント》に達していない。ノアカリの出来事でわたしは動転してしまった。というのも、わたしの心が不安と怒りに負けてしまうことがあるのだ。

同じ頃ガンディーは、心境を次のようにも述べている。

わたしは手探りで光を探し求める――わたしは闇に取り囲まれている――わたしは真理の導きに従って行動を起こし、また、行動するのをやめなければならない。［しかし］わたしには分かる、この悲劇的な状況の下で必要とされる忍耐力も手腕もわたしにはないことが。［人々の］苦難と悪とがしばしばわたしを圧倒する。自業自得でわたしは苦しむ。

ここに見られる悲哀感と受苦の姿勢は、ガンディーの宗教的心性のあり様をよく物語るものかもしれない。

それはともかく、生涯をかけた非暴力主義が失敗に終わりそうだという予感は、ガンディーを精神的に追いつめていったようである。秘書兼通訳としてガンディーの身近にあったN・K・ボースは、「どうしよう？　どうしよう？」と呟くガンディーの姿を書きとめている。また、ある女性の側近が「ノアカリ行脚」に同行したいとガンディーに訴えたことがあった。彼女を思い止まらせようとして説得できなかった時、ガンディーは自分を罰するかのように手で自分の額を激しく打ち、壁に背を凭《もた》せかけて泣いたという。

インドが危機にあるとき、ガンディーも精神的危機に陥って迷い苦しんでいた。けれどもガンディーは、植民地支配の悪からの解放を約束した民族運動の指導者として、暴力に翻弄《ほんろう》される無数の民衆に対して責任を負っていた。権力移行期の危機の中で、非暴力主義の政治家ガンディーに何ができるのか、それが問われていた。

ガンディーと会議派

ガンディーは会議派の最高指導者だったから、会議派の組織を動かすことが考えられてよかったはずである。しかし、「カルカッタ大虐殺」以降の事態の推移は、会議派が非暴力主義の政党どころか、逆に分離独立暴動の一方の当事者になってしまったことをはっきりと示していた。

それればかりでない。ガンディーと会議派との間には深い溝ができつつあった。その主な原因は三つあったと考えられる。

一、会議派が現実の権力機構を動かす経験をしたのは、地方自治体での初歩的な経験を除けば、一九三七年から三九年まで州政権を担ったのが初めてである。その後会議派は下野したが、四六年から、州政府のいくつかと中央の中間政府との政権党となった。権力の座は会議派の政治家の腐敗を生み、ガンディーはそれを厳しく批判していた。逆に、現実政治に携わるようになった会議派政治家の眼には、ガンディーは非現実的だと映っていた。

二、ガンディーは分離独立に強く反対していた。それに対して、会議派は分離独立をやむを得ない選択として受け入れていた。四七年四月、ガンディーはマウントバッテン総督に対し、独立後の政権を連盟のジンナーに委ねてインドの統一を守る大胆な提案をするが、この提案は他ならぬ会議派によって葬り去られている（確かにガンディーは、四七年六月、マウントバッテンの分離独立案を受諾することを決めた会議派全国委員会において執行部提案を支持した。だがそれは、党内民主主義を守り党の分裂を防ぐという趣旨であって、それ以上のものではなかった）。

三、ガンディーは、主著『ヒンド・スワラージ（インドの自治）』で農本主義的で地方分権的な社会を建設する構想を示していた。四五年十月、独立が近いことを明らかに意識して、ガンディーはこの構想についてネルーに長い手紙を書き送ったことがある。しかし、ネルーの反応ははかばかしくなく、結局うやむやになってしまったことが知られている。独立後、インドを急速に工業化することを考えていたネルーにとって、ガンディーの「スワラージ」は夢物語でしかなかったのである。

要するに、独立が現実化するにつれて、皮肉なことに、ガンディーは会議派の中で「時代遅れの人間《バックナンバー》」（ガンディー自身の言葉である）になっていった。ガンディーは会議派の指導者たちと個人的な信頼関係を築いていたし、会議派にとってガンディーの持つ大衆への影響力は貴重だったから、指導者たちはしばしば助言を仰ぎに来た。しかし、そうした華やかな演出の裏で、ガンディーは政治的意思決定の中枢から外されるようになり、「敬して遠ざける」という形容がぴったりの状況が出来あがってゆくのである。

このような状況において、非暴力主義の立場から分離独立暴動に立ち向かおうとする時、ガンディーにどのようなやり方があったであろうか。ガンディーが選んだのは、組織の力に頼らず、非暴力主義を信じるごく少数の個人の力で危機を突破することであった。ただし、ガンディー一人にできることは限られていたから、効果的な場所で運動を展開することが肝要であった。ノアカリはその意味で好適だったと言える。当時のベンガル州はインドで最も重要な州の一つで、ガンディーはインドの「神経中枢」と考えていた。ここから非暴力主義のメッセージを発信すれば、他の地域の暴動もコントロールできるはずであった。

ノアカリ行脚

ガンディーがノアカリに入ったのは、一九四六年十一月六日である。この日から翌年三月二日まで四ヵ月近くを、ガンディーはここで過ごすことになる。ガンジス河デルタの低地にあるノアカリでは、十一月にはまだ雨季の出水が続いていた。水が引くのを待って「行脚」を開始するのは翌年一月初めのことである。もちろん、独立直前の重要な時期にノアカリのような僻遠《へきえん》の地に留まることが賢明かどうか、疑問の声があがらなかったわけではない。しかしガンディーにとっては、真の独立を達成するためには、非暴力の力で人々の心の中から恐怖と憎しみを取り除き、分離独立暴動を解決することが、何よりも優先されねばならなかった。

ガンディーは当初、たった一人でノアカリに赴くつもりだったようである。実際にノアカリに到着した時には、十一人の男女に伴われていたが、ガンディーは、二人を秘書兼通訳及び速記者として手元に残しただけで、残る九人に、村を一つずつ選び、単身でその村に入って活動するように指示し、ムスリムが怖い者、言い換えれば、死を恐れる者は引き返してもよいと申し渡した。ガンディー自身は、負け犬として戻るくらいなら死んだ方がましだ、という気持ちだったと言われる。実際、ムスリムから見れば、ガンディーは「敵の頭目」に他ならなかったから、殺されてしまう可能性は十分にあったはずである。ガンディーは、暴動の時に襲撃されて被害を受けた家屋を選び、そこで二人の側近とともに暮らした。健康はすぐれなかったが食事の質と量を落とすことに決め、「贖罪《しょくざい》」のためだと説明した。

このようにごく少数で運動を行った理由について、ガンディーは、ムスリムに心を開いてもらうためには、少数で彼らのなかにとび込んでゆくのがいちばん良いと考えたからだと語った。他方、秘書兼通訳のボースは、南アフリカからインドに戻って来て以来、ガンディーがこれほど孤独だったことはなかっただろうと回想している。九人の同志や地域のガンディー主義者たちと行き来はあったし、大物政治家やジャーナリストの訪問もあり、活動をするためには州や県の政治家や行政官と折衝しなければならなかった。警察の護衛／監視もあった。しかし総合的に見て、孤立した暮らしだったことは間違いないであろう。

ガンディーは暴動の傷跡の残る周辺の村を回ってヒンドゥーとムスリム両方の村民の話に熱心に耳を傾け、病人がいるときには自然療法で癒す試みをし、夕刻には必ず「夕べの祈り」の集会を開いて講話をした。この集会の参加者は徐々に減って行き、寂しい集会になることもあったようである。ガンディーの目標は、暴動の時に村から逃れ難民となったヒンドゥーが元の村に戻り、ムスリムの村民とともに再び平和に、そして人間としての尊厳をもって暮らせるようにすることであった。そのためには、ムスリムが憎しみを捨てるのはもちろん、ヒンドゥーが恐怖感を克服し、勇気をもつことが重要だと考えられ、そのような趣旨の講話が行われた。難民のための救援活動が不十分ながら行われていたが、ガンディーは、救援に依存した生活から早く脱却して自立し、勇気をもって新生活を切り開くことを奨励した。

さて、運動が軌道に乗り始めた十二月、ガンディーはマヌという孫娘（正確にはgrand-niece）にノアカリに来て最側近のグループに加わることを許可する。マヌは早くに母親を失い、ガンディーの妻を慕って献身的に身の回りの世話をし、その死後、ガンディーが母親代わりをしてきた女性で――病いや不幸で苦しむ人の介護は、年少時からガンディーが情熱を傾けて取り組んできたことのひとつで、ガンディーには母親的な一面があったと言われる。意識的に母＝女性（＝非暴力の象徴）になろうとしていたという捉え方もある――、十九歳になっていた。寝食を共にしていた秘書と速記者は間もなく、ガンディーのベッドでガンディーとマヌが裸身で一緒に寝ているのに気づいて仰天することになる。ガンディーは開け放した部屋やベランダで寝る習慣だったので、見えてしまったのであろう。ガンディーは少しも悪びれず、この問題について「夕べの祈り」で説明したりしたから、この出来事はスキャンダルとして広く知られるようになった。ガンディーを長年にわたって支えて来た人たちは、重要な運動を進めている時に、運動の信用を失墜させるようなことを何故するのかと、ガンディーを諫めた。しかしガンディーは耳を藉さず、そのために古くからの同志を何人も失い、ますます孤立を深めてゆくことになった。

ガンディーは、マヌとの関係は清らかで潔白なものだと釈明したが、それだけでなく、彼女との同衾《どうきん》は宗教的な行《ぎょう》として行っているもので、その行は自分独自のものだと主張した。インドの宗教的伝統のなかには、タントラのように、性的な儀礼を重要な構成要素とするものがある。また、ガンディーの母が熱心な信者だったヴァイシュナヴァ派においては、信者はクリシュナ神(青い肌をした青年の神)に恋する女として表象され、男の行者が女として振舞おうとすることがある。が、ガンディーは自分の行はそれらとは違うと言うのである。ガンディーによれば、それはマヌをパートナーとする性的禁欲の行であって、自分の性を神に犠牲《ヤジュニャ》として供して自分を浄化するために行っているのであった。この浄化によって、ヒンドゥーとムスリムの間で極限まで高まっていた憎悪を解消することができると、ガンディーは考えていた。

しかし、ガンディー個人の浄化と社会的暴力の解決とがどのように関連するのか、ガンディーがどれほど深く確信していたとしても、合理的に理解するのは難しく、マヌの立場をどう考えるべきかという問題もあって、研究者はこれまでさまざまな解釈を試みてきた。代表的なものは、ガンディーが母に強い愛着の念を持っていたこと、インドに女神信仰の伝統があること等に着目して、精神分析の手法で解釈しようとするものである。また実は、一九三〇年代後半からガンディーは、就寝時に寒さと震えを訴えるようになっていて、そういう時には側近の女性が添い寝をするということが行われていた。この習慣の延長上にマヌとの同衾を捉えようとする解釈も、同種のアプローチと言ってよいであろう。さらに、ガンディーが自分自身の非暴力主義の揺らぐのを感じていたとすれば、若い女性と同衾してもまったく欲望を感じない存在、つまり女性になり切ることによって、女性の力（＝自己犠牲の力）を獲得し、それによって自分の非暴力の信念を立て直そうとしていたという解釈も成り立つかもしれない。他方、ガンディーの内面に踏み込んだこれらの解釈と並んで、若い女性に対する政治指導者の身勝手な行動だとか、ガンディーはマヌを宗教的実験の道具として使ったという批判ももちろん根強くある。ただし、ガンディーの考え方が分かりにくいのと同様に、マヌの考え方にも理解しにくいところがあり、マヌがガンディーとの同衾をどう考えていたのか、なお未解明のまま残された部分があることは留意されるべきでないかと思われる。例えば、マヌが育て親のガンディーのことを「お母さん」と思っていたことは間違いないようであるし、問題の性的禁欲の行に関しても、マヌは、ガンディーと完全に心が一致していると述べたとされ、日記にも同じ趣旨のことを書き残していると言われるのである。

いずれにせよ、自分の支持者の間に大きな混乱を惹き起しながら、ガンディーは四七年一月二日、「ノアカリ行脚」に出立する。ガンディーはもともと、ノアカリ暴動に巻き込まれたすべての村を徒歩で訪れて回ることを熱望し、しかも、たった一人で、村人の厚意だけに頼って、行脚したいと言っていた。だが、健康がすぐれず、ノアカリに来て以来食事を減らしている七七歳の老人の単独行が、無謀なのは明らかであった。三、四人の側近が同行することになった。

行脚が始まると、ムスリム、ヒンドゥー双方の一〇〇人ばかりの農民が、付き従って歩くようになった。沿道で見守る農民も多数いた。ガンディーは断ったが、一行の後ろには八人の警察官が護衛という名目で張り付いていた。ガンディーはサンダルを脱ぎ裸足で歩いた。なぜなら、村々をつなぐ道は、ガンディーにとって、人々がその上で愛する者を失った聖なる土地にほかならず、その上を不浄な履物を履いて歩くようなことはしてはならないことだったのである。道に異物を撒き散らして妨害しようとするものがあったが、ガンディーは意に介せず歩き続けた。ガンディー一行を泊めてくれた家は、ムスリムよりもヒンドゥーの方がずっと多く、そうしたヒンドゥーのなかには、洗濯人、漁師、履物作り等の、カーストの地位の低い人たちが数多くいた。村々でガンディーがいちばん力を入れたのは、ヒンドゥーの女性の被害者の訴えに耳を傾けることと、両宗教間の融和を説くことであった。

ガンディーのことを聞きつけていろいろな人が集まって来たが、そのなかに気の毒な女性がいて、ムスリムの暴徒に殺され焼かれてしまった夫の遺骸から大腿骨を取り出し、遺品として手に握りしめていた。ガンディーは、朽ちてゆく定めの遺体を故人と同一視することには賛成できないと言って、それを捨てるように説得した。別の女性たちがこもごも涙ながらに我が身の不幸を語ると、ガンディーは、どんなに悲しんでも故人を生き返らせることはできないのだから、悲嘆にくれていても仕方がないではないかと説いて慰めたという。他方、ガンディーに論戦を挑んでくるムスリムのグループもいた。しかしガンディーは、行動を見てほしいとだけ言って、取りあおうとしなかった。

四七年二月末、首都デリーから遠く離れてひたすら農村を歩くガンディーの下に、ビハール暴動のムスリム被害者の窮状について報告が入った。この時までに行脚して回った村は四七ヵ村に上っていた。ガンディーはいったん「ノアカリ行脚」を中断してビハールに向かうことを決意し、三月二日、ノアカリを後にした。ただし、デリーで独立の式典が開かれる八月十五日の前後二週間はノアカリで過ごすこととし、インド・パキスタン分離独立に反対する立場を改めて鮮明にする予定であった。その八月、ガンディーは経由地のカルカッタまでやって来る。しかし、ベンガル州政府からカルカッタの不穏な情勢を鎮めるのを懇望され、ノアカリ行きを断念せざるをえなくなった。そして、翌年一月には暗殺されてしまったために、ガンディーがノアカリの地を踏むことは二度となかったのである。

ノアカリ後の、ガンディーの活動をごく簡単にまとめておこう。

ビハール暴動――四七年三月から五月までの三ヵ月間の約半分の時間をビハールで過ごし、パトナーを拠点として周辺の村を行脚して回った。

カルカッタ暴動――一年前の「カルカッタ大虐殺」の再来を惧れるベンガル州政府の要請で、八月八日から九月七日までカルカッタに止まった。「死に至る断食」を決行して、独力で暴動を鎮静化させた「カルカッタの奇跡」はよく知られている。

パンジャーブ暴動――ガンディーはカルカッタの次にはパンジャーブへ行く決意であった。しかし、四七年九月には既に、この州は激しい暴動のために血の海と化しており、非暴力主義による解決など考えられもしない状況にあった。第一、そこに行くこと自体非常に危険であった。ガンディーはパンジャーブに入るのを断念せざるを得なかった。

デリー暴動――デリーは首都だったが、パンジャーブに隣接し、暴動とムスリムの迫害とが続いていた。四八年一月、ガンディーは再び「死に至る断食」を行い、デリーのムスリムを死地から救い出した。

分離独立暴動と非暴力主義

最晩年のガンディーには迷いが目立ち、性的禁欲の行のように分かりにくい行動もあった。それは事実である。けれども、歴史の転換点の危機的な状況のなかにあって、ガンディーが政治指導者としては稀に見る誠実さと勇気を示したことは、認めざるを得ないのではなかろうか。

ここではしかし、ガンディー個人の人間性の問題は別にして、非暴力主義が分離独立暴動解決のためにどこまで貢献できたのか、また、この苦しい経験のなかからガンディーが思想的に何を摑《つか》み取ったのか、これら二点について考えることにしたい。

分離独立暴動に関して、まずもって問われなければならないのは、暴力を振るう側にあったノアカリのムスリム農民が、ガンディーの非暴力主義の訴えにどのような反応を示したかであろう。結論だけ言えば、ガンディーがノアカリに入った時に一時的に関心の高まりがあったものの、総じてムスリム住民は冷静な反応を示したと考えられる。ノアカリの暴動は鎮静化したのだから、ガンディーが決死の覚悟で送った非暴力主義のメッセージが、ムスリム農民の胸に響かなかったとまで言うことはできない。しかし彼らの反応が鈍かったのは争えない事実であった。

このようにムスリム農民があまり熱意のない反応しか示さなかった背景としては、ガンディーはむしろビハール州に行ってムスリム犠牲者のために働くべきだという意見が根強くあったことや（ただし、ビハールではガンディーの高弟のJ・P・ナーラーヤン等が活動をしていたし、ガンディー自身もノアカリの次にはビハールに向かった）、ベンガル州政権を担う連盟がガンディーの運動に冷淡だったことを挙げることができる。

また、ノアカリ（とティッペラ）が世界恐慌の打撃を強く受け、一九三〇年代に農民運動が盛んに展開された地域だったことも重要である。ノアカリでは、農民は多くがムスリムであり、彼らが借金の減免、あるいは地代の引き下げや支払猶予の要求を突きつけた金貸しや地主の多くはヒンドゥーであった。その上、ガンディーがノアカリに入る直前の四六年九月には、ベンガル州農民組合が、貧農（主に刈分小作農）の小作条件改善を要求する決議を採択していた。第二次世界大戦が惹き起こした社会的・経済的混乱、特にベンガル大飢饉（四三年）の爪痕が生々しく残る農村地帯で、貧農が自発的・散発的に始めていた運動は、この決議によって弾みをつけられ、四六／四七年冬の収穫期にベンガル全域に拡大し、大農民運動に発展してゆくことになる（テバガ運動）。ガンディーはもちろんこのような厳しい社会経済状況があることを十分承知していて、情報集めなどをすることはしていた。

しかし、宗教対立と階級対立が複雑に絡み合ったノアカリ暴動は、非暴力主義で解決するにはあまりにも重い問題だったようにみえる。

インド全体に目を転じると、やはり注目されるのは、大虐殺の起こったパンジャーブに入ることすらできずに終わったことである。ガンディーは、ノアカリに力を集中すれば、他の地域に波及効果があると考えていた。しかしパンジャーブの悲劇は、そのような良い意味での連鎖反応が起こらなかったことを示している。「ノアカリ行脚」をもってしても、暴動の拡大を食い止めることはできなかったのである。ガンディーはノアカリからビハールへ、ビハールからカルカッタへ、カルカッタからデリーへと火消しに追われたが、単なる火消し役に止まってしまったこと自体、ガンディーの大衆への影響力の衰えと非暴力主義の限界とを物語っているように思われる。

さて、先に触れたように、ガンディーは、非暴力主義が失敗したと考えていた。ガンディーは、この失敗についてどのように考えたのであろうか。ガンディーは、失敗の原因は、それが真の非暴力主義ではなかったことにあるという結論を出し、この点を、非暴力には「弱者の非暴力」と「勇者の非暴力」の区別があり、後者こそ真の非暴力なのだというロジックで説明しようとした。「弱者の非暴力」とは、植民地の被支配民であるインド人が、支配者である強者の英国人に対して行使した「非暴力」である。それが偽物の「非暴力」であったことは、イギリスが撤退することになった途端に、インド社会の内部から暴力が噴出したことによって証明された。ガンディーの考えによれば、この暴力は、過去三〇年間にわたって偽の「非暴力」の仮面の下で蓄積されてきたものであった。

これに対して、「勇者の非暴力」とは何なのか、議論を深める時間はガンディーに残されていなかった。ガンディー主義においては、「非暴力」は「勇気」ある「非暴力」でなければならないとされてきたが、この「勇気」と「非暴力」とを分かち難いものと捉えるユニークな思想を、困難な状況に直面して、どのような方向に展開しようとしていたのか、残念ながら、十分に明らかとは言えないのである。断片的な言及から窺われるのは、「勇者の非暴力」が人々の協調と兄弟愛の思想であり、インド人が英国人に突きつけるものではなくてインド人同胞の間で適用されるものであり、要するに、新しく生まれるインド市民社会の支柱となるべき思想だということである。その新しい社会では、貧者の声が正当に受け止められ、特権や貧富の差がなくなると考えられていた。少数派の人権は守られるはずであった。デリーにおける「死に至る断食」によってガンディーに救われたムスリムのなかには、自分たちが独立インドにおいて二級市民としてでなく、多数派のヒンドゥーと対等の市民として生きてくることができたのは、ガンディーのお陰だと回想する人たちがいたというが、彼らには、ガンディーの「勇者の非暴力」のメッセージが正しく伝わっていたのかもしれない。

非暴力主義は、対内的には、国内に存在する宗教的・カースト的・階級的・地域的な対立を調停・緩和し、相対立する諸勢力を反英独立運動に結集させる役割を果たしてきたとされる。ガンディー最晩年の再解釈は、非暴力主義のこの調停的な側面を掘り下げ、市民社会の思想に発展させてゆこうとするものだったと位置づけてよさそうである。

市民権の問題について、この頃ガンディーが政治のレベルでどのような行動をとったのか、簡単に見ておくと、既に指摘したように、ガンディーと会議派の間には深い溝ができていた。当然、ガンディーは会議派のあり方に大きな疑問を抱くようになり、党綱領の改正を企てたり、社会主義者を総裁に推したりして――この思い切った人事案は愛弟子のネルーとパテールによって阻まれた――党改革を試み、死の前日には、会議派は歴史的使命を終えたとして、解党して社会奉仕団体に再編するプランを起草するところまで歩を進めていたことが知られている。非暴力主義が失敗だったことが明らかになった以上、思想的な総括と並行して会議派の改革を断行し、真に非暴力主義的な民主国家の建設を牽引するのにふさわしい組織に脱皮させなければならなかったのである。ガンディーはこの党内路線闘争において孤立した。しかし、少数派の権利の擁護を最優先課題として追求し、一九四七年十一月に開催された会議派運営委員会と全国委員会において、新生インドが、「全ての市民が、所属する宗教に関わりなく、完全な権利を享受し、等しく国家の保護を受ける権利を有する民主的・世俗的《セキュラー》国家」であることを再確認するよう並み居る会議派幹部に迫り、「少数派の諸権利」という決議を採択させ、それをさまざまな決議の一番目に置くことに成功している。四七年十一月と言えば、第一次印パ戦争勃発直後のことである。本章で述べてきた国内の流血の惨事のことも考え合わせれば、このような決議を会議派に組織決定させることがどれほど難しいことであったか、またどんなに大きな政治的リスクを伴うものであったか、容易に想像がつくであろう。一方、ガンディーを突き動かしていたものが、ノアカリを皮切りに分離独立暴動の現場を歩いて犠牲者の生の声を聞いた体験だったことはほぼ間違いないと思われる。この時ガンディーは友人に、「われわれが臆病者になったとき、われわれは滅びるだろう。つまり会議派は死ぬだろう」と書き送り、少数派の権利の擁護が「勇気」の問題であることを強調しているが、ガンディーの胸のうちにあったのは「勇者の非暴力」のことであったろう。

ガンディーは死の直前まで、民族独立運動あるいは反帝国主義・反植民地主義運動の思想的根拠となってきた非暴力主義を、独立の後にインド市民社会を根づかせ成長させるための思想に読み替えようとしていた。ガンディー最晩年の孤独な闘いは、いくつかの重要な限界と矛盾を抱えてはいたが、非暴力主義をポスト植民地主義の諸社会に架橋する試みとして小さくない意義を持っていたと見てよいのでなかろうか。

⊙参考文献

E・H・エリクソン（星野美賀子訳）『ガンディーの真理――戦闘的非暴力の起源　一・二』（みすず書房、一九七三―七四年）

ガンディー（森本達雄訳）『獄中からの手紙』（「岩波文庫」、二〇一〇年）

竹中千春『ガンディー――平和を紡ぐ人』（「岩波新書」、二〇一八年）

内藤雅雄『ガンディー――現代インド社会との対話――同時代人に見るその思想・運動の衝撃』（明石書店、二〇一七年）

ルイス・フィッシャー（古賀勝郎訳）『ガンジー』（「二十世紀の大政治家　二」、紀伊國屋書店、一九六八年）

山折哲雄『母なるガンディー』（潮出版社、二〇一三年）

Nirmal Kumar Bose, *My Days with Gandhi* (Calcutta: Nishana, 1953).

Sudhir Chandra, *Gandhi: An Impossible Possibility,* trans. Chitra Padmanabhan (Abingdon: Routledge, 2017).

Suranjan Das, *Communal Riots in Bengal, 1905-1947* (Delhi: Oxford University Press, 1991).

The Collected Works of Mahatma Gandhi (e-book) (New Delhi: Publications Division, Government of India, 1999), vols. 88- 98.

Manubehn Gandhi, *Bapu— My Mother*, tr. Chitra Desai (e-book) (originally published in 1955; Ahmedabad: Navajivan, n.d.).

Rajmohan Gandhi, *Gandhi: The Man, His People, and the Empire* (Berkeley: University of California Press, 2007; first published in India in 2006).

David Hardiman, *Gandhi: In His Time and Ours* (Delhi: Permanent Black, 2003).

Nariaki Nakazato, 'The Role of Colonial Administration, "Riot Systems", and Local Networks during the Calcutta Disturbances of August 1946', in *Calcutta: The Stormy Decades,* eds. Tanika Sarkar and Sekhar Bandyopadhyay (New Delhi: Social Science Press, 2015; Abingdon: Routledge, 2017).

Gyanendra Pandey, *Remembering Partition: Violence, Nationalism and History of India* (Cambridge: Cambridge University Press, 2001).

Pyarelal, *Mahatma Gandhi, Volume IX, Book 2: The Last Phase, Part 1*, 1st ed. (e-book) (originally published in 1956; Ahmedabad: Navajivan Mudranalaya, n.d.).

Anwesha Roy, *Making Peace, Making Riots: Communalism and Communal Violence, Bengal 1940-1947*

(New Delhi: Cambridge University Press, 2018).
Kathleen Taylor, *Sir John Woodroffe, Tantra and Bengal: 'An Indian Soul in a European Body?'* (Richmond, Surrey: Curzon Press, 2001).
Government of India, *The Imperial Gazetteer of India*, Vol. XXVI: *The Atlas*, new ed. (Oxford: Clarendon Press, 1931).
Joseph E. Schwartzberg, ed., *A Historical Atlas of South Asia*, 2nd impression (New York: Oxford University Press, 1992)

謝辞　タントラについて古井龍介氏よりご教示をいただいた。ここに記して謝意を表します。

【執筆者略歴】（掲載順）

王 瑞来（オウ ズイライ）
一九五六年、中国黒竜江省生まれ。一九八二年、北京大学卒業。史学博士。現在学習院大学東洋文化研究所研究員、四川大学講座教授。主要著作：『宋代の皇帝権力と士大夫政治』（汲古書院、二〇〇一年）、『中国史略』（DTP出版、二〇〇九年）、『王瑞来学術文叢』（五巻）（山西教育出版社、二〇一五年）など。

四日市康博（よっかいち やすひろ）
二〇〇四年、早稲田大学大学院文学研究科史学（東洋史）専攻、博士後期課程単位取得退学。九州大学人文科学研究院専任講師、東京大学東洋文化研究所非常勤講師、駒澤大学文学部非常勤講師を経て、現在、立教大学文学部准教授。

杉山清彦（すぎやま きよひこ）
一九七二年、香川県生まれ。二〇〇〇年、大阪大学大学院文学研究科博士後期課程修了。博士（文学）。現在、東京大学大学院総合文化研究科・教養学部准教授。主要著書：『大清帝国の形成と八旗制』『東アジア海域に漕ぎだす一　海から見た歴史』（共編著）、『清朝とは何か』（共編著）など。

水盛涼一（みずもり りょういち）
一九七九年、東京都生まれ。二〇一二年、東北大学大学院文学研究科にて博士号取得。現在、多摩大学経営情報学部准教授。主要著作：「曽国藩和他的親信史家――従清末到民初 太平天国起源伝説的形成過程」（『曽国藩与近代中国』嶽麓書社、二〇〇七年）、「天津の吉野作造とその時代――清朝における法政学堂を中心として」（『東アジア文化交流叢書』創刊号、二〇一五年）など。

菊池秀明（きくち ひであき）
一九六一年、神奈川県生まれ。早稲田大学卒業、東京大学大学院修了。博士（文学）。現在、国際基督教大学教授。主要著作：『広西移民社会と太平天国』、『太平天国にみる異文化受容』、『ラストエンペラーと近代中国』、『清代中国南部の社会変容と太平天国』、『金田から南京へ――太平天国初期史研究』、『北伐と西征――太平天国前期史研究』など。

宮古文尋（みやこ ふみひろ）
一九七九年、岩手県生まれ。二〇一四年、上智大学大学院文学研究科博士後期課程修了。現在、上智大学・埼玉大学非常勤講師。主要著作：『清末政治史の再構成――日清戦争から戊戌政変まで』など。

六反田 豊（ろくたんだ ゆたか）
一九六二年、鹿児島県生まれ。一九八七年、九州大学大学院文学研究科博士課程中退。博士（文学）。現在、東京大学大学院人文社会系研究科・文学部教授。主要著作：『朝鮮王朝の国家と財政』、『日本と朝鮮比較・交流史入門』（共編著）、『寺内正毅ゆかりの図書館桜圃寺内文庫の研究』（共著）、『世界歴史大系朝鮮史一』（共著）、『韓国・朝鮮史への新たな視座』など。

須川英徳（すかわ ひでのり）
一九五七年、群馬県生まれ。東京大学大学院経済学研究科博士課程 理論経済学・経済史学専攻を修了。博士（経済学）。横浜国立大学大学院教授を経て、現在、放送大学教授。主要著作：『李朝商業政策史研究』、『朝鮮後期財政と商業』（韓国語、共著）、『韓国・朝鮮史への新たな視座』（編著）、李憲昶『韓国経済通史』（共訳）、主要論文：「高麗末から朝鮮初における武についての試論」（『韓国朝鮮文化研究』第一七号）、「朝鮮時代の経済史」（朝鮮史研究会編『朝鮮史研究入門』）など。

月脚達彦（つきあし たつひこ）
一九六二年、北海道生まれ。一九九四年、東京都立大学大学院単位取得退学。文学修士。現在、東京大学大学院総合文化研究科教授。主要著作：『朝鮮開化思想とナショナリズム』、『福沢諭吉と朝鮮問題』、『福沢諭吉の朝鮮』、『大人のための近現代

史　一九世紀編』(共編)、『朝鮮開化派選集』(訳注)など。

宮本亮一(みやもと りょういち)
一九七九年、大阪府生まれ。二〇一一年、龍谷大学大学院単位取得退学。文学博士。現在、日本学術振興会特別研究員(PD)。主要論文:「バクトリア語文書から見たトハーリスターン在地の支配階層」(『オリエント』六一/一)、「トハーリスターン行政地理研究序説」(『東方学報』九〇)など。

古井龍介(ふるい りょうすけ)
一九七五年、富山県生まれ。二〇〇七年、ジャワハルラール・ネルー大学博士課程修了。PhD。現在、東京大学准教授。主要著作:'Indian Museum Copper Plate Inscription of Dharmapala, Year 26: Tentative Reading and Study' (*South Asian Studies*, Vol.27, No.2, 2011, pp.145-156), 'Merchant groups in early medieval Bengal: with special reference to the Rajbhita stone inscription of the time of Mahīpāla I, Year 33' (*Bulletin of the School of Oriental and African Studies*, Vol.76, Issue 3, 2013, pp.391-412), '*Brāhma as* in Early Medieval Bengal: Construction of their Identity, Networks and Authority' (*Indian Historical Review*, Vol.40, No.2, 2013, pp.223-248), 'Ājīvikas, Ma ibhadra and Early History of Eastern Bengal: A New Copperplate Inscription of Vainyagupta and its Implications' (*Journal of the Royal Asiatic Society*, Vol.26, Issue 4, 2016, pp.657-681), 'Subordinate rulers under the Pālas: Their diverse origins and shifting power relation with the king' (*The Indian Economic and Social History Review*, Vol.54, Issue 3, 2017, pp.339-359) など。

弘末雅士(ひろすえ まさし)
一九五二年生まれ。公益財団法人東洋文庫研究員・立教大学名誉教授。専門領域は海域東南アジア史。主要著書:『東南アジアの建国神話』(山川出版社、二〇〇三年)、『東南アジアの港市世界』(岩波書店、二〇〇四年)、『人喰いの社会史』山川出版社、二〇一四年)など。

中里成章(なかざと なりあき)
一九四六年、北海道生まれ。東京大学文学部東洋史学科卒。PhD(カルカッタ大学)。現在、東京大学名誉教授(東洋文化研究所)。主要著作:*Neonationalist Mythology in Postwar Japan: Pal's Dissenting Judgment at the Tokyo War Crimes Tribunal* (Lanham, MD: Lexington Books, 2016)、『帕尔法官——印度民族主义与东京审判』(陈卫平訳)(北京:法律出版社、二〇一四年)、『パル判事——インド・ナショナリズムと東京裁判』(「岩波新書」、二〇一一年)、『インドのヒンドゥーとムスリム』(「世界史リブレット」七一、山川出版社、二〇〇八年)、*Purba Banglar Bhumibyabastha 1870-1910*, trans. Swarochish Sarka (Dhaka: University Press, 2004) ; *The Unfinished Agenda: Nation-building in South Asia* (共編著)(New Delhi: Manohar Publishers, 2001) ;『世界の歴史一四　ムガル帝国から英領インドへ』(共著)(中央公論社、一九九八年)、*Agrarian System in Eastern Bengal c.1870-1910* (Calcutta: K. P. Bagchi, 1994) . など。

「悪《あく》の歴史《れきし》」
東《ひがし》アジア編《へん》【下《げ》】
南《みなみ》・東南《とうなん》アジア編《へん》

2018年8月25日　第1刷発行

編著者
上田《うえだ》 信《まこと》

発行者
渡部 哲治

印刷所
図書印刷株式会社

発行所
株式会社 清水書院
〒102-0072
東京都千代田区飯田橋3-11-6
［電話］03-5213-7151㈹
［FAX］03-5213-7160
http://www.shimizushoin.co.jp

デザイン
鈴木一誌・山川昌悟・下田麻亜也

ISBN978-4-389-50065-8